中国社会科学院学部委员专题文集

ZHONGGUOSHEHUIKEXUEYUAN XUEBUWEIYUAN ZHUANTI WENJI

中国法治之路

李步云◎著

中国社会科学出版社

第三篇　保障人权

第四篇　发展民主

序

中国社会科学院决定为每位学部委员和荣誉学部委员编一本自选集。这是一件很有意义的事情。因为它可以从一个侧面反映出这个党和国家的"智囊团"和"思想库"过去都做了哪些事情，也有益于在国内外传播学者们的思想和情操。

自选集要求具有专题的性质，为此，我选了《中国法治之路》这个题目。自新中国成立以来，虽然我们在依法治国的道路上有过曲折，但自党的十一届三中全会以来，我们就开始坚定地走上了这条道路，到1999年正式将依法治国方略庄严载入我国宪法，它就成了实现中国梦的一个重要目标，又是实现中国梦的一个根本保证。我为见证和参与了它的全过程而感到无比欣慰。

依法治国的根本在"依宪治国"和"依宪执政"，而这就是宪政。在我看来，"宪政"的科学内涵包括"人民民主"、"依法治国"、"人权保障"和"宪法至上"四个基本要素，而这正是我从事法学的学习与研究五十五年以来的重点，尤其是法治与人权的思想比较系统，理论与实践上的贡献也相对较多。

近年来，我不止一次讲过，要使我们民族伟大复兴的事业继续奔腾向前，要使我们党的执政地位继续得到巩固，必须做到以下十二个字，即"谋发展、保民生、反腐败、行宪政"。我对做到前面六个字很有信心。党和国家反腐败的决心很大，措施也还有力，但这件事很难，而其深层次的原因在政治体制，应寄希望于"行宪政"。

宪政是现代政治文明最集中的体现和最高度的概括。因为民主是文明的，专制和凡事个人说了算是不文明的；法治是文明的，一切都按长官个人的意志办事是不文明的；人们能充分享有他们应当享有的权利是文明的，人的权利常常遭受侵犯或得不到应有的保障是不文明的；宪法作为治国安邦的总章程应具有至高无上的权威，任何政党和各级领导人都能切实遵守是文明的，宪法虽好但不过是一纸具文或仅是一只没有牙齿的老虎是不文明的。宪政是社会主义的应有主义。中国的社会主义宪政应既能体现全人类共同利益和意志的普世价值，又能体现中国的具体国情和十三亿中国人民从事宪政建设的成功经验。

今天是中华人民共和国成立六十三周年纪念日，也是我参加革命工作的六十三周年。我见证和参与了共和国社会主义建设六十三年的光辉历程。我为十三亿勤劳、智慧、勇敢的人民从此站立起来并屹立于世界民族之林而感到无比骄傲；也为这个有五千年历史文明的古国的同胞都富裕起来、地球上各个角落的人都知道"中国"这个神奇的名字而感到无比自豪。我也为自己能够生长在这个伟大的国度和时代里，并在建设政治文明的征途上留下了自己的一行思想足印而感到无比幸福。我衷心祝愿我们的伟大祖国日益繁荣昌盛，衷心祝愿我们的伟大人民永远幸福安康。

李步云谨识
二〇一二年十月一日于北京

第一篇

高举宪政旗帜

宪政与中国

宪政是当代一种比较理想的政治制度，它是全人类共同创造的一大文明成果，是各国人民通向幸福的必由之路。那么，究竟什么是宪政？它包含哪些基本要素？这些要素的主要内容是什么？中国如实行宪政，在政治制度上需要做哪些改革？需要解决哪些理论认识问题？所有这些，都是现在人们所普遍关心的。作者的这篇论文试图就这些问题作一概要性的探讨。

一　什么是宪政

什么是宪政？让我们先看看以前中国领导人和学者的观点。在中国抗日战争时期（1937—1945），毛泽东曾说过："宪政是什么呢？就是民主的政治。"① 当时，中国共产党人曾以宪政作为武器，向国民党政府争民主、争自由、争人权。那时，毛泽东曾明确提出"自由民主的中国"这一概念。他说："'自由民主的中国'，将是这样一个国家，它的各级政府直至中央政府，都由普遍平等无记名的选举产生，并向选举他们的人民负责。它将实现孙中山先生的三民主义，林肯的民有、民治、民享的原则与罗斯福的四大自由。"② 当时，中国共产党的著名宪法学家张友渔也曾撰写过一系列文章，阐述什么是宪政。③ 但是，自从1949年中国革命取得胜利

---

① 《新民主主义宪政》，载《毛泽东选集》，第2卷，人民出版社1952年版，第726页。
② 《答路透社记者甘贝尔十二项问题》，载《中共党史教学参考资料》。
③ 张友渔曾在《宪法与宪政》一文中说："所谓宪政就是宪法规定的国家体制、政权组织以及政府和人民相互之间权利义务关系而使政府和人民都在这些规定之下，享受应享受的权利，负担应负担的义务，无论谁都不许违反和超越这些规定而自由行动的这样一种政治形态。"见《宪政论丛》（上册），群众出版社1986年版，第97—103页，以及第138—140、141—145页。

以后，中国的党政领导人就很少再提"宪政"这一概念，学者中也很少有人再探讨和阐述这一概念。1978年以后，一些学者在自己的著作中偶尔也使用"宪政"一词，但一般都是把这一概念等同于"宪法"。① 这种状况一直延续到不久之前才开始有改变。在1992年12月中国先后召开的两次大型学术讨论会上，一些学者才开始比较系统地阐述这一问题。②

那么，什么是宪政呢？我认为，可以给宪政下这样一个定义：宪政是国家依据一部充分体现现代文明的宪法进行治理，以实现一系列民主原则与制度为主要内容、以厉行法治为基本保证、以充分实现最广泛的人权为目的的一种政治制度。根据这一定义，宪政这一概念包含三个基本要素，即民主、法治、人权。民主是宪政的基础，法治是宪政的重要条件，人权保障则是宪政的目的。

要明了什么是宪政，就需要搞清楚宪政与宪法的关系。宪政与宪法当然有密切联系，但两者又有原则区别。一个国家实行宪政，必须有一部好的宪法；一个国家有宪法，但不一定实行宪政。希特勒德国也有一部宪法，但我们不会承认它是实行宪政。我认为，宪政与宪法至少有以下区别：（1）宪法是法律的一种，属于"社会规范"的范畴；宪政是政治制度的一种，属于"制度"这个范畴。宪法存在于宪法文件中，是纸上的东西；宪政存在于现实生活中，是在实行的东西。宪法是宪政的法律表现；宪政是宪法的实质内容，但不是它的全部内容，如国旗、国徽、国歌等方面的规定，并不是宪政的要素。（2）在近代和现代，宪法有好有坏。例如，实行种族隔离的南非，其宪法就不是一部好宪法；维护这种严重违反基本人权的制度，就不是实行宪政。（3）一个国家的宪法可以制定得很好，但领导人却完全可以不按宪法的要求去做，而实行专制独裁。这种情况也并不少见。宪政与宪法虽有这些区别，但两者又不可分离。实行宪政，需要有一部好的宪法作为合法依据和武器；而实现宪政则是宪法制定

---

① 例如，中国社会科学院法学研究所陈云生博士所著《民主宪政新潮》（人民出版社1988年版）一书，就是把"宪政"与"宪法"作为同义语。

② 这两次会议，一次是许崇德教授主持的"宪法与民主"国际研讨会；另一次是李步云主持的"宪法比较研究"第二次全国研讨会。本文作者在这两次会议上提出并论述了宪政"三要素"说（民主、法治、人权），其他一些中外学者也就此问题作了广泛探讨。

和实行的灵魂、方向、目的与支柱。

"宪政"这一概念并不是一成不变的。它过去是，今后也将会伴随着人类文明的日益进步而不断发展与丰富其内涵。传统的宪政概念以民主和法治为其基本要素。随着人类物质文明与精神文明的提高，以及国际交往的日益密切，特别是二战给人类带来的巨大灾难，人权问题日益为全人类所特别关注，人权保障成为宪政概念的基本要素，并逐步为越来越多的学者和政治家所承认和重视。事实上，民主与法治的主要原则和基本内容也是在不断发展变化的。

宪政的理论与实践，都是共性与个性的统一。在利益的追求和享有上，在道德价值的判断和取向上，全人类有着共同的、一致的方面，决定着宪政具有共性；而在不同国家和民族之间又存在着种种差异和矛盾，因而宪政又具有个性。民主、法治、人权的基本精神和主要原则适用于世界上任何一个地方，是全人类共同要走的道路，但是，各国宪政的具体表现形式、实现宪政理想的具体步骤，则由于不同国家、不同民族在经济、政治、文化方面的历史传统与现实条件不同而有差别。否认或夸大宪政的共性或个性的任何一个方面，都是不正确的、有害的。

二 民主

民主的精髓，是"人民主权"原则。林肯提出的"民有、民治、民享"，是对"人民主权"原则基本精神的一种很好的概括和表述。首先，国家的一切权力属于人民；政府的权力是由人民所赋予，政府超越宪法所规定的权限，就是越权与非法。其次，人民是国家的主人，政府是人民的公仆；政府代表人民行使权力，政府要受人民的监督。最后，政府一切活动的目的，是为全体人民谋幸福，而不是为某个组织、团体、政党或少数人谋私利。

"人民主权"原则需要通过一系列民主的基本内容、基本制度体现出来，并予以保障。我认为，以下四项民主的内容与制度是最基本的，并适用于任何国家。（1）政府应由普选产生，这种选举应是自由的、公正的，要能真正反映出选民的意志。（2）被选出的国家权力机关要能真正掌握和行使国家权力，不能大权旁落，而为其他并非普选产生的某个人或某一组织所取代。（3）国家权力结构应建立和完善分权与制衡机制，以防止权力不受监督而腐败。（4）人民应当充分地享有知情权、参政权、议政权和监督权，借以保证在代议制条件下国家权力仍然真正掌握在人民手里。一个国家如果坚持了"人民主权"原则，切实建立和实施了以上基本制度，就是实现了宪政的一个基本要素——民主，就是为实现宪政奠定了基础。

民主作为宪政的第一个要素，它的第一个基本内容，就是国家权力机构必须由真正的普选产生。世界上除了极少数小国可以实行直接民主（由人民自己组成某类机构，直接行使立法、司法、行政权）外，绝大多数国家只能实行代议制，即通过普选产生政府（如议会、总统、执政委员会等），由政府代表人民掌握和行使国家权力。政府的合法性需要人民的认可；其基本形式就是人民通过选举产生政府和更换政府，因此，保证普选的公正性具有极其重要的意义。由于各种复杂的原因，独裁者个人、某些军队或政党非法干预、操纵、控制选举使其不能充分反映选民的自由意志，这在当今世界上还比比皆是。这是同宪政不相容的。现在，有些国家由于国内矛盾尖锐，或是由联合国出面监督选举（如柬埔寨），或是自愿放弃部分主权而邀请国际知名人士监督自己国家的选举，这种情况今后还有增多的趋势。

中国实行的也是代议制，人民代表大会制度就是代议制的一种形式。有人批判代议制，认为它是"资本主义国家的政权组织形式"，① 这是不正确的。1953 年，中国制定了第一部选举法，开始实行普遍选举。其原则是选举权的普遍性和平等性，直接选举与间接选举相结合，实行无记名投票。1979 年 7 月公布新选举法，以后又作了修改。改进的地方主要有：除中国共产党、各民主党派、各人民团体可以联合或单独推荐代表候选人外，又规定"任何选民或者代表有三人以上附议，也可以推荐代表候选人"。实行了差额选举；县一级改间接选举为直接选举。但是，由于种种复杂原因，在实际选举中，过去那种"上面定名单，下面画圈圈"的弊端现在仍然没有得到根本性的改变。在我看来，要改革选举制度，关键还是

---

① 《中国宪法学若干问题讨论综述》，吉林大学出版社 1992 年版，第 286 页。

要从认识上解决一些思想理论问题，其中有两条很重要。一是要真正了解在选举中引进"竞争"机制的重要性。要懂得，共产党的组织和党员，只有使自己永远处于内部的和外部的平等竞争中，才能保持本身的青春活力，才不致停滞、倒退和腐败。二是要真正相信广大人民群众。允许选举人自己提候选人，搞差额选举，这都应当是最起码的民主要求。总想依据少数人的判断与愿望来安排人选，不相信多数人的看法的正确性（多数情况下），在认识上就是不正确的，效果是不可能好的。

民主的第二个基本内容是，经过普选合法地产生的政府要真正把人民赋予的权力掌握在自己手里，而不能允许并非民选的任何个人或组织予以取代。现时代，有三种情况属于后者：一是国家权力实际掌握在并非民选的少数独裁者手里，他们也许是通过合法继承而握有权力，也许是通过非法篡夺而掌握权力；二是军队长期代替政府掌握国家权力；当然，如因战争、严重自然灾害或严重政治危机等特殊情况而在短期内掌握国家权力是例外；三是某一政党不按现代政党活动的民主原则行事而实际掌握政权。这里所指的民主原则有三个内容：（1）该政党自身应当按民主原则进行组织与活动，其路线与政策不能由一个或少数几个领袖人物说了算，广大党员应能充分自由地表达自己的意志并真正起作用；（2）党与党之间，包括执政党与在野党（包括合作党）之间，在政治地位上是平等的，它们在政治活动中平等地接受人民的选择，平等地接受人民的监督；（3）执政党不能凌驾于国家权力机关之上，不能把权力机关仅仅当做摆设。任何一个国家如果存在上述情况，就不能认为它是实行宪政。

中国共产党自1978年召开十一届三中全会以来，一直把批判与克服个人迷信与家长制作为增进党内民主的主要措施，努力改善中国共产党同各民主党派的相互关系，力求提高各民主党派作为现代政党应有的独立品格；克服"党政不分"、"以党代政"的弊端，否定把各级人民代表大会当做"橡皮图章"的错误观念和做法。无疑，这一切努力都是正确的，但是这三个方面的改革还有很长的路要走。中国政治体制改革的核心一环，中国实现宪政包括健全民主、厉行法治、保障人权的关键所在，是党的领导的改革。这已经成为很多人的共识。

民主的第三个基本内容是，国家政权体系无论采取什么结构形式，都必须采用分权与制衡原理，以防止某一机关或个人权力过分集中而滥用权力，胡作非为。权力不受制约，必然导致腐败，这是一条铁的规律。分权学说主要是由洛克奠定基础，由孟德斯鸠进一步发展与完善的（由两权分立发展为三权分立）。最早最成功地运用分权制衡理论于政治体制实践中的是美国。一方面，美国宪法确立了典型的立法、行政、司法三权相互分立与制约的政府体制；另一方面，它又成功地运用分权原理，建立了联邦与各州的分权原则。中国学者一般认为三权分立是分权理论的具体内容与形式及其运用，而不了解分权理论同样可以运用于中央与地方的权力划分与结构中。这一点值得注意。美国宪法对分权学说的成功运用给实践带来的好处，一是保证了民主体制的正常运作，防止了专制独裁的出现，保证了国家在政治上的长久稳定。；二是保证了国家政策与法律制定的相对正确，避免了出现全局性的错误；三是调动了中央各个部门以及地方各级政府的主动性和积极性，保证了权力运作和政治生活的活力。美国宪法对分权学说的成功运用，对全世界都产生了广泛的和深远的影响。

中国自 1978 年以来，曾多次发起对"三权分立"的批判。这种批判在理论上是很难成立的。（1）有人说，国家主权是统一的、不可分割的。孙中山先生早就回答过这个问题。他在论述"五权宪法"① 时曾提出，主权与治权是两个不同的概念。立法、行政、司法的分立，是治权的分工，而不是主权的分裂。（2）有人说，"三权分立"是相互扯皮，导致政府效率不高。在政治与行政领域，民主与效率有时是有矛盾的，权力分立与制约，有时的确会影响决策的速度与效率，但是，分权与制衡可以防止独裁专制，保证决策科学，避免少走弯路，因此，从总体上看，工作效率是高而不是低。况且，宪法通常都有规定，在国家处于某种紧急状态时，宪法都赋予某些权力机关有紧急处置局势的权力。（3）有人说，各国国情不同，"三权分立"不能照搬。照搬当然不对，但权力需要相互制衡的原理是其精髓，这是不能否定的。有人正是以反对照搬三权分立的具体形式为理由，而拒绝接受分权与制衡这一原理的合理内核。（4）有人说，"三权

---

① 孙中山提倡五权（立法、司法、行政、考试、监察）分立，就是一种对分权理论的创造性运用。

分立"是建立在西方的商品经济与经济利益多元的基础上的，在社会主义
制度下不适用。这有一定道理。但是，社会主义高度集中的计划经济模式
已被证明不仅妨碍生产力高速发展，而且是产生政治权力过度集中这一严
重弊端的经济根源。中国正在放弃计划经济而实行市场经济。在这种条件
下，国家机关的职能、中央和地方权力的配置，都将发生重大变化，从而
使分权与制衡更加成为必要。

　　1962 年，毛泽东在同英国蒙哥马利元帅的著名谈话中，曾多次提到，
新中国成立后一直没有解决好中央集权与地方分权的相互关系问题。40 多
年来，虽然经过多次"放放收收，收收放放"，但基本上是原地踏步，权
力过分集中在中央，地方政府缺乏主动性、积极性、创造性的严重弊端始
终没有得到解决。从宪法的规定看，除了 5 个民族自治区及一些自治州、
县享有较大的自治权外，各省、市的自主权力是极其有限的。特别是，在
过去十分强调中央的路线和政策高度集中统一的长期形成的传统和习惯
下，宪法上规定的地方上的自治权和自主权事实上也很难得到实现。这种
情况只有在实行市场经济的条件下才能得到根本改变。1988 年七届全国人
大第一次会议通过决议，给予首先实行改革开放的广东省深圳市立法权，
就是市场经济必然要求扩大地方自主权力的一个突出例证。现在，中国的
省、地、县各级地方政府的权力正在迅速扩展和加强，它已经对经济的发
展起了巨大的推动作用，它也必将对中国的民主宪政建设产生深远影响。
现在，地方权力扩大的过程还刚刚开始，中国只有经过若干年市场经济的
发展和经验的积累后，中央与地方权力配置的合理模式才有可能逐步确立
下来。①

　　民主的第四个基本内容是，人民必须享有充分的知情权、参政权、议
政权和监督权。在实行代议制民主的条件下，人民享有上述基本权利，是
实现人民主权原则的重要保证。知情权的含义是，除了重要的、必要的军
事、安全等机密外，国家的一切政治、经济、文化活动都要向人民公开，
人民有权了解国家在各个方面的发展情况，了解国家制定政策和法律的过

---

① 张友渔的《关于中国的地方分权问题》一文扼要地介绍和分析了宪法的有关规定和现状。该
文载《中国法学》1985 年第 2 期。

程，了解自己选出的代表在各种国务活动中的立场和观点，这是人民行使其他政治权力的基本前提。什么事情都向人民"保密"，是同现代宪政根本不相容的。参政权的内容除了选举权和被选举权外，还可直接参与国家制定和执行政策与法律的讨论，包括参与对某些重大国是问题的全民公决。议政权是人民享有充分的言论自由，享有发表各种政见的权利。监督权包括对议员（人民代表）和政府工作人员的监督，人民有权批评、检举、揭发、控告各级官吏直至国家最高领导人。在中国，为了进一步完善政治权利的保障体制，一是要加紧制定新闻法、结社法、出版法、国家赔偿法等一系列法律，立法指导思想的着眼点亦应是保障公民的权利与自由，而不应是无理的、过多的限制权力的行使；二是要采取各种实际措施与步骤保障人民能够真正实际享有上述各项政治权力与自由。在这方面，中国还有很长的路要走。

三　法治

法治是宪政的第二个要素。法治与人治的对立，无论是在西方还是中国，都已经有了几千年历史。[①] 但是，近代意义上的法治却是资产阶级革命的产物，它以民主为基础，以全体公民在法律上享有平等权利为重要特征，从而同古代法治相区别。亚里士多德主张的法治，奴隶并不能享有；而中国古代法家的法治，则是以专制主义为前提。近代意义上的法治主要包括以下基本原则：（1）国家需要制定出以宪法为基础的完备的法律，而这些法律必须充分体现现代宪政的精神；（2）任何国家机关、政党和领袖人物都必须严格依法办事，没有凌驾于宪法和法律之上的特权；（3）宪法和法律应按照民主程序制定和实施，这种宪法和法律也能充分保障民主制度与人权；（4）法律面前人人平等，法律的保护与惩罚对任何人都是一样的；（5）实现司法独立，以保证法律的公正与权威。现代法治，既是现代

---

① 古代中国的儒家主张人治，法家主张法治；古代希腊的柏拉图主张人治，亚里士多德主张法治。那两次大论争，在中外历史上都曾产生过深远影响。从那时到现在，人治与法治孰优孰劣，一直没有停止过争论。

文明的产物，又是它的重要表现。现在，法治概念已经为越来越多的学者和政治家所接受，建立一个民主的法治国家，已经成为全人类为之共同奋斗的理想。因为，只有在一个法治国家里，政治才能得到长期的稳定，经济才能得到持续的发展，社会才能得到全面的进步，正义才能得到牢固的树立，人权才能得到可靠的保障。

20世纪90年代早期与中期，中国学术界曾就法治与人治问题展开一场大辩论，法学界有影响的学者几乎都就此问题发表过看法，不少党和国家的领导人也表示了态度。争论中出现过三种彼此完全对立的观点，第一种，认为法治与人治根本对立，主张倡导法治，反对人治（简称"法治论"）；第二种，认为法治与人治都需要，主张法治与人治相结合（简称"结合论"）；第三种，认为法治概念不科学，主张抛弃法治这一概念（简称"取消论"）。作为一个学术理论问题，直到今天，争论也并未最后结束，没有人也不需要有人对此作出结论。但是事实上，第一种意见占了上风。现在，法治的概念、"以法治国"的口号，已经为执政党和政府的一些重要文件以及党和国家领导人的讲话所采用；建立"法治国家"已经成为中国法制建设的一个重要指导思想；"要法治，不要人治"，已经成为国家工作人员和广大公民的共识和思想理论武器。我认为，法治与人治问题，既十分复杂，又相当简单。"结合论"说，法是死的，它要通过人制定，要依靠人执行。好比法是武器，人是战士，必须让武器和战士相结合，才能产生战斗力。其实，法治与人治完全不是这个意思，并不是法治意味着法的作用重要、人治意味着人的作用重要。法治和人治都有自己特定的含义。从古今中外的历史看，法治与人治是作为一对相互矛盾与对立的概念而出现和存在的。它们之间的论争与对立，主要集中在两个问题上。

第一，作为一种治国的理论，主张法治的人认为，一个国家能否兴旺发达和长治久安，主要不在一两个领导人是否贤明，而是主要依靠建立一个好的法律和制度；主张人治的人则不同意这种看法，而是认为，国家的兴旺发达与长治久安，应当寄希望于有一两个好的领袖人物，即所谓"为政在人，人存则政举，人亡则政息"。亚里士多德在反对柏拉图的人治论、中国法家在反对儒家的人治论时，都曾提出过许多精辟的有说服力的论据。第二，作为一种治国的原则，法治论者主张法律应当具有至高无上的权威，任何领袖人物与组织都应当依法办事，即国家应依法而治。相反，人治论者认为，要强调人的权威，国家可以依人而治。为什么在中国，法治论会受到越来越多的人的拥护呢？这是因为，在中国，提倡法治、反对人治，有十分重要的现实意义。首先，中国的各级干部和广大人民长期以来就有一种观念，即把国家现在与未来的希望，都寄托在少数几位好的领袖人物身上，因而长期不重视民主和法制的建设，结果出现各种政治弊端，以致不能依靠法律和制度去防止"文革"悲剧的发生和发展。其次，法律没有权威，个人迷信、权大于法、长官意志、个人说了算的现象十分严重。倡导法治、反对人治，就是要纠正和克服、消除这种现象。由此可见，"法治论"是正确的、进步的，"结合论"则是不正确的，有害的。①此外，"取消论"之所以是不正确的，是在于持这种观点的人也没有搞清楚"法治"的真正含义及其现实意义。例如，他们说，"法治"概念中，治理国家的主体是"法"，而"法"是死的，它怎么能治理国家呢?! 又说，既然可以提"以法治国"，为什么不可以提"以党治国"、"以教育治国"呢？因为治理国家中，党的作用、教育的作用也很重要。显然，这是完全脱离了法治概念的特定含义而陷入了文字游戏。② 就中国目前情况看，要建立一个法治国家，在理论认识上已经取得一定进展，今后的主要问题是要建立与健全一系列行之有效的实现法治的基本制度。在这一方面，中国现在的差距是很大的。

　　维护法律至高无上的权威，是实现法治的关键。要做到这一点，需要多方面的条件，但最根本的还是要依靠一套好的制度。建立与完善宪法监督体制就是一项根本制度，这是西方建立法治国家的一条重要经验。宪法监督制度以司法审查为主要环节，但其内容更为宽泛，还应包括对领导人的弹劾、对议员（人民代表）的罢免、对宪法的解释、对侵犯人权的保障，等等。虽然各国行使宪法监督职能的组织形式不一，如美国由最高法

---

① 李步云：《法治与人治的根本对立》，载《法治、民主、自由》，四川人民出版社 1985 年版，第 121—138 页。

② 李步云：《法治概念的科学性》，载《法制、民主、自由》，四川人民出版社 1985 年版，第 139—155 页。

院负责司法审查，德国有宪法法院，法国有宪法委员会，还有其他各种宪法监督的组织形式，它们的职权与程序也各不相同，但它们都有一些共同的特点和基本的发展趋势，这就是，需要有专门的机构负责宪法监督，这种机构要有独立性和很大的权威，要有明确的具体职权，要有完备的工作和诉讼程序。在中国，法律之所以缺少权威，首先是宪法缺少权威，一个根本原因，就是没有设置专门的宪法监督机构和程序。中国现行宪法第67条规定，由全国人大和它的常委会"监督宪法的实施"。由于没有专门机构和程序，这一条形同虚设。自1982年以来，没有行使过一次违宪审查，也没有行使过其他方面的宪法监督职能。现行宪法在起草过程中，不少专家学者和人民代表都曾建议设置专门机构与程序，但由于各种原因，这个问题始终没有解决。现在10年时间白白耽误了，这应当说是中国近十几年以来，法制建设中的一个重大失误。

近几年，有关部门正在起草全国人大和人大常委会监督法。其重要内容之一，就是试图建立专门的宪法监督机构，规定它的职权和工作程序。然而，这一立法活动却步履维艰。想设计出一个比较理想的模式并不难，问题的关键是决策当局有没有决心把这一机构搞得很有权威并富有成效。有人不同意，军委应受全国人大和人大常委会的监督，这是没有道理的。按照宪法规定，军委是国家机构的组成部分，受全国人大和人大常委会的领导，它是应当向全国人大和人大常委会报告工作的，但过去10年从来没有这样做。有些军事方面的机密事项可以免报告或召开人大常委会的秘密会议，但大多数事项都是可以也应当向国家权力机关报告的。如果前任军委主席和现任军委主席能亲自到人大常委会定期报告工作，对于提高国家权力机关和宪法的权威肯定会起显著的积极作用。有人不同意中国共产党应受全国人大和人大常委会监督，也是没有道理的。宪法第5条明确规定："一切国家机构和武装力量、各政党和各社会团体、各企业事业组织都必须遵守宪法和法律，一切违反宪法和法律的行为，必须予以追究。"这里所指的"各政党"，当然包括共产党在内。根据客观形势与条件的变化以及主观认识的发展，党认为需要制定和推行某种新的方针与政策，它在推行之前，应当通过严格的、充分的民主程序，使之变为国家的政策，或者修改现行法律和制定新法律。党不能置现行的国家政策与法律于不顾，而径自推行自己的政策，否则，应被视为违宪。在研究建立宪法监督机构时，完全不必担心它会束缚执政党的手脚；实际上是应当有一些"束缚"，因为这对执政党自己是十分必要的、有益的。

坚持司法独立是实现法治的一个必要标志，它是权力分立与相互制衡的一个重要环节，对保证法律的公正与权威、维护法制的统一、保障民主与人权，都有极重要的作用。在司法独立的问题上，现在的状况虽然比以前有很大进步，但仍然存在不少缺陷。主要是：（1）立法不完善。"七五宪法"和"七八宪法"都把司法独立的规定取消了。"八二宪法"虽然恢复了这方面的规定，是进步，但规定本身还有问题。现行宪法第126条的规定是："人民法院依照法律规定独立行使审判权，不受行政机关、社会团体和个人的干涉。"那么，立法机关、共产党的组织就可以干涉？当然不可以。"干涉"是个贬义词，它同"领导"是两个完全不同的概念。立法机关（权力机关）和执政党可以"领导"司法机关，但不能"干涉"它独立行使审判权。审判"林彪、江青反革命集团"（1980）时，全国人大常委会也只是批准成立了"特别审判庭"和"特别检察庭"，究竟如何对被告定罪量刑，要由"特别审判庭"决定。因此，这一条应当修改，以恢复"五四宪法"的规定较为恰当。1954年宪法的规定是："人民法院独立进行审判，只服从法律。"（2）同宪法关于司法独立的规定有密切联系，就是党委审批案件的制度①应当完全取消。1979年9月，党中央曾发布指示取消这一制度，但后来在开始实行"从重从快"的刑事审判政策时，又部分恢复了。即使是法院、检察院、公安部门有意见分歧的案件或所谓"疑难案件"也不应当由党委或党的政法委员会②审批。三个机关有

①　"党委审批案件制度"是长期实行的一种内部制度，始于何时，有待查考。其主要内容是：第一，检察院批准逮捕的案件，要报送同级党的委员会审查批准后，检察机关才能执行。第二，法院审理刑事案件，如何定罪量刑，要报送同级地方党的委员会审批，才能决定和宣判。其中又有"先审后批"和"先批后审"之分。"先审后批"是法院先对案件进行调查、庭讯，并提出是否有罪和如何定罪量刑的意见，报地方同级党委审批后再作最后决定和宣判。"先批后审"是法院对案情作初步调查后，先报送地方同级党的委员会讨论，作出如何定罪量刑的处理决定，而后由法院履行审判程序和手续。由于党委需要讨论和处理的事情很多，有时就由党委内主管政法工作的书记个人审批案件。

②　"政法委员会"是县以上地方党的委员会内设置的一个机构，由该地方的党委内主管政法工作的负责人以及法院、检察院、司法、公安、民政等部门的领导人参加，其任务是协调处理该地方有关政法工作的各种重大问题。

时对某些案件有不同看法是正常现象，否则就没有必要设置它们实行分工与制约，况且法律明确规定有详细的诉讼程序来处理这种矛盾。法院独立行使审判权，是宪法赋予法院的权力，如果某些案件如何定罪量刑最后要由党委或党的政法委员会决定，那等于是在法院系统之外还有另外一个不公开的、权力大于法院的最高的"审判"机构，显然，这是完全违宪的。（3）不应当把行政管理办法运用到法院工作中来。过去存在的院、庭长审判案件的制度就是一例。最高人民法院最后接受了学者的意见，明令取消这一制度是正确的。① 近几年来，又出现了一种"请示"制度，即下级法院遇到某些疑难案件，在作出判决或裁定之前，先向上一级法院请示如何处理。这也是有弊病的。因为，上一级法院事先对案件如何处理已表示过意见，那么，两审终审制的上诉审，有时就会形同虚设。

在一党制国家里，要实现法治，一个根本问题是要正确处理好执政党的政策和国家法律的关系。这无论是在东方还是西方，情况都一样。在中国，实际的立法、司法、执法中存在这个问题，理论界对此也有尖锐的意见分歧。以下三个问题是需要着重解决的：（1）有人认为，执政党的政策和国家法律的相互关系，可以用这样的公式来表述，即"党的政策是国家法律的灵魂，国家法律是党的政策的工具"。教育部主持编写的法理学教科书和不少法理学著作就一直持这种观点。我个人不同意这样的看法。② 我认为，党的政策也好，国家法律也好，其灵魂应当是，反映人民的意志和愿望，维护他们的利益和满足他们的要求，体现社会发展的规律和现时代的时代精神，尽快提高这个国家的物质文明与精神文明的发展水平。如果只是简单地片面地说政策是法律的灵魂，那么党的政策的灵魂又是什么呢？如果党的政策有错误（有时是难免的，历史一再证明过这一点），是不是法律也应跟着发生错误呢？执政党的政策对国家法律的制定是起一定

---

① "院长、庭长审批案件制度"，始于何时，有待查考。其含义是，审判庭审理案件时，其处理意见要报院长或庭长审查同意后才能作出最后决定并审判。院长、庭长可以改变案件的定性和处理。参见刘春茂《对法院院长、庭长审批案件制度的探讨》一文，载《法学杂志》1980 年第 2 期。该文第一次提出取消这种制度。

② 参见李步云《政策与法律》，载《法制、民主、自由》，四川人民出版社 1985 年版，第 62—65 页；《论法制改革》，载《法学研究》1989 年第 2 期。

指导作用的，但是在立法机关中，非执政党的成员也完全有权利批评、拒绝或提出修正执政党的某些政策，这应当是现代民主的起码要求。至于把国家法律当做实现执政党政策的"工具"，就更是颠倒了党的政策和国家法律在社会生活与政治生活中的地位和作用。把国家法律当做实现执政党政策的工具，实际上就是把国家当做了执政党的工具。执政党在国家政治生活中可以起主导的、领导的作用，但执政党绝不可凌驾于国家机构之上。执政党应当为国家服务，而不应当是国家为执政党服务。本来，这个问题是可以平等讨论的，但有人却把作者的观点说成是"自由化"思想，这就完全离谱了。（2）当党的政策和国家法律发生矛盾时，是按党的政策办事，还是按国家法律办事，学者们对此有三种不同的回答。第一种意见主张按政策办；第二种意见主张按法律办；第三种意见主张，"你个人认为哪方面正确，就按它的规定办"。我是持第二种观点，主张按党的政策办的理由，一是政策是法律的灵魂，法律是政策的工具，前面已指出这是不正确的；二是法律的稳定性大、执政党的政策能比较快地反映现实生活的发展变化。问题在于，执政党的政策只代表执政党的主张，仅对党员具有约束力，只有国家法律才对全体公民具有普遍约束力，党的政策要变成国家法律，必须经过严格的、完备的立法程序。因此，国家法律的适用效力当然要比党的政策高，这是现代民主的惯例。执政党根据情势的变化，可以制定新政策，但它不能不顾现行法律而推行新政策，它应当通过修改或制定新的法律来实施自己的政治主张。至于第三种意见，显然是不行的，如果每个人都依照自己的判断，或按政策办，或按法律办，那势必各行其是而天下大乱。（3）应当把执政党的政策同国家的政策严格区别开来。过去在理论上和实践上都没有注意这种区分，是不正确的。执政党的政策应当通过一定的民主程序，才能变为国家的政策。严格履行这一民主程序，有利于国家政治生活的进一步民主化。①

---

　　① 参见李步云《政策与法律》，载李步云《法治、民主、自由》，四川人民出版社 1985 年版。同时，还应指出，由党的组织同国家机关共同签署和发布某些规范性文件是不可取的，它是"党政不分"弊端的一种明显的表现。

四　人权

　　人权得到充分的保障，是宪政这一概念的第三个基本要素。相对于人权来说，民主与法治都是手段，是实现人权这一目的的手段。当然，目的与手段这对范畴具有相对性。就民主本身来说，又有两重性。民主制度、民主程序、民主方法是手段；而民主权利，即公民的各种政治权利（它们也是属于民主的范畴），则是目的。法治也有两重性。作为一种治理国家的原则和方法，它是手段；同时，法律又体现着正义，而正义历来是人们所追求的一种理想。然而，在任何时候和任何地方，在任何意义上，人权都不是手段，而是目的。因为，人权的充分享有，体现了人在物质生活和精神生活方面需要的全面满足，是人类最高的、最终的价值追求。现代宪法有两个基本的和实质性的具体内容和社会功能。宪法详细规定国家机构的产生、组成、职权、程序和相互关系，是要正确解决国家的"权力"（power）问题；宪法详细规定公民应当享有的各种人身人格权利、政治权利与自由，以及经济、社会和文化权利，是要切实解决保障公民的"权利"（rights）问题。但是，"权力"本身不是目的。国家机关及其工作人员通过宪法从人民那里得到权力，其目的是运用权力为人民服务，是为了仆人能很好地为主人效力，也就是为了更好地保障与充分实现全体公民的各项人权。有人指出，中国现在是以经济建设作为中心任务，中国宪法的目的主要应当是发展经济而不是保障人权。实际上，这并不矛盾。以经济建设为中心，无疑是十分正确的，但发展经济本身并不是最终目的。我们不是为经济而经济。发展经济是为了提高全体人民的物质生活水平，并为其他方面的发展创造经济条件，归根结底，还是为了人民的经济权利和其他方面的权利得到满足、实现和保障。人权是个内涵十分丰富的概念，中国国务院的人权白皮书就是这样理解的：人权内容十分广泛，生存权是首要人权，发展经济，主要就是为了保障生存权，并使这一权利的质量不断提高。因此，把保障人权作为宪政的一个要素，作为它的目的，这一观点是正确的。

　　在中国，为了保障人权的充分实现，需要有正确的人权理论作指导。

其中有三个基本理论问题是需要着重解决的。第一个问题是：人权的本原（来源）是什么？我认为，人权是人按其自然属性和社会本质所应当享有的权利。换言之，人权的产生是由人自身的本性或本质所决定的。人的本性的两个方面，即自然属性与社会属性是统一的、不可分割的。一方面，有社会，有人与人之间的各种关系，才会产生权利问题。社会政治、经济、文化的发展水平与各种社会关系的性质与状况，对人权的存在和发展是有很大影响的。另一方面，生命（生命不被剥夺）、安全（身体不受伤害）、自由（思想与人身不受禁锢）和追求幸福（要求过更好的物质与文化生活）是人的一种自然本性。这种自然本性，是推动人权向前发展的永不枯竭的内在的动力；而人的社会本性，经济、政治、文化等社会因素，则是人权发展的外在条件。这种人权产生、存在与发展的内因与外因是缺一不可的，但是，相比较而言，人的自然属性对人权具有更根本的意义，因为人的自然本性是人权的最后归宿和目的。换句话说，我们之所以要充分保障人权，归根到底，是为了满足人的人身人格、物质生活与精神生活等方面的需求。改革各种社会关系，发展经济政治文化，目的还是要使人各方面生活更幸福。这是有关人权本原问题的比较完备的理论。有的中国学者只讲人的社会本性，不讲人的自然本性，这是说不通的。如果我们在考察人权本原问题的时候只承认人的社会性，不承认人的自然性，人人都成了没有欲望、没有要求、没有理想、没有德性的木头，人权怎么会存在？人权又有什么意义？坚持人权本原问题的上述正确观点，在实践上具有如下重要意义：第一，它否认人权是任何外界的恩赐，这就为广大人民争取与维护自己应当享有的人权而斗争提供了一种有力的武器；第二，如果只讲人的自然属性（如"天赋人权论"所主张的），不承认人的社会属性，就会忽视改革各种社会制度，发展经济、政治、文化对保障人权的重要意义；第三，如果只讲人的社会属性，不承认人的自然属性，就会忽视对"人"自身的研究，保障人权就会失去明确的和正确的方向与目的，就会夸大社会条件在人权保障中的意义和作用。

需要着重解决的人权基本理论的第二个问题是，政治权利和经济、社会、文化权利的关系。这在全世界都是一个有争议的问题。北方（发达国家）批评南方（发展中国家）不重视政治权利的保障，南方回答说："如果一个人天天饿着肚子，言论自由对他又有什么意义?"南方批评北方片面强调政治权利的保障，北方辩解说："如果一个人的舌头都不属于他自己（无言论自由），他活着还有什么意义?"从总体上来说，经济权利确实是第一位的，因为一个人首先要吃饭、穿衣，然后他才能去从事政治及科学艺术等活动，但是，在人类社会的物质文明和精神文明已经发展到如此高的水平的现时代，只是强调或仅仅满足于解决人民的温饱问题，显然也是不妥当的。因此，我认为，任何国家都应当对这两类人权予以同样的重视。事实上，现在的国际人权文书已越来越重视和强调这两类人权的相互依存和不可分割，这一点也已越来越成为人们的共识。然而，这仅仅是就指导思想的一般要求而言。从人权的具体发展战略看，由于各国具体国情不同，各国可以选择其优先发展的重点，可以着重注意克服过去在发展这两类人权上认识方面的片面性。在中国，有的人片面强调保障经济权利，是不正确的。中国是属于发展中国家，因此，它实行以经济建设为中心、经济体制改革与政治体制改革同时并举的发展战略是正确的；但从指导思想与总结历史经验看，中国同所有社会主义国家一样，过去它仅重视对经济权利的保障，而忽视了对政治权利的保障。这有多方面的原因。中国曾在很长一个时期没有重视民主与法制建设，以致出现过"文革"十年那种人权遭到任意践踏的历史悲剧，就是理论上的失误在实践上带来的严重恶果。现在，人们普遍要求加快政治体制改革的步伐，要求加强对公民政治权利与自由的保障，不是没有道理的。

人权基本理论需要着重解决的第三个问题是，个人人权与集体人权的关系。这个问题同前面讲的问题有一定的联系。因为，国际上有的学者认为，政治权利是一种个人人权，经济权利是一种集体人权。但是，个人人权与集体人权还有多种含义和内容。一国内少数民族、妇女、儿童、残疾人等应享有的权利，以及国际上的民族自决权和发展权，都是集体人权。有时候，国家利益和集体利益也被视为一种与个人权利相对应的集体权利。一方面，我们应当承认，个人权利和集体权利是统一的、不可分割的，要予以同样的重视；另一方面，又要看到个人权利是集体权利的基础，因为任何集体都是由个人组成的，任何集体从国家或者国际社会的人权保护中所获得的权益，其出发点都是组成这个集体的个人，其实际受益者也是个人，否则，集体人权就失去了任何意义和存在价值。因此，人权保障应以个人权利为基础。西方国家一直重视对个人人权的保障，它们现在面临的主要问题是"社会和谐"，是贫富悬殊、种族歧视、男女不平等，等等。社会主义国家则相反，过去一直过分强调国家利益与整体利益而忽视个人利益，因此没有重视对个人权利的保障。这个问题能否正确解决，对维护社会主义的信誉至关重要。

　　在现今世界上，任何国家在人权方面都存在这样那样的问题，区别只是在于，一些国家人权状况很糟，一些国家相对好些。有人不承认中国也有人权问题，既不客观，也十分有害。我认为，逐步改善中国的人权状况，不断完善人权保障机制，在基本指导思想和方针上需要着重解决三个问题。第一，要真正把工作的立足点和基点放在加强国内人权的保障上。研究人权理论是十分重要的，但研究的目的是为了在实践中加强对人权的保障。如实宣传中国的成就是必要的，但只有国内人权保障真正搞好了，这种宣传才有力量。宣传教育也有两个方面，既要肯定工作成绩，也要承认存在问题。人权有国内与国际两个方面，只有国内工作做好了，在国际上的工作才好开展。在国际人权领域，也有两个方面，既要反对对他国主权的侵犯和对内政的干涉，又要积极支持和参与对人权的国际保护，接受合理、合法的国际批评与监督。有的人把研究马克思主义人权理论的目的和意义仅仅归结为两条，一是反对西方的"人权攻势"，二是批评国内的"自由化"思想，这样的指导思想当然是不正确的和十分有害的。第二，要正确分析和把握人权实现的各种主客观条件，加快人权保障体制建设的速度。中国过去之所以发生十年"文革"那类严重侵犯人权的事件而且今天仍然存在各种人权问题，主要原因在于：计划经济体制存在严重弊端，民主与法制建设没有搞好，群众的尤其是领导人的人权意识很薄弱，社会的经济和文化发展水平还不高。这四个方面也正是中国今后为增进人权的实现而需要创设的基本条件。随着市场经济的发展和民主法制的加强，人权制度的建设应当与其相适应。看不到这一点，不在人权保障方面采取相应的步骤，是不正确的。人权的许多内容，包括人身人格权、政治权利与自由的实现，并不直接受经济文化发展水平制约，片面强调中国经济文化落后而在人权领域不作出应有的努力，也是错误的。第三，在完善中国人权保障体制过程中，要充分吸收和借鉴世界各国一切有益的经验。享有充分的人权，是全人类共同追求的理想，现已达到的世界范围内人权理论与制度的成就，是人类共同奋斗的结果。人权既有个性，也有共性。完善中国的人权保障体制，不能照搬外国的模式；但是，人权理论和制度中那些具有共性和规律性的东西，是应当吸取和采用的。

　　人权作为宪政的基本要素，要求一个国家必须制定完备的确认和保障人权的法律。中国虽然在立法方面取得了一定成就，但还很不完备。宪法规定的各项基本人权，不少内容没有通过制定普通法律加以具体化。目前尚未制定或正在制定而尚未颁布的法律主要有：新闻法、出版法、结社法、宗教法、散居少数民族平等权法、老年人权利保障法、劳动法、计划生育法、国家赔偿法，以及人大监督法、律师法、法官法、检察官法，等等；此外，还有一些与人权保障密切相关的法律亟须修改和完善，如刑法、罪犯改造法、民事诉讼法、婚姻法，等等。人权法规不仅需要完备，而且在制定和实施的时候，必须处理好权利保障与权利限制的合理界限。任何权力的行使都不是绝对的，但限制必须适当。必须把保障人权作为制定这些法律的出发点和落脚点。对权力的行使作适当的限制规定，其目的也是为了使权利得到更好的保障。中国在起草游行示威法的过程中，就曾遇到过这种情况，曾经有人主张对公民的这一基本权利作很多不应有的限制，人们曾批评其草案是"不准游行法"。现在，有不少这方面的法律迟迟制定不出来，原因之一，就是不好处理权利保障与权利限制的界限，主要还是"左"的思想在作怪。

　　为了使人权能得到充分的实现，还必须有完备的司法保障体制。在这方面，中国需要进一步解决的主要问题是：第一，要正确处理好保障社会安全和保障个人权利的关系。在刑事审判活动中，这个问题尤其重要。要注意保持好这两个方面的平衡和协调。过去，中国只重视社会安全的保障，而忽视对个人权利的保障，这同中国过去片面强调国家和集体利益而忽视个人利益有很大的关系。第二，要切实把保障人权作为司法工作的一项基本原则和根本的指导思想。要坚持司法中的人道主义原则，严禁各种对罪犯与人犯的非人道待遇。由于刑事被告人在整个诉讼过程中在客观上处于不利的地位以及其他原因，应实行"有利被告"和"无罪推定"原则。其目的是有利于正确认定事实和适用法律，而不是什么"替罪犯开脱"。要贯彻"少杀"政策，走世界的共同发展趋势——"轻刑化"道路；要着重依靠贯彻执行"综合治理"方针来减少犯罪。第三，要尽快取消"收容审查"制度。现行宪法第 37 条规定："中华人民共和国公民的人身自由不受侵犯。任何公民，非经人民检察院批准或者决定或者人民法院决定，并由公安机关执行，不受逮捕。"尽管收容审查在名义上不算正式逮捕，但在限制人身自由的严厉程度上，两者没有什么区别。人身自由是一项基本人权，剥夺人身自由的法律，只有全国人大及其常委会才有权制定。公安部当然无权制定这样的规章。即使是国务院，不经立法机关授权，也无权制定长期限制公民人身自由的行政法规。全国人大及其常委会过去没有今后也不可以作出这种授权决定。①

在国际人权领域，宪政要求一个国家应当积极参与人权的国际保护与合作。国家主权原则与人权的国际保护，都是国际法的基本准则，应求得两者的统一与协调，而不应把它们绝对对立起来。笼统地讲，人权高于主权，或主权高于人权，都是不正确的。如果要作比较，也要具体分析。当人权问题属于一国管辖事项，国际社会与他国不应干涉其内政时，主权高于人权。当人权问题威胁到人类和平与安全，国际社会应当采取行动；或者一国违背自己已经加入的国际人权公约，联合国和有关缔约国有权进行干预时，人权就高于主权。在后一种情况出现的时候，国家主权就不是绝对。在当代，"主权绝对论"已经过时。与此同理，西方有人提出"人权无国界"，中国则有人以"人权有国界"予以对抗。其实，这两种观念都不科学。正确的提法应当是，在前一种情况下，人权是有国界的；在后一种情况下，人权是没有国界的。必须肯定，国际上存在一种各国都必须遵守的人权"共同标准"（它是人权的共性在国际领域的表现），否则，各国都要尊重《世界人权宣言》所宣布的原则和确立的内容、一些国家共同签署和加入一些国际人权公约就将无法理解，各国在国际人权保护上采取

---

① 根据国务院的通知（1980 年 2 月 29 日）和公安部的两个通知（1985 年 7 月 31 日、1986 年 7 月 31 日），收审对象是：有流窜作案嫌疑的人和有犯罪行为又不讲真实姓名、地址、来历不明的人。收审期限 1 个月，经省级公安部门批准，最多不能超过 3 个月。但在实际执行中，往往超过以上两个方面的限制。

种种共同行动就失去了根据。但是，也要承认，在人权内容的某些方面，各国根据自己的国情又可以有不同的标准。人权有其政治性的一面，也有其非政治性或超政治性的一面。要使国际人权问题完全同一个国家的外交政策脱离开来是不可能的。但是，大部分人权问题的处理，应当从维护全人类的共同利益出发，从尊重全人类共同的道德准则出发，而不应当把自己国家的局部利益或意识形态的某些特殊考虑置于它们之上。国际社会采取共同行动制裁南非、以色列、伊拉克等国严重违反人权的行为；国际社会对一系列属于人道主义性质的人权，如对难民、无国籍人、残疾人等的权利保护，都是国际人权超政治和超意识形态的表现。无论什么国家，在国际人权上搞"双重标准"，或把一切人权问题都服从于或服务于本国的利益或意识形态，都是不正确的。这也就是中国提出的必须反对"人权政治化"和"人权意识形态化"的基本含义。它是作为一项原则而不是也不应当是针对某一个具体国家而提出来的。中国是联合国安理会的常任理事国，对国际人权的保护与合作负有重大责任。当前可以和需要采取的一个重要的行动是，尽快加入国际"人权两公约"（《公民和政治权利国际公约》、《经济、社会、文化权利国际公约》），现在世界上已经有110多个国家加入这两个公约。除美国尚未加入《经济、社会、文化权利国际公约》外，其他大国都已加入。显然，这已经是国际大势所趋，人心所向。中国在人权立法上，显然还有一些地方不符合两公约所要求的标准，[①] 但完全可以通过进一步完善立法来解决；对其中的个别条款也可以提出保留或作出自己的解释。中国如加入这两个公约，将对国内人权建设起到重大推动作用，也将在国际上大大提高自己的声誉。

---

① 中国在人权立法方面同国际人权"两公约"相比较，其差距和差异，主要是以下一些方面：第一，《公民及政治权利国际公约》第2条："不同政见者"享有平等权；中国无此规定。第2、9、14条：公民权利受侵犯有权获得救济；中国的国家赔偿法尚未制定和颁布。第6条：未满18岁，不能判死刑；中国刑法规定，16岁以上犯重罪可以判"死缓"。第9条：非依法定程序不受逮捕和拘禁；中国收审制度同它有差距。第12条：公民有国内迁徙自由，有"出国"和"回国"自由；中国无此规定。第14条：无罪推定；中国尚无此法律的明文规定。第14条：不得强迫被告自供或认罪；中国仍在实行"坦白从宽、抗拒从严"政策。第22条：自由结社；中国的结社法仍在制定过程中，如何做到结社自由是一难题。第二，《经济、社会、文化权利国际公约》第6条：自由选择或接受工作谋生的权利；中国尚无自由选择职业权。第8条：人人有权组织工会及加入其自身选择的工会；中国只允许一种工会组织存在。第8条：罢工权利；中国已从宪法中取消这一权利。

五 发展前景

中华人民共和国自 1949 年成立以来，在宪政建设方面已经取得很大成就。同以前国民党统治时期相比，它的进步是非常显著的；但是，也应当肯定，今日的中国还不是实行宪政，还没有达到现代宪政应当达到的标准和要求。前面我们提到的中国现今在民主、法治、人权方面存在的问题可以证明这一点，而且，这也同党和政府的文件以及领导人的讲话所表达的看法相一致。宪法序言和中国共产党章程都明确规定，建设高度的社会主义民主是中国今后一个长时期内的奋斗目标，党的十三大和十四大的报告也都肯定了这一点。这是民主。关于法治，一位领导人在现行宪法颁布前夕同《人民日报》负责人的谈话中，曾经提出一个很重要的论断，即中国需要开始"从人治向法治过渡"。关于人权，江泽民总书记就说过，中国"随着现代化建设的发展，还要实现更高层次的和更广泛的人权"。所有这些都说明，中国还没有实现宪政。宪政应当是中国为求其完全实现而为之奋斗的目标和理想。也许有人要问，中国现在不是实行宪政，那是实行什么？我们的回答是，中国现在正在向宪政过渡，正在朝着这一方向前进。我们之所以需要研究宪政的概念，研究它的基本要素和具体内容，是为政治体制改革寻找与确立一个明确的方向与目标；我们之所以需要分析当前中国现行政治体制中存在的各种问题，是为了探究这一改革需要采取和能够采取哪些实际措施与步骤。

对中国实现宪政的发展前景如何估计，事实上存在着"乐观"与"悲观"两种不同看法。我是属于"乐观"一派。其主要论据有四个。第一，中国正在坚定不移地走建设市场经济的道路，这已经成为绝对不可逆转的发展趋势。民主、法治与人权同高度集中的计划经济格格不入，却同市场经济存在着天然的联系。马克思主义有条重要原理：经济决定政治。从长远看，市场经济将成为中国走向宪政的决定性条件。第二，实现民主，厉行法治，保障人权，是 11 亿中国人的强烈愿望。这种强烈愿望根源于人的本性，而中国 40 多年来走向宪政的风风雨雨，也从正反两方面极大地激发、教育、培养、锻炼了广大人民的民主思想、法治观念和人权意识。

今后的任何领导人都不可能不考虑和尊重人民的这种愿望。第三，从领导因素看，年轻化、知识化将是未来发展的特点和趋势，它符合"长江后浪推前浪，世上新人超旧人"的历史规律。倚重个人的智慧和威望，是中国特殊历史条件的产物，今后将不再存在，而转变为依赖集体领导、依赖民主与法制。新的领导将不再背负沉重的包袱而更富于开拓精神，乐意在一张白纸上画最新最美的图画。第四，现今世界已经出现两大特点，一是科技进步日新月异，人类物质文明与精神文明正在迅猛发展；二是世界一体化进程的发展速度正在加快，各国在经济、政治、文化方面的相互联系、依赖、影响、吸收正在加强。在这种大气候下，任何国家实行闭关自守都将成为历史。这是中国一定要走世界发展的共同道路——实行宪政的国际条件。

在这里，有必要对市场经济同宪政的关系作进一步分析。在以前实行高度集中的计划经济的国家里，市场经济的建立必将促使政治法律制度或早或晚地发生如下四个方面的根本性变化。第一，在计划经济条件下，从组织社会的生产，到管理人民的生活，从政治到经济、文化，事无巨细，政府都管。其特点是"大政府、小社会"；结果是，国家的职能无限庞杂，权力无限膨胀，国家利益高于一切，形成国家主义、国家至上。相反，个人利益被漠视，个人的自由很少，个人的主动性、积极性、创造性的发挥受到很大限制。在市场经济条件下，政企必然分开，国家职能大大缩小，将由以管理为主转变成以服务为主，形成"小政府、大社会"的格局。个人利益将受尊重，个人的自由度将扩大，个人的主动性、积极性与创造性将最大限度地释放出来。总之，国家职能的转变，必将导致国家与个人在地位、作用及其相互关系上，从观念到实践，发生有利于民主、法治与人权的根本变化。第二，在计划经济条件下，经济权力的高度集中必然导致政治权力的高度集中。一方面，它要求各级党和政府的权力集中在少数领导人手里；另一方面，在中央与地方的关系上，又要求权力集中于中央，形成高度的中央集权制。在市场经济条件下，情况将向相反方面转化。机关、学校、工厂、研究所等单位的自主权将扩大，个人决策将逐步向民主的、科学的决策转变；同时，随着地方经济自主权的扩大，地方政治上的发言权和自主权也将随之扩大。这两个方面的变化对民主政治建设都有重要意义。第三，计划经济主要依靠行政手段和方法进行管理，市场经济则主要依靠法律手段与方法来控制、管理、调节。市场经济是一种法治经济，它将为由人治向法治过渡提供现实的经济条件。第四，以自由、平等与人道为基本原则的现代意义上的人权，是伴随着资本主义商品经济的产生而出现的。商品生产和交换的主要特点是，平等主体之间的自由等价交换，因此，商品经济要求，也必将极大地增强人们的主体意识、权利意识、自由思想与平等观念，这将为人权的实现提供坚实的思想基础。现在世界上很多发展中国家都面临着如何解决实行市场经济和民主宪政这两大课题，实际上，这两个问题是紧密地联系在一起的。在中国，随着市场经济的逐步建立，民主、法治、人权在人们观念方面的变化已悄悄地开始，在深圳、海南等开放地区，这种变化是很明显的。

对中国宪政发展前景持悲观态度的人中，也包括一些主张"新权威主义"的人在内。他们中的多数并不是认为实行"新权威主义"比实行民主宪政要好，而是对中国广大民众的民主要求与素质估计过低，对市场经济将给宪政带来的影响认识不足。中国人民特有的历史经历（包括十年"文革"）锻炼了也显示了中国人民良好的民主素质，在他们中蕴藏有巨大的政治潜力。情况并不是也不可能是"新权威主义"论者所想象的那样，"一搞民主，非乱不可"。他们对"四小龙"经验的分析也是静止地观察问题，忽略了它们已经发生和将要发生的变化。我之所以不同意"新权威主义"，还因为，它是一种人治主义，它把国家的希望不是寄托在建立一个好的制度上，而是寄托在一个或少数几个"政治强人"、"杰出领导"身上。即使从稍为长远一点看问题，那也是靠不住的。当党的文件、国家法律以及领导人讲话一再肯定要建设民主政治，政治体制改革要和经济体制改革同时进行，要由人治向法治过渡时，"新权威主义"却另有说法，不仅"强人政治"十分合理，还要加强，这就无异于是在民主政治建设上停步不前，以至倒退。

中国宪政建设的未来发展可能或应当具有哪些最基本的特点，这是本文最后想要探讨的问题。所谓"特点"，是一事物与另一事物相比较而言。实现宪政理想——民主得到充分的发展，法治得到严格的实施，人权得到全面的保障——是全人类必然要走的共同道路。这一历史发展趋势是不以人们意志为转移的。因为宪政是人类物质文明、制度文明、精神文明发展到一定历史阶段的必然产物，也是这三个文明高度发展与发达的重要内容和表现。它存在的合理性和必然性，深深根植于人类的共同本性之中。但是，每个国家又有各自不同的历史传统，不同的现实的经济、政治与文化条件，因而每个国家在实现宪政的三个基本要素及其主要原则的具体表现形式以及实现宪政的步骤与方式上，会有各自不同的特点。我认为，中国宪政未来的发展将具有以下几个值得重视和需要妥当处理的特点：第一，几千年的中国历史文化传统将对未来宪政同时产生正面和负面的影响。积极影响主要有民本思想、社会整体观念、大同思想、重视伦理，等等；消极影响主要是专制主义思想、家长制思想、特权思想、等级观念、轻视权利、轻视个人，等等。从总体上看，消极影响大于积极影响。这同西方的历史传统有某些不同。西方历史上商品经济出现很早，重视个人、重视权利是其特点。因此，在中国的宪政建设中，一方面，要继承历史传统中一切具有人民性和民主性的文化精神；另一方面，又要着重批判与肃清历史传统中与现代民主、法治、人权不相容的种种文化积淀。第二，社会主义在实践和实验过程中的基本教训之一，是重视了社会的整体性，从而给这些国家的劳动群众带来了利益和进步，也对世界历史进程产生过重大影响。但是，它却十分轻视对个人利益的满足和个人自由的保障，从而影响了他们的主动性、积极性和创造性的发挥。因此，重视个人权利（尤其是政治权利）的维护与保障，将是也应当是社会主义宪政发展的一个重要特点。这恰好同西方相反。三百多年来，西方物质文明与精神文明的发展，在很大程度上要归功于对个人利益的尊重和对个人权利的保障，现在西方国家面临的主要问题是如何保障整个社会人与人之间的彼此和谐。第三，自由与平等，是宪政的两个重要的原则，同属人类所追求的最高价值。但是，两者有时又是有矛盾的。它的一个重要表现，就是公平与效率的冲突。中国过去在思想上、政策上、制度上的主要弊端，是"平等"过头而走向了平均主义，自由太少而束缚了各方面的手脚。因此，现在制度上（主要是经济制度，但也同政治制度密不可分）需要解决的主要问题，是克服平均主义，扩大各方面的自由，给地方、企业事业单位与劳动者个人"松绑"，借以调动广大人民的主动性和积极性，提高效率，生产出更多的物质与精神的财富。只有先做到这一点，然后才能抛弃普遍贫困，走向共同富裕。因此，在自由与平等的价值取向上，中国要作出向自由倾斜的重大调整。这同西方世界也是相反的。那里是自由很多，但平等不够（少数国家，如瑞典，可能已经有所不同）。他们面临的主要问题，是如何解决贫富之间、种族之间、男女之间、强者与弱者之间的平等问题。第四，在宪政建设中，将会也需要引进竞争机制。事物无竞争，就缺少生命力，这是一个普遍规律。中国的经济体制改革正在引进竞争机制；政治体制改革也应当引进这一机制。权力机关要搞差额选举，公务员制度要搞考试择优聘任；政党社会团体要引进竞争机制，工厂、学校、研究所也要引进这一机制。害怕共产党和党外人士竞争，甚至害怕共产党员与共产党员竞争，实在是没有道理。在政治领域（也包括思想文化领域）引进竞争机制，是培养人才、正确决策、增强活力、防止腐败的最有效的办法。虽然现在还有很多人未认识到这一点，但它终将成为中国宪政建设的一个重要发展趋势。第五，中国地域辽阔，人口众多，有 50 多个民族，各地经济文化发展也不平衡，因此，在有力地推进宪政建设的过程中，合理地强调社会的稳定，合理地强调政治体制改革的循序渐进，是必要的。避免出现社会大动荡符合人民的利益。但是，这里有一个根本的前提，就是执政党的政策必须正确。关键是，执政党要适应世界发展的历史潮流，满足广大人民的强烈愿望，不断推进经济体制与政治体制的改革，坚定不移地走市场经济和民主宪政的道路。这是中国走向国家繁荣富强、人民富裕幸福的必由之路。别的出路是根本没有的。

后记：

本文是根据 1993 年 2—5 月作者在美国纽约哥伦比亚大学举办的"宪政与中国"研讨会上一系列发言整理而成。本文刊在作者所主持的《宪法比较研究文集（2）》（中国民主法制出版社 1993 年 7 月第 1 版）中。日本西村幸次郎教授已将本文译成日文，发表在 1996 年《阪大法学》第 46 卷第 3 号上。

宪政概念的科学内涵和重大意义

　　"宪政"是近代以来人类共同创造的一大文明成果。它是现代一种理想的政治形态，是各国人民走向幸福的必由之路。无论在西方还是东方，它早已成为共识，但国外和国内学术界对宪政的概念还存在着诸多不同见解。社会主义者一直对"宪政"持完全肯定的态度，并在中国30多年来的实践中取得了举世公认的巨大成就和进步。但是，极个别学术界人士却对"宪政"一词颇多微词，并对政法高层产生了不容低估的负面影响。本文将就宪政概念的科学内涵与外延及其理论与实践意义提出笔者个人的见解。

　　西方学术界对什么是宪政有着各种相同而又相异的表述。例如，路易斯·亨金认为："美国的宪政意味着政府应受制于宪法。它意味着一种有限政府，即政府只享有人民同意授予它的权力并只为了人民同意的目的，而这一切又受制于法治。宪政还意指广泛私人领域的保留和每个个人权利的保留。"[①] C. H. 麦基文认为："在所有相互承接的历史阶段，宪政有着亘古不变的本质，它是对政府的法律限制，它是专政的反对，它的反面是专断即恣意而非法律的统治。"[②] 沃尔特·F. 莫菲认为："为了保护人类的价值和尊严，公民除了必须享有参与政府的权利之外还必须为政府的有效性设定实质界限，哪怕是完全代表人民意志的政府。约翰·E. 费固曾把宪政比喻为奥德赛在被海妖所追赶时，在水中将他自己与船上的桅杆拴在

---

　　① ［美］路易斯·亨金：《宪政、民主、对外事务》，邓正来译，生活·读书·新知三联书店1997年版，第11页。
　　② ［美］C. H. 麦基文：《宪政古今》，翟小波译，贵州人民出版社2004年版，第16页。

一起的绳子。"① 丹尼尔·S. 勒夫认为："从历史上看，宪政的产生总是基于这样的理由，即确定国家的边界并限制国家的管理者。宪政，是一个比法治或法治国更高的抽象概念，其含义与有限国家相当。在有限国家中，正式的政治权力受到公开的法律的控制，而对这些法律的认可又把政治权力转化成为由法律界定的合法的权威。"② 斯特凡·冯·森格和埃特林曾对"欧洲地区比较宪政研讨会"作一归纳，提出："宪政可以被理想地定义为，旨在以大多数人所接受的方式组织政治决策程序的一套自觉规则。""宪政是非个人的宪法统治。""西方宪政的基本前提是政府应当受到限制。"③ 奈维尔·约翰逊提出："第二次世界大战浩劫之后，西欧战后的宪政重建受到了防止灾难重演的愿望的强烈影响。重建的重点放在保障民主政治和尊重人权上，而最重要的是增进社会稳定的政治措施及设立不久前所发生的暴行的政治措施。"④ 综观上述西方有关宪政的定义及其他著名学者或权威词典有关这一概念的论述，都没有超出"民主"、"法治"、"人权"这三个基本概念所内含的要素，并同"立宪"与"行宪"分不开。⑤

---

① ［美］沃尔特·F. 莫菲：《宪法、宪政与民主》，信春鹰译，载《宪法比较研究文集》（3），山东人民出版社1993年版，第2页。

② ［美］丹尼尔·S. 勒夫：《社会运动、宪政与人权》，姚建宗译，张文显校，载《宪法比较研究文集》（3），山东人民出版社1993年版，第274页。

③ 斯凡特·冯·森格、埃特林：《欧洲地区比较宪法研讨会讨论摘要》，苹苹译，载《宪法比较研究文集》（3），山东人民出版社1993年版，第139页。这次研讨会系于1989年9月13—15日在柏林召开。

④ ［英］奈维尔·约翰逊：《1945年以来的欧洲宪政——重建与反思》，载《宪法比较研究文集》（3），山东人民出版社1993年版，第160页。

⑤ 有关宪政概念的表述还可举出如下一些例子。如［美］斯蒂·M. 格里芬认为："宪政正是这样一种思想，正如它希望通过法治约束个人并向个人授予权利一样，它也希望通过法治来约束政府并向政府授权。"（《美国宪政：从理论到政治生活》，载《法学译丛》1992年第3期）。美国学术团体联合会主席凯茨博士于20世纪80年代后期多次主持宪政问题研讨会，最后他将学者们对宪政的看法概括为以下三点：（1）宪政是由一组用于制定规则的自足或自觉的规则构成的，即宪法是"法之法"；（2）宪政是由意识形态和文化决定的一系列特殊道德观点，如尊重人的尊严、承认人生而平等、自有并享有幸福的权利；（3）任何有意义的宪政概念，都必须考虑到"合法性"（国家权力、公共政策和法律的合法性）和"同意"（人民对政府及其行为的承认和赞同）。见李伯超《宪政危机研究》，法律出版社2006年版，第17页。美国政治学家麦克尔文认为："在所有相继的用法中，立宪主义都有一个根本的性质，它是对政府的法律制约……真正的立宪主义的本质中最固定的和持久的东西仍然和其肇端时几乎一模一样，即通过法律限制政府。"见［美］斯科特·戈登：《控制国家——西方宪政的历史》，江苏人民出版社2008年版。

　　中国近代以来，奉行民主主义的政治家和思想家都对宪政理念和制度持肯定态度；对宪政概念的科学内涵尽管具体表述不一，但其基本含义却大体相同。如康有为认为："宪政者，民权公议之政也。"① 肖公权先生说，制宪是国家的百年大计，离开了法治不能有真民主，除却宪法的保障不能有真民权，宪法是民主政治的永久根基；宪法是一切法制的本源，宪法良好，则一切法制才能良好。② 中国民主革命的先行者孙中山先生以"三民主义"为其理论基础、"五权宪法"为其特点的宪政作为他最高的政治理想追求，并提出了"军政、训政、宪政"的发展三阶段及具体时间表。但是后来的蒋介石在他统治中国的 22 年里，完全背弃了中山先生的理想追求，将"宪法"玩弄于股掌之中，不搞民主搞独裁，不搞"宪治"搞"党治"，使人民处于完全无权的地位。是中国共产党人继续高举宪政的旗帜，并将旧民主主义发展到新民主主义，并进而推进到社会主义。1940 年，毛泽东在延安举行的"宪政促进会"上发表了《论新民主主义宪政》的演讲。他说："宪政是什么呢？就是民主政治。"③ 他在这里所讲的"民主"是从其广义上使用的，就像我们现在讲要建设一个"富强、民主、文明、和谐的社会主义国家"一样，后者所用"民主"一词也是广义的，包括法治、人权等内容在内。那时，毛泽东还曾明确提出"自由民主的中国"这一概念。他说："'自由民主的中国'，将是这样一个国家，它的各级政府直至中央政府，都由普遍平等无记名的选举产生，并向选举他们的人民负责。它将实现孙中山先生的三民主义，林肯的民有、民治、民享的原则与罗斯福的四大自由。"④ 1942 年，邓小平在《党与抗日民主政权》一文中曾尖锐地提出，中国共产党绝不应也绝不会像国民党那样搞"以党治国"，因为那"是麻痹党、腐化党、破坏党、使党脱离群众的最有效的办法"。为此，他提出了三个基本观点：一是党的"真正的优势要表现在群众拥护上"，"把优势建筑在权力上是靠不住的"，要保持党在政治上的优势，关键要靠自己路线和政策的正确，从而得到人民的衷心拥

① 《康有为与保皇会》，上海人民出版社 1983 年版，第 489 页。
② 萧公权：《宪政与民主》，清华大学出版社 2006 年版。
③ 《新民主主义宪政》，载《毛泽东选集》第 2 卷，人民出版社 1952 年版，第 726 页。
④ 《答路透社记者甘贝尔十二项问题》，载《中共党史教学参考资料》。

护；二是不应把党的领导解释为"党权高于一切"，甚至"党员高于一切"，即不应将党凌驾于国家政权之上；三是办事不能"尚简单避复杂"，不能"以为一切问题只要党员占多数，一举手万事皆迎刃而解"，即搞民主、讲程序比较"麻烦"，但能保证自己少犯错误。[①]

从学术上对宪政概念做出过最精辟的分析和理论概括的是张友渔教授。抗日时期，他曾担任中共四川省委副书记、新华社社长、"重庆谈判"中国代表团顾问。1940—1944 年，他先后发表过有关宪政问题的十多篇专题论文，如《国民党与宪政运动》、《中国宪政运动之史的发展》、《宪政与宪政运动》、《宪政运动的方式与条件》、《宪法与宪政》、《抗战与宪政》、《人治、法治、民治》、《法治真诠》等。[②] 他说："所谓宪政就是宪法规定的国家体制、政权组织以及政府和人民相互之间权利义务关系而使政府和人民都在这些规定之下，享受应享受的权利，负担应负担的义务，无论谁都不许违反和超越这些规定而自由行动的这样一种政治形态。"他又说："民主政治的含义远较法治的含义为广。法治不就等于整个民主政治，但法治不仅是民主政治的一种表现形态，而且是民主政治的一个重要属性。"他又说："保障人民的权利实为宪法最重要的任务……而宪法便是人民权利之保障书。"他还说："宪法是宪政的法律表现，而宪政是宪法的实质内容。""宪法既然是为宪政而存在，则制定宪法，便应立刻实行宪政，如不能实行宪政，有何贵乎制定宪法？宪法不是装潢品，也不是奢侈品，搁在那里供人赏玩，供人消遣。"[③] 中国共产党人正是由于高举起了宪政的旗帜，并坚持践行宪政，包括实行党内、军内和革命根据地政权的人民民主，严明法纪、政纪、党纪，坚决维护人民的各种权益，因而将各进步的阶级和阶层以及广大人民群众团结在一起，调动起方方面面的积极性，推翻了不搞宪治搞党治、不搞民主搞独裁的国民党反动政权。

在新中国成立后的前八年里，中国共产党仍然高举宪政的旗帜，并将其发展到一个新的阶段。其集中表现就是 1954 年宪法的制定与实施。这

---

① 《邓小平文选》第 1 卷，人民出版社 1994 年版，第 10—12 页。

② 见《张友渔文选》（上卷），法律出版社 1997 年版，第 1—5 页。

③ 张友渔：《宪政论丛》上册，群众出版社 1986 年版，第 97—103、138—140、141—145、102 页。

部宪法明确规定"中华人民共和国的一切权力属于人民",并确立以人民代表大会制度为其根本制度的民主体制;确立了"司法独立"和"法律平等"的法治原则;规定了公民应当享有的各种权利。这部宪法是在中国当时的社会发展阶段社会主义宪政的完善形式和形态。中共领导人对它的制定和实施十分重视。毛泽东说:"一个团体要有一个章程,一个国家也要有一个章程,宪法就是一个总章程,是根本大法。""要使全国人民有一条清楚的轨道,使全国人民感到有一条清楚的明确的道路可走。"① 他要求,宪法草案通过以后,"全国人民每一个人都要实行,特别是国家机关工作人员要带头实行,首先在座的各位(指出席中央人民政府委员会第三十次会议的委员)要实行。不实行就是违反宪法"②。在"五四宪法"起草过程中,为了很好地总结中外历史上的宪政经验,他不仅自己做了深入研究,还明确要求政治局委员和北京中央委员阅读 1936 年苏联宪法和其他社会主义国家的宪法,以及中国 1913 年天坛宪法草案、1946 年蒋介石宪法和 1946 年法国宪法等。刘少奇在《关于中华人民共和国宪法草案的报告》中指出:"我们提出的宪法草案,是中国人民一百多年来英勇斗争的历史经验的总结,也是中国近代关于宪法问题和宪政运动的历史经验的总结。"③ 同时,他也要求宪法能得到普遍遵守。他郑重指出:"宪法是全体人民和一切国家机关都必须遵守的……中国共产党是我们国家的领导核心……党的这种领导地位,绝不应当使党员在国家生活中享有任何特殊的权利,只是使他们负担更大的责任。中国共产党的党员必须在遵守宪法和其他一切法律中起模范作用。"④

自 1956 年起,由于国内外的各种复杂的原因,中国的执政党开始执行一条"以阶级斗争为纲"的思想和政治路线,连续开展了 1957 年的"反右派"、1959 年的"反右倾"、1964 年的农村"四清"等政治运动,使民主法治建设遭受破坏,公民的权利得不到应有保障。而民主法治不健

---

① 《毛泽东选集》第 5 卷,人民出版社 1977 年版,第 131 页。

② 毛泽东:《关于中华人民共和国宪法草案》,《毛泽东著作选读》(下册),人民出版社 1986 年版,第 710 页。

③ 《刘少奇选集》(下卷),人民出版社 1981 年版,第 138—139、168 页。

④ 同上。

全最终成为"文革"的历史悲剧得以发生与发展并持续十年之久的根本原因和条件。也正是这场浩劫,使得全党和全国人民空前觉醒,促进了以1978 年执政党的十一届三中全会为标志的改革开放新时代的到来;而1982 年宪法的制定则成为中国的民主法治建设重新走上宪政轨道的根本标志和里程碑。起初,宪政概念尚未引起学术界的普遍关注。到 1991 年,实行市场经济的战略决策得以确立,依法治国与人权保障也开始得到高层领导和广大干部群众的广泛认同。在这一背景下,"宪政"一词开始引起学术界的普遍重视。其中 90 年代初的三次大型研讨会议对宪政研究的推动起了一定作用。① 此后,有关宪政问题的著述和译作如雨后春笋一般的生长出来。尽管学者对宪政这一概念的内涵与外延存在诸多不同看法和表述,但绝大多数学者都肯定这一概念及其重要意义,并为不少政府部门所认同和重视。

究竟什么是宪政,笔者在 1991 年发表的《宪政与中国》一文②中曾给宪政下过这样一个定义:"宪政是,国家依据一部充分体现现代文明的宪法进行治理,以实现一系列民主原则与制度为主要内容,以厉行法治为基本保证,以充分实现最广泛的人权为目的的一种政治制度。""一个国家实行宪政,必然有一部好的宪法;一个国家有宪法,但不一定实行宪政,……实行宪政,需要有一部好的宪法作为合法依据和武器;而实现宪政则是宪法制定和实行的灵魂、方向、目的与支柱。"③ 笔者在该文中曾将宪政概念概括为"民主、法治、人权"三个基本要素。现在,根据宪法虽好但往往得不到严格遵守和执行的现实,并受一些学者论著的启发,笔者将其修正为"四要素",即宪政也包括"行宪"在内。"人民民主、依法治国、人权保障"是宪政的实质内容,"宪法至上"则是宪政的形式要件。

---

① 这三次会议,一次是 1990 年许崇德教授在北京主持的"宪法与民主"国际研讨会;另两次是李步云分别于 1991 年 5 月 22 日在北京主持的"比较宪法学"全国讨论会和 1992 年 3 月 26—28 日"宪法比较研究"国际研讨会。后两次会议的研究成果被编成三卷本《宪法比较研究文集》,分别由南京大学出版社、中国民主法制出版社、山东人民出版社出版;最终成果为专著《宪法比较研究》,由法律出版社于 1998 年出版。该专著于 2004 年由"韦伯文化"出版社在台湾地区以繁体字再版。

② 该文刊载于《宪法比较研究文集》第 2 卷,中国民主法制出版社 1993 年版,第 1—31 页。

③ 同上书,第 2—3 页。

当代中国学术界还有不少学者对宪政这一概念的内涵和外延的看法同笔者大致相同。如郭道晖教授认为："宪政是以实行民主政治与法治原则，以保障人民的权力与公民的权利为目的，创制宪法（立宪）、实施宪法（行宪）和维护宪法（护宪）、发展宪法（修宪）的政治行为的运作过程。"① 李龙教授认为："宪政是以宪法为前提、以民主政治为核心、以法治为基石、以保障人权为目的的政治形态或过程。"② 宪政的三要素或"四要素"说，同张友渔教授的思路大体一致。

笔者之所以主张宪政概念的"四要素"说，主要是基于以下一些考虑。第一，宪政"四要素"说能够比较具体而又全面地概括宪政这一概念应有的内含与外延。在数不清的对"宪政"的各种定义中，国内外不少学者将其归结为"有限政府原则、基本权利观念"或"制约国家权力，保障公民权利"。③ "有限政府"或"制约权力"是属于民主的范畴，虽然很重要，但"民主"与其相比，含义要广泛得多，内容也丰富得多，因此，前者的定义不够全面。国内不少学者受毛泽东"宪政"就是"民主政治"的影响，今天仍然从"民主政治"角度定义宪政。笔者认为现在看来又偏于抽象和宽泛。政治制度和法律制度有区别：民主与法治并列，各有其特定内涵，是彼此不能完全包含和替代的。这一点，现今在国内的学界和政界已有广泛共识。民主的一个根本原则是"主权在民"，即国家的一切权力属于人民。它的主要内容包括，一是公民的民主权利和自由；二是代议制民主，即选民通过自由、公正、普遍的选举产生政府，政府对人民负责并受其监督，被选出的政府（首先是议会）必须真正掌握权力，不能大权旁落；三是国家权力的配置，包括执政党和在野党、合作党之间，执政党和国家权力机关之间，立法、行政、司法机关相互之间，领导个人与领导

---

① 郭道晖：《宪政简论》，《法学杂志》1993 年第 5 期。

② 李龙：《宪法基础理论》，武汉大学出版社 2001 年版，第 144 页。

③ 如陈端洪教授认为："所谓宪政，简言之就是有限政府。它指向一套确立与维持对政治行为与政府活动的有效控制的技术，旨在保障人的权利与自由。"参见《宪政初论》一文。该文载《比较法研究》1992 年第 4 期。又如美国的麦克尔文认为："在所有相继的用法中，立宪主义都有一个根本的性质，它是对政府的法律制约……真正的立宪主义的本质中最固定的和持久的东西仍然和其肇端时几乎一模一样，即通过法律限制政府。"参见［美］斯科特·戈登《控制国家——西方宪政的历史》，应奇等译，江苏人民出版社 2008 年版。

集体之间，中央与地方之间，必须依照"分权与制衡"的民主原则进行组建和运作；四是广泛多样的基层社会自治；五是决策、立法、执法、司法程序民主，等等。法治与此不同，它是指国家应有反映全体人民利益和意志、符合事物发展规律、体现时代精神的一整套法律，并要求所有国家机关、各政党、各社会组织都按宪法和法律办事。它不仅要做到民主的制度化、法律化，法律的内容还涵盖经济、文化、社会生活的所有方面。显然民主与法治是属于两个不同范畴的问题。人权的内容十分丰富。除公民的政治权利与自由同时是属于"民主"的范畴外，将公民的人身人格权，经济、社会、文化权利，以及各种弱势群体的权利，也全部纳入"民主"的范畴，很难说得通。至于有学者将宪法与宪政这两个概念混为一谈，甚至认为"立宪主义只是指制定宪法（而不管这些宪法的内容如何）的实践"①就更有不妥。因为有宪法，不一定是"良宪"；有良宪，也许仅是一纸具文。

　　第二，宪政"四要素"说能够对现代政治法律领域里民主、法治、人权这三个基础性概念做出更高度的理论概括。民主、法治、人权是现代最先进的政治法律制度中最全面、最重要、最核心的内容和概念。二者不仅相互区别，不能替代；而且相互渗透，彼此依存，是一个有机联系的统一整体。民主是法治与人权的基础。一个国家不是人民当家做主，法律只能成为某个人或某些人统治人民的工具，人民的权利难得到实现。但法治通过法律的规范等作用和其权威对民主起着保障作用。人民的权利则是民主制度和法律制度的存在依据和根本目的。以人为本的价值观，社会和谐和彼此宽容的理念，人性尊严，自由、平等、博爱的伦理观，则是民主、法治、人权共同的理论基础。对民主、法治、人权进行整体把握和高度理论概括，就是"宪政"，这也正是宪政这一概念独特的内容、功能、价值和意义所在。

　　第三，宪政"四要素"说可以全面而具体地揭示"政治文明"的科学内涵。"政治文明"是党的十六大提出的一个新概念，是我国人民未来

---

　　①　［英］戴维·米勒、韦农·博格丹诺主编：《布莱克维尔政治学百科全书》，中国政法大学出版社1992年版，第172页。

的一个重要奋斗目标。学术界的一个重要任务是对其科学内涵做出理论概括。如果人们问，什么是政治文明？笔者会回答说，用两个字概括，就是"宪政"；用六个字概括，就是"民主、法治、人权"。民主的对立面是专制，民主是文明的，专制是不文明的；法治的对立面是人治，法治是文明的，人治是不文明的；人权的对立面是人民无权，人权是文明的，人民无权是不文明的。学术界曾有过很多关于"政治文明"的定义，如"民主、自由、平等、解放的实现程度"说，"政治成果总和"说，"静态、动态"说，"政治进步"说，"政治社会形态"说，"所有积极的政治成果和政治进步状态"说，等等。这些定义的不足之处是，没有具体说明"文明"究竟表现在哪里，或用"积极"、"进步"、"成果"等抽象概念来表述和替代文明的具体内容，或缺少高度概括。[①] 宪政的"四要素"说可填补这些方面的不足。

第四，宪政"四要素"说可以突出宪法在国家政治与法律的制度和生活中极其崇高的地位和作用。宪法是近现代的产物，它的产生、存在价值及其重要地位，都由民主、法治、人权所决定。由近代资产阶级民主革命催生并作为其主要成果的"人民主权"理论和原则，要求实行"代议制"民主，因为人民难以直接管理国家的各种事务，而只能通过自由、公正、普遍的选举产生国家机构（主要是"议会"），由他们代表人民掌握和行使国家权力。但是被选出的立法、行政和司法机关可能权力无限和滥用权力，或使人民自己完全处于无权地位或应有权利受侵犯，这就需要一种其权威高于一般法律的国家根本大法，来规范国家权力和保障公民权利，使国家权力不致滥用和异化，保障公民权利不受侵犯和得以实现，并对一些基本的法治原则如法律平等、司法独立等予以确认。这种国家总章程就是宪法。因此，制定良宪特别是维护宪法的崇高权威，就对国家的兴旺发达、文明进步和长治久安，具有了至关重要的地位。这一点，中国现今党政高层领导在观念上已越来越清醒，行动上也越来越重视。近些年来，胡锦涛总书记在各种重要场合都要反复强调："宪法以法律的形式确认了我国各族人民奋斗的成果，确定了国家的根本制度、根本任务和国家生活中

---

① 参见李步云、聂资鲁《论政治文明》，《广州大学学报》2005 年第 9 期。

最重要的原则，具有最大的权威性和最高的法律效力。"① "依法治国首先要依宪治国，依法执政首先要依宪执政，宪法和法律是党的主张和人民意志相统一的体现，是中国建设伟大实践的科学总结。宪法是国家的根本法，是治国安邦的总章程，是保证国家统一、民族团结、经济发展、社会进步和长治久安的法律基础，是执政兴国、引领全国各族人民建设中国特色社会主义的法制保证。全党同志、全体国家机关工作人员和全国各族人民都要认真学习宪法、维护宪法，保证宪法在全社会的贯彻实施。"② 胡锦涛在当选国家主席后就曾在十届全国人大第一次会议庄严承诺："我深知担任国家主席这一崇高的职务，使命光荣，责任重大。我一定忠诚地履行宪法赋予的职责，恪尽职守，勤勉工作，竭诚为国家和人民服务，不辜负各位代表和全国各族人民的重托。" 2004 年 3 月第三次修改宪法，将 "国家尊重和保障人权"、"私有财产不受侵犯"、"三大文明" 协调发展等内容写进宪法中，中共中央曾专门就学习和贯彻实施宪法发出通知，指出："依法治国，最根本的是依宪治国；依法执政，最根本的是依宪执政。" 2008 年 3 月，吴邦国委员长在十一届人大一次会议上曾说，这次修宪是我国 "宪政史上又一新的里程碑"。笔者认为，中央多次强调的 "依宪治国，依宪执政"，其实质就是 "宪政"，"宪法至上" 是宪政概念应有之义。在中国高举社会主义宪政的旗帜，有利于落实和推进依法执政、依宪治国的伟大事业。

"宪政" 这个概念并不是一成不变的，它过去是，今后也将会伴随着人类文明的日益进步而不断发展与丰富其内涵。从全球视野看，传统的宪政概念是以民主和法治为其基本要素；随着人类物质文明与精神文明的提高、国际交往的日益密切，特别是二战给人类带来的巨大灾难，人权问题日益为全人类所特别关注，人权保障成为宪政概念的基本要素，才逐步为越来越多的学者和政治家所承认和重视。事实上，民主与法治的主要原则和基本内容也是在不断发展变化的。在任何一个国家里，受社会发展阶段和现实经济、文化条件的影响，宪政从实质内容到形式要件都有一个从无

---

① 胡锦涛主席 2002 年 12 月 4 日在首都人民纪念宪法颁布 20 周年大会上的讲话。
② 胡锦涛主席 2004 年 9 月 15 日在全国人大成立 50 周年上的讲话。

到有、从低水平到高水平的发展过程。

宪政的理论与实践，都是共性与个性的统一。在利益的追求和享有上，在道德价值的判断和取向上，全人类有着共同的、一致的方面，决定着宪政具有共性；在不同国家和民族之间，又存在着种种差异和矛盾，因而宪政又具有个性。民主、法治、人权的基本精神和主要原则，适用于世界上任何一个地方，是全人类共同要走的道路。但是，各国宪政的具体表现形式、实现宪政理想的具体步骤，则由于不同国家、不同民族在经济、政治、文化方面的历史传统与现实条件不同而有差别。否认或夸大宪政的共性或个性的任何一个方面，都是不正确的、有害的。在第十届五次全国人民代表大会上，温家宝总理在记者招待会上回答记者问题时曾说，民主、法治、人权、自由、平等、博爱，是全人类的共同愿望和价值追求。他的观点正是表达了中国在民主、法治、人权等问题上有自己某些特殊的理解和做法，但我们的党和政府充分肯定这些概念具有普适性。

王一程、陈红太两位教授在《理论研究动态》2004 年第 11 期发表的《关于不可采用"宪政"提法的意见和理由》一文（以下简称"王陈一文"）提出的八点反对"宪政"概念的理由，是极少数"宪政"概念否定论者的代表作，曾起过很不好的负面作用。但这八点"理由"是根本站不住脚的。

第一，王陈一文认为："我国部分学者认为，宪政是以宪法为前提，以民主政治为核心，以法治为基石，以保障人权为目的的政治状态或政治过程。这一类概念明显受英美宪政理念和模式的影响，没有区分马克思主义与自由主义、社会主义政治与资本主义政治的基本区别。"我认为当代中国对宪政概念持肯定态度的学者，绝大多数对宪政概念的理解，同执政党领导人和理论家历来的看法是一致的；他们对政治体制改革的建议都没有超出体制所允许的范围；他们讲的"民主、法治、人权"，都是坚持"中国特色社会主义"的性质。主张全盘照搬西方政治体制模式的学者只是极少数。用其中极个别人为例，来曲解绝大多数"宪政"肯定论者的主张，是不符合事实的；这种认识与论证的方法也是非科学的。"民主、法治、人权"等抽象概念是全人类共同创造的文明成果，并非西方和资产阶级的专利品。我们讲"民主、法治、人权"，有自己具体的理论内涵与制度设计，与西方是有区别的。一说"民主、法治、人权"就是没有同"自由主义"、"资本主义政治"划清界限是不对的，果真如此，那么，党的十七大报告说"人民民主是社会主义的生命"，"依法治国"与"人权保障"作为抽象概念和原则写进宪法就都是没有同西方资本主义划清界限了。这在逻辑上是根本说不通的。

第二，王陈一文说："毛泽东老一代无产阶级革命家在抗日战争时期讲'宪政'，是有特定历史背景的。抗日战争时期讲'宪政'，是有特定历史背景的。抗日战争时期属于新民主主义革命阶段。'宪政'是民主主义革命追求的目标。当时，我党和毛泽东同志讲宪政，主要是与国民党搞假宪政进行斗争……"众所周知，党所领导的新民主主义革命同旧"民主主义革命"有着本质的区别，是属于"社会主义范畴，是为全面实行社会主义作准备"。新民主主义时期要讲宪政，到了社会主义时期反而不能讲了，这是什么逻辑？同国民党的假宪政作斗争，自己又怕讲"宪政"，怎么说得通？毛泽东说："宪政是什么呢？就是民主的政治。"我们现在的宪政"三要素"或"四要素"都包括民主在内，又有什么不对？

第三，王陈一文说，中国政治体制存在的主要问题，不是解决如何限制政府权力、保障公民权利的问题，而是邓小平所说的"民主的制度化和法律化的问题"。大家都清楚，改革开放以来，"限制政府权力，保障公民权利"，一直是我国政治体制改革的着力点，也是我们的党和政府过去、现在与未来，政治体制改革的重要内容，这已经成为党内与党外、干部与群众的广泛共识。王陈两同志的认识同中国绝大多数人的看法相距太远。"民主的制度化和法律化"就是一个法治问题，是法治的一个重要内容。民主法制化与法制民主化，是民主与法治这两个概念的联结点。宪政这一概念包含以上原理、原则，却又是一个更高层次的概念。改革开放以来，我国的民主、法治、人权以及严格遵守宪法方面所取得的巨大成就与进步，正好证明，宪政概念为以前的"人民民主专政"概念注入了新的生机和活力，是对前者的超越，而绝不是什么宪政概念"已经过时"。

第四，王陈一文说："如果把依法治国等同于'宪政'，撇开坚持党的领导、人民当家做主，只讲依法治国或'宪政'，那就不是社会主义民主政治了。"我不知道有没有人把依法治国简单地等同于"宪政"。假设有，也是极个别。即使有像这样极少数人持上述观点，也不能作为否认"宪政"概念科学性的一条理由。

第五，王陈一文说："我们是社会主义国家。在我国，国家与社会、政府与公民不是对立的。社会主义市场经济不必然形成国家与社会分离的社会结构。""个人权利与自由神圣不容侵犯，这些在西方被奉为圭臬的自由主义信条，不符合中国国情。"在我看来，社会主义的国家与社会、政府与公民，虽然不存在"对立"，但一定存在矛盾，而且必须通过宪政，即人民民主、依法治国、人权保障、宪法至上才能很好地解决。市场经济必然导致公民社会的逐步形成，为宪政提供经济条件。个人权利与自由神圣不容侵犯更应当是社会主义的信条。如果允许它们肆意侵犯，就像"十年文革"那样，那是社会主义吗？

第六，王陈一文说："宪政问题的提出和讨论不是一个纯学术的问题，这里面有必须警惕的国际背景和政治企图。西方敌对势力和海内外自由化分子无不力主宪政，为什么？就是因为他们把宪政看作是最有可能改变中国政治制度的突破口……"在当前中国，绝大多数主张宪政的学者或官员，绝不是要完全照搬西方的理论与制度模式，而是将宪政的普适价值同中国的具体国情相结合，其背景就是最近温家宝总理在第一届全国人大第四次会议的记者招待会上所说的，不搞政治体制改革，就难免会再一次出现"文化大革命"这样的民族灾难。王陈一文还说："主张'司法独立'、'权力制约'、'有限政府'实质是要改变人民代表大会的政体。"这是缺乏现代政治与宪法常识的说法。实质上，两者绝不是对立的，而是人民代表大会这一根本制度内含有"权力制约"、"有限政府"和"司法独立"等理论原则与制度建构。我国现行宪法对全国人民代表大会以及国务院、最高人民法院和最高人民检察院的职权与职责都有十分明确而具体的规定，绝不是立法权、行政权与司法权像封建专制主义那样由皇帝和地方长官一人行使。任何国家机关和领导人"权力无限"或权力不受"制约"，必然导致专制和腐败。"司法独立"在我国1954年宪法中表述为："人民法院独立行使审判权，只服从法律。"在1982年宪法中表述为："人民法院依照法律规定独立行使审判权，不受行政机关、社会团体和个人的干涉。"这同新民主革命时期革命根据地的某些宪法性文件所载"司法独立"，以及 1982 年宪法制定时全国人大常委会委员长叶剑英在《宪法修改委员会第一次会议上的讲话》中所提"司法独立"精神是完全一致的。这同人大对司法机关的"监督"、党对司法机关的"领导"并不矛盾，但不能"干涉"。

第七，王陈一文说："有些学者把宪政定义为'依宪施政'、'宪法政治'、'实施宪法的民主政治'，按这种理解，那么建国至今，我们实行的也不能说不是宪政。"在这里，王陈两教授也只说对了一半。我国 1954 年宪法确实是好的，但宪政要求，不仅要有一部好宪法，最重要的还是行宪。由于该宪法缺少权威，它所确立的民主、法治与公民权利保障三大原则都未得到切实实施。而民主法治不健全、人权观念太差，终于成为"文化大革命"得以产生与发展并持续了十年之久的根本原因，从而使中华民族遭受了一场本应该不会发生的灾难。至于王陈一文说，50 多年来我们一直不使用"宪政"的提法，是不符合事实的。本文在前面已引证了前任刘少奇委员长在总结 1954 年宪法的历史经验时将其高度概括为"宪政"、现任吴邦国委员长在评价 2004 年宪法修改的成就时将其提高到"宪政史"高度，就是例证。改革开放以来，个别领导对"宪政"的提法存有某些疑虑，党和国家的文件也尚未使用，主要与极个别同志包括王陈两位及本文在内制造了理论混乱和误区有密切的关系。

第八，王陈一文说，至今为止，主张使用宪政概念的人并没有阐明"社会主义宪政"包含哪些理论创新内容和制度创新安排，甚至连"宪政与社会主义是否相容"这样的基础性问题也没有解决。现在我国学界广为认同的"宪政"四要素的民主、法治、人权和宪法至上，都已经清清楚楚地被规定在宪法中，党的纲领性文件也作了极其准确的表述，给它们的价值和重大意义以极其重要的定位。如党的十七大报告说，"人民民主是社会主义的生命"，依法治国是治国的"基本方略"，人权是个"伟大的名词"（见国务院新闻办公室 1991 年发布的《中国的人权状况》白皮书）。我国现行宪法序言庄严规定："全国各族人民、一切国家机关和武装力量、各政党和社会团体、各企业事业组织，都必须以宪法为根本的活动准则，并负有维护宪法尊严保证宪法实施的职责。"这就是说，宪法必须具有至高无上的权威。这些充分表明，宪政同社会主义不仅"相容"，而且是它的应有之义与核心价值，并已得到党和国家以及全国人民最广泛的认同。还需要解释和论证吗?!"宪政"一词，就是对"人民民主"、"依法治国"、"人权保障"以及"宪法至上"的内涵与外延和四者的紧密联系不可分割所作出的一个理论概括与抽象。这同党的十六大报告提出的新概念"政治文明"是对民主、法治、人权和宪法应具有至高无上的权威所作出的一个高度理论概括和抽象是一个道理。至于"社会主义宪政"同"资本主义宪政"有什么区别，这实际上就是社会主义的民主、法治、人权同资本主义的民主、法治、人权有什么区别一样，这个问题学术界已经说得够多了，我们的宪法和法律以及执政党的各种文件已经表述得够清楚了。

自 1991 年前后，学术界首先是法学界提出宪政概念以来，各样书籍与报纸杂志发表了无数有关宪政的理论观点和制度安排的建议，并没有出现王陈一文在结束语中所说的那样，它在"西化我国政治体制改革的实践和走向，造成我们始料不及的严重后果"，而是完全相反，我国的政治体制改革，在一大批宪政论学者的推动下，一直沿着社会主义道路向前发展，如 1996 年，依法治国与人权保障被写进党的十五大报告；1999 年和 2004 年，依法治国与人权保障先后被庄严地记载在宪法中，一直到最近几年胡锦涛总书记多次强调"依法治国首先要依宪治国，依法执政首先要依宪执政"等一系列重大举措。它已充分说明，"走向宪政"是历史的潮流，人民的愿望，是中国走向繁荣富强、人民幸福安康的必由之路。

后记：

本文作者李步云，湖南大学法学院教授；张秋航，湖南大学法学院副教授。本文以《驳反宪政的错误言论》为题发表于《环球法律评论》2013 年第 1 期。

依法治国重在依宪治国

1999 年 3 月，九届全国人大二次会议已经将"依法治国，建设社会主义法治国家"的治国方略和奋斗目标庄严地记载在我国的宪法中。从此，依宪治国的问题更加引起了人们的关注。理所当然，这个问题也到了该正式提上我国政治生活议事日程的时候。

所谓依法治国重在依宪治国，意思是在我国实施依法治国方略的历史性进程中，依宪治国具有十分重要的意义。为什么呢？

首先，这是由宪法的性质和地位所决定的。宪法的主要内容是规定一个国家的基本政治和法律制度，立法、行政与司法机关的相互关系，各项国家权力的界限及其行使程序。同时，详细规定公民的基本权利和义务以及为实现这些权利所应采取的基本方针和政策。宪法是国家的根本法，在一国的法律体系中处于最高的法律地位，具有最高的法律效力；它是所有国家立法的依据，也是指导人们各种行为的根本准则。依法治国首先是要保证宪法所规定的国家的各种基本制度和政策具有极大权威而不致遭受任意违反与破坏，并进而影响到国家的各种具体制度和政策的贯彻与落实。宪法无权威，自然会影响到各种具体法律的权威。只有依宪治国，才能从根本上保障人民的利益、社会的稳定和国家的长治久安。"建设社会主义法治国家"作为一项奋斗目标，有其具体的要求和标准。笔者于 1999 年 4 月 6 日发表在《人民日报》上的"依法治国新的里程碑"一文，将其归结为"法制完备"、"主权在民"、"人权保障"、"权力制衡"、"法律平等"、"法律至上"、"依法行政"、"司法独立"、"程序公正"、"党要守法"十项。事实上，这些标准和要求的原则精神和具体规定，都已经明确地、全面地体现在我国的现行宪法中。例如，宪法对人民代表大会制度作了详细规定，这一根本政治制度就是人民主权（人民是国家的主人）原则在我国的集中体现。宪法对公民的基本权利和义务所作的全面规定，就是人权保障原则的具体化、法制化。宪法对我国国家机构各个组成部分所作的权力界定，也体现了现代"权力分立与制衡"的原则精神。宪法规定"中华人民共和国公民在法律面前一律平等"，"人民检察院依照法律规定独立行使检察权，不受行政机关、社会团体和个人的干涉"，是"法律平等"与"司法独立"原则在我国宪法中的具体表述。宪法有关"人民法院审理案件，除法律规定的特别情况外，一律公开进行。被告人有权获得辩护"等规定，则是"程序公正"原则的宪法化。宪法序言规定："全国各族人民、一切国家机关和武装力量、各政党和各社会团体、各企业事业组织，都必须以宪法为根本的活动准则，并且负有维护宪法尊严、保证宪法实施的职责。"这里所指"各政党"，自然包括"执政党"在内。这一规定，就是"法律至上"（法律具有至高无上的权威）和"党要守法"原则的准确而清晰的表达。以上这些宪法规定，虽然具有一定的"中国特色"，但它们同全人类所共同创造的现代法治文明的价值与取向是一致的。虽然，我国现行宪法在今后依法治国的历史性进程中还会不断丰富和完善，但现行宪法为我国法治国家的建设规划了一幅清晰的蓝图，指明了前进的方向，则是无疑的。真正树立起宪法的权威，切实依照宪法的基本精神和具体规定办事，就能有力地推进依法治国的历史性进程。

其次，这同"依法治国首先是依法治官"的现代法治精神相关联。换句话说，我们今天强调要依宪治国，还内含一个基本的精神和主旨，这就是要求国家的各级领导人要带头遵守宪法和法律，对他们的违宪和违法行为不能熟视无睹、置之不理。这对早日实现依法治国、把我国建设成为社会主义的法治国家，具有非常重要的意义。依法治国，既要治民，也要治"官"，但在现代，其根本目的、基本价值和主要作用，主要是治"官"。长期以来，我们之中流行一种错误，认为法律只是一种治理老百姓的手段，甚至成了某些干部的一种思维方式和行动准则。这种思想有其深远的历史背景。在古代自然经济和专制政治的体制下，统治者势必把法律看作主要是治民的工具。到了近代，这种情况发生了根本的变化。建立在市场经济之上的民主政治，其理论基础和基本原则是"人民主权"思想和理念。既然"主权在君"已为"主权在民"所替代，国家的一切权力就应当属于全体人民。但是全体人民又不可能都去直接参与执掌政权和管理国家，如此就出现了"代议制"，即由有选举权的公民行使选举权选举国家机构（如议会或总统），由这些民选机构代表人民行使管理国家的职权。然而，民选出来的政府有可能权力无限和滥用权力，或者不好好为人民服务，按人民的意志和利益办事，这就需要一种具有最高权威和法律效力的根本性大法，来规定国家机构的产生和权限以及职权的行使程序，以防止国家权力的腐败与异化；同时，详细列举公民应当享有的权利，要求政府采取积极的作为，满足公民在经济、社会、文化方面的权利需求；采取消极的不作为，以保障公民的政治权利与自由不受侵犯。这种根本性大法就是宪法。在"主权在君"的古代，不可能出现现代意义上的宪法。在"主权在民"的近代与现代，如果没有一部规范政府权力与保障公民权利，维护民主、法治、人权、自由与平等的具有极大权威的宪法，所谓"人民当家做主"就完全有可能成为一句空话。从现代宪法产生的历史背景及其基本使命可以清楚看出，宪法制定和实施的根本目的、基本价值和主要作用是约束国家机构及其领导人员，要正确行使权力和保障公民的权利，即上面通俗的说法——"治官"。广大公民当然要遵守宪法和法律，但掌握管理国家权力的，不是民而是"官"。所谓依法治国，首先自然是要求国家工作人员，尤其是各级领导人必须依法办事、依法治国。一般法律的实施是这样，宪法的实施就更应当是这样。我们今天强调要依宪治国，必将有力地推动各级领导人认真承担起实施依法治国方略的职责。

再次，今天强调要依宪治国，也同我国宪法缺少应有的权威、宪法的实施并不理想、宪法的作用尚未得到充分发挥这一现实状况有关。中国历史上缺少民主与法治传统。新中国成立后，僵化的计划经济模式和权力高度集中的政治体制在很长一个时期里导致法律虚无主义和人治思潮盛行。法的权威受到严重损害，宪法当然也不例外，以致在十年"文革"中出现过那种根本大法"根本无用"的局面。这方面的失误成因，宪法和法律是相同的。但宪法的实施不理想，宪法的作用未能充分发挥，还有某些特殊原因。例如，在理论上对宪法的性质与功能缺少全面认识，如否认或忽视宪法的法律性和规范性，把宪法仅仅看作是具有治国安邦的宣言和纲领的性质，不具有直接适用的法律效力。正是以上一些客观和主观方面的原因，影响了宪法的权威和作用。例如，现行宪法规定，全国人大常委会有权"撤销国务院制定的同宪法、法律相抵触的行政法规、决定和命令"，有权"撤销省、自治区、直辖市权力机关制定的同宪法、法律和行政法规相抵触的地方性法规和决议"（第六十七条），但20年来全国人大常委会从未行使过这一权力，也从未履行过这一职责。显然，这方面不是没有问题。宪法规定，全国人大常委会有权"解释宪法，监督宪法的实施"，但我国却一直没有建立这方面的专门机构和具体程序。宪法的司法化问题也只是最近两年才有这方面的实践和理论探讨。因此，长期以来，宪法在实践中远远没有能够发挥它应当也可以发挥的重大作用。

怎样才能提高宪法的权威并充分发挥依宪治国的作用呢？笔者提出以下几点看法：

第一，要肯定宪法具有法律性和规范性。长期以来，我们虽然承认宪法是普通法律的"立法基础"，但却否认宪法具有法律性和规范性，认为它只有"指引"人们行为的功能，却无"规范"人们行为的功能；认为宪法只具有"宣言"和"纲领"的性质，仅起引导国家前进方向的作用；宪法不仅不能进入司法领域，即使司法机关在无法可依的时候也不可以援引宪法的原则精神和具体规定来裁决某些具体个案。同时认为，建立一套监督宪法实施包括违宪审查制度的理论、机制、程序也没有什么必要。这主要是受了苏联宪法观念的影响，1954年宪法的制定和后来的实施，就存在这方面的缺失。到制定1982年现行宪法时，学者们开始提出和重视这个问题。如笔者在1981年11月2日至12月18日期间，曾在《人民日报》连续发表多篇文章，对当时正在进行的宪法修改提出意见和建议。其中一篇是"宪法的规范性"。该文说："宪法虽然是国家的根本大法，但它也是一种法律。宪法规范是法律规范的一种；规范性应该是宪法的基本特性之一。一般说来，宪法的序言没有规范性；宪法的条文则应当具有规范性。以宪法是根本大法为理由，否认宪法的规范性，或者不重视宪法的规范性，这无疑是不正确的。"肯定宪法的规范性，也就肯定了"宪法制裁"的存在和意义。因此该文又指出："宪法制裁，虽然不同于刑事制裁、民事制裁、行政制裁，有其自身的特点；但违宪应有制裁，这是必须肯定的。否则，违反宪法而不招致任何法律后果，那么宪法的条文规定就难于成为宪法规范，那整部宪法也就很难发挥它的最高的和直接的法律效力了。"肯定宪法的法律性和规范性，是宪法进入司法领域和建立违宪审查制度的理论前提。

第二，要探讨什么是违宪，并明确与此相关的理论和概念。这是建立违宪审查制度和监督宪法实施首先必须解决的问题。表面看来事情很简单，其实问题很复杂。例如，什么是违宪的主体？公民个人有没有违宪问题？社会团体与企业事业组织存不存在违宪问题？如果只是限于国家机构及其工作人员，那么什么样级层的机构及人员的行为才存在违宪问题？我国宪法不仅规定了中央一级国家机构及其负责人员的职权职责和工作程序，而且还对地方各级人民代表大会和地方各级人民政府以及民族自治地方的基本制度作了规定。这涉及违宪审查和宪法监督或宪法诉讼的对象。又如，什么是违宪的客体，即违反宪法的哪些内容和规定才是违宪。无论宪法序言是否具有直接的法律效力，它同宪法的条文是有区别的。在宪法条文中，有的内容为宪法所独有；有的内容法律应作但未作具体规定；有的内容法律已作具体规定。审判公开问题，宪法和诉讼法都有规定，如果不按法律规定进行公开审判，算不算违宪？再如，宪法监督的程序是什么？什么样的组织或个人可以提出控告，依照怎样的程序提出？有没有时效要求，专门机构根据什么标准接受控告和立案调查？按什么程序进行审理，有哪些违宪制裁形式？其裁决的效力又如何？等等。这些问题过去研究得不够。我们应该参考国际的经验和中国的具体国情，建立起我国自己的一套理论和概念。

第三，要建立起专门的宪法监督机构。现在世界上绝大多数国家都建立有宪法监督制度及其相应的机制和程序。其具体模式主要有：以美国为代表的由司法机关负责；以法国为代表的由专门的政治机关（通常称宪法委员会）负责；以奥地利为代表的由宪法法院负责；以英国为代表的由立法机构负责。前三种模式已成世界性潮流。虽然它们的机构设置、程序设计和具体任务差异很大，但有两点是相同的：一是其专门性，二是其权威性。实践证明，它们对维护各自国家宪法的权威和国家法制的统一、对充分发挥宪法的功能，起了举足轻重的作用。新中国成立50多年来，我国还未曾有过处理违宪案件的例子，这在国际上是少有的。笔者曾建议，设立一个同现在九个专门委员会的性质与地位大体一致的，对全国人大及其常委会负责的宪法监督委员会（参见2001年11月2日《法制日报》），是一个比较稳妥的方案。它只会对国家政治的稳定起重大促进作用，而不是相反。从1982年现行宪法颁布至今已20年，学者们一直在呼吁早日解决这一问题。在已经确立依法治国方略和建设社会主义法治国家奋斗目标的今天，是政治家们审时度势、认真考虑如何解决这一问题的时候了。有一点是可以肯定的，宪法监督机制和程序的设立，将成为在我国实行依宪治国的决定性步骤。

后记：

本文刊载在《中国人大》2002年第17期，是在国内较早提出这个问题。近些年来，胡锦涛同志曾多次提到"依法治国首先要依宪治国"，这是中央领导宪政理念的一个重要发展。参见本书《宪政概念的科学内涵和重大意义》一文。

修改一九七八年宪法的理论思考和建议

一　我国 1978 年宪法为什么要修改

1980 年 9 月，五届人大三次会议根据中共中央建议，决定成立以叶剑英同志为主任委员的中华人民共和国宪法修改委员会，主持对我国 1978 年宪法的修改工作。这是我国社会主义民主和社会主义法制正在大踏步地向前发展的重要标志。

新中国成立以来，我们有过三部宪法，即 1954 年宪法、1975 年宪法、1978 年宪法。五届人大二次、三次会议曾对 1978 年宪法个别地方作过修改。宪法是国家的根本大法，它比其他法律更需要有稳定性。为什么制定 1978 年宪法到现在只有短短三年多时间，又要对它作全面的修改呢？我们认为主要是由于以下一些原因。

一方面，1978 年五届人大一次会议修改宪法的工作，是在粉碎江青反革命集团之后不久进行的。由于当时历史条件的限制，我们还来不及全面地总结新中国成立以来社会主义革命和社会主义建设中的经验教训，也来不及彻底清理和清除"文化大革命"十年内乱期间各种"左"的思想对宪法条文的影响，以致现行宪法中还有一些反映已经过时的政治理论观点和不符合客观现实情况的条文规定。比如，在宪法序言中，还保留有"坚持无产阶级专政下继续革命"的提法，对所谓"无产阶级文化大革命"仍然加以肯定，等等。对于这样重大的思想理论是非和历史事件的评价，直到今年 6 月党的十一届六中全会作出《关于建国以来党的若干历史问题的决议》，才得出正确结论，最后完成对被"四人帮"搞乱了的一系列思想理论是非和重大方针政策是非的拨乱反正。只有这时，我们才有条件来彻底清除"左"的思想对 1978 年宪法的各种影响。

另一方面，从五届人大一次会议以后，特别是党的十一届三中全会以来，我们国家的政治生活、经济生活和文化生活都发生了新的巨大变化和发展，特别是党和国家的工作着重点已经转移到社会主义现代化建设的轨道上来；党中央对于国内阶级状况作了新的科学分析：作为阶级的地主阶级、富农阶级已经消灭，作为阶级的资本家阶级也已经不再存在，社会主义国家的主人翁，是工人、农民、知识分子以及其他拥护社会主义的爱国者；国家领导制度和国民经济体制正在进行和将要进行重大改革，社会主义民主和社会主义法制正在日益健全；现在摆在全国人民面前的中心任务，是要建设一个现代化的、高度民主、高度文明的社会主义强国。所有这些，都没有也不可能在 1978 年宪法中得到反映。

此外，由于 1978 年修改宪法的工作进行得比较仓促，因此作为国家的总章程，1978 年宪法的许多条文规定还不够完备、严谨、具体和明确；对于如何维护宪法的极大权威、使它得到切实遵守，也缺乏应有的组织设置和法律保障。这些都不利于充分发挥宪法的重要作用。

总之，我国 1978 年宪法已经不能很好地适应社会主义现代化建设的客观需要，对它进行全面修改是十分必要的。

叶剑英同志在宪法修改委员会第一次会议上的讲话中，深刻地阐述了这次修改宪法的指导思想。他指出：这次修改宪法，应当在总结新中国成立以来我国社会主义革命和社会主义建设经验的基础上进行。经过修改的宪法，应当反映并且有利于我国社会主义的政治制度、经济制度和文化制度的改革和完善。在新的宪法和法律的保障下，全国各族人民应当能够更加充分地行使管理国家、管理经济、管理文化和其他社会事务的权力；法制的民主原则、平等原则、司法独立原则应当得到更加充分的实现。我国人民代表大会制度，包括各级人民代表的权力和工作、常务委员会和各个专门委员会的权力和工作，应当怎样进一步健全和加强，也都应当在修改后的宪法中作出新的规定。总之，我们要努力做到，经过修改的宪法，能够充分体现我国历史发展新时期全国各族人民的利益和愿望。

二　宪法的制定和修改必须贯彻民主原则

在资本主义国家里，掌握政权的资产阶级在制定或修改宪法的时候，通常也是采取民主的方法。不过，这种民主是资产阶级的民主，是极少数人的民主。在封建专制时代，立法权属于君主一人。资产阶级在革命时期，他们的启蒙思想家都集中反对这一点，并鲜明地提出立法权应该属于人民。洛克说："只有人民才能通过组成立法机关和指定由谁来行使立法权，选定国家形式。"[①] 孟德斯鸠提出："民主政治还有一条基本规律，就是只有人民可以制定法律。"[②] 卢梭也强调："立法权力是属于人民的，而且只能是属于人民的。"[③] 他们的这些主张，已经载入资产阶级宪法；这些主张无疑具有历史的进步意义，但是，在以私有制为基础、由资产阶级掌握国家权力的社会里，这些主张是根本无法实现的。资产阶级宪法的制定或修改，无论是由特别选出的"立宪会议"负责，还是由最高立法机关——资产阶级议会负责，都只能是为了维护资产阶级的剥削和压迫制度，而不可能反映广大劳动人民的根本利益。资产阶级议会是由忠实于资本主义制度的资产阶级代表人物所垄断，或由他们占据支配地位，他们负责制定宪法，当然只能反映资产阶级的意志。有时候，由于资产阶级统治集团内部矛盾尖锐化，或出于其他考虑，资产阶级宪法的制定或修改要交付全民表决，但这只能是走走形式、做做样子，而丝毫不会改变事情的实质。因为，广大劳动人民根本不可能通过投票来改变资本主义生产资料私有制和资产阶级掌握国家权力的现实。

社会主义国家是无产阶级和劳动人民真正当家做主的国家。正是基于政权的这一阶级本质，广大人民群众应该享有决定一切国家大事的最高权力，社会主义法制只能按照人民的意志去创立，宪法的制定或修改必须遵循民主立法的原则，认真贯彻群众路线。

---

① ［英］洛克：《政府论》（下篇），叶启芳、瞿菊农译，商务印书馆 1964 年版，第 88 页。

② ［法］孟德斯鸠：《论法的精神》（上册），张雁深译，商务印书馆 1961 年版，第 12 页。

③ ［法］卢梭：《社会契约论》，何兆武译，商务印书馆 1980 年版，第 65 页。

在斯大林领导下，苏联 1936 年宪法的制定，就是认真贯彻了民主立法的原则。从 1935 年 7 月召开宪法委员会全体大会第一次会议，到 1936 年 5 月中旬，苏联宪法草案的筹备工作完成了；6 月初召开的苏共（布）中央全会，就宪法草案进行了详细的讨论和审议，并提到苏联中央执行委员会主席团加以评议和通过。6 月 12 日公布了苏联新宪法草案，数千万苏联劳动人民积极地参加了为期五个多月的对宪法草案的全民讨论。苏联劳动人民对宪法草案提出的建议和补充意见总数超过 150 万件，这些意见和建议上报到苏联中央执行委员会主席团组织处加以研究整理的就有 13721 件，其中有很多好的意见被采纳。这次全民讨论为社会主义宪法按照民主立法原则制定或修改树立了一个很好的先例。

在毛泽东同志领导下，我国 1954 年宪法的制定也认真贯彻了民主立法的原则。1953 年 1 月 13 日中央人民政府委员会成立了以毛泽东同志为首的中华人民共和国宪法起草委员会。该委员会在 1954 年 3 月接受了中共中央提出的宪法草案初稿，随即在北京和全国各大城市组织各民主党派、各人民团体和社会各方面的代表人物共 8000 多人，用两个月的时间对初稿进行了认真的讨论。在讨论中，共搜集了 5900 多条意见（不包括疑问）。应当说，这 8000 多人都是宪法起草工作的参加者。以这个初稿为基础经过修改后的宪法草案，于 6 月 14 日公布，交付全国人民讨论。全民讨论进行了两个多月，共有 1 亿 5000 多万人参加，对草案提出了很多好的修改和补充意见。毛泽东同志曾指出："这个草案所以得人心，是什么理由呢？我看理由之一，就是起草宪法采取了领导机关的意见和广大群众的意见相结合的方法。"

现在，中华人民共和国宪法修改委员会正在对 1978 年宪法进行修改。叶剑英同志在宪法修改委员会第一次全体会议的讲话中指出："民主立法是我们立法工作的基本原则。这次修改宪法，一定要坚持领导与群众相结合的正确方法，采取多种形式发动人民群众积极参加这项工作。"全国广大的工人、农民、知识分子和一切爱国者，都应主动、积极地参加到这一工作中来，通过各种方式方法，对宪法的修改出主意、提建议。这是全中国人民的神圣权利，也是我们的光荣义务。

三 宪法的完备问题

宪法的完备程度，并不完全取决于宪法篇幅的大小。我们不能完全拿一部宪法的长短来衡量该宪法是否完备。不能认为宪法比较长，就一定是完备的；宪法比较短，就一定是不完备的。因为宪法的长短取决于很多客观和主观方面的因素。比如，从客观因素看，联邦制国家的宪法通常就应该比单一制国家的宪法要长一些。但是，它们之间也有一定的内在联系，宪法篇幅的长短、条文和字数的多少，在某种程度上也会直接影响到宪法的完备性，因为没有足够的篇幅，就容纳不下一部比较完备的宪法应该具有的各种必不可少的内容。

据统计，现今世界上的 142 部成文宪法，其中有 10 部超过 36000 字，24 部少于 5000 字。142 部宪法的平均长度是 15900 字。我国解放后颁布的 3 部宪法，分别是 9100 字、4300 字、7100 字左右（标点符号计算在内）。这个数字大大低于世界宪法的平均字数。

这种情况不可能不影响我国宪法的完备程度。

事实表明，在我国 1978 年宪法中，有不少需要作为宪法规范的内容没有写进去；有些内容虽然规定了，但由于篇幅狭窄而不够具体、明确、详尽、周密。像我们这样一个疆域辽阔、人口众多的大国，又肩负如此复杂艰巨的社会主义现代化建设的重任，没有一部内容比较丰富、充实、周详、完备的新宪法，客观上就很难满足我们国家和人民的迫切需要。我国未来的新宪法，其篇幅应该比前三部宪法长一些，也是十分自然的。

据有的学者分析，从制定的时间来看，越是近代的宪法篇幅越长。这种情况的出现是合乎逻辑的。因为，从社会历史和法制建设的总趋势看，随着各国经济、政治、文化、科学发展水平的不断提高，宪法和法律必然日益走向完备。从各个国家的具体情况看，一般说来革命（包括资产阶级革命和社会主义革命）成功之初，由于政治尚不稳固，统治经验也比较缺乏，因而宪法和法律的制定力求简括一些。随着统治阶级统治地位的巩固、政治局势的相对稳定，以及统治经验的逐步积累，宪法和法律也必然日益完备。我们必须看到这种总的发展趋势，并使我们的工作适应这种要求。

当然，现今世界上也有某些资本主义国家的宪法，其内容过于繁琐庞杂，对此，这些国家的当权者也感到颇为头痛。这种偏向我们当然也要注意避免。宪法是根本大法，一些应该由普通法律确认而不必由宪法确认的规范就不要写进宪法中去。苏联1936年宪法在制定过程中就曾遇到过这种情况。当时一些人要求把关于保险事业的个别问题、关于集体农庄建设中的某些具体问题都包括到宪法中去。斯大林指出这些意见是不正确的。他说："提出这些修正的人，大概没有懂得宪法问题和日常立法问题的区别。正因为如此，所以他们力图尽量多掺一些法律到宪法中去，简直要把宪法变成一部法律大全。可是宪法并不是法律大全。宪法是根本法，而且仅仅是根本法。"① 此外，如果在某些问题上，我们的经验还不够成熟，就需要本着宜粗不宜细的原则处理，不可把条文写得过于具体。

但是，从我国法制建设的历史经验和当前的现实需要来看，我们着重应该注意防止的，是那种认为宪法的内容越简单、越原则、越抽象就越好的思想倾向；我国现行宪法修改工作面临的主要问题，是如何把它修改得更为丰富、充实、周详、完备。

四　宪法的结构

宪法的结构是指成文宪法的内容如何进行组合、编排，以构成一个完整的宪法文件。一般说来，是宪法的内容决定宪法的结构，但是，由于各国的历史特点、文化传统以及立法者各方面的修养不同，有时宪法的内容大致一样，而宪法的结构却有较大差异。无论是资本主义类型的宪法，还是社会主义类型的宪法，其结构没有也不可能有一个固定的模式。然而，各个国家的统治阶级总是力图使自己的宪法尽量做到科学、严谨、合理，以便更好地为宪法的内容服务，这一要求是共同的。

我们对现今世界各国150部宪法（其中加纳、尼日利亚、纳米比亚等12个国家，其宪法是由若干个宪法性文件所组成）的结构进行比较，发

---

① 斯大林：《列宁主义问题》，人民出版社1964年版，第618页。

现有以下几个问题值得我们注意。

第一，关于宪法的序言。在 150 部宪法中，有序言的 91 部，没有序言的 59 部。宪法没有序言的国家，包括朝鲜和罗马尼亚。由此可见，并不是任何一部宪法都有序言，也不是一定要有序言；但是，大多数国家的宪法有序言，又说明序言总有它自己一定的作用。各国宪法的序言内容很不一致，主要是记载这些国家的斗争历史和业已取得的成就，确定建国的宗旨，提出国家的奋斗目标，明确指导国家活动的基本原则以及制定宪法的目的，等等。这些内容带有纲领的性质，难以形成各项具体的法律规范，用序言的形式来表达比较恰当。一个国家的宪法究竟要不要序言以及序言的内容如何，应该根据各自国家的民族特点和实践经验，并参考别国经验，权衡利弊得失，然后决定取舍。

第二，关于公民的基本权利和义务。在大多数国家的宪法中，这方面的内容是安排在国家机构（包括立法、行政、司法机构）之前，但也有少数国家的宪法是把公民的基本权利和义务安排在国家机构之后，例如，亚洲 34 个国家中，只有中国、缅甸、蒙古；非洲 49 个国家中，只有几内亚、肯尼亚；欧洲 31 个国家中，只有波兰、匈牙利、挪威、爱尔兰。从绝大多数国家的宪法来看，其主要内容的安排大体上是这样的顺序：序言；国家的社会制度（包括政治制度，经济制度，科学、文化、教育等）；公民的基本权利和义务；国家的立法机关、行政机关、司法机关的组成、职权、活动原则；宪法的保障和宪法的修改。一般说来，公民的基本权利和义务安排在国家机构之前比较好些，因为公民的民主自由权利是近代民主的重要内容，而国家机关则是实现民主（包括资产阶级民主与社会主义民主）的具体形式和手段。就社会主义国家来说，人民是国家的主人，国家的一切权力属于人民，一切国家机关应该是在民主的基础上产生，并为它服务，所以把公民的基本权利与义务放在国家机构之前比较顺理成章。

第三，在 150 部宪法中，绝大多数宪法都有专门章节规定宪法如何修改；还有很多国家（如法国、意大利、南斯拉夫）的宪法有专门章节明确规定宪法的保障，即怎样制裁违宪行为，如何保障宪法的实施。足见很多国家十分重视维护宪法的最高法律效力和宪法的极大权威，以充分发挥其作用。

我国前后颁布施行过三部宪法（1954 年宪法、1975 年宪法、1978 年宪法），其结构大致相同，都是由"序言"以及"总纲"、"国家机构"、"公民的基本权利和义务"、"国旗、国徽、首都"四章组成。在全面修改我国 1978 年宪法的工作中，如何使我国宪法的结构做到逻辑严谨、布局合理，以实现正确丰富的内容与尽量完美的形式相结合，是一个值得重视的问题。

五　宪法的现实性

宪法的现实性是指宪法的条文规定必须准确地反映一定的社会关系，使之能够适应社会的客观要求，而不能和现实需要脱节。这是保证宪法具有极大权威和充分发挥其作用的基本前提。正如马克思在谈到拿破仑法典时所指出的："这一法典一旦不再适应社会关系，它就会变成一叠不值钱的废纸。"[1] 列宁也很重视这个问题，曾经非常形象地把宪法分为"成文的宪法"和"现实的宪法"，并且强调，前者必须如实地反映后者，即如实地反映一定的社会关系和现实需要。他说："当法律同现实脱节的时候，宪法是虚假的；当它们是一致的时候，宪法便不是虚假的。"[2]

为了保持宪法的现实性，要注意以下几点：

第一，宪法比一般法律更需要有稳定性，如果朝令夕改，人们就会无所适从，影响宪法的权威。但是，现实社会是经常处于不停的发展变化中的，因此宪法的稳定性又只能是相对的。随着政治、经济形势的不断变化发展，需要及时对宪法作相应的修改，才能使宪法的内容不致与现实脱节。我国 1978 年宪法之所以需要作比较全面的修改，原因之一，就是我国的政治、经济状况已经发生了显著变化。

第二，必须从一个国家一定时期的政治、经济、文化发展水平出发，暂时做不到的事情，就不要规定到宪法中去。例如，由于我国经济还比较落后，城市人口过多，因此我国 1978 年宪法没有规定公民享有迁徙自由，

---

[1] 《马克思恩格斯全集》第 6 卷，人民出版社 1961 年版，第 292 页。
[2] 《列宁全集》第 15 卷，人民出版社 1963 年版，第 309 页。

这是符合当前实际情况的。

第三，要保证宪法内容的科学性，包括宪法的条文规定必须符合我国的国情，符合我国社会制度的性质和人民的根本利益。凡是写进宪法的内容，就一定要坚决实行，才能维护宪法的尊严。事实上根本做不到的事情，就不要规定到宪法中去，否则，会在人们的心目中降低宪法的尊严。

第四，宪法应当对一系列重要的现实社会关系，如党和政权的关系，民主和集中的关系，民主和专政的关系，中央和地方的关系，国家、集体和个人的关系，权利与义务的关系，等等，全面地辩证地作出恰当的规定，使这些现实社会关系能够很好地协调一致。正如恩格斯所说："在现代国家中，法不仅必须适应于总的经济状况，不仅必须是它的表现，而且还必须是不因内在矛盾而自己推翻自己的内部和谐一致的表现。"[①] 例如，在我国的宪法中，既要坚持党在整个国家生活和全部社会生活中的领导地位和核心作用，又要实行党政分工，充分发挥政权机关的作用，新的宪法应当对此作出正确的规定；1978 年宪法中有关党政不分的某些条文，需要加以修改。又例如，宪法既要充分确认公民的各项权利和自由，又要在一定的条文中指出，公民的自由权利必须依法行使，不能滥用此种权利；而我国 1978 年宪法却没有这方面的规定。

六　宪法的规范性

保持宪法的规范性，是维护宪法应有权威的一个重要条件，值得重视。

"规范"的意思，简单说就是"行为规则"。规范有技术规范和社会规范。法律规范属于社会规范一类。法律规范是由国家制定或认可、体现统治阶级意志、以国家强制力保证其实施的行为规则。法律规范通常由三个部分组成：一是"假定"，它指明行为规则适用的条件；二是"处理"（或称"命令"），即行为规则本身，它指明要求怎样做、不能怎样做；三是"制裁"，它指明违反规范的法律后果。法律规范必须具有以上三个构

---

① 斯大林：《列宁主义问题》，人民出版社 1964 年版，第 483 页。

成要素，否则就不成其为法律规范，就会失去它的存在意义。法律条文和法律规范是两个不同的概念。前者是后者的文字表达形式。一个法律条文不一定完全包括规范的三个构成要素；一个规范可以表述在几个条文，甚至几个不同的法律文件中；几个规范也可能表现在一个条文中。

宪法虽然是国家的根本大法，但它也是一种法律。宪法规范是法律规范的一种，规范性应该是宪法的基本特性之一。一般说来，宪法的序言没有规范性，宪法的具体条文则应当具有规范性。以宪法是根本大法为理由，否认宪法的规范性，或者不重视宪法的规范性，这无疑是不正确的。

为了使宪法规范臻于完备，在立宪过程中必须对规范的三个组成部分予以正确的规定。

对宪法规范中的"假定"部分来说，重要的是保证它的显明性。例如，如果一个国家的宪法规定了公民的基本权利和义务，但没有在宪法或国籍法等具体法律中明文规定哪些人是该国的公民，公民这一概念就是不明确的，因而这一宪法规范也是不完善的，在实践中必然会带来混乱。长期以来，我国法学界对我国公民的概念一直存在两种截然不同的理解，一种观点认为，凡是具有中华人民共和国国籍的人就是我国的公民；另一种观点认为，被剥夺了政治权利的人就不再是我国的公民。这种情况之所以存在，同我国宪法和具体法律没有明文规定哪些人是我国的公民有一定的关系。

对宪法规范中的"处理"部分来说，重要的是保证它的确定性。从法律调整社会关系的方法看，法律规范的"处理"部分可区分为如下三种类型：一是禁止性规范，它的内容是禁止实施一定的行为；二是义务性规范，它的内容是直接指出国家机关、社会团体、公职人员或公民的义务；三是授权性规范，它的内容是直接规定国家机关、社会团体、公职人员或公民的权利。法律规范的这三种类型，都要求宪法条文的内容必须确切规定遵守和违反的界限，不能模棱两可。在这方面，我国1978年宪法也有某些值得斟酌的地方。例如，第4条规定："各民族间要团结友爱，互相帮助，互相学习。"这里的"要"字带有劝说性，而且"团结友爱"等概念也欠具体明确，在执行过程中就难以判断其是非界限，也难以追究其法律责任。第12条规定："在国民经济一切部门中尽量采用先进技术。""尽量"二字也属劝说性语句，是可以这样做也可以那样做的。又例如，第21条规定："全国人民代表大会会议每年举行一次。在必要的时候，可以提前或者延期。"什么是"必要"，也无明文规定，因此后面的话就显得灵活性太大，等于是说十年八年不开人代会也不违宪，因为并不难找到不开人代会的"必要"理由。这一点就不如1954年宪法确定。该宪法第25条规定：全国人民代表大会会议每年举行一次，在必要时可以临时召集会议。

对宪法规范中的"制裁"部分来说，也需要作出明确、具体的规定。宪法制裁，虽然有其自身的特点，不同于刑事制裁、民事制裁、行政制裁；但违宪应有制裁，这是必须肯定的。否则，违反宪法而不招致任何法律后果，那么宪法的条文规定就难于成为宪法规范，那整部宪法也就很难发挥它的最高的和直接的法律效力了。宪法制裁应包括两方面的内容：一是什么机关有权裁决某一行为是否违宪；一是对于违宪行为应有哪些具体的制裁形式和方法。我国1978年宪法只有一处关于这方面的内容，即第22条规定，"监督宪法和法律的实施"是全国人民代表大会的职权之一。显然，这是很不完善的，有必要认真加以研究和改进。

七　宪法条文必须明确、具体、严谨

1980年9月，叶剑英同志在宪法修改委员会第一次会议上的讲话中指出：作为国家根本大法，现行宪法的许多条文规定也不够完备、严谨、具体和明确。这是我们修改现行宪法需要注意解决的一个问题。就宪法条文必须"明确、具体、严谨"来说，新中国成立以后我国颁布施行的三部宪法，最好的是1954年宪法，最差的是1975年宪法。下面，我们着重举1975年宪法中若干例子来说明，宪法条文必须"明确、具体、严谨"是什么意思，这样要求有什么意义。

宪法条文必须明确，是指它的内容应当做到概念清晰、界限分明。例如，1975年宪法规定："公民的基本权利和义务是，拥护中国共产党的领导，拥护社会主义制度，服从中华人民共和国宪法和法律。"这就把权利与义务这两个不同的概念混为一谈了。这里所说的三点内容，应是公民的义务，而不是公民的权利。宪法和法律规定的公民的义务，公民必须履行；但他们所享有的权利，则可以行使，也可以不行使。如果服从宪法和法律成了公民的权利，那他们也可以不行使这一权利，即可以不遵守法律了。这当然是错误的。此外，这一条文还有一个弊病，似乎公民的基本权利和义务仅仅只是这三点，而事实并不是这样。又例如，1975 年宪法第 25 条规定："对于重大的反革命刑事案件，要发动群众讨论和批判。" 1978 年宪法第 41 条也规定："对于重大的反革命案件和刑事案件，要发动群众讨论和提出处理意见。" 这两种提法都不清晰、确切。因为，并不是所有刑事案件都是反革命案件，反革命案件只是刑事案件的一种。比较正确的提法应该是："对于重大反革命案件和其他重大刑事案件……" 但是，这种提法仍然有问题：所谓"重大"，具体标准是什么？群众讨论后提出的处理意见是算数，还是仅供人民法院定罪量刑时参考？这些仍不明确，因而也就难以准确执行。

宪法条文必须具体，是指它的内容不能过于笼统、抽象，该原则的要原则一些，该具体的就要具体一些，否则，某些必不可少的重要内容就会遗漏，或使人们无所适从。例如，1975 年宪法关于全国人民代表大会职权的规定，把 1954 年宪法原有的许多重要内容，如"监督宪法的实施"、"决定战争和和平的问题"、"批准省、自治区和直辖市的划分"等都删去了，这就使得这些十分重要的职权应该由谁行使很不明确。1975 年宪法决定不设国家主席，1954 年宪法规定由国家主席行使的许多重要职权，如"授予国家的勋章和荣誉称号，发布大赦令和特赦令，发布戒严令，宣布战争状态，发布动员令"，在 1975 年宪法中也找不到着落。如果上述重要职权谁都不能行使，或谁都能够行使，那么国家机器的运转就要乱套。宪法条文必须具体，还意味着宪法规范不应使用那些含义不具体的形容词和口号。例如，1975 年宪法和 1978 年宪法关于国家武装力量的规定，使用的是"工农子弟兵"和"无产阶级专政的柱石"这样一些提法。在总纲具体条文中使用这些提法，不能准确地表达中国人民解放军的性质和它在国家中的法律地位。

宪法条文必须严谨，是指条文的内容要做到含义确切、逻辑严密。例如，1954 年宪法第 11 条规定："国家保护公民的合法收入"，这是正确的；

1975 年宪法第 9 条却改为："国家保护公民的劳动收入"，这就不对了。因为银行存款利息、继承的财产、救济金、抚恤金等，并不是"劳动"收入，但却是"合法"收入，是必须保护的。上面说的是宪法规范所使用的具体概念必须含义准确。还有一种情况是，宪法规范的整个内容也要做到逻辑严谨。例如，我国的三部宪法，都只规定了公民应该享有什么自由，但是，这种自由的行使并不是绝对的，而应该是有条件的、受一定制约的。我国宪法却没有这方面的任何条文规定，这就容易给那些搞无政府主义的人提供借口或被少数坏人钻空子。外国宪法，包括资本主义国家的宪法和社会主义国家的宪法，绝大多数都有这方面的规定，值得我们借鉴。

宪法是国家的根本大法。它在整个法律体系中的地位，决定它应该具有更大的稳定性，因而对于重大问题只能作比较原则的规定。但是，宪法是普通法律的立法依据，是所有国家机关、政党和社会团体以及全体公民都必须严格遵守的行为准则。这就要求它的条文规定必须明确、具体、严谨，才能充分发挥它的应有作用。那种认为既然宪法是根本大法，它的规范就越抽象越好，就可以含糊其辞、模棱两可的看法，是不正确的。

八　宪法的原则性与灵活性

一般说来，任何法律都应该是原则性与一定的灵活性相结合。但是，在整个法律等级体系中，效力越高的法律，就越应体现这种结合。宪法是国家的根本大法，具有最高法律效力，是普通法律的立法依据，因此宪法比一般法律必须更好地结合原则性与灵活性，才能保证宪法适应现实生活的需要。特别是像我们这样一个疆域辽阔、人口众多、情况复杂、发展迅速的大国，这个问题就显得更加重要。

毛泽东同志在总结制定我国 1954 年宪法的经验时曾指出，这部宪法之所以受到广大人民的拥护，主要有两条："一条是正确地恰当地总结了经验，一条是正确地恰当地结合了原则性和灵活性"[①]。在这部宪法中，原则性与灵活性的正确结合，主要表现在以下几个问题上。

---

① 《毛泽东选集》第 5 卷，人民出版社 1977 年版，第 129 页。

第一，这部宪法规定，一定要完成社会主义改造，实现国家的社会主义工业化。这是原则性。但是，并不是在全国范围内、在一个早上、在所有经济部门都实行社会主义。"社会主义全民所有制是原则"，"灵活性是国家资本主义"。并且，国家资本主义的形式不是一种，而是"各种"；实现不是一天，而是"逐步"。例如，这部宪法规定，当时生产资料所有制有下列各种：全民所有制；集体所有制；个体劳动者所有制；资本家所有制（第5条）。但是，"国营经济是全民所有制的社会主义经济，是国民经济中的领导力量和国家实现社会主义改造的物质基础。国家优先发展国营经济"（第6条）。同时，"国家对资本主义工商业采取利用、限制和改造的政策"，"逐步以全民所有制代替资本家所有制"（第10条）。

第二，少数民族问题。民族区域自治机关与其他地方国家机关，既有共同性，也有特殊性。共同的就适用共同的条文，特殊的就适用特殊的条文。例如，这部宪法规定："中华人民共和国是统一的多民族的国家"；"各少数民族聚居的地方实行区域自治。各民族自治地方都是中华人民共和国不可分离的部分"（第3条）。"自治区、自治州、自治县的自治机关依照宪法和法律规定的权限行使自治权"（第69条）。"自治区、自治州、自治县的自治机关可以依照当地民族的政治、经济和文化的特点，制定自治条例和单行条例，报请全国人民代表大会常务委员会批准"（第70条）。这些规定都是原则性与灵活性的恰当结合。

第三，人民民主原则贯穿在我们的整个宪法中。我们的民主不是资产阶级的民主，而是人民民主，这就是无产阶级领导的、以工农联盟为基础的人民民主专政。这一原则也要结合灵活性。比如：宪法确认我国公民权利的实现有物质保证，这是社会主义民主区别于资产阶级民主的重要标志。但是这种物质保证要受经济条件的制约。由于我国生产力发展水平不高，所以1954年宪法规定，这种物质保证只能是"逐步扩大"（第91条至第94条）。这也是一种灵活性。

在这里，有两个问题需要注意。一是原则性应结合灵活性，丝毫不是意味着宪法规范可以含糊其辞、模棱两可。这是两个完全不同的问题，不能混为一谈。二是对于宪法规范的灵活性，普通法律应紧密配合，作出具体解释和补充规定，或制定一般的法律使之具体化，才能避免人们随意解释与运用这种灵活性，在实践中造成混乱，或者使灵活性落空。例如，1954 年宪法第 76 条规定："人民法院审理案件，除法律规定的特别情况外，一律公开进行。"在这里，审理案件一律公开进行，这是原则性；"特别情况"例外，这是灵活性。对此，1956 年 5 月 8 日人大常委会通过《关于不公开进行审理的案件的决定》具体规定："人民法院审理有关国家机密的案件，有关当事人隐私的案件和未满十八周岁少年人犯罪的案件，可以不公开进行。"这样，案件不公开审理的"特别情况"就进一步明确了。

现在，我们国家的政治、经济等各方面的客观条件都发生了很大变化，因此我们不能照抄照搬 1954 年宪法的某些具体规定；但是，毛泽东同志所总结的宪法必须正确地恰当地结合原则性与灵活性，则具有普遍的指导意义，是我们这次修改宪法时必须认真加以贯彻的。

九　宪法的稳定性

任何统治阶级立法的目的，都在于通过法律来实施、来体现自己的阶级意志，维护自己的阶级利益，因而都要竭力维护自己法律的稳定性，这在中外法制史中有不少记载，比如，我国春秋时期，郑国子产铸刑书于鼎；印度人刻法于椰子之叶；罗马人揭十二铜表法于公市等。中外历史上有些著名的思想家、政治家也都十分重视这个问题。如韩非说："法莫如一而固"[1]，"治大国而数变法，则民苦之"[2]。唐太宗说："法令不可数变，数变则烦，官长不能尽记，又前后差违，吏得以为奸，古今变法，皆宜详慎而行之。"[3] 亚里士多德说："法律所以能见成效，全靠民众的服从，而遵守法律的习性须经长期的培养，如果轻易地对这种或那种法制常常作这样或那样的废改，民众守法的习性必然消减，而法律的威信也就跟着削弱了。"[4] 剥削阶级的思想家提出这些看法，虽然都是从维护本阶级法律的权

---

[1]　《韩非子·五蠹》。
[2]　《韩非子·解老》。
[3]　《通鉴纪事本末》第 29 卷。
[4]　［古希腊］亚里士多德：《政治学》，吴寿彭译，商务印书馆 1965 年版，第 81 页。

威和统治的利益出发，但他们关于法律应有稳定性的观点，是有一定科学道理的。马克思主义者也非常重视法律的稳定性。我们党的十一届三中全会的公报就曾经指出：要保证我们的法律具有稳定性、连续性和极大的权威。

宪法是国家的根本大法。它的内容是规定国家生活各方面的根本性问题，是普通法律的立法依据。它的修改不仅涉及国家各项根本制度的改变，而且涉及一般法律的制定、废除和修改。因此，对宪法的修改必须持十分慎重的态度，需要采取各种措施尽量保持它的稳定性。但是，这种稳定性也并不是绝对的，而是相对的。随着现实政治、经济、文化等客观形势和条件的不断发展变化，也必须及时对宪法作相应的修改。新中国成立以来，我们颁布过三部宪法，现在又要对 1978 年宪法作全面修改，这是由我们国家特殊的历史条件决定的。现在，我们国家已经进入一个新的历史发展时期，社会将相对地处于一个稳定发展的阶段，人民也迫切希望这方面的制度在今后较长时期能够稳定下来。因此，我国未来的新宪法应当体现和反映这一要求。

为了保持宪法的相对稳定性，需要注意以下几个问题：

①要在认真总结社会主义革命和社会主义建设经验教训的基础上，力争宪法的内容尽量符合客观规律的要求。宪法规范越能体现社会主义制度下政治、经济、文化等各方面的客观规律，就越具有稳定性。

②宪法的内容应是国家生活中根本性、长远性和普遍性的问题。那些不必由宪法规定而可以由具体法律去解决的问题，以及那些只具有临时性或个别性的问题，则不宜规定在宪法中，以免现实情况稍有变动，又要修改宪法。

③宪法的内容应做到原则性与灵活性相结合。在中央与地方的关系、民族区域自治、所有制与分配形式、公民权利的物质保证等一系列重要问题上，如果能够正确地恰当地把原则性和灵活性结合起来，就能大大提高宪法规范的持久性。

④要做到正确的内容与完美的形式相结合。从体系安排、逻辑结构、概念运用到文字表达，都要力求准确、严谨、鲜明，经得起反复推敲。

⑤以上几点是就宪法本身的内容与形式说的，是使宪法保持稳定性的

主要方法。除此以外，从宪法修改的方式来看，则可以采取制定新宪法和通过宪法修正案这两种方式相结合。美国宪法制定于1787年，至今仍然沿用，就是采用宪法修正案的方法。美国宪法原文仅7条，美国国会通过第一次宪法修正案（第1—10条）是1791年；最近一次通过宪法修正案（第26条）是1971年。他们之所以这样做，主要是为了保持宪法的稳定性。外国在这方面的经验我们应当注意借鉴。我国过去对宪法的修改一直采用另外制定一部新宪法的方式。五届人大第二次和第三次会议采取了宪法修正案的方式对个别条文进行了修改。实践证明这样做效果很好。在这次对1978年宪法进行全面修改以后，我们可以较多地采取宪法修正案这种方式。

十　什么是公民

我国宪法有《公民的基本权利和义务》一章。在我国，公民究竟是指哪些人，这是必须明确回答的一个问题。长期以来在法学界一直存在着两种不同见解：一种意见认为，凡是具有中华人民共和国国籍的人，就是我国的公民；另一种意见认为，有些人虽然具有我国国籍，但是被依法剥夺了政治权利，他们就不再是我国的公民。我们认为，后一种见解是不大妥当的。

有人认为，政治权利就是公民权；有些人既然被剥夺了政治权利，就是被剥夺了公民权。既然公民权都被剥夺了，怎么还是我国的公民呢？这种逻辑显然是难以成立的。因为，公民权是一个内容十分广泛的概念。例如，我国1978年宪法第三章关于公民基本权利的规定，既包括公民在政治方面的民主、自由等项权利（第45—47条以及第55条），也包括公民在经济、文化、教育等方面的权利（第48—52条）。比如，宪法规定"公民有劳动的权利"，"劳动者有休息的权利"，"劳动者在年老、生病或者丧失劳动能力的时候，有获得物质帮助的权利"，"公民有进行科学研究、文学艺术创作和其他文化活动的自由"。无疑，这些经济、文化、教育方面的公民基本权利，都属于"公民权"这个范畴。说只有"政治权利"才是公民权，上述这些权利都不是公民权，是根本说不通的。根据我国刑法的规定，剥夺政治权利是剥夺下述权利：选举权和被选举权；宪法第45条规定的各种权利；担任国家机关职务的权利；担任企业单位和人民团体领导职务的权利。被剥夺的这些政治权利，虽然是公民权利极其重要的部分，但作为一个被剥夺政治权利的人，并不是全部公民权都被剥夺了。比如，被剥夺政治权利的人，还有申诉权（为自己申辩的权利）、控告权（揭发检举坏人坏事的权利）。这些也属于公民权这个范畴，是没有也不可能被剥夺的。此外，一个被剥夺政治权利的人，还享有经济、文化、教育等方面的权利。因此，我们不能在被剥夺的几项政治权利和全部公民权之间画等号，不能把"剥夺政治权利"理解为剥夺了全部公民权，是剥夺了作为中华人民共和国公民的资格。所以，即使是人民的敌人，即使是那些正在服刑的被剥夺了政治权利的罪犯，也仍然是中华人民共和国的公民。

如果认为那些被剥夺了政治权利的人不再是我国的公民，那就难以确定这些人除了被剥夺的那几项政治权利之外，他们还享有哪些权利和应尽哪些义务。比如，既然这些人不再是我国的公民，那么我国宪法中关于《公民的基本权利和义务》这一章的各项规定，对他们就不适用，对他们就没有约束力。1978年宪法第9条规定："国家保护公民的合法收入、储蓄、房屋和其他生活资料的所有权。"如果那些被剥夺了政治权利的人不再是我国的公民，他们就不在这一条的保护之列。又例如，《中华人民共和国刑法》第2条规定，我国刑法的任务之一，是保护公民私人所有的合法财产，保护公民的人身权利和其他权利。如果那些被剥夺了政治权利的人不是我国的公民，那么这些人没有被剥夺的合法财产和人身权利就得不到我国刑法的保护，人们就可以随便侵占他们的私人合法财产，就可以对他们刑讯逼供或任意伤害。这显然是不行的。在我国的法律制度中，如果被剥夺了政治权利的人不再是我国的公民，那他们是什么呢？有人说，他们是"人"，是"国民"。但是，这些"人"和"国民"，在我们的国家里，究竟享有哪些权利、应尽哪些义务，在我国宪法和各项具体法律中，都找不到任何有关这方面的规定。这等于是说，他们不是我国宪法和法律的调整对象；不受我国宪法和法律的管辖、约束和保护；宪法和法律关于"人的效力"就不适用于他们。如果要明确他们的权利和义务，就得另外制定一套适用于他们的法律，或者在宪法和各项具体法律中，专列一些适用于他们的条文，否则，这些人在各个方面的权利和义务就必然是含糊不清的。

"公民"一词来源于古希腊、罗马奴隶制国家。那时候，并不是凡具有一个国家国籍的人就是该国的公民，公民仅仅是在法律上享有一定特权的一小部分自由民。例如，公元前 5 世纪雅典人口约 17 万，其中成年公民是 4 万人。① 又据古希腊政治家德米特利奥斯的调查，公元前 309 年，雅典"民主国"具有政治权利的"自由"公民仅 2.1 万人，而奴隶则达 40 万人。② 这种情况是由当时的经济制度和政治制度的客观条件所决定的。正如恩格斯所说："在希腊人和罗马人那里，人们的不平等比任何平等受重视得多。如果认为希腊人和野蛮人、自由民和奴隶、公民和被保护民、罗马的公民和罗马的臣民（指广义而言），都可以要求平等的政治地位，那么这在古代人看来必定是发了疯。"③ 在封建等级和君主专制制度下，只有封建主享有经济、政治、法律上的特权，农民及其他劳动人民则处于被奴役、被压迫的地位，因此没有公民的概念；或者即使有这一概念，也是带着封建等级制的色彩。资产阶级革命时期，以洛克、孟德斯鸠、卢梭等为代表的启蒙思想家，提出了"天赋人权"、"主权在民"等思想，强调国家属于公民全体，主张凡是具有该国国籍的人都是公民，要求法律面前人人平等。从此以后，这一观念就被体现在各个资产阶级国家的宪法以及宪法性文件中。这同奴隶制和封建制的法律制度相比，是一个历史性的进步。现在，在资本主义国家的宪法中，凡是具有该国国籍的人，多数国家称"公民"（如法国、意大利），一部分国家称"国民"（如联邦德国、日本），也有极个别实行君主立宪制的国家称"臣民"。这种名称的不同，是由各个国家不同的文化传统和习惯造成的。但有一点是共同的，即现在绝大多数资本主义国家的宪法，不再把具有本国国籍的人分成公民与非公民、国民与非国民、臣民与非臣民两个部分，分别规定他们享有不同的权利和应尽不同的义务。社会主义类型的宪法也大体上是采取

① ［古希腊］亚里士多德：《政治学》，吴寿彭译，商务印书馆 1965 年版，第 105 页。

② ［法］茄罗蒂（Roger Garaudy）：《什么是自由》，凌其翰译，生活·读书·新知三联书店 1954 年版，第 45 页。

③ 《马克思恩格斯全集》第 3 卷，人民出版社 1961 年版，第 143 页。

这种做法。如果我们把那些被剥夺政治权利的人不作为公民看待，不仅在法律制度上会带来如前所述的某些混乱，同时也不符合历史发展的客观趋势。

现在世界上多数国家的宪法都有关于本国公民（或称国民）资格的条文规定。我国宪法似宜对此有所规定；或者，由全国人大常委会专门为此作出宪法解释亦可。作出这方面的规定或解释可以很简单，一句话就行了："凡具有中华人民共和国国籍的人，都是中国公民。"

后记：

从 1981 年 11 月 2 日至 1981 年 12 月 18 日的一个半月时间里，笔者曾在《人民日报》上连续发表了 10 篇文章，对当时正在进行的宪法修改提出意见和建议。由于该报是党中央的机关报，且此系列文章发表时间集中，因而引起有关方面的关注。据在宪法修改委员会秘书处工作的一位同志讲，宪法修改委员会采纳了文章的一些建议。如 1982 年宪法第 33 条规定："凡具有中华人民共和国国籍的人都是中华人民共和国公民。"改变过去三部宪法的做法，将"公民的基本权利和义务"一章，放在"国家机构"一章之前，等等。《修改一九七八年宪法的理论思考和建议》是由 10 篇短文汇集而成。

党必须在宪法和法律的范围内活动

新宪法的序言规定："全国各族人民、一切国家机关和武装力量、各政党和各社会团体、各企业事业组织，都必须以宪法为根本的活动准则，并且负有维护宪法尊严、保证宪法实施的职责。"这里所说的"各政党"，当然包括中国共产党在内。在国家的根本大法中强调中国共产党也必须以宪法作为自己的根本活动准则，这在新中国的立宪史上还是头一次。

胡耀邦同志在党的十二大报告中指出："新党章关于'党必须在宪法和法律的范围内活动'的规定，是一项极其重要的原则。从中央到基层，一切党组织和党员的活动都不能同国家的宪法和法律相抵触。"这是我们党总结了建国 32 年来正反两方面的历史经验所得出的一个崭新的结论，也是在新的历史时期我们党决心采取的一条十分重要的方针。这一规定从原则上明确了党的领导同国家政权的关系，不但给党的建设的理论增添了新的内容，也给马克思主义的国家与法的学说增添了新的内容。现在，这一原则又庄严地记载在宪法里，运用宪法来保证切实做到这一点，对于加强和改善党的领导、对于维护宪法的统一和尊严、对于发扬民主与健全法制，都有重大的现实意义和深远的历史意义。

强调各级党的组织必须以宪法作为自己的根本活动准则，会不会贬低党的领导地位、削弱党的领导作用呢？我们认为不会。社会主义的法律是党领导人民制定的，是党的路线、方针、政策的具体化、条文化、定型化，是党的主张和人民意志的统一。党通过领导国家的立法机关、行政机关和司法机关，制定、贯彻和执行法律，把先进阶级的意志上升为整个国家的意志，并且运用国家强制力保证其实施，这正是巩固与加强党的领导地位，而绝不是降低或削弱党的领导作用。既然党的路线、方针、政策，通过法律的形式成了全国人民的共同意志，成了全体公民都要严格遵守的行为准则，那么，要求各级党组织在宪法和法律的范围内活动，严格依法办事，就不仅不会削弱党的领导，而且更有利于党的路线、方针、政策在全国范围内和在全体规模上得到最严格的、统一的贯彻执行，从而有利于加强党的领导地位，更好地发挥党对国家生活和社会生活各个方面的领导作用。事实证明，以党代政、以言代法、以政策代替法律，大小事情都凭各级党组织和领导人说了算，只能削弱党的领导。当党提出的意见、主张和方针政策为国家的权力机关所接受，形成国家的法律和制度以后，各级党的组织就应该为维护这些法律和制度而斗争，并且带头遵守这些法律和制度，还要教育和引导广大干部和群众遵守这些法律和制度。从这个意义上说，各级党的组织遵守国家的宪法和法律就是坚持和加强党的领导。

　　强调各级党的组织必须以宪法作为自己的根本活动准则，会不会给党的工作带来"麻烦"和"不方便"，从而降低党的工作效率呢？我们认为不会。社会主义的法律，是党领导人民，运用马克思主义的理论作指导，在总结实践经验的基础上按照事物发展的客观规律制定出来的。正如马克思所说，立法者"不是在制造法律，不是在发明法律，而仅仅是在表述法律，他把精神关系的内在规律表现在有意识的现行法律之中"。[①] 宪法和各部门法不仅要反映各种社会规律，即社会现象中经济、政治、文化、军事等各方面的必然联系，还要反映自然规律，即各种自然现象彼此之间的必然联系，以及人们在生产斗争中人和自然界的种种必然联系。因此，各级党组织严格依法办事，实质上就是严格按客观规律办事，使党在各方面的工作增强自觉性，减少盲目性。同时，社会主义法律可以使全国各方面的工作有一个统一的行为准则，使一切党政机关和公民从法制中知道做什么和怎样做是国家允许的或不允许的。这样就使党组织在各种问题上容易做到思想统一、行动一致，避免许多由于领导成员彼此之间认识不同而互相扯皮的现象，从而增强党组织的战斗力。

　　强调各级党的组织必须以宪法作为自己的根本活动准则，会不会束缚自己的手脚，使党组织不能充分发挥领导作用呢？我们认为也不会。正如毛泽东同志曾经说过的那样，"按照法律办事，不等于束手束脚"，"要按

---

① 《马克思恩格斯全集》第 1 卷，人民出版社 1956 年版，第 183 页。

照法律放手放脚"。① 因为，有的法律规定是比较原则的，如何具体执行，需要领导者去灵活运用；有的法律规定虽比较具体，但需要领导者进行大量的工作去组织实施。而且，即使法律制定得再完备，任何时候也不可能包罗一切；许许多多的问题，仍然需要领导机关和领导人员，在不违背宪法和法律总的精神的前提下，按照实际情况去处理、解决。这一切，都要求各级党组织放手大胆地工作，以充分发挥自己的领导作用。任何一种法律都是有一定"束缚"作用的，但是社会主义的法律绝不会束缚那些为人民谋利益的正确思想和行动，它只是对那些习惯于个人专断或蔑视法律的人，玩忽职守、对人民的生命财产漠不关心的人，利用人民给予的权利搞特权或贪赃枉法的人，才会有所束缚。这样的"束缚"，只会使党组织的肌体更加健康强壮，使党在人民群众中的威望更加提高。

　　要求各级党的组织必须以宪法作为自己的根本活动准则，是发扬社会主义民主的必要条件。在我国，国家的一切权力属于人民，人民行使国家权力的机关是人民代表大会。社会主义的法律是国家权力机关通过一定的民主程序制定或认可的行为规范，党的意见和主张只有经全国人大和它的常委会通过和决定才能成为法律，成为国家意志。各级党组织严格地以宪法作为自己的根本活动准则，就集中地、鲜明地表明我们党真正尊重国家权力机关的地位和作用，尊重人民管理国家的权力，尊重社会主义民主，切实按照民主原则办事。而且，既然社会主义的宪法和法律体现了全国人民的共同意志，那么，党组织严格依法办事，就意味着严格地按照人民的意愿办事，表明自己没有也绝不享有超越宪法和法律的特权，就能进一步提高党在人民中的威望。同时，法律是明文公布而人人周知的行为规范，要求党组织在法律范围内活动，就能更好地把各级党组织的工作置于广大人民群众的监督之下；就可以更有效地约束各级党的组织和领导人员按民主程序办事，认真发扬民主作风，切实尊重人民群众的民主权利。

　　要求各级党的组织必须以宪法作为自己的根本活动准则，是维护社会主义法制应有权威的可靠保障。过去，由于种种原因，我们没能把党内民主和国家政治生活的民主加以制度化、法律化，或者虽然制定了法律，却

---

① 《毛泽东选集》第 5 卷，人民出版社 1977 年版，第 359 页。

没有应有的权威，这是"文化大革命"得以发生和进行的一个重要条件。我们必须认真汲取这个教训。而要维护法制的应有权威，关键是各级党组织要带头遵守法律，严格依法办事。我们党是执政党，在全国各条战线、各个部门和所有基层单位中，党的组织都是处于领导者的地位。如果党的组织随随便便地把法律抛在一边，自己发布的决议和指示，可以任意违背宪法与法律的原则精神或具体规定，那就会严重损害法律的权威性，就难以教育自己的党员切实遵守法律，就无法要求其他社会组织严格依法办事。

　　要求各级党的组织必须以宪法作为自己的根本活动准则，也是加强与改善党的领导的有效措施。我们的党是全国人民的领导核心，这种领导地位得到了宪法的认可与保障。坚持党的领导作为坚持四项基本原则之一，已经庄严地记载在宪法的序言中。任何人否认或反对党的领导，都是违反我国宪法的。但是，党对国家的领导，如果没有法律作出明确的、具体的、详细的规定，党就难以领导好国家。国家要由党领导，但党不是凌驾于国家和法律之上的，而是通过民主的程序实施领导。对于宪法和法律，任何一级党组织都不能想立就立，想废就废，愿执行就执行，不愿执行就不执行。如果某些法律规定已不适应形势发展的需要，党组织应通过民主的、合法的程序，建议立法机关对某些法律进行补充、修订，而不能任意予以变更或不遵守。同时，党在对国家事务和各项经济、文化、社会工作的领导中，必须正确处理党同其他组织的关系，从各方面保证国家权力机关，行政机关，司法机关和各种经济、文化组织有效地行使自己的职权，保证工会、青年团、妇联等群众组织主动负责地进行工作。这是改善党的领导的重要一环。而要切实做到这一点，各级党的组织就必须严格依法办事，真正尊重宪法和法律赋予这些组织的职权。

　　现在，各级党组织都应以宪法作为自己根本的活动准则，已作为一项重要原则在新宪法中正式确认下来。怎样才能保证各级党的组织都切实做到这一点呢？

　　第一，党中央在这方面要首先作出表率。党中央是全党的领导核心。党中央领导人民制定宪法和法律，也领导人民遵守宪法和法律。粉碎"四人帮"以后，特别是三中全会以来，党中央领导全党和全国人民为发展民主与健全法制而斗争；今后也一定能在严格遵守宪法和法律方面，为全党和全国人民作出榜样，这是维护宪法的权威与尊严最重要的保证。

第二，各级党的领导干部要真正树立起法制观念，坚决克服与法制观念不相符合的各种错误思想、认识、作风和习惯。在这方面，最重要的是要树立起法治思想，坚决克服"权大于法"的思想。

第三，各级党的领导者必须认真学习法律，要执行好法律必先熟悉法律。如果根本不懂法律，也就无法保证党组织的活动符合宪法和法律的规定和要求。现在各级党的领导者中，熟悉法律的人还不是很多，采取各种办法提高他们的法学知识水平是十分必要和非常迫切的。

第四，一切国家机关、各民主党派、各社会团体，都有权对各级党的组织是否严格依法办事实行监督。采取各种组织的、法律的、制度的措施，来保证这种监督切实有效，是非常重要的。过去，我们只讲或者只强调党组织对国家机关和社会团体是否守法实行监督，这是不全面的。

第五，维护宪法尊严，保证宪法实施，人人有责。依靠广大群众对各级党组织是否在宪法和法律的范围内活动进行监督，也是十分必要的。

后记：

本文原载 1982 年 11 月 22 日《光明日报》。《新华文摘》1983 年第 1 期转载。1984 年 10 月获《光明日报》"优秀理论文章"二等奖。本文作于 1980 年 8 月，并投《光明日报》。该报认为事关重大而未发表，直到中央明确肯定这一原则并明确规定在新的党章中，方才刊登。收入本书的这篇文章，已对在《光明日报》发表时的内容作了少许增改，并收入作者的《新宪法简论》（法律出版社 1984 年版）一书。

建立违宪审查制度刻不容缓

依法治国，建设社会主义法治国家，作为我国的一项治国方略和奋斗目标，已被庄严地载入宪法。宪法是国家的根本大法，是全国各族人民、一切国家机关和武装力量、各政党和各社会团体、各企事业组织的根本活动准则。依法治国的根本是依宪治国；依法办事首先应当依宪办事。不重视宪法的作用，就会丢失立国的根本；不树立宪法的权威，就难以树立法律的权威。

1982 年制定的我国现行宪法，后来又经过多次修正，是一部好宪法。这部宪法制定以来，广大干部和群众的宪法意识已经有了提高。但是也必须看到，我国宪法的实施不能说没有问题了。新中国成立已 50 多年，还从来没有处理过违宪案件。我们既没有设置具体负责受理与审查违宪案件的专门机构，没有制定具体的违宪审查的特别程序，也没有设计出一套进行违宪审查的理论和原则。例如，在我国什么叫违宪？它应有哪些构成要件？违宪的主体可以是哪些机关和个人？违宪的客体应是什么样的行为？违宪行为有无时效？什么样的组织和个人可以提出进行违宪审查的要求或控告？违宪审查机构是"不告不理"还是可以主动审查？它以什么形式进行裁决，其效力又如何？如此等等，在我国理论界和权力机构中，都还没有明确和统一的认识。

世界各国违宪审查机构的设置，大体上可以分为四大类。

一是由立法机构负责违宪审查。通常认为英国和苏联是采用这种方式的代表。英国实行"议会至上"的宪政体制，内阁和法院由议会产生并对其负责，议会可以制定、修改和废止任何法律，包括各种宪法性文件；任何一部法律如果违宪，也只有通过议会才能修正或废止。由于英国采用这种体制有其历史的特殊性，而这种体制又有一重要弱点，即"自己监督自己"，因此西方国家效仿它的极少。

二是由司法机关负责违宪审查。首创这种体制的是美国。它建立在"三权分立"的政治哲学基础上，它的直接渊源是著名的马伯里诉麦迪逊案这一判例。在世界范围内这一判例也开创了违宪审查的先河。早在此判例确立之前，阐释三权分立学说、被称为"美国宪法之父"的汉密尔顿就说过："法院必须有权宣布违反宪法明文规定的立法为无效。如无此项规定，则一切保留特定权利与特权的条款将形同虚设。""解释法律乃是法院的正当与特有的职责。而宪法事实上是，亦应被法官看作根本大法。所以对宪法以及立法机关制定的任何法律的解释权应属于法院。"现在全世界效仿美国模式的有 60 多个国家。但是大多数国家还是依据本国的具体国情作出某些规定。例如，只有最高法院才能审查违宪的立法，法庭组成人员要吸收法学教授、政治家参加，审查程序也不同于一般的法院审案程序。

三是由专门的政治机关负责违宪审查。法国是实行这种体制的典型。法国现行宪法规定："宪法委员会的成员为九人，任期九年，不得连任。宪法委员会成员每三年更新三分之一，其中三名由共和国总统任命，三名由国民议会议长任命，三名由参议会议长任命。除上述规定的九名成员外，各前任共和国总统是宪法委员会当然的终身成员。"其主要职责是："宪法委员会监督共和国选举。""各组织法在公布前，议会两院的规章在施行前，都必须提交宪法委员会，宪法委员会应就其是否符合宪法作出裁决。"为了同样的目的，各个法律在公布前，可以由共和国总统、总理、国民议会议长、参议院议长、60 名国民议会议员或者 60 名参议院议员提交宪法委员会。此外，该委员会还有权裁决议会两院议员选举中的法律争议以及监督全民公决等。该委员会活动是秘密的，开会只公布结果，不公布理由和内部讨论内容。法国宪法委员会具有很强的政治性和很高的权威性，各国完全效仿的不多，但很重视它的某些长处和经验。

四是由宪法法院负责违宪审查。这种模式由奥地利于 1920 年首创，后来德国、意大利、西班牙等大多数欧洲国家都相继设立了宪法法院。不少亚、非、拉国家也采用这种制度。奥地利的宪法法院由 12 名正式成员和 6 名替补成员组成。院长、副院长及 6 名正式成员和 3 名替补成员由联邦政府提名；国民议院和联邦议院各提出 3 名正式成员、1 名替补成员。以上名单均由总统任命。所有宪法法院的成员和替补成员均须有法学或政治学学历，并且担任法学或政治学专业职务不少于 10 年。奥地利宪法还规定："任何政党的雇员或其他工作人员均不得被任命为宪法法院成员。"宪法法院职权通常包括：解释宪法；裁决国家机关之间的权限争议；审查各种法律、法规、法令的合宪性；审理或监督审理高级官员包括总统的弹劾案；审查公民个人提起的宪法诉讼，等等。

世界各国违宪审查制度对树立宪法的权威和维护国家法制的统一，对保障民主、法治与人权，对维护国家政治与社会的稳定，都起了重要的作用，其具体经验也是我们可以借鉴的。但是，在我国建立违宪审查制度，必须从我国的具体国情出发。人民代表大会制度是我国的根本政治制度，立足于我国的政治体制来建立违宪审查制度是首先必须坚持的。民主与法治的健全与完善是一个长期的发展过程，不能想当然去追求那些所谓的"理想"模式。

基于以上考虑，我们建议：全国人民代表大会设立宪法监督委员会。它受全国人民代表大会领导；在人民代表大会闭会期间，受全国人民代表大会常务委员会领导。宪法监督委员会由主任委员、副主任委员 2 人以及委员 12—15 人组成，其主任、副主任人选由大会主席团在副委员长中提名，委员人选在代表中提名，大会通过。宪法监督委员会的组成人员中，应当有适当数量的法学专家。在大会闭会期间，全国人民代表大会常务委员会可以补充任命缺额的副主任或委员。宪法监督委员会可以聘请若干法学专家担任顾问，顾问由全国人大常委会任免。顾问列席会议，但无表决权。宪法监督委员会的职责如下：（1）对宪法解释，提出意见和建议；（2）对现行法律、行政法规和地方性法规、自治条例和单行条例是否同宪法相抵触，提出审查意见；（3）对报送全国人民代表大会常务委员会备案的地方性法规是否同宪法和法律相违背，提出审查意见；（4）对报送全国人民代表大会常务委员会批准的自治区的自治条例和单行条例是否同宪法和法律相抵触，提出审查意见；（5）对全国人民代表大会及其常务委员会授权国务院制定的行政法规，或者授权省级人民代表大会及其常务委员会制定的地方性法规是否同宪法和法律相抵触，提出审查意见；（6）对国务院裁决的省级地方性法规同行政法规相抵触、省级地方性法规同国务院部门规章之间有矛盾的处理意见，提出审查意见；（7）对中央一级国家机关之间的权限争议，提出处理意见；（8）对中央一级国家机关的重大政策和决策是否违宪，提出审查意见；（9）对全国人民代表大会选举的中央一级国家机关领导人员的罢免案，提出审查意见；（10）全国人民代表大会及其常务委员会交付的其他工作。以上机构的设置及其职权的设定，同我国现行宪法的原则精神和具体规定是完全一致的。

在 1982 年现行宪法制定的时候，学者们就曾呼吁建立我国的违宪审查机制，中央对此也作过认真考虑，但是鉴于当时"经验不足"而未能实现。20 年后的今天，我国在制宪行宪方面已积累了相当多的经验，广大干部和群众的法制观念和宪法意识已有很大提高，政治体制改革和民主政治建设已取得长足的进展，为了预防和消除权力腐败和权力异化，民主监督体系正在加强。我国已经加入世界贸易组织，社会主义市场经济将进一步完善。建设社会主义法治国家的奋斗目标已经确立，正在步伐坚定地向前迈进。由于党的路线、方针和政策正确，党的威望日益提高，党的执政地位空前巩固。所有这一切，都为今天在我国建立违宪审查制度提出了迫切要求，也提供了现实条件。如果本届人大能在自己的任期内建立起违宪审查制度，将为党的十六大和新一届人大，为新世纪的民主法治建设献上一份厚礼。

后记：

本文刊载于 2001 年 11 月 2 日《法制日报》。

"八二宪法"的回顾与展望

谢谢主持人和在座的各位朋友。会议主办方给我的题目是《八二宪法回顾：进步、难点与展望》，这是要求从宏观上发表一点自己的意见。在讲这个具体题目之前，我想对今天的主题谈一点我个人的理解。

所谓"向现代化转型"，是一个全方位的概念。它要求从农业社会向工业社会转变，从原先的计划经济向市场经济转变，从过去的闭关锁国向对外开放转变；也包括文化的一元向多元转变，文化包括意识形态。当然，也包括今天要讨论的这个主题，就是宪法与宪政的向现代化转变。

我同意现在的中国有一个宪法，但还没有宪政。当然，这个看法我觉得应该作一个补充。中国有宪法，但宪法很不完善，它基本反映了我们的现状，还没有达到宪政所要求的理想状态。现代宪政要求不仅有一部好的宪法，而且要求它得到彻底的落实，具有很大的权威，它体现的基本原则得到落实。现代宪法的三大基本原则，我把它归结为民主、法治、人权。这也是我归结宪政的四要素：民主、法治、人权、宪法至上。其中前面三个是实质内容，第四条宪法至上，就是宪法要有至高无上的权威，这是形式要件。宪政向现代化转变，我们现在已经走上了这条道路，我们正在朝着这个目标走，但是路还很长。它的转变是由过分集权向民主转变；由人治向法治转变；由人民无权，得不到充分保障，向人民权利得到充分保障转变；由宪法没有权威向宪法有很高的权威转变。我理解这个题目是这样一个范畴，这是我们今天所要研究的问题。下面我谈谈正题。

我1962—1965年在北京大学读研究生，是受张友渔教授的指导，当时的专业是法理学。我开始研究宪法是一个偶然的机会。1980年7月，我被借调到中央书记处研究室工作，负责法律方面的事务。当时我的导师张友渔教授是起草1982年宪法秘书处的副秘书长。他问我，你能不能到秘书处来亲自参加起草工作？我说不太好吧，我现在已经在中央书记处工作了，起草的稿子向中央报批的时候，审核多半要经过我的手。他说，那倒是。后来我到书记处研究室的第一个任务就是起草叶剑英委员长在1982年宪法修改委员会第一次会议上的讲话稿，那是代表党中央给1982年宪法定调。那个稿子是我和陈进玉起草的。后来每一次草稿都是由我先改了之后，再报邓力群等其他的一些中央领导提意见。

那个时候，我精力比较充沛，一天工作16个小时，也不回家，就住在中南海的办公室。1981年的一个半月里，我曾在《人民日报》连续发表了10篇文章，对宪法修改提出建议，大多数都被采纳了。到后来我也亲自参加了中央修宪领导小组召开的两次专家座谈会，主张"依法治国"与"保障人权"写进宪法，也被采纳了。

对于1982年宪法，我的评价是它基本上反映了改革开放以来我们党治国理政的成就，在政治体制改革这个领域里，当然也包括经济体制改革，基本反映了这个现状。这个1982年宪法已经超出了1954年宪法。1975年宪法是一个非常坏的宪法，是文化大革命时搞的；1978年宪法并没有完全消除它的影响，但有很大的进步。最大的进步就是把"中国共产党中央委员会领导下的全国人民代表大会是国家最高权力机关"中的"中国共产党中央委员会领导下的"去掉了。当然还有不足，像"无产阶级专政下继续革命"这样的指导思想没有改，"四大"没有改。1982年宪法我认为它在进步上大概有如下这么几点。

第一，就民主来讲，一个是序言里有一段话，宪法制定了之后，"一切国家机关和武装力量、各政党和各社会团体、各企事业组织，都必须以宪法为根本的活动准则，并且负有维护宪法尊严，保证宪法实施的职责"。这个"各政党"就包括了共产党，任何政党都要维护宪法的权威。这和十二大党章采纳的我的一个建议——"党组织要在宪法和法律的范围内活动"相一致，这个建议是我最早在《光明日报》上提出，后来被写进党章的。宪法里面不能这么说，只能在党章里面说，宪法序言里"各政党"这句话体现了这一原则。

关于任期制。废除领导职务终身制不是我的功劳，是严家其最早提出反对终身制。后来1982年7月9日，我在《人民日报》发表了《一项意义深远的改革》一文，对废除终身制起了一定作用。

第二，法治方面的进步主要是恢复了两大原则：司法独立原则和法律平等原则。1975 年宪法取消了 1954 年宪法的这两项原则，但 1978 年宪法并没有恢复。为此，我在《人民日报》和《红旗》杂志连续发表了两篇文章（参见《坚持公民在法律上一律平等》，《人民日报》1978 年 12 月 6 日；《坚持人民在法律面前一律平等》，《红旗》杂志 1979 年第 23 期），我当时想，这个问题应当是基本上解决了，因为党的机关报和机关刊物都已经明确肯定。为此，我利用为叶帅起草"宪法修改委员会第一次会议上的讲话"写进了"这次宪法修改应该坚持两项原则，一是司法独立，一是民主立法"。这个意见被采纳了。因此 1982 年宪法关于法律平等和司法独立这两个法治基本原则都写进去了，当然还有其他的一些原则。

第三，在人权方面，采纳了我的一个建议，就是将宪法的保障"公民的基本权利"一章置于"国家机构"一章之前。它体现了国家是手段，公民是目的，国家机关的存在是为公民服务的，因此，要把公民的权利这一章放在国家机构之前。这也是我在《人民日报》的文章里提到的，被采纳了。

我写过一篇文章叫《什么是公民》（《人民日报》1981 年 12 月 18 日）。过去不少人认为"地、富、反、坏、右""五类"分子和被判刑人员，特别是被剥夺政治权利的人不是公民。对此很多人一直搞不清楚，中央不清楚，全国人大也不清楚，都含糊其辞。后来我建议在新宪法中写入"凡具有中华人民共和国国籍的人就是中华人民共和国公民"，这句话也被宪法写进去了。从此，我国有上千万人在法律上取得了应有的法律人格，不再是权利得不到法律明确保障的"二等公民"。另外公民权利里面还加了一个新东西，公民人格尊严不受侵犯，如此等等。当然还包括一些语言用法的建议，比如人民解放军是无产阶级专政的坚强柱石，是工农子弟兵，这样形象的语言是不能用的，等等。

所以我的评价是，1982 年宪法是一部好的宪法，好就好在：第一，基本反映了当时改革开放和解放思想的思想路线；第二，反映了当时我们达到的认识高度，这个高度不仅超过了文化大革命，也超过了 1954 年到文革这一阶段，当然也超过了 1954 年以前的阶段。它已经在政治体制改革上，在政治体制的设计上，前进了一大步。后来 1999 年"依法治国"入宪，到 2004 年"人权保障"入宪，还有私有财产的保护，基本反映了这30 年以来改革开放已经达到的进步成就和水平。但是从理想状态的宪政来讲，这个宪法本身是有不足的，因为它规定的一些体制，比如说党的领导，你不用选我也是领导，选不选我都是领导；又比如将毛泽东思想、邓小平理论、"三个代表"等都一一写进宪法，此事何时了？

所以，如果从理想宪政的角度上讲，这个宪法本身是不完备的，但是有很大的进步，从制定到后来的四次修改，它是在一步一步的进步，特别是两大原则——法治和人权，都被庄严地记载在了宪法里。当时，我是经历过来的，很不容易呀。

举人权入宪为例。当时，吴邦国同志主持召开了六个座谈会，有一次是五位宪法学家参加，先请其中一位老教授讲，他不敢讲，后来有人说李老师你讲吧。我就讲了四条意见，采纳了两条半。建立违宪审查制度没有采纳，修改第 126 条也没有采纳，就是司法独立那一条。它说，人民法院独立行使审判权，不受行政机关、社会团体和个人的干涉，我建议"不受任何机关干涉"，人大要监督，党要领导，但也不能"干涉"，这条也没有采纳。但采纳了将人权保障写进宪法。还有一条被采纳，是与孙志刚事件相关。我说，能不能搞 50 年以来第一次违宪审查，将国务院制定的《收容遣返条例》取消。现在三个公民上书，咱们不能不接受它，不能不回答它是对的！怎么办？干脆来个 50 年第一次违宪审查。后来温家宝总理自己宣布废除那个条例，改为由民政部门"救助"。

还有半条同国家主席职权有关。我在讲应建立违宪审查制度时举了一个长期违宪的例子。按照我国现行宪法规定，国家主席是虚位元首，他是不能从事国务活动的，而现在我们的国家主席多年以来全世界到处跑，跟人家进行实质性的谈判，发表公报、签条约，如此等等，这是违宪的。后来的修正案加了一条：国家主席可以从事国务活动。这一修改就是这么来的。

在宪法修改的过程中，我得出一个体会：总的来说我们的政治体制改革还是往前走的；从全局来看，我国宪法基本符合现在的国情。当然不少人埋怨也有一定道理，即政治体制改革滞后于经济体制改革，滞后于社会的全面发展。这是客观存在，应该再快一点。有一些应该解决和可以快点解决的问题，就是解决不了。比如说违宪审查，从 1982 年开始一直到现在，我写了很多文章，在各种会议上讲，就是没有采纳，可能怕就怕监督到党的文件上来，怕监督到军委头上来。万一提了一个有关这方面的违宪审查提案怎么办。我主张增加一个宪法委员会，在现在的九个专门委员会之后再加一个，宪法也不需要改，全国人大有这个权力，增加一个委员会就行了。当时一位领导说，违宪审查应当有哪些任务？我提出违宪审查委员会可以有八个方面的任务；他说委员谁来当，我说那很简单，从人大搞两三个副委员长，搞几个资深的专家在里面，应当不是问题。前不久全国人大开会前一个月，在法工委新春联欢和工作座谈会上我还发了一个言。我说，法工委的领导同志如果在胡锦涛退下来之前，能够把这个违宪审查制度建立起来，是给他留下了一个良好的政治遗产。机会不可丢，包括你们在座的几位，对此也是有很大作用和功劳的，能不能尽快赶出来，换届还有一年时间。

像这样的问题本来是不会影响政局的，丝毫也不会影响党的领导，只能给党的领导加分。这就是一个政治智慧的问题。

下面谈一点我对宪法的一个总的估计。就宪政而言，最主要的问题是现行宪法规定的一些重要内容并没有到位。比如人大制度，按照宪法的理念，它应该是一个钢印。最高权力机关应该是人大，而不是党中央，而现在我们的最高权力机构是党中央，而没有完全落实到人大，就是没有到"钢印"这一步。我曾接触到人大的一些部级干部，他们评价说，我们的人大制度本身并不坏，就是没有到位。某位副委员长思想是比较保守的，但他都发牢骚说，我有什么权力呀！会议怎么开，什么时候开，日程都要经过党中央严格审查。昨天提到的两院制是个好东西，只有好处，没有坏处，但是很难。

讲展望，我有这样几个想法，在民主问题上，我先谈一下总的看法，我同意周总昨天的意见。

第一，坚持党的领导。如果现在搞多党制，开党禁，中国会大乱。这个乱大概会持续 10—20 年才能走上正轨稳定下来，GDP 的上升、民生的改善等方面，我们都受不了。所以，还要在党的领导这个体制里面一步一步推进。

第二，要全面推进。昨天童之伟教授提出的那个问题，实际上是对的：把关的是党，主要是最后在哪个洞或者缝里面突破。问题是现在就是要松绑，这个洞很多，这个缝很多。我的意思和周总的意思一样，要全面开花，全面推进，只要有一点能推进的，我们就要努力。在民主、法治、人权和宪法至上的各种具体问题上，都要全面推进。当然也有一些关节点。比如说法治，我认为有两个点要突破。

一是违宪审查。我曾在人民大会堂的一个座谈会上对前副委员长彭冲同志说过，如果万里同志和你两个在台上，能把违宪审查制度建立起来，将功德无量。他说，有那么大的作用吗？我说可不是，如果中央对宪法都不尊重，你怎么要求下面严格守法呢？如果你示范一下，你看谁敢？

《南方周末》曾发表我的一篇文章（《建立违宪审查制度，是时候了》，2009 年 9 月），我又提了违宪审查，我说现在的中央领导如果能够把违宪审查制度建立起来，也将功德无量。这将具有里程碑的意义。宪法的实施如果没有监督制度，就是一只没有牙齿的老虎，这个比喻是比较形象与确切的。

二是司法独立。2003 年 6 月 13 日在人民大会堂的修宪专家座谈会上，我提的四条意见，其中一条就是修改《宪法》第 126 条。最高法院曾为此召开专家座谈会，我也去了，我讲了我国司法独立的历史过程。后来最高法的建议也未采纳，我觉得现在最主要的还是党委批案子，所谓"协调"，实际上是政法委在办案。我在参与起草 1979 年 "64 号文件" 时曾提出取消党委审批案件的制度，那是写进了文件的，但是后来又回潮了。

阻碍司法独立的还有地方保护主义。此外，还有一些现象是非法的，比如批条子、打招呼，多种形式的干预。从体制上来讲，最主要不是人大的个案监督问题，这个问题已经解决。我非常钦佩中央党校，他们最近出了一本书，第一篇文章是四川省委党校的一个教授写的，比较全面地提出了政治体制改革方案，其中提出了能不能在部分省试点取消政法委。据我了解，中央曾两次考虑过这个问题，但是没有取消掉。一次是 80 年代初在起草关于国务院和中央书记处分工问题的中央文件时，曾提出要不要把它取消；第二次有几个省取消了，后来又恢复了。这样的考虑，主要是为了正确处理党和司法机关的关系。司法独立问题是国际国内都很关心的问题，确实很有必要讨论。我们现在不少法官判案子，左顾右盼，要看各方面的关系怎么样；他首先不是考虑合不合乎事实、合不合乎法律，而是看这个案子哪方面打招呼了、上面是什么意图，如此等等。

我在人大制度的改革上曾提过12条建议。据我观察，现在大致上是朝这个方向走，但是走得慢了点，没有太大的进步。

在改革选举制度上，扩大差额选举，改革提名方式，候选人一定要和选民见面，谈自己的看法。这三条在现行体制之下都没有完全做到。其中还有一条是关于提高人大代表的素质。

给省里领导讲课，我经常举两个例子。一个是一位全国人大代表，他是一位世界级的科学家。他曾对他的高中同学说，全国人大开会时，人家发言我看书，因为我相信党，党叫我举手就举手，党叫我画圈就画圈。还有一个是某省的例子，一个人大代表当了五年，没有讲过一句话，最后他要卸任了，在闭幕式的小组会上只讲了一句话"谢谢大家"。还有人大常委会委员专职化，昨天已经提到了，那是非常有效的。我国的干部有的是，没有地方安排，可安排到人大常委会，专职干这个事，不要干其他事。有的人大代表可半专职半兼职，半年或者四个月去联系选民，做调查研究。健全人大制度，专职化是一个可行的办法。

还有，军委向人大作报告的问题，我在《宪政与中国》这篇文章中曾说到，前任军委主席和现任军委主席如果能够到全国人大会议上做工作报告，会对民主有很大的促进。12条意见中，还有委员长和省人大主任，也有一个是不是民主的问题，因为我们是委员制，不能按"长官意志办事"，如此等等。

在现行体制下全面推进人大制度的改革，还有三大块。比如说政党问题，现在的民主党派发展其成员的指标是每年5%，能不能以后开放到10%，再过几年开放到20%，或者若干年后全面放开，爱发展多少就发展多少。我经常跟民主党派讲，你们不要轻瞧自己，你们要好好干，到时候开放党禁了，你们可能会有一个很好的基础。要十分重视推进各政党的独立品格，这是关键。所有这些体制，包括政治协商制度、民族区域自治制度和基层自治制度等，就是周总讲的应该全面开花，全面推进，在宪政总的范围之内，能够推进多少算多少。

最后，我讲一个结束语，我为什么乐观？1987 年我在美国做访问学者，路易斯·亨金请我吃饭。他说，昨天胡耀邦下台了，你对中国民主的前景怎么看。我当时没有考虑就说，我是乐观的，他问为什么，我说有四个理由。

第一，民主、法治、人权、自由、平等、博爱，是全人类，也是 13 亿中国人民的根本利益和强烈愿望；现在中国老百姓的政治觉悟已经大大提高了，今后任何一个政党、任何一个领导人都不敢，也不可能去违背这个意志。

第二，改革开放后，市场经济必然带来两大社会关系和五大社会观念的变化，即"从身份到契约"和从"大国家、小社会"转变为"强国家、大社会"；五大观念是指主体意识、民主意识、平等意识、自由观念、权利观念。它们将潜移默化地在广大干部和群众的思想中不可逆转地生根发芽、开花结果。

第三，对外开放也不可逆转。中国在经济上、政治上、文化上一定会全面地和世界联系在一起，你想大倒退是行不通的，经济上行不通，政治上也行不通，你承受不了那个压力。

第四，未来的年轻一代将更有知识、更年轻、更懂得世界，更没有历史包袱。现在的既得利益者还有历史包袱。另外也还有不少人会想，我参加革命的时候不是这个样子，现在搞成资本主义了，这也是历史包袱。这样的思想历史包袱，未来的年轻一代是没有的。总体来讲，全国范围内，从中央到地方，各级干部学历会越来越高，知识越来越多，包袱会越来越少。

根据这四条，我问路易斯·亨金，你认为怎么样？他说，我还得看一看。我说，你们美国人是搞实用主义，你们光是看眼前，哪个领导在台上，哪个领导在台下。我不是，我是个理想主义者，我考虑的是中国一定要和一定会走向何方，我不关心邓小平或者胡耀邦能不能多干几年。

我为什么乐观呢？我是个共产党员，我当然希望我们的共产党一万年执政，但是我不太高兴用枪杆子来维护政权，这样的状态我感到别扭。因此，我主张所谓的转型，不是说共产党今后一定要或一定会下台。我不像有些人目前那样悲观，如果把党禁、报禁一开，可能共产党马上就要下台，或者以后就上不了台了。这个也不见得，主要是看我们党自己怎么样，我自己对此是很有信心的。

在哈尔滨最近的一次会议上，我和郭道晖在讲话中并没有被鼓掌打断，唯一的一次打断讲话的鼓掌是给中央党校一位副校长。他说，我们常讲我们党的执政地位是历史的选择，是人民的选择，难道历史不能做第二次、第三次选择？人民就不能做第二次、第三次选择吗？就在讲这个话的时候，下面掌声一片。大家的意思绝不是说希望共产党下台，现在所有主张改革的人都没有这个意思。而是希望，现在的政治体制应当是一种更加文明的政治体制，共产党应当是一个更加文明的政党，是凭着自己的实力得到人民的拥护，是通过自由选举来执政，而不是靠其他的因素，不是将"老子打天下老子就应当坐天下"作为一个理由，或者用极端的手段来维护这个权力。实际上，大家都存在一种忧患意识，而这在理论上也站得住脚。反腐的核心问题是体制问题，宪政体制没有完全建立起来，这是一个根本的原因。这个问题不解决，腐败问题要解决会非常难，再用八九年也难办。我就说这么多，谢谢大家！

我就刚才大家讨论的问题表达我的一点看法。第一，焦洪昌教授提出的"国名"怎么解释。我本来想写一篇文章，叫"国名新解"或叫"共和新解"。国名中的"中华"是指，中国是一个由56个民族所组成的大家庭。而"人民"则有两个解释，两个含义。前不久全国人大法工委领导开了一个座谈会，我说《刑诉法》修改写进"国家尊重和保障人权"这一原则，我原以为应当是不成问题的，结果没有。我说太不像话了。现在只提打击犯罪，保护人民，我说人民是什么意思？是大倒退啊。我认为"人民"有两个含义，"人民"在我们国家一个是法律概念，相当于公民，因此中华人民共和国"人民"和"公民"是同义的，只要有中国国籍的人就是中华人民共和国的一分子，也就是人民；另外一个是政治概念，和"敌人"相对应的。政治概念现在用得很少，因为谁是敌人说不清楚，胡乔木同志曾主张，除了国事罪以外，其他的都叫反社会分子。还有如此等一些说法，直到现在谁也没有说清楚。现在很少从政治上用人民和敌人相对应，淡化了这一内涵。就"国名"而言，一定要从国家概念和法律概念的内涵上来讲"人民"。

起草1982年宪法的时候，我曾对秘书处的一位专家说，你们起草的报告草案有一个根本错误，即"人民民主专政是国体，民主集中制是政体"，这完全说不通。民主集中制不是政体，而只是国家机构的一个组织原则和活动原则。现在王一程教授有一种解释，说人民民主专政是国体，人民代表大会是政体，也错了。应该怎么解释呢？人民是国体，这个国家的一切权力应当属于所有中华人民共和国的人民（或公民），权力都应属于他们，国体应该是这样，而不是人民民主专政。人民民主专政怎么是国体呢？这说不通。政体是什么？是共和。有法兰西共和，有我们的共和。它要求这个国家是民主选举产生的，要实行议会制或人民代表大会制，又有总统制、内阁制等各种形式。人民代表大会不是政体，是共和政体中的一种具体表现形式。

对"共和"应该做一个新的解释，我将它概括为八条：共，即国家一切权力由人民共有，国家所有大事由人民共决，国家主要资源由人民共占，国家发展成果由人民共享。和，即官吏和民众和谐相待，民族与民族和睦共处，富人与穷人和衷共济，本国与他国和平共处。这既体现了共和的共性，也体现了某些特性，比如说国家资源由人民共占，就带有社会主义的特征，穷人和富人应平等，这是社会主义共产主义历来的主张，共和就应该是这个样子。这么一个概括，可能比较名副其实。现在中央淡化了人民民主专政，很少用。政体必须强调共和。在共和问题上要多做文章。

第二，关于党政关系问题。前些天我在广州开会，他们介绍了一个经验，要搞党政合一，就是在一个市里，司法局和政法委，两块牌子一套人马。我当时就明确说，这种党政不分是一种大倒退。党政应该分开，是一个总的方向。我们过去政治体制最大的弊端就是党政不分。我很佩服中央党校。我曾在那里给全校同学讲过两次课。我说三十年来，我一直关注你们，佩服你们，因为你们始终做到了"四个坚持"，即始终坚持实事求是，始终坚持改革开放，始终坚持理论创新，始终坚持学术宽容。我曾在它的《中国党政干部论坛》（2008年第10期）这一刊物上发表过一篇访谈，题目是"当代中国法治30年：回顾与前瞻"。其中最后一段曾说，我们绝不可以搞"党就是国，国就是党"。

1996 年 12 月，全国人大深圳高层研讨会（各省人大主任、秘书长和全国人大专门委员会主要负责人，共 200 多人参加）曾请三个人做主题发言，我讲依法治国，吴家麟讲宪法，厉以宁讲市场经济。我报告的前一天，他们对我说，你明天做报告，讲稿我们都看了，你能不能再讲一点新的东西？我在夜晚起草了人大制度改革的 12 条建议。中午吃饭的时候有五个人大主任和我同桌。上海市的人大主任叶公琦同志说，你讲的 12 条改革意见我们都很赞同，但是也有一个不足。我说什么不足？他说，你为什么把改善党和人大的关系放在最后一条。我说，叶主任你可能没有听完全，我后面还有一句话，12 条里面最后一条是关键。他说那就好了，就对了。屁股坐到人大观念就会变，就像"屁股指挥脑袋"那样。这是广东一位前省委书记提出的原理。未来改革要靠人大，人大是一个很大的推动力，一到人大工作就会主张搞民主法治。法学所曾有一本书建议，既然是党的领导，就干脆党委书记去兼人大主任，后来采纳了。有一次在人大开会，我曾问当时人大的一个部长说，你认为究竟怎么样比较好？他说，我个人主张最好是由党委退下来的，最有威望的人去当人大主任，他必须资格很老，威望很高。这个问题也还值得研究。

关于军委主席，马岭教授讲的符合现实情况，但是有一个问题，奥巴马的党里面就没有党的军委，西方没有任何一个党自己还有一个军委，党政不分是现在一个很大的问题。纪委和监察部合在一起办公，这是好还是不好呢？这也是可以研究的。

我曾经到德国开会，主题是现代政党转型研究。我们的团长是中央编译局的，德国的公法学界有不少权威人士参加。他们为了尊重我，叫我先讲。我说中国共产党也在转型，向现代转型，怎么转呢？四句话，第一，政党不分大小，一律平等；第二，国权大于党权；第三，国法高于党规；第四，党自身按民主原则组建和运作。这四条真正做到了就是现代的政党。改革开放 30 年来，我们党的建设正在朝这个方向大步前进。

党的领导问题可能是未来建设法治国家的关键。我提出的法治国家十条标准，第十条是党要守法。一位外国专家评论说，前九条西方都有，唯独党要守法这一条没有，我回答说这恰恰是十条中最关键的一条。有两条理由。第一，我们是一党执政，多党合作；你们是多党制、两党制。如果哪个政党违反宪法，不按法律办事，只要抓住了就别想多得选票，因为你们那里什么事情都是公开的，什么都瞒不住。第二个是宪政文化。你们搞宪政已有200年，老百姓和国家公务员人人都知道政党不能违宪，不能违法。由于中国没有这个因素，中国是一党执政、多党合作。一党有它的好处，一党能办大事，但是也有很大的弊病。现在最大的难处还是党的问题。

很多人说到了两院制。一位中央领导说不能搞两院制，实际上这是可以研究的。最早提出两院制是在1982年宪法起草的时候，胡乔木提出来过，一个是职业院，一个是地方院，但是后来没有采纳。胡乔木是典型的党内正统理论家，他都敢提，我们为什么不能研究啊？采纳不采纳是政治家的事，学者可以提，有这个权利，也有这个责任。这个会开得很好，这样的问题都提出来了，可以大胆探讨。我先说这么一点，可能说得多了，我特别要感谢周总和他的朋友给在座各位提供这么一个可以坦率交换意见的平台。都是老朋友，在一起再聚会谈谈1982年宪法，能畅所欲言地回顾过去、展望未来，我非常高兴！

后记：

本文系根据作者参加共识网于2012年3月24—25日在武汉主办的"向现代化转型的中国宪法与宪政——迎接82宪法公布施行30周年"学术研讨会的主题发言修改整理而成。发表在《炎黄春秋》杂志2012年第9期。

第二篇

依法治国

论以法治国

　　伟大的中华人民共和国成立 30 周年了。30 年来，我们取得了辉煌的成就，也经历了种种挫折。总结 30 年的经验，证明了一条马克思主义的客观真理：工人阶级必须十分重视法制的作用，运用社会主义法制治理自己的国家。具有重大历史意义的五届人大二次会议通过了宪法修正案和刑法、刑事诉讼法等七部重要法律，进一步加强了社会主义民主和社会主义法制，在以法治国的道路上向前迈进了重要的一步；健全国家经济法规、行政法规等工作，正在加紧进行；严格遵守法律、坚决执行法律、反对法外特权，开始成为社会风气。以法治国是潮流，是人心，是中国革命进入新的历史时期的重要标志。我们共产党人，全国人民中的一切先进分子，都要做立志改革的人，做以法治国的促进派。

一　以法治国是历史经验的总结

　　自从人类进入阶级社会以来，国家和法律就像一对孪生的兄弟来到了人间。马克思和恩格斯指出：在一定生产关系中占统治地位的阶级，"除了必须以国家的形式组织自己的力量外，他们还必须给予他们自己的由这些特定关系所决定的意志以国家意志即法律的一般表现形式"①。法律是统治阶级通过国家政权认可或制定的行为规则。没有法律，没有一定的法律制度，就不能组成国家，就不能实现国家权力，整个庞大而复杂的国家机器就会失去按照统一轨道、精确而有效率地运转的力量。

　　历史上的任何国家都有自己的法律，奴隶制国家有奴隶主阶级的法

---

　　① 《马克思恩格斯全集》第 3 卷，人民出版社 1960 年版，第 378 页。

律，封建制国家有封建主阶级的法律。尽管这两种制度的国家都离不开法律，但它们实行的不是法治，而是专制。只有到了近代资本主义国家，法治主义才真正成为治理国家的基本原则。封建地主阶级把法律同专制连在一起，实行专横残暴的统治；资产阶级法治则把法律同民主连在一起，主张从法律上来保障公民的民主、自由权利。尽管这里的民主自由实际上只有资产阶级才能享受得到，对于无产阶级和劳动人民来说，仅是画饼充饥，但是，资本主义国家三百年的实践表明，资产阶级法治原则，是社会发展的产物，是历史进步的结果，它大大促进了社会生产力的发展，是维护资产阶级统治的有效工具。

工人阶级是人类历史上最进步的阶级，社会主义国家是最高类型的国家。在我们的社会里，广大人民群众享有最广泛的民主，他们是国家的真正主人。社会主义的法律体现着广大人民的意志和利益。在社会主义制度下，不以少数人的个人意志来治理国家，而是通过制定和执行法律来治理国家，是符合广大人民的利益和愿望的。工人阶级肩负着消灭一切阶级和阶级差别、高速地发展社会生产力、最终实现共产主义的历史使命，这就更加迫切需要运用法制这一工具去实现自己的目的。

列宁在创建第一个社会主义国家时，就十分重视法律的作用。他说："如果不愿陷入空想主义，那就不能认为，在推翻资本主义之后，人们立即就能学会不需任何法权规范而为社会劳动，况且资本主义的废除不能立即为这种变更创造经济前提。"[1] "假使我们拒绝用法令指明道路，那我们就会是社会主义的叛徒。"[2] 就在十月革命爆发的当天夜里召开的苏维埃代表大会上，通过了列宁起草的《和平法令》和《土地法令》。十月革命成功后不到一年，世界上第一部社会主义宪法就诞生了。列宁对于苏俄刑法典和民法典的制定也非常关心，就是在身负重伤躺在病床之上还亲笔草拟刑法条款，并强调制定民法典是"特别紧急和特别重要"[3] 的任务。在苏维埃俄国成立后的五年之间，刑法典、民法典、诉讼法典及其他经济法规

---

[1] 《列宁选集》第3卷，人民出版社1972年版，第252页。

[2] 同上书，第108页。

[3] 列宁：《1922年2月28日给司法人民委员的信》。

都先后制定出来。初生的社会主义国家所建立的革命法制，对于巩固年轻的苏维埃政权、恢复和发展国民经济，起了极其重要的作用，使社会主义制度在资本主义世界的重重包围之中傲然屹立。

以毛泽东同志为首的中国共产党，在领导我国革命的斗争中也十分重视法制的建设。早在抗日战争时期，毛泽东同志就指出过民主和法制对于国家的重要意义。他说："一定要争取民主和自由，一定要实行新民主主义的宪政。如果不是这样做，照顽固派的做法，那就会亡国。"① 中华人民共和国成立前夕，我们党和各民主党派商定召开了中国人民政治协商会议，制定了共同纲领和中央人民政府组织法。共同纲领是我国的临时宪法，是建国初期一切法制的基础。新中国成立后，依据共同纲领建立了中央国家机关和地方各级人民政府，开展了全国范围内的法制建设，先后制定了地方各级人民政府和司法机关的组织通则，制定了工会法、婚姻法、土地改革法以及有关民族区域自治、公私企业管理和劳动保护等法律、法令。我们在这些法律的指导下，建立了以工人阶级为领导、工农联盟为基础的人民民主专政的全部国家机构，恢复了国民经济，改善了人民生活，把一个被人称作"一盘散沙"的旧中国治理得井井有条，蒸蒸日上。

随着国民经济的迅速恢复和发展，需要进一步健全国家法制。1954年9月召开了我国第一届全国人民代表大会第一次会议，在毛泽东、刘少奇等同志的主持下制定了中华人民共和国宪法。这部宪法是共同纲领的发展，它体现了我党过渡时期总路线的要求，明确规定了实行社会主义改造和社会主义建设的方法和步骤。依据宪法，重新制定了有关国家机关和国家制度的各项重要法律、法令。国家法制的完善和发展，保证了我国人民代表大会制度和政权建设的顺利进行，保证了人民民主的健康发展，为第一个五年计划的顺利完成和经济建设的突飞猛进提供了根本的政治条件。

然而，自1957年开始，由于我们思想和工作指导上的错误，我国的法制建设受到了很大干扰。这时出现了许多极不正常的现象：宪法规定的法制原则受到批判，审判独立被说成资产阶级的原则，"公民在法律面前一律平等"被说成是资产阶级的观点。法制保障民主的作用完全被否定，

---

① 《毛泽东选集》第1卷，人民出版社1960年版，第697页。

而法制的专政作用却被片面强调，无产阶级专政被看成是不受人民意志任何约束的极端政权，法制领域逐渐成了无人问津的"是非之地"和"政治禁区"；国家的立法工作几乎处于停顿状态；宪法和法律被抛置一边；轻视法制、以党代政、以言代法的现象，开始在广大干部包括一些高级干部中得到发展。法制建设遭到干扰，我国经济建设也就出现了不顾客观规律、不按法律办事而盲目蛮干的局面，给国家和人民带来了重大损失。1962 年，毛泽东同志针对当时法制不健全的严重情况，曾指出：现在是无法无天，没有法律不行，刑法民法一定要搞。但是，这一意见并未引起足够重视，也没有得到贯彻执行。如果说，我国的经济建设从 1958 年后出现的混乱和失调情况，经过三年调整得到了基本纠正的话，那么我国法制建设的混乱和"失调"现象，则依然故我，继续发展。这就给林彪、"四人帮"一类野心家、阴谋家篡党夺权的罪恶活动提供了可乘之机。

　　1966 年，毛泽东同志发动了"文化大革命"。这场中国历史上从未有过的政治运动，以"反修防修"为号召，曾一度振奋了许多人。然而，由于对党内和国内的形势作出了违反实际的估计，没有划清马列主义和修正主义的界限、社会主义和资本主义的界限，使得林彪、"四人帮"一伙在所谓"巩固无产阶级专政"、"反修防修"的口实下，把本来就残缺不全的革命法制一扫而光。一夜之间，治理国家的准则、判断是非的标准、定罪量刑的根据，统统没有了，取而代之的，是他们这伙的"全面专政"和帮规帮法。人民成了"敌人"，坏蛋成了"英雄"，遵纪守法被说成是"保守落后"，打砸抢抄抓居然是"革命行动"。宪法和法律被不宣而废，司法机关被彻底砸烂，群众的人身自由和民主权利遭到肆意侵犯，大批革命干部受到残酷迫害。国家失去了治国的章程，几个小丑得以祸害天下十年之久，把一个好端端的中国引上了政治和经济全面崩溃的边缘。"文化大革命"的深刻教训，终于使人民大众，从高级干部到平民百姓，认识了一个简单而又重要的道理：在我们国家，如果没有法制，就没有人民的民主，就没有国家的富强，就会走上绝路，亡党亡国。

　　粉碎"四人帮"，人民得解放。中国的历史发展到一个新时期，我国的法制建设也进入了一个新阶段。党中央及时发出了一定要加强社会主义法制的伟大号召。五届人大一次会议制定了新的中华人民共和国宪法，确定了新时期治国的总章程。五届人大二次会议又就有关问题对宪法作了重要修正，并制定了我国长期缺乏的几个基本法规，从而揭开了我国社会主义法制建设的新篇章。

我国 30 年的历史经验表明：重视法治时，国家就稳定、就巩固，经济就发展；忽视法治时，国家就混乱，经济就停滞不前，甚至倒退崩溃。这一无可辩驳的历史事实向人们揭示了一条客观真理——以法治国，势在必行。这是人民群众的心愿，是社会发展的规律，是我们在新的历史时期建设社会主义现代化强国的必由之路。

那么，无产阶级究竟为什么需要以法治国？我们在要不要以法治国的问题上，最基本的经验教训是什么呢？

30 年的实践经验证明，只有实行以法治国，才能切实保障人民的民主权利，真正体现我们的国家是人民群众当家做主。

我们实行的是社会主义制度。由工人阶级领导的全体人民当家做主，是社会主义制度的性质决定的。巩固这种制度，是我们以法治国的一个根本指导思想。这就要求我们一定要十分重视运用法制这一工具，去保障全体人民管理国家的权利，即民主权利。社会主义民主，就是人民当家做主。从原则上讲，社会主义民主是人类历史上新型的民主，是任何资产阶级国家都不可能有的最广泛、最高度的民主。但是，由于社会主义时期政治、思想和经济条件的限制，由于我们认识上和工作上的缺点与错误，我国的民主制度是很不完善的，这是我国上层建筑与经济基础不相适应的一个亟待改变的重要方面。要进行这样的改变，要保障人民的民主权利，实现政治民主化，就必须运用法制的力量，实行以法治国。没有法制，人民的各项民主权利就得不到法律上的肯定和承认，获得法律的效力；没有法制，人民的民主权利就会在实际上成为某些领导者的恩赐品，他们高兴恩赐就恩赐，不高兴恩赐就收回；没有法制，侵犯人民民主权利的违法行为就受不到应有的制裁，连起码的人权都没有保障，人民当家做主就成了无稽之谈。

既然广大人民群众是我们国家的主人，他们当然要求把自己的意志和利益具体制定成法律，并要求各级国家机关和工作人员严格遵守。从根本上说，实行以法治国就是按照人民的意志治理国家。在社会主义历史阶段的一定时期内，由于生产力发展水平和劳动群众文化水平的限制，不可能所有的人都直接管理国家，而只能由他们中间的先进分子来代表他们行使管理国家的职权。在这种情况下，通过制定和运用法律，以执行人民的意志、维护人民的利益，这是人民行使自己当家做主权力的一种重要形式和手段。如果我们的国家是无法可依、有法不依、凡事都由少数人说了算，那所谓人民当家做主是根本不可能的。

30 年的实践经验证明，只有实行以法治国，才能防止林彪、"四人帮"一类野心家篡党夺权的阴谋得逞，才能巩固无产阶级专政。

宪法和法律规定的各项人民民主权利中，最重要的是人民对国家各级领导人员的选举权、监督权和罢免权。加强社会主义法制以切实保障人民真正享有这些权利，对于保证国家权力不被少数坏人所篡夺，具有十分重要的意义。林彪、"四人帮"是怎样上台的？重要原因之一，不就是因为民主和法制不健全，选举、罢免和监督领导人的权力并不掌握在人民群众手里吗？很明显，如果有了健全的民主和法制，林彪、"四人帮"一伙是很难平步青云、扶摇直上的；即使上了台，人民也可以把他们撤下来，甚至可以依法弹劾，交付审判。但是，各级人民代表、广大人民群众没有得到这种权力，没有法律制度去限制他们，没有法律手段去制裁他们。这是历史留给我们的一个惨痛教训。

集体领导的原则，是无产阶级民主制的重要内容。列宁说："为了处理工农国家的事务，必须实行集体领导。"① 不实行集体领导，就有变为"寡头政治"的危险，而且难于纠正。要实行集体领导，就要实行法治，就要从法律上明确规定集体领导的基本原则，明确规定各人的分工和权限。集体领导也要个人负责、个人有权，但在这个权上却有一个总的权威——体现集体意志的法律。与法律相抵触的个人权力，就是滥用职权，就应受到领导集体的抵制，就应受到法制的纠正和查处。这样，才能从法律制度上防止个人居于集体之上，出现个人独裁。林彪、"四人帮"上台的重要原因之一，就是因为集体领导的原则根本没有建立起来，选择领导人的权力既不在人民群众手里，甚至也不在领导集体手里。林彪、"四人

---

① 《列宁选集》第 4 卷，人民出版社 1972 年版，第 24 页。

帮"一伙肆意践踏宪法和法律，作威作福、称王称霸，应该说，很多领导人包括中央和省一级的负责干部是知道得更清楚的。他们虽然通过各种形式同这伙坏蛋作了坚决斗争，但仍然不能充分运用自己的权力把林彪、"四人帮"一伙赶下台来。这一教训难道还不深刻吗？

30年的实践经验证明，只有实行以法治国，才能高速度地发展生产力，顺利地建设社会主义的现代化强国。

迅速发展我国经济建设，在21世纪内实现农业、工业、国防和科学技术的四个现代化，是我国各族人民的根本利益。我们的法制是社会主义的上层建筑，是维护自己的经济基础、保护和发展生产力的重要工具。保障人民群众的民主权利、调动群众的生产积极性和创造性、保护和促进生产力的发展是社会主义法制为四个现代化服务的重要内容。同时，总结经济建设的基本经验，使之稳定下来成为法律，以指导国家建设事业，是社会主义法制为四个现代化服务的重要方面。四个现代化的实现，迫切要求我们加强经济立法，以法治理经济。但是，在经济领域，在社会主义建设上，正如毛泽东同志指出的："我们还有很大的盲目性。"[1] 对社会主义建设的客观规律、对组织社会主义经济的方式方法、对社会主义革命和建设的关系等一系列问题，我们还没有从理论上和实践上弄得很清楚，还没有总结出一套根本性的规律和方法，使之上升到法律的高度，作为经济建设中必须遵循的基本准则。事实证明，如果不制定出必要的经济法规，在国家的统一领导下按照经济规律管理经济，我们就无法高速地发展社会生产力，四个现代化的宏伟计划就会落空。

我国的现代化建设要坚持自力更生的原则，同时，也必须引进外国的先进技术、先进设备，并吸收外国资金，这是促进我国现代化建设的重要因素。而要做到这一点，就要有一系列关于金融信贷，关于外国投资，关于中外合资企业，以及关于专利、税收等方面的法律规定。只有这方面的法规逐步得到完善，才能促进我国与其他国家的经济合作，促进我国现代化事业的发展。

---

① 毛泽东：《在扩大的中央工作会议上的讲话》，《毛泽东文集》第八卷，人民出版社1999年版，第302页。

　　为了使经济法规得到贯彻，在制定各种经济法规的同时，还必须建立相应的经济司法机构，加强经济司法工作。列宁说："各个托拉斯和企业建立在经济核算制基础上，正是为了要他们自己负责，而且是完全负责，使自己的企业不亏本。如果他们做不到这一点，我认为他们就应当受到审判，全体理事都应当受到长期剥夺自由（也许在相当时期后实行假释）和没收全部财产等的惩罚。"[①] 我们只有根据列宁指示的精神，对企业经营的好坏实行切实的法律监督，有奖有罚，赏罚分明；只有对那些管理混乱、挥霍浪费、违法乱纪、给国家造成严重损失的企业及其负责人交付经济法庭审判，追究经济责任，实行法律制裁，才能有效地保障我国社会主义现代化事业的顺利进行。

　　实现农业、工业、国防和科学技术的四个现代化，对于我们来说，是一件伟大事业，但是对于世界来说，只是标志着我们达到先进国家的水平。对于以在全世界实现共产主义为理想的工人阶级说来，这还只是万里长征途中的最初几步。消灭阶级、消灭剥削，极大地发展生产力，实现人类社会的最高理想——共产主义，是工人阶级伟大而艰巨的历史使命。实现这个历史使命是一个长期的奋斗过程，在这个奋斗过程中，是离不开国家和法律的。因此，以法治国不是权宜之计，而是根本大计；不只是在实现四个现代化时需要它，在实现四个现代化以后，也还要充分运用法律的武器，发挥法制的作用，以法治理国家，为早日实现共产主义打下坚实的基础，准备充足的条件。

　　现在，我们的国家已经进入一个新的历史时期。经过30年的斗争与改造，我国的地主阶级、富农阶级已经消灭，资本家阶级已不再存在，这些阶级中有劳动能力的大多数人已经改造成为社会主义社会中自食其力的劳动者。虽然还有反革命分子和其他阶级敌人，还有犯罪分子，阶级斗争还没有结束，但阶级斗争已经不是我国社会的主要矛盾。我们已经有了可能，也有了十分迫切的必要进一步扩大人民的民主权利，按照法制原则处理包括敌我矛盾在内的各种问题，巩固和发展安定团结的社会秩序，动员

　　[①]　列宁：《致财政人民委员部》，《列宁全集》第35卷，人民出版社1955—1959年版，第549页。

和组织一切力量为现代化建设事业努力奋斗。我国社会发展的客观形势，既提出了以法治国的迫切要求，又为以法治国提供了根本的前提条件。排除各种阻力，实行以法治国，是我们义不容辞的责任。

二　克服以法治国的思想障碍

新中国成立以来法制建设正反两方面的经验告诉我们，要实现以法治国，就必须在思想理论方面纠正各种错误认识。当前，还有哪些重大理论是非需要澄清呢？

要实现以法治国，就必须彻底改变那种把以法治国同党的领导对立起来的错误观念。

以法治国同党的领导是密切相关的。以法治国要有党的领导，党的领导也必须通过以法治国才能更好地实现。社会主义法律是党领导制定的，是党的路线、方针、政策的定型化、规范化、条文化。党通过领导国家的立法机关、司法机关和行政机关，制定、贯彻和执行法律，把阶级的意志上升为国家的意志，并且运用国家强制力保证其实施，这正是巩固与加强党的领导，而绝不是降低或削弱党的领导。我们的党是执政党，这种领导地位得到了宪法的认可与保障，任何人反对党的领导都是违反宪法的。但是，党对国家的领导如果没有法律来作出明确的、具体的、详细的规定，党就领导不好国家。以法治国严格要求党的任何组织与个人，从党中央主席到每个普通党员，都要依法办事，是为了使法律得到统一而严格的执行，这不是否定和削弱党的领导，而正是为了维护党的领导。可是在一个相当长的时期里，不少同志却蔑视和轻视法制，以为党的组织和领导人严格依法办事是限制和削弱了党的领导，以为不运用法律和制度去治理国家，而是以党代政、以言代法，事无巨细一律都凭党的各级组织和领导人直接发号施令，那才是体现了党的"绝对"领导，这不能不说是我们党还缺乏统治经验的一种表现。

党要以马列主义、毛泽东思想武装全国人民，要运用它指导各条战线的工作，但是，马克思主义不是法律，也不能代替社会主义法制。"四人帮"的顾问康生叫喊什么，哪有这个法、那个法，"马克思主义就是根本大法"。这是极其荒谬的。马克思主义是一种科学真理，是属于思想领域的东西，我们只能通过宣传教育，让人们接受马克思主义，而不能用强制的方法让人们信仰马克思主义。我国公民有思想和言论自由，他们可以信仰马克思主义，也可以不信仰马克思主义。而法律则不同，法是统治阶级意志被上升为国家意志的、以国家强制力保证其实施的、人人必须遵守的行为规范。任何人违法犯罪都要受到制裁。因此，马克思主义与社会主义法制是两个范畴的东西，不能混为一谈；也绝不可以用马克思主义代替社会主义法律。我国宪法和各项具体法律的制定，都是以马列主义作为指导思想的，因此，以法治国，绝不会削弱或贬低马克思主义的地位和作用，而是能够更好地发挥它在革命与建设中的作用，从而巩固和加强党的领导。

多年以来，不少同志把党的政策和国家的法律等同起来，或者对立起来，认为有政策就行了，何必还要法律；强调法的作用会贬低政策的作用，因而会削弱党的领导。这种观点是错误的，法律与政策是密切联系在一起的两种不同的社会现象。党的政策是制定法律的重要依据，但同时又绝不可以把党的政策和国家的法律看成是一个东西，不能以政策代替法律。既然法律是政策的定型化、条文化和具体体现，既然党的政策通过法律的形式成了全体公民都要严格遵守的行为准则，那么，执行法律就是执行党的政策，就是服从党的领导；实行以法治国不仅不会降低政策的作用，反而能够使党的政策得到更好的贯彻，使党的领导得到强有力的巩固。

有的同志认为，在国家的政治生活中，政策的效力应该高于法律的效力。这种观点也是不正确的。完备社会主义法制需要一个过程。当某一方面的法律尚未制定出来的时候，在一定程度上讲，政策也可以起法律的作用。但是当法律已经制定出来，就必须按照法律办事，而不是按照党的政策办事。在适用法律时，要正确理解贯彻在其中的党的政策精神，但是绝不允许借口对政策的原则精神各有不同理解而自行其是，破坏对于明确而具体的法律条文的严格执行。在一般情况下，党的政策和国家的法律是完全一致的；如果出现不一致，应及时向上级直至中央反映这种情况，而在执行时，必须先按照法律的规定去做。如果随着客观形势与任务发生变化以及革命与建设经验的不断丰富与积累，某些法律条文需要修改，那也应该以民主的方式，通过严格的立法程序进行，任何一级组织包括党中央在内，都不应发布那种同现行宪法和法律相抵触的决议、命令和指示。如果不是这样做，那就不能维护国家法律的尊严，就会损害党和人民的利益。

要实现以法治国，还必须彻底改变那种"无产阶级要人治，不要法治"的错误观念。

我们认为，所谓人治，主要是由掌握权力的统治者个人的意志来治理国家，是一种倾向于专制、独断的治国方法。所谓法治，则是用体现整个统治阶级集体意志的法律作为治理国家的依据和标准，是一种倾向于民主、排斥专制的治国方法。人治的主要特点，是个人具有最高权威；法治的主要特点，则是法律具有最高权威。这种现代意义上的"法治"，是资产阶级革命以后才有的。民主和法治是资产阶级反对封建专制主义斗争的两个主要思想武器。针对封建主义的"君权神授"，资产阶级提出了"天赋人权"的学说；针对封建主义的"主权在君"，资产阶级提出了"主权在民"的思想；针对封建主义的君主专制中央集权，资产阶级提出了立法、行政、司法"三权分立"的主张；针对封建主义的皇帝是最高立法者，资产阶级提出搞普选制、议会制，立法权由议会行使；针对封建主义的法外专横，资产阶级提出了"法无明文不为罪"；针对封建主义的法律公开维护以皇权为中心的等级与特权，资产阶级提出了"法律面前人人平等"。虽然资产阶级的法治归根到底是为了维护资本主义私有制和资产阶级的政治统治，但是应该承认，资产阶级法治主义的理论与实践，是对君主专制主义的彻底否定，是对人治的彻底否定，是人类历史的一个巨大进步。在帝国主义时期，资产阶级法治的历史作用虽然已经由原来进步的事物走向了自身的反面，但它同公开抛弃法治的法西斯主义也还有很大区别。

在社会主义制度下，无产阶级和广大人民群众治理自己的国家，也存在着"法治"或者"人治"这样两种根本不同的方法。无产阶级的法治，就是要求制定一部完善的宪法和一整套完备的法律，使各方面的工作都有法可依，有章可循；坚持一切党政机关和社会团体、一切工作人员和公民个人都要严格依法办事；法律和制度必须具有稳定性、连续性和极大的权威，任何领导人都不能随意加以改变。而人治则与此相反，认为法律束缚自己的手脚，有了党的政策可以不要法律，认为法律只能作为办事的参考，个人权力应该大于法，领导人的意志高于法，办事可以依人不依法，依言不依法；认为群众的"首创精神"可以高于法律，群众运动一来可以把法律当废纸扔在一边。这种反对"法治"主张"人治"的理论、意见、思想、看法，不是在很长一个时期里，在我们的很多干部包括不少高级干部中曾经相当流行吗？然而30年来的经验教训充分证明，不搞法治搞人治，就会破坏正常的民主生活，导致个人独裁；就会破坏党和国家的集中统一领导，"独立王国"林立，"土法"丛生，无政府主义泛滥；就会出现司法专横，发生种种冤假错案，造成冤狱遍于国中的悲惨局面，就会失去广大群众对各级国家工作人员尤其是对领导人员的监督，为大小野心家篡党夺权、任意改变国家的基本政治、经济制度大开方便之门。

有的同志说，人是决定的因素，法制的威力要由人来发挥，离开人治谈法治，法治是不能实现的，人治同法治的关系，犹如战士同武器的关系，因此必须把两者结合起来。显然，这是把"人治"同"人"、"人的因素"、"人的作用"这些完全不同的概念混为一谈了。"人治"是一种否认或轻视法律和制度的重大作用而主张依靠长官意志来治理国家的方法，是同"法治"这一治国方法相对立的一种理论和实践，它同"人"、"人的因素"、"人的作用"完全不是一个意思。人治与法治有着原则的区别，是相对立而存在、相斗争而发展的。否认人治与法治的根本对立，主张既要实行法治，也要实行人治，这在理论上是不正确的，实践上是有害的。在社会主义制度下，法治要求有法可依，有法必依，认为有法才能治国，无法必然乱国，违法一定害国；而人治则认为法律可有可无，有法可以不依，凡事由少数领导者个人说了算。这两种完全不同的主张和做法怎么能够并存呢？认为社会主义国家既要实行法治，也要实行人治，这种观点表面看来似乎很全面，既重视法的作用，也重视人的作用，实际上却搞乱了法治与人治的本来含义，把"法治"与法等同起来，把"人治"和"人"等同起来，混淆了法治与人治的本质区别，其结果必然是从根本上否定法治这一治国方法。

要实现以法治国，还必须在全党和全国人民的心目中牢固树立起法律具有极大权威的正确观念。

在社会主义制度下，在全党和全国人民中树立起法律具有极大权威的观念，并认真实行这一原则，具有十分重要的意义。社会主义的法律是人民通过自己的代表，通过国家权力机关，以完备的立法程序，慎重而庄严地讨论通过的。它集中体现了工人阶级和广大人民的意志和利益。因此，无产阶级的法律具有极大的权威，就是人民的意志具有极大的权威。坚持社会主义法制具有极大权威，就是坚持只有人民的意志才具有极大权威，不允许任何人以自己的个人意志作为最高权威凌驾于法律之上；坚持社会主义法制神圣不可侵犯，就是坚持人民的利益神圣不可侵犯，不允许任何人任意破坏社会主义法制。我们讲法律具有极大权威，并不是说法律不能修改，而是要强调它的稳定性、连续性，尤其是它的权威性。社会主义的根本政治、经济制度，包括公民的基本民主权利和自由，一旦以宪法和法律的形式肯定下来，任何人都不能随意改变。只有这样，才能防止那种依人不依法、依权不依法、依言不依法的现象，才能做到使法律和制度不因领导人的改变而改变，不因领导人的看法和注意力的改变而改变，避免那种"人存政举、人亡政息"的局面。我国是经历了两千多年封建专制主义统治的国家。专制主义的一个特点，是统治者个人具有绝对权威。在中央，是皇帝决定一切；在地方，是长官决定一切。在我国，这种意识形态的流毒和影响是根深蒂固的。一个突出的表现，就是我们过去十分重视树立各级领导者个人的极大权威，而十分轻视树立法律和制度的极大权威。结果是，在干部中，权力大于法，以言立法、以言废法的专制主义得以滋长和泛滥；在群众中，则助长了那种把一个国家、一个地区是否兴旺发达的希望完全寄托在个别领导人身上的小生产者心理，而不懂得民主与法制的重要作用，不知道如何运用法制这个武器去行使自己管理国家的最高权力。无数事实证明，今后只有在全党和全国人民的思想中牢固地树立起法律具有极大权威这一观念，并在实践中彻底坚持这一原则，广大人民群众才可能最有效地运用法制这个武器去行使自己的意志、维护自己的利益，才能防止林彪、"四人帮"一伙坏蛋制造的历史悲剧在我国重演。没有法律具有极大权威的正确观念并在实践中真正贯彻这一原则，就没有以法治国，就没有无产阶级专政的巩固和社会主义建设事业的胜利，这是从我国

30 多年来法制建设正反两个方面的经验中得出的一个十分重要的结论。

三　健全法律制度，实现以法治国

以法治国并不是一个空洞的政治口号，而是无产阶级治理国家的根本方法。实现以法治国，就是要求我们运用十分完备的法律制度来治理国家。因此，不仅需要解决思想方面的问题，更重要的还在于改变与以法治国不相适应的各种制度。

全面加强立法工作，尽快地制定出一整套完备的社会主义法律，是实现以法治国的前提。

党的十一届三中全会指出，要做到"有法可依，有法必依，执法必严，违法必究"，这是完善我国社会主义法制的基本标志。在这里，"有法可依"是完善法制的前提条件。可以说，没有一整套完备的法律，也就没有实行以法治国的基础。我们认为，要完备我国的社会主义法律，必须着重解决以下三个问题：

第一，宪法和各种部门法必须门类齐全，使社会生活的一切领域都要有章可循，坚决杜绝社会生活中无法可依，或某一领域中法制空白的现象。五届人大二次会议颁布了七部重要法律之后，已使我国长期无法可依的现象有了根本改变；但是还必须看到，由于法律虚无主义的长期影响，我国法制建设中的空白还相当多。民法、经济法、行政法、商业法、工厂法、计划生育法等都急需制定；婚姻法、劳动法、兵役法等都急需修改。不完善这些法律，就会直接影响到我国四个现代化的建设，就会直接影响到我国政权的稳定和巩固。所以尽快完备我国各项立法工作，仍是我们实行以法治国急需建立的重要前提。我们建国已经 30 年了，正反两方面的经验极为丰富，全面地开展立法工作的客观条件已经充分具备。那些认为我们的经验还不多，因而主张立法工作必须慢慢来的论点，是根本站不住脚的。

第二，完备社会主义法制还必须使各种法律规范本身完整、具体、细致、周密。这包括各种法律的条款内容要全面、结构要严谨、语义要明确、界限要清晰。法律是高度规范化的行为准则，具有强制执行的特点，因此，法律的规定不能含含混混、模棱两可，更不能文章化、口号化、政治化。有一种意见认为，我国地域辽阔、情况复杂，因此我国法律应尽量"原则化"，不宜细致、具体。应当说，这在当前是妨碍我国法律建设的一个重大思想障碍。法律的繁简程度，是与一个国家的社会政治、经济情况分不开的。我国当前急需解决的主要问题是法律不完备，因此，在制定法律的过程中，应充分考虑实际生活的需要，尽量使其完善、具体、细致。法律的条款不明确、不具体，搞所谓"原则法"，那只能造成适用法律时的模棱两可，给执法者以极大"自由裁决"的权力，从而造成法制的虚设。

第三，完备法制的重大标志，还在于必须使所有的法律规范都要公开，坚决废止那些名目繁多的不适当的起法律作用的"内部规定"。这些"内部规定"，实际上是一种脱离人民群众的监督、脱离政权机构的管辖、凌驾于法律之上的"超级法律"。这也是我国法制不健全的一种表现形式。任何一个国家制定法律的直接目的都是为了让所有的人都能严格遵守，因此，一个不言而喻的前提，就是要让所有的人都知道法律的内容，否则，遵守法律从何谈起？我国古代的封建统治者都知道"铸刑鼎"的道理，把封建统治阶级规定的法律铭刻于大鼎之上，让老百姓都知道，以维护封建统治者的根本利益。我们今天有些人却连"铸刑鼎"的道理也不懂，他们津津乐道于脱离人民群众监督的某些"内部规定"，这些"内部规定"非常适合那些官僚主义者的需要，也为某些特权者所爱不释手，它是实行以法治国、完备社会主义法制的一大祸害，必须坚决取缔。同时还要指出的是，应该严格划分法纪与党纪、政纪的区别。党纪的最高处分是开除党籍，政纪的最高处分是开除公职。除此之外，诸如各种形式的拘留审查、限制或剥夺人身自由、搜查住宅、扣押信件等都属于法纪的范围，都应由国家司法机关按公开的法律规定处理，不得以什么"内部规定"为据。今后，一切法律规定都必须明令公布，交人民群众监督执行，否则，就不具有法律的效力。

所有国家机关和党的各级组织、全体公职人员和公民都严格依法办事是实现依法治国的关键。

我国七部重要法律颁布之后，广大群众众目所视、人皆关心的一件大事，就是我们能不能一丝不苟地坚决执行这些法律。这是实现以法治国面临的一个十分尖锐的问题。由于法律虚无主义的长期统治，特别是林彪、"四人帮"的疯狂破坏，我国宪法规定的许多基本原则都曾遭到公开践踏，在我国造成了"失信于民"的痛苦经历。因此，我国新颁布的各项法律也必然面临着一个"取信于民"的重大课题。检验真理的唯一标准是实践。检验我国法制是否有力量、有权威，也只能靠实践，没有比事实更有力量能去说服人民相信我们的法律是可以信赖的了。新中国成立 30 年来，究竟有哪些重要的事实，使法制"失信于民"，需要从制度上加以根本改变的呢？

第一，必须坚决杜绝法律定而不行、言而无信的现象，绝对保障我国法律的严肃性。法律是通过国家机关制定和认可，由国家力量保障强制执行的行为准则，法律的严肃性是法律本身所不可缺少的基本要素。如果法律只是冠冕堂皇地罗列一些条文，而实践中又仅仅把法律当做摆设，在行动上另搞一套，那么再好的法律也不过是一纸空文，在人民群众中只能是毫无权威。解决这个问题，一是要充分发挥法律监督机构——人民检察院的作用，要发挥人民代表大会及其常务委员会监督法律实施的职能。当前最主要的就是要使法律监督机构有职有权，保证它们能够对法律的执行实行有效的监督，特别是要严肃对待国家干部中违法乱纪的问题。我国刑法中明确规定了渎职罪，凡利用职权违法乱纪，造成国家和人民一定损失的，都必须根据情节轻重严肃处理。二是要加强宪法的监督执行。宪法是一个国家的根本大法，也是人们的行为标准，应具有最高的法律效力。但是在我国，什么是违宪、如何确定违宪、违宪如何处理，都没有明确的法律规定。"四人帮"横行时期，违宪行为成为公开的"革命行动"，造成了"根本大法，根本没用"的悲剧。我们应该参照其他国家的经验，建立和健全维护宪法权威的监督机构与司法机构，如建立宪法法院等。否则，根本大法的严肃性就仍然没有保障。

第二，必须坚决贯彻法律面前人人平等的法制原则，从思想上尤其是从制度上认真解决一部分干部包括少数高级干部在内的特权思想、特权作风、特权地位的问题。干部搞特权，是树立社会主义法制权威的一大障碍，我们认为，要彻底解决这个问题，一是要加强马克思主义的思想教育，大造革命舆论，使人们真正认识到，搞特权，对于共产党员和革命干部来说，不是什么光荣，而是一种莫大耻辱。二是要在适用法律方面坚持法制的平等原则。一个人不论现在地位多高，过去功劳多大，如果违法犯罪，都要受法律同样的制裁。三是要建立和健全一整套党规党法，充分运用党的纪律手段，同党员干部中搞特权的人和事作坚决斗争。四是要彻底改革干部制度，使华国锋总理在五届人大二次会议的政府工作报告中提出的建立干部的考试制度、考核制度、监督制度、奖惩制度、罢免制度、轮换制度、退休制度，真正付诸实施；要把所有这些制度的改革形成法律，并公之于众，让广大人民群众监督执行。这四条是缺一不可的，特别需要指出的是，在这里，干部制度的改革具有决定性意义。马克思主义认为，存在决定意识，如果我们不能认真而切实地从制度上堵塞干部搞特权的一切漏洞，杜绝干部享有法律之外的特权地位的一切可能，干部中的特权思想和特权作风是无法解决的。

第三，执法机关，特别是公安机关要坚决依法办事。执法机关依法办事包括两个方面的含义，一是要求处理任何民事、刑事案件都必须按照法律规定的标准和程序办事，对一切人实行同一个尺度、同一个原则，从而排除任何人具有超越法律的特权；二是政法机关本身的任何活动都必须严格遵守各种法律规定，做到执法者首先守法。公安机关处于政法工作的第一线，是打击犯罪、保护人民的哨兵，在特殊的条件下，还要用特殊的手段与犯罪分子进行各种形式的斗争，因此它的活动严格遵守法律规定具有更加重要的意义。长期以来，特别是在"四人帮"横行时，公安战线上无法可依、有法不依的现象十分严重，视法律为束缚、迷信长官意志的习惯，在某些人身上表现得十分突出。今后，如何从思想上特别是从法律制度上解决公安工作切实遵纪守法的问题，是健全法制的一个重要课题，这方面需要采取的重要措施之一，是切实搞好公检法三机关的相互配合与相互制约，从思想上和制度上彻底改变过去那种公安机关的地位和权力高于和大于法院和检察院的情况，要彻底改变那种"一长代两长"、"一长代三长"的做法。

认真搞好党政机关的分工与制约，切实保障司法机关的独立性，是实现以法治国的组织保证。

　　唯物辩证法认为，任何事物都是矛盾对立面，又统一又斗争，由此推动事物的发展。一个国家政权，从阶级实质上讲，是统治阶级独自掌握权力和行使权力的工具，因此，统治权力是统一的和不可分割的。但从每个具体国家机关的作用来说，它们又互相分工、互相制约。根据马克思主义的普遍原理，我国宪法明确规定，我们的国家制度是人民代表大会制，并对各国家机关的权力作了明确的分工。但是，林彪、"四人帮"一伙打着"党的领导"、"一元化"、"集中统一"等旗号，妄图集党、政、军、公安、司法等大权于一身，实行封建专制的独裁统治，他们在一系列涉及国家根本制度的问题上，完全把宪法的原则抛掷一边，用党政不分、以党代政、以言代法等根本违反社会主义民主和法制原则的东西，当做国家实际实行的制度，从而使我国最高国家权力机关变成徒具虚名的橡皮图章。在政法机关的关系上，他们搞什么"三合一"的"群专委员会"、"人保组"，实际上就是妄图把无产阶级专政机关变成脱离党和人民监督、没有任何相互制约而仅仅由他们独自控制的新式盖世太保。文化大革命中，大量冤假错案的产生，不正是"四人帮"这条反革命路线的产物吗？十年腥风血雨的政治浩劫，给我们最基本的历史教训之一，就是要完善民主与法制，无产阶级国家机器的职权与分工，应当受到社会主义法制的严格规定和限制。无产阶级的国家政权应当努力创造使林彪、"四人帮"式的封建专制和个人独裁既不能存在也不能再产生的社会环境。

　　党政关系也就是党的领导与国家政权之间的关系，这是被林彪、"四人帮"搞得最乱的一个问题。党的领导是我国宪法所规定的基本原则，但党的领导绝不是党政不分更不是个人独裁。董必武同志早在新中国成立初期就曾提出，"由党直接作政权机关的工作是不好的"，党的领导应当表现为：（1）对政权机关工作的性质和方向应予确定的领导；（2）通过政权机关及其工作部门实施党的政策，并对他们的工作实施监督；（3）挑选和提拔忠诚而有能力的干部（党与非党的）到政权机关去工作。这就是说，党的领导主要是方针、政策、路线的领导，绝不是越俎代庖，干涉和包揽国家机关的具体工作。五届人大二次会议通过的地方各级人民代表大会和地方各级人民政府组织法，规定县以上人民代表大会设立常务委员会，各级革委会改为各级人民政府，明确规定了它们的职权和地位，这是我国法律制度的一项重大改革。为了保障这些法律的实现，必须首先解决党政不分的问题。如各级党委不应直接向人大常委会和人民政府发号施令；党委的决议只在党内有约束力，对人大常委会和人民政府没有约束力，各级党委的第一书记一般不要兼任同级人大常委会特别是同级人民政府的主要领导职务；这些领导人应由人民代表民主选举产生；各级党委要尊重各级人大常委会和政府的决议与指示并保证其贯彻执行；任何人非法干涉和破坏人大常委会和政府的工作，都应追究责任。只有这样，才能从法律制度上真正解决党政不分的问题。

　　为了实行以法治国，在国家机关的分工与制约上，最重要的一个方面就是要保障司法机关的独立性。所谓司法独立，就是指人民法院和人民检察院根据宪法和法律的规定，独立地行使审判权和检察权，不受任何其他机关、团体、个人的干涉。我国宪法和人民法院组织法、人民检察院组织法都对此作了明确的规定。为了保障这一原则的实现，我国法律明确规定，各级法院院长和检察长都由同级人民代表大会选举产生，这就从组织制度上保证了司法机关活动的独立性。同时，长期在我国司法工作中实行的党委审批案件的制度、对县以上干部和知名人士等十个方面特殊规定的审批制度都已取消，这是保证我国司法独立原则得到切实执行的重大决策。今后的问题，主要是各级党委不折不扣地贯彻这一决定，各级司法机关大胆工作，勇于负责，忠于职守，敢于同一切破坏司法独立的错误行为作斗争。

　　实行以法治国，还必须造就一大批忠实于法律和制度，忠实于人民利益，忠实于事实真相的法官、检察官和律师。实行以法治国，主要讲的是要把法律作为治理国家的准绳，它并不是否定人的作用。任何法律的制定、贯彻、执行都必须通过人的活动，才能变成实际的力量。司法机关独立行使职权，是从组织制度上保障司法人员严格执行法律而不受任何其他因素的干扰，这使各级司法工作人员肩负的任务更加光荣和艰巨。真正做到执法必严、违法必究，造就一大批敢于坚持真理、勇于为捍卫社会主义法制而不惜以身殉职的法官、检察官和律师，是实行以法治国的重要保障。党和国家应该大力表彰那些不畏权贵、不徇私情、执法不阿的司法工作人员和人民律师，并让他们在我们的国家得到应该享有的地位和荣誉。

实行以法治国并不是一件轻而易举的事。以法治国就必不可免地要对个人权力进行调整，对非法的权力进行限制，党委的某些权力要收归司法机关，公安机关的某些权力要收归法院和检察院。所以，从一定的意义上说，以法治国是一场制度的革新，是一场革命。社会的发展要在不断改革中实现，历史的前进是在不断改革中完成。任何一个时代都有一批批立志改革的先行者，他们思想解放，勇于探索，抓住真理，所向披靡，向一切落后的事物宣战。党的好女儿张志新烈士就是这样的先行者。她以敏锐的思想和殷红的鲜血向着现代迷信和专制残余英勇冲击，唤起人们对改革制度的重视和对以法治国的向往。现在，人心思治、人心思法，全国人民急切盼望我们国家经济繁荣、政治安定、法制昌明，我们共产党人、工人阶级不要辜负人民的希望，一定要依靠人民的力量，运用法制的权威，治理好我们伟大的社会主义祖国。

后记：

这是为 1979 年 9 月下旬中国社会科学院召开的"庆祝中华人民共和国成立三十周年学术讨论会"提供的论文，作者是李步云、王德祥、陈春龙。9 月 30 日，李步云在会上作了口头发言。全文收入《法治与人治问题讨论集》（群众出版社 1981 年版）。《光明日报》在征求中央法制工作机构一些同志（如高西江）的意见后决定发表此文，但坚持要改题目。理由是"以法治国"口号关系重大，中央尚无此提法。后以《要实行社会主义法治》为题，于 1979 年 12 月 2 日在该报摘要发表。这是国内学者第一次提出并系统论述这一问题。

依法治国,建设社会主义法治国家

1978 年党的十一届三中全会以来,实行依法治国已经成为我们党和国家的一项基本方针,成为建设富强、民主、文明的社会主义现代化国家的一个重要目标。十多年来,通过加强民主与健全法制的一系列重大举措,我们正在朝着建设社会主义法治国家的方向前进。现在,我就这一问题的理论和实践谈一些个人的认识。

一　依法治国的科学含义、理论依据和历史发展

依法治国(或"以法治国"、"法治")作为一项治理国家的基本方针,一个具有全局意义的重要口号和目标,已被正式记载在党和国家的一些重要文件中。1979 年中共中央《关于坚决保证刑法、刑事诉讼法切实实施的指示》指出,法律"能否严格执行,是衡量我国是否实行社会主义法治的重要标志"。后来,其他一些党和国家的重要文件以及不少中央领导同志的讲话或题词,都曾使用"以法治国"(或"依法治国")这一概念和口号。由于这是十一届三中全会以后一个新的提法,一项新的重要方针,人们自然会提出这样那样的问题,如"法治"的确切含义究竟是什么?主张"以法治国"有没有片面性或者是不是一种超阶级的观点?实行以法治国的理论依据在哪里?小平同志说:"要通过改革,处理好法治和人治的关系,处理好党和政府的关系。"①应当怎样正确认识他在这里提出的问题,怎样理解小平同志在实行以法治国方针的理论根据上所作的全面而深刻的分析以及他提出的实行以法治国的一整套原理原则,所有这些,

---

① 《邓小平文选》第 3 卷,人民出版社 1993 年版,第 177 页。

直到现在，不仅在理论界还存在一些意见分歧，在广大干部中也有各种不同看法甚至疑虑。这就需要我们从理论与实践的结合上对此作出更深入的研究和探讨。

我国法学界在 1979—1982 年间曾在法治与人治问题上开展过一场学术争鸣。当时出现过三种明显不同的观点：要法治，不要人治；法治与人治应当结合；法治概念不科学，必须抛弃。人们简称为"法治论"、"结合论"和"取消论"。"结合论"认为，"徒法不足以自行"，法是人制定的，也要人去执行；我们既要重视法的作用，也要重视人的作用。这就好比法是"武器"，人是"战士"，只有人和武器相结合，才能产生出战斗力。我们认为这种理解不符合法治与人治的原意，不应当简单地在"法治"与"法的作用"、"人治"与"人的作用"之间画等号。法治与人治既是一种对立的治国理论，也是一种不同的治国原则和方法。作为治国理论，"法治论"认为，一个国家的长治久安和兴旺发达，主要应依靠建立一个完善的法律制度，而不是国家领导人的贤明。"法治论"并不否认领导人的作用，只是认为，国家长治久安的关键在于建立一个完善的法律制度并加以贯彻实施。"人治论"主张则与此完全相反。它认为，国家的长治久安和兴旺发达的关键不在于有完善的法律制度，而在于有贤明的国家领导人。作为一种治国原则，法治要求法律具有至高无上的权威，任何组织和个人不能凌驾于法律之上，都要严格依法办事。"人治论"则相反，它主张或默认组织和个人的权威高于法律的权威，权大于法。主张"法治"，并不否定领导人的作用和权威。例如，现今美国被认为是一个法治国家，但总统的权力却很大，以致有人戏称，美国总统除了不能生孩子，什么事情都可以做。由于美国和日本这样的国家建立了比较完备并富有权威的法律，因而尼克松下台、阿格纽判刑、田中受审，都丝毫没有影响这些国家政治和社会的稳定。

一些同志认为，"法治"与"法制"是一回事，"法治"这一概念可以不用。这是一种误解。实际上，"法治"与"法制"这两个概念，既有联系，也有区别。法制是法律制度的简称，是相对于经济、政治、文化等制度而言的，法治则是相对于人治而言的。法制的内容指法律及其相关的各项制度如立法制度、司法制度等，而法治则是同人治相对立的一种治国的理论和若干原则。任何国家在任何时期都有自己的法律制度，但不一定是实行法治，希特勒统治的德国也有法律制度，但它并不是实行法治。法治同任何概念一样有自己特定的科学内涵、社会作用和适用范围，它并不排斥我们国家还可以有其他的口号和方针，如"坚持四项基本原则"、"改革开放"、"科教兴国"。我们说实行法治能保证国家长治久安，但它并不否定道德教化、行政手段等的作用。法律作为一种调整社会关系的工具，法治作为一种治国的方法，是没有阶级性的，资本主义社会可以用，社会主义社会也可以用。法律的内容和法治的原则情况有所不同，它们既包含有人类共同的道德价值，是人类共同创造的文明成果，因而是没有阶级性的；同时它们也反映和体现了不同阶级的利益和意志，所以又是有阶级性的。我们要建立的是社会主义法治国家。我们的法律具有社会主义的性质，这种法律制度所赖以建立并为其服务的经济基础是以公有制为主体，以保证生产力高速发展和人民共同富裕为目的；我们国家的根本制度是以人民当家做主为本质特征的人民代表大会制度，国家的领导权是由共产党执掌，这就能保证我国社会发展的正确方向，就能保障广大人民的根本利益，这就是同资产阶级法治国家有着本质的区别。

　　法治与人治这两种不同的治国理论、原则的对立与论争，在中外历史上已经存在了几千年。古希腊的柏拉图是主张人治的，即所谓"贤人政治"。他提出："除非哲学家成为国王……国家就不会解脱灾难，得到安宁。"在他看来，政治好比医学，统治者好比医生，被统治者好比病人，只要有个好医生，就能把病人治好。如果强调运用法律治理国家，就会把哲学家的手束缚住，就好比让一个高明的医生硬要依照教科书去看病一样。亚里士多德不同意他的老师柏拉图的看法。在回答"由最好的一人或由最好的法律统治哪一方面较为有利"[1] 这个问题时，亚里士多德认为"法治应当优于一人之治"。[2] 其理由主要是：（1）法律是由许多人制定出来的，多数人的判断总比一个人的判断要可靠。他说："大泽水多则不朽，

---

① ［古希腊］亚里士多德：《政治学》，商务印书馆1965年版，第162页。
② 同上书，第167页。

小池水少则易朽，多数群众也比少数人不易腐败。"① （2）人难免感情用事，实行人治易出偏私。他说："凡是不凭感情因素治事的统治者总比感情用事的人们较为优良，法律恰正是全没有感情的。"② （3）实行法治可以反对专横与特权。他说："为政最重要的一个规律是：一切政体都应订立法制……使执政和属官不能假借公职，营求私利"和"取得特殊的权力"③。（4）法律有稳定性和连续性的特点，并不因领导人的去留而任意改变。法治可以防止因君主继承人是庸才而危害国家。（5）法律比较原则，但不能成为实行人治的理由。他说："主张法治的人并不想抹杀人们的智慧。他们就认为这种审议与其寄托一人，毋宁交给众人。"④ 作为治国的原则，亚里士多德提出："法治应包含两重意义：已成立的法律获得普遍的服从，而大家所服从的法律又应该本身是制定的良好的法律。"⑤ 这同柏拉图主张的"国王的命令就是法律，他可以不按法律办事"是有原则区别的。在西方，亚里士多德是第一个系统阐述法治理论的人，他的观点反映了当时中、小奴隶主阶级的利益，是进步的；而柏拉图的看法代表着奴隶主贵族的利益，是落后的。

我国春秋战国时期，法家主张法治，儒家主张人治，儒家讲的"礼治"、"德治"，实际上是"人治"。作为治国的理论，儒家认为，"为政在人"，"其人存，则其政举，其人亡，则其政息"⑥。法家反对这种看法，认为国家的治乱兴衰，关键的因素不是君主是否英明，而是法律制度的有无与好坏。其主要理由是：（1）所谓"圣人之治"，是一人之治，治国方略来自他个人的内心；而"圣法之治"，则是众人之治，治国方略来自事物本来的道理。⑦ （2）所谓人治，也即是心治。"赏罚从君心出"，是"以心裁轻重"，结果必然造成"同功殊赏"和"同罪殊罚"⑧ 的不良后果。

---

① ［古希腊］亚里士多德：《政治学》，商务印书馆 1965 年版，第 163 页。
② 同上书，第 163 页。
③ 同上书，第 269 页。
④ 同上书，第 171 页。
⑤ 同上书，第 199 页。
⑥ 《礼记·中庸》。
⑦ 《慎人·君人》。
⑧ 《韩非子·六反》。

（3）尧舜这样的圣人，上千年才出现一个，把国家治理的希望完全寄托在这样的圣人身上，那在很长时期里国家都会处于混乱中。① （4）即使出现像尧舜那样的圣主贤君，如果办事没有准绳而全凭心治，国家也治理不好。而一个只有中等才能的国君，只要"以法治国"，也能够治理好国家。② 这种理论认识上的对立使得儒法两家对法的态度完全不一样。儒家主张"道之以德，齐之以礼"，反对铸刑鼎。③ 儒家要求用西周的"礼"来定亲疏，决嫌疑，别异同，明是非。④ 它强调"刑不上大夫，礼不下庶人"。法家则主张公布成文法，强调"刑无等级"、"君臣上下贵贱皆从法"⑤。虽然儒家的民本思想可以继承，法家的严刑峻法需要抛弃，儒法两家都主张君主专制主义，但是在当时的历史条件下，法家的法治主张代表着新兴地主阶级的利益，反映了他们改革的希望，适应了社会发展的要求；儒家的人治主张则反映了没落奴隶主贵族维护旧制度的愿望，阻碍了社会的进步。

建立在民主基础上的近代或现代意义上的法治，是资产阶级革命的产物。在西方，法治作为一种理论，它反映在资产阶级启蒙思想家的著作中；作为一种社会实践，它体现为西方法治国家的一些制度和原则。资产阶级法治的对立面是封建君主专制主义的人治。英国的詹姆斯一世说："国王在人民之上，在法律之上，只能服从上帝和自己的良心。"对此，启蒙思想家们作了深刻的批判。孟德斯鸠说："专制政体是既无法律又无规章，由单独一个人按照一己的意志与反复无常的性情领导一切。"⑥洛克说："使用绝对的专断权力，或不以确定的、经常有效的法律来进行统治，两者都是与社会和政府的目的不相符合的。"⑦ 法治作为治国的原则，启蒙思想家所强调的是以下几点：（1）法律要有至高无上的权威。潘恩说："在专制政府中国王便是法律，同样的，在自由国家中法律便应该

---

① 《韩非子·难势》。
② 《韩非子·用人》。
③ 《左传·昭公二十九年》。
④ 《礼记·曲礼》。
⑤ 《管子·经法》。
⑥ ［法］孟德斯鸠：《论法的精神》（上册），张雁深译，商务印书馆1961年版，第8、129页。
⑦ ［英］洛克：《政府论》（下篇），叶启芳、瞿菊农译，商务印书馆1964年版，第86页。

成为国王。"① （2）要摆正人民与政府的关系。罗伯斯庇尔说："人民是主权者，政府是人民的创造物和所有物，社会服务人员是人民的公仆。"②（3）法律面前人人平等。洛克说："国家的法律应该是不论贫富、不论权贵和庄稼人都一视同仁，并不因特殊情况而有出入。"（4）立法、行政、司法三权要分立。孟德斯鸠认为："从事物的性质来说，要防止滥用权力，就必须以权力约束权力。"③

　　我国在从封建社会向近代资本主义发展演变的历史时期，一些杰出的思想家和政治家都曾对法治作过很多很好的论述。例如黄宗羲提出要以"天下之法"取代"一家之法"。他认为"有治法而后有治人"，如果不打破"桎梏天下人之手足"的君主"一家之法"，虽有能治之人，也不能施展其聪明才智治理好国家。梁启超提出，立法是"立国之大本大源"，要以"多数人治"代替"少数人治"，必须讲"法治主义"。民主革命先行者孙中山先生也是以法治国的倡导者，他对儒家人治思想持批判态度。他说："吾国昔为君主专制国家，因人而治，所谓一正君而天下定。数千年来，只求正君之道，不思长治之方"，国家只能长期处于混乱。④ 他认为军阀混战时期，"法律不能生效，民权无从保障，政治无由进化"，原因就是"蔑法律而徇权势"。正是基于这一认识，他提出了一系列法治原则，如："凡事都是应该由人民做主"、"用人民来做皇帝"⑤ 的"人民主权"原则；"只有以人就法，不可以法就人"⑥ 的依法办事原则；宪法和法律是"人民权利之保障书"⑦ 的人权保障原则；以及人民享有选举、罢免、创制、复决四大权利的"以权利制约权力"和五权分立的"以权力制约权力"的原则，等等。由于后来蒋介石完全背离了孙中山提出的这些思想和原则，搞个人专制独裁、残酷压迫人民、政治极端腐败，他的统治被人民革

---

① ［美］托马斯·潘恩：《常识》，载于《潘恩选集》，马清槐译，商务印书馆1982年版，第54页。

② ［法］罗伯斯比尔：《革命法制与审判》，商务印书馆1965年版，第138页。

③ ［法］孟德斯鸠：《论法的精神》（上册），张雁深译，商务印书馆1961年版，，第54页。

④ 《元旦布告》，《孙中山全集》第4卷，中华书局1985年版，第285页。

⑤ 《民权主义第五讲》，《孙中山全集》第9卷，中华书局1986年版，第325页。

⑥ 《接近国会议员代表的谈话》，《孙中山全集》第4卷，中华书局1985年版，第444页。

⑦ 《〈中华民国宪法史〉前编序》，《孙中山全集》第5卷，中华书局1985年版，第319页。

命所推翻,是一种必然的结局。中国近代一些进步思想家、政治家的法治思想属于资产阶级法治思想的范畴,在中国历史上起过进步作用。

两百多年来,经过漫长的发展过程,现在不少西方发达资本主义国家已经逐步建立起自己的法治国,并凭借这一基本条件,保证了政治与社会的长期相对稳定,促进了经济的发展。马克思、恩格斯等无产阶级革命领袖从维护广大劳动人民利益和争取人类解放的根本立场出发,运用辩证唯物论与历史唯物论原理,曾对资产阶级的民主、自由、人权与法治进行过深刻的批判,揭示了它们的历史的和阶级的局限性,同时也肯定了它们在人类发展史上的历史必然性与进步意义。例如,恩格斯在批判资产阶级"法治国"时,主要是揭露它在理论上和实践上处于惊人的矛盾中,对资产阶级有其真实性的一面,对劳动人民又有其虚假性欺骗性的一面。

无产阶级领导的社会主义革命和建设是人类历史上一场最广泛、最深刻、最伟大的社会变革。正是由于这个原因,已经取得革命胜利的社会主义国家,在经济、政治、文化、法律等具体制度的建设和党领导人民治理国家的方针、原则的确立与方式方法的选择上,必然经历一个长期的实践过程。在依法治国这一问题上情况也是如此。过去,在一些社会主义国家里,都制定有社会主义的法律,它们在保证社会改革与经济、政治、文化的建设上发挥了一定的积极作用。但是,由于各种复杂的原因,在是否实行社会主义法治的思想理论与指导方针上,在确立与实施以法治国应当具有的一系列重要原则上,又存在着严重的缺陷,以致发生了不应当存在和本来可以避免出现的种种严重问题。

我国在新中国成立到"文革"前的时间里,政治协商会议共同纲领、1954年宪法以及其他法律的制定和实施,对我国当时的革命和建设所取得的举世瞩目的成就,曾经起过重要的保障作用。但是,由于经济与政治体制上权力的过分集中,党的"八大"后仍然执行"以阶级斗争为纲"的政治路线以及其他一些历史的、思想的主客观原因,我们也并没有充分认识民主与法制建设的重要意义,甚至在某种程度上存在过法律虚无主义的思想倾向,普遍存在过权大于法、办事依人不依法、依言不依法的局面,以致民主与法制的不健全终于成为"十年文革"得以产生与发展的一个重要原因。这种状况直到党的十一届三中全会以后才有了根本性转变。

　　邓小平同志在总结国际共产主义运动和我国革命与建设正反两方面经验的基础上，最早提出依法治国的思想和原则并在理论上作了全面和深刻的论述。他在十一届三中全会的讲话中说："为了保障人民民主，必须加强法制。必须使民主制度化、法律化，使这种制度和法律不因领导人的改变而改变，不因领导人的看法和注意力的改变而改变。现在的问题是法律很不完备，很多法律还没有制定出来。往往把领导人说的话当做法，不赞成领导人说的话就叫做'违法'，领导人的话改变了，'法'也就跟着改变。"① 在1980年《党和国家领导制度的改革》一文中，他又指出："我们过去发生的各种错误，固然与某些领导人的思想、作风有关，但是组织制度、工作制度方面的问题更重要。这些方面的制度好可以使坏人无法继续横行，制度不好可以使好人无法充分做好事，甚至会走向反面。即使像毛泽东同志这样伟大的人物，也受到一些不好的制度的严重影响，以致对党对国家也对他个人都造成了很大的不幸。"② 他还说："斯大林严重破坏社会主义法制，毛泽东同志就说过，这样的事件在英、法、美这样的西方国家不可能发生。他虽然认识到这一点，但是由于没有在实际上解决领导制度问题以及其他一些原因，仍然导致了'文化大革命'的十年浩劫，这个教训是极其深刻的。不是说个人没有责任，而是说领导制度、组织制度问题更带有根本性、全局性、稳定性和长期性。这种制度问题，关系到党和国家是否改变颜色，必须引起全党的高度重视。"③ 邓小平同志的这些精辟分析，集中到一点就是：只有实行以法治国，我们的国家才能长治久安和兴旺发达。这些论述是邓小平同志全部民主与法制思想的精髓，也是我们的党和国家实行以法治国方针的理论依据。在社会主义制度下，把民主与法制对治国安邦的历史作用提到这样的高度，以及邓小平同志为在社会主义制度下实行以法治国、建立法治国家所设计出来的宏伟蓝图，在国际共运和我们党的历史上还从来没有过。这是对马克思主义的创造性发展。

　　在社会主义制度下，实行以法治国、建立法治国家，是社会主义的本

① 《解放思想实事求是，团结一致向前看》，《邓小平文选》第 2 卷，人民出版社 1994 年版，第 146 页。

② 《党和国家领导制度的改革》，《邓小平文选》第 2 卷，人民出版社 1994 年版，第 333 页。

③ 同上。

质要求，是社会发展的必然产物，是人类文明进步的重要标志。它的出现具有历史的必然性，而不是某个人或某些人主观臆想的结果。社会主义法制有它自身的经济基础和政治基础。依据经济基础与上层建筑相互关系的原理，我国以公有制为主体的市场经济，决定着我国法律的内容及与其相关的各种制度的性质，同时也必然要求社会主义法制为它的建立、巩固和发展服务。社会主义市场经济主体的独立性、自主性、平等性以及竞争性，要求法律为其起引导、规范、调整、制约、保障作用，这就决定了它只能是法治经济而不是人治经济。我们是中华人民共和国，人民是国体，共和是政体（具体形式是人民代表大会制度），人民民主专政国家在本质上是民主的，是真正由人民当家做主还是资产阶级实际掌握政权是社会主义国家在政治上同资本主义国家的根本区别。我们有 12 亿人口，这么多人怎么当家做主？根本的办法就是通过行使选举权产生国家权力机关，制定与实施体现人民意志和利益的法律，并通过参政、议政、监督等权利，直接参与法律的制定和实施。人民通过宪法和法律赋予国家机构及各级领导人员各种职权，他们既不能失职，也不许越权，任何国家机关、政党、社会组织和个人都必须遵守宪法和法律。因此，实行以法治国是社会主义市场经济与民主政治的必然要求。我们奋斗的总目标是建立一个"富强、民主、文明的社会主义现代化国家"。"富强"指物质文明——社会生产力与人民生活水平有极大提高；这里所说"文明"特指精神文明——公民有很高的道德与文化水准，国家有高度发展的文化教育事业；"民主"指制度文明——民主制度与法律制度能充分地反映人民的利益与意志，能真实地体现人民当家做主，能切实地实现公民应当享有的各项权利。实行社会主义法治，既是现代文明的重要内容，也是现代文明的基本保障。它是以往人类法制文明的合乎规律的继承和发展，是当代法制文明的最高成就。

二　社会主义法治国家的主要标志和若干原则

西方发达资本主义国家在取得革命胜利以后，经历了一个漫长过程，通过宪法和法律的一系列具体规定，已逐步建立起比较完备的法律制度。实行法治的必要性和重要性在很多国家的政治家和学者中已经达成一定程度的共识，在国际范围内也已被公认为是一项基本的原则。美国马萨诸塞州宪法规定，该州政府是"法治政府而不是人治政府"。《世界人权宣言》的序言规定"人权受法治的保护"。

由于这种情况，在当代西方一些发达资本主义国家中，学者们讨论的热点是"法治"究竟包括哪些原则和具体内容；政治家们关注的是如何实施法治。英国学者戴西认为，法治有三项标准，即法律具有至尊性，反对专制与特权，否定政府有广泛的自由裁量权；法律面前人人平等，首相同邮差一样要严格遵守法律；不是宪法赋予个人权利与自由，而是个人权利产生宪法。① 美国教授富勒曾提出过法治的八项原则。它们是：法律的一般性、法律要公布、法不溯及既往、法律要明确、避免法律中的矛盾、法律不应要求不可能实现的事、法律要有稳定性、官方的行动要与法律一致。② 1959 年在印度新德里召开的国际法学家会议的主要议题是法治。其主题报告曾征询过 75000 名法学家及 30 个国家法学研究机构的意见。会议形成的《新德里宣言》把法治原则归结为四个方面，其主要内容是：（1）立法机关的职能是创造和维持个人尊严得到维护的各种条件，并使"人权宣言"中的原则得到实施。（2）法治原则不仅要规范行政权力的滥用，也需要有一个有效的政府来维持法律秩序，但赋予行政机关以委任立法权要有限度，它不能取消基本人权。（3）要求有正当的刑事程序，充分保障被告辩护权、受公开审判权，取消不人道和过度的处罚。（4）司法独立和律师自由。司法独立是实现法治的先决条件，法律之门对贫富平等地开放，等等。

邓小平同志根据马克思主义的基本原理，特别是总结了社会主义革命和建设的实践经验，为在我国实现以法治国提出了一整套原则。深刻理解他所提出的各项原则并具体研究与探讨我国实际生活中存在的一些观念更新与制度改革方面的问题，以逐步建设有中国特色的社会主义法治国家，是我们面临的一个重要课题。概括起来，在我国建设社会主义法治国家，

---

① 参见［英］戴西《英宪精义》，雷宾南译，商务印书馆 1930 年版。

② 参见［美］富勒《法律的道德性》，耶鲁大学出版社 1977 年版（本书的中译本于 2005 年由商务印书馆出版，郑戈译）。

主要应具有以下一些原则与内容:

1. 要建立一个部门齐全、结构严谨、内部和谐、体例科学的完备的法律体系;这种法律应当充分体现社会主义的价值取向和现代法律的基本精神

"部门齐全"是指,凡是社会生活需要法律作出规范和调整的领域,都应制定相应的法律、行政法规、地方性法规和各种规章,从而形成一张疏而不漏的法网,使各方面都能"有法可依"。现在中央和地方都制定有以市场经济法律体系为中心的立法规划。有的同志认为,现在立法主要不是速度,而是质量。这个问题虽然值得注意,但是小平同志提出的"有比没有好"、"快搞比慢搞好"的指导思想完全符合我国今天的实际,仍然必须坚持。只要我们加强计划性、注意上下沟通,充分调动各方面的积极性与人力资源,我们可以把立法速度与质量统一起来。也有同志提出,现在不是法律少,而是法律得不到严格执行与遵守。这是一种糊涂认识。法的执行与遵守不理想有多种原因,需要综合治理,它同法的多少没有什么必然联系。我们现在根本不存在西方有些国家法律过于庞杂烦琐的情况。法的"结构严谨"是指法律部门彼此之间、法律效力等级之间、实体法与程序法之间,应做到成龙配套、界限分明、彼此衔接。例如,宪法的不少原则规定需要有法律法规使其具体化和法律化,否则宪法的某些规定就会形同虚设,影响宪法的作用和权威。又如,从宪法、基本法律和法律直到省会市、国务院批准的较大市制定的地方性法规和政府规章,是一个法的效力等级体系,上位法与下位法的关系和界限必须清楚。这方面也有一些问题需要解决。省级地方法规与部委规章哪个效力高?出现矛盾怎么办?看法就不一致。立法权限的划分也有这个问题,包括中央究竟有哪些专属立法权,地方不能搞;哪些是中央与地方所共有。省级人大与省政府之间以及中央和省级人大会议与它的常委会之间,其立法权的界限也不是很清楚。法的"内部和谐"是指法的各个部门、各种规范之间要和谐一致,前后左右不应彼此重复和相互矛盾。现在地方立法中相互攀比、重复立法的现象比较严重。有的实施细则几十条,新的内容只有几条,既浪费人力物力,也影响上位法的权威。应当是有几条规定几条,用一定形式加以公布就可以了。法律规定彼此之间相互矛盾的情况时有发生,我们也还缺乏一种监督机制

来处理这种法律冲突。最高人民法院在法律适用中作过大量法律解释，起到了很好的作用，但由于法律解释制度过于原则，最高人民法院的个别解释存在有改变法律规定的情况，这是不得已而为之。法律都是比较概括的、原则的，而社会生活却复杂多变，这就要求进一步完善和丰富我国的法律解释制度。法的"体例科学"是指法的名称要规范，以便执法与守法的人一看名称就知道它的效力等级；法的用语、法的公布与生效等也都需要进一步加以规范。以上这些问题需要通过我们将要制定的立法法加以解决。

我们的法律应当充分体现和反映社会主义的价值观念。法是社会关系的调节器，它通过自身固有的规范、指引、统一、评价、预测、教育及惩戒等功能，来认可、调节以至新创种种社会关系，这是法的独特作用。任何社会关系实际上都是一种利益关系。因此，依一定的伦理道德观念来处理与调整个人与个人之间，集体与集体之间，国家、集体与个人之间的利益追求、分配和享有，是所有法律的共同本质。兼顾国家、集体与个人的利益，并使其协调发展，是我们党的一贯主张。现在，部门立法较为普遍，部门之间争权夺利或只考虑部门利益而不顾整体利益的现象是比较严重的。可以考虑的解决办法是：法律起草的主管单位应当主要由中央与省级立法机构（包括专门委员会和法制工作机构）负责；法的起草小组应有各方面的人士参加，有条件的还可以专门委托法律专家或其他方面专家组成小组负责法的起草。

"和平与发展"是我们时代的主旋律。邓小平同志对时代精神这一精辟的高度概括，已得到国际上的普遍认同和高度评价。我们这个时代也是一个权利受到空前尊重的时代。法律关系是一种权利义务关系，从这个意义上说，法学也可以称为"权利之学"。从宪法所规定的公民基本权利与义务到各种实体法和程序法，特别是以民法、商法和经济法为主要内容的市场经济法律体系，无不以权利的保障作为中心和出发点。权利与义务不可分，但是在两者的关系中，权利应处于主导地位。法的目的应当是为全人类谋利益。权利是目的，义务是手段，权利是义务存在的根据和意义，法律设定义务就在于保障人们的人身人格权利、经济社会文化权利、政治权利与自由。现代法的精神的一个重要内容应当是以权利的保障作为基础和中心环节。立法中，规定政府必要的管理、公民应尽的义务、权利行使的界限，都是必要的，但是立法的重心和它的基本出发点应当是保障权利。现在有些地方立法并没有完全贯彻这一精神，值得注意。

2. 社会主义法制应当建立在社会主义民主的基础上；要坚持社会主义法制的民主原则，实现民主的法制化与法制的民主化

小平同志说："没有民主就没有社会主义，就没有社会主义的现代化。"① 现代民主与现代法制的关系是十分密切的。概括地说，民主是法制的基础，法制是民主的保障。在我国，不建立人民当家做主的政权，也就不可能存在体现人民意志的法律；国家没有健全的民主体制和程序，法律就得不到贯彻实施而成一纸空文。如果民主缺少具有很大权威的法律作保障，它也很难实现，就会出现权大于法、一切都是个人说了算等弊端。

现代民主的精髓是"人民主权"原则。我国宪法规定："国家的一切权力属于人民。"我们在实际上真正做到了这一点，这是我们国家在政治上的最大优势。现代民主的内容主要包括四个方面，即公民的民主权利、国家的民主体制（如执政党和其他政党的关系、执政党与国家机构的关系、国家机构的内部关系，等等）、政治运作的民主程序（如选举、决策、立法、司法等程序），以及国家机关同其工作人员的民主方法。建国后人们曾认为，既然我们已经建立起人民的政权，民主权利、民主体制及民主程序的问题就已经解决或基本解决，因此，在一个时期里，我们主要是强调干部要有民主作风、要走群众路线、不搞一言堂，等等。经过十年"文革"，我们的认识有了一个根本的改变，开始认识到社会主义民主制度的建设要经历一个很长的历史过程，认识到民主主要不是方法问题而是制度问题。我们开始采取一系列措施，如制定刑法、民法、刑事诉讼法、民事诉讼法与行政诉讼法等一系列法律，来保障公民的民主权利；如完善人民代表大会制度和多党合作的政治协商制度以及选举制度、民族区域自治制度、监督制度、基层民主自治制度等，来完善民主体制与民主程序。这些都取得了长足的进步。过去，我们在政治上、体制上存在的主要弊端是权力过分集中，其具体表现是：在个人与领导集体的关系上，权力过分集中在个人；在党和国家机构与社会组织的关系上，权力过分集中在党；在中

---

① 《邓小平文选》（1975—1982 年），人民出版社 1983 年版，第 154 页。

央与地方的关系上，权力过分集中在中央。17 年来，我们政治体制改革的最大成就主要也是集体领导得到了加强，基本上克服了党政不分和以党代政的问题，地方有了很大的自主权力。但是，这方面的改革并未最后完成，它们仍然是以后各项具体制度改革中需要着重注意解决的问题。

正确认识和处理国家权力与公民权利的关系，是民主政治建设的一个重要问题。公民权利的内容非常广泛，主要包括人身人格权利，经济、社会、文化权利，政治权利与自由。其中生存权是首要人权。公民权利是一个国家里人权的法律化。人权是人依其自然属性和社会本质所应当享有和实际享有的权利，它是人作为人依据人的尊严和人格（做人的资格）所理应享有的，而不是任何国家、政党、个人或法律所赋予的。人民组成国家，制定法律，其唯一目的是为人民谋利益，是创造条件（主要是发展生产力）和采取措施（主要是法律的制定和实施）来实现公民的权利。人民通过宪法和法律赋予国家机关和领导人员权力，这既是一种授权，也是一种限权，既不允许越权也不允许滥用权力。因此，是公民权利产生国家权力；权利是目的，权力是手段；人民是主人，国家工作人员是公仆。1982 年宪法改变了过去的做法，把"公民的基本权利和义务"一章放在总纲之后、国家机构之前，也正是基于这样的认识和指导思想。彻底实现人的全面解放、人的全面自由发展，全面满足人要求享有物质文明、精神文明与制度文明的需要，这是社会主义实践的中心内容，也是社会主义的最终目的。因此，马克思主义者最有资格讲人权，社会主义制度是人权能够得到最彻底实现的制度，社会主义民主是人类历史上最高类型的民主。

"民主法制化"是指社会主义民主的各个方面、它的全部内容都要运用法律加以确认和保障，使其具有稳定性、连续性和极大的权威性，不因领导人的更迭和领导人认识的改变而改变。民主制度的建设是一个发展过程，法律可以也应当为民主制度的改革服务。党政各级领导以及广大人民群众在实践中创造的民主的新的内容与新的形式，只有用法律和制度确认与固定下来，民主才能不断丰富和发展。民主的法律化制度化包括两层含义、两种作用。法制对公民权利的确认，既保证它不受侵犯，也防止它被人们滥用。法律赋予各级领导人员种种权力，既保证这种权力的充分行使，也限制他们的越权和对权力的滥用。小平同志反复强调民主与法制不可分离，民主要法制化，既反对专制主义，也反对无政府主义。

"法制的民主化"是指法律以及相关的立法、司法、执法等方面的制度，都要体现民主精神和原则，这是保障我国法律具有社会主义性质和实现法制现代化的基本标志和重要条件。在这方面，我们已经建立起比较完备的充分体现民主的体制，但在具体制度上还有待进一步健全和加强。例如，在立法中，需要调动中央和地方两个积极性；法律起草小组要有各方面人员包括专家参加；法在起草过程中要广泛和反复征求各方面人士、利害相对人和群众的意见，举行必要的专家论证会；要让人大代表或常委会成员提前得到法律草案及各种资料，以使他们有足够时间作审议法律草案的准备；审议法律草案时除小组会、联组会外，还要在全体会议上进行必要的和充分的辩论，修正案的提出和讨论、审议需要有具体的程序，省级（自治区除外）人大立法不能全由常委会通过而大会从不讨论制定地方性法规，规章的制定不能只是某一市长或副市长签字而不经领导集体讨论就公布生效，等等。所有这些都还有待进一步完善。民主立法既是社会主义的本质要求，也是科学立法、提高立法质量的保证。司法和执法中的民主原则也都需要通过不断提高思想认识和进行具体制度的改革逐步完善。

3. 要树立法律至高无上的权威，任何组织和个人都必须严格依法办事

在社会主义制度下，"法律至上"就是人民意志至上，法的权威至上。古往今来讲法治，往往把这一条作为必备的基本标志。道理很简单，法得不到严格执行和遵守，等于一张废纸。小平同志多次讲："我们要在全国坚决实行这样一些原则：有法必依，违法必究，执法必严，在法律面前人人平等。"① 现在群众对法制议论和担心较多的就是法还得不到严格执行和遵守。形成这种状况的原因是多方面的，解决办法必须是综合治理。

党的各级组织和各级领导人以及广大党员模范遵守法律，严格依法办事，对维护法律的权威与尊严具有非常重要的作用。这首先是由我们党处于执政党的地位所决定的，也同我们党内不少同志过去不大重视依法办事的传统和习惯有关。"党要在宪法和法律范围内活动"已经写进党章，其精神在现行宪法中也有明确规定。我们的法律是党的主张和人民意志的统

---

① 《邓小平文选》（1975—1982 年），人民出版社 1983 年版，第 219 页。

一，党领导人民制定法律，也要领导广大干部和人民群众严格执行与遵守法律，这既是实现和保障人民利益的根本途径，是对人民意志的尊重，同时也是贯彻执行党的路线与政策的重要保障。这些道理，江泽民同志及其他领导同志已经讲得很全面很深刻，下面只就党的政策与国家法律的关系谈一点看法。法律的制定和实施都要有党的政策作指导，这是一条原则，在西方也是这样，执政党的政策总要通过这样那样的途径贯彻到法律中去。但有些法理学教科书说"党的政策是法律的灵魂，法律是实现党的政策的工具"，就不一定确切。党的政策和国家法律的灵魂都应当是维护人民利益、实现社会主义理想、尊重客观规律。党的政策和国家法律都是建设社会主义的工具，把国家的法律概括为实现党的政策的工具没有正确反映党和国家的关系，因为不是国家为党服务，而是党要为国家服务。党的政策和国家政策也应当有区别，除制定机关、表现形式不同外，党的政策是党的主张，国家政策则应是党的主张和人民意志的统一。问题主要在于，当党的政策转变为国家政策，特别是上升为国家法律时，要充分发扬民主，尊重党外人士意见，并要有一定制度和程序作保证。党外人士可以同意党的政策，可以提出修改意见，也可以不同意某些具体政策或提出某些新的政策和建议。这是正确处理党和国家关系中值得重视和研究的。十多年来，我们党一直是这样做的，但也不是所有党的干部都认识到了这一点。

政府依法行政是法治的重要环节，对维护法的权威和尊严意义重大。相对于立法和司法来说，行政具有自身的特点，它内容丰富，涉及的领域广阔，工作具有连续性，是国家与公民打交道最多的领域。行政机关实行首长负责制，行政权还具有主动性。为了适应迅速多变的客观现实，行政权的行使还具有快速性和灵活性的特点。所有这些都使行政机关比较容易侵犯公民的权利。因此，行政必须受法律的限制和约束便显得尤其必要。依法行政应是我国行政机关的一项最根本的活动原则，我国已先后制定了《行政诉讼法》、《行政复议条例》、《国家公务员暂行条例》、《国家赔偿法》，立法实践已经取得了长足进步。今后，行政领域立法任务仍然很重，如需制定《行政编制法》等，特别是《行政程序法》应优先考虑。但是，今后最根本的还是要采取各种综合性措施来保证行政机关能依法行政。需要指出的是，二战以后行政权的扩大是一种世界性的趋势，行政负有促进社会全面进步的积极社会职能，在我国行政的作用更显重要，因此，一方面我们必须给予行政机关以充分的权力，加强执法力度；另一方面必须要求严格依法行政，防止和纠正行政机关违法行政，损害公民、法人或其他组织的合法权益。

经过多年努力，我们已经建立了一个有中国特色的、富有成效的法律监督体系。它的内容主要包括权力机关的监督，党的监督，专门机关（国家检察系统、行政监察系统、审计系统等）、政协、民主党派和社会团体的监督，人民群众的监督和社会舆论的监督等；在国家机构各个组成部分（权力机关、行政机关、司法机关、军事机关）的内部也建立有上下左右之间的监督机制。这一监督体系对维护国家法律的统一和尊严、保证法律的切实实施，已经发挥了巨大的作用。这一法律监督体系的机制和功能现在还处于不断发展和完善的过程中，特别是权力机关作为四大主要职能之一的监督职能，从中央到地方，其机制、内容与形式近年来正在不断丰富和强化，取得了不少新的经验。今后的问题，一方面是要提高全党同志和广大干部的认识，加强各级党组织的领导作用，充分发挥现有各种法律监督制度的作用；另一方面，还需要进一步从制度上发展和完善我国的法律监督体系。从1982年宪法制定时开始一直到现在，法学界不少同志十分关注的一个问题是，我们是否需要建立宪法委员会或立法监督委员会，怎样建立和什么时候建立。现在有一种建议是，成立一个立法监督委员会，它的性质和地位同其他八个专门委员会一样，受全国人大及其常委会领导并对它们负责。它的职责主要是对现行法律法规是否同宪法和基本法律相抵触、对报送全国人大批准或备案的法、对法规相互冲突提请裁决、对宪法和法律的解释等事项，提出审查意见，报全国人大常委会作出决定。这一机构的建立有利于上述工作的加强。如果权衡利弊暂时不予考虑，也应当在现行体制内作出调整或采取其他措施来完善这方面的制度。

法律面前人人平等是我国宪法的一项重要原则。我国现行的各项实体法和程序法也都贯彻和体现了这一原则。消灭阶级和剥削，在经济、政治、文化各个领域以及在法律上实现真正的平等，是社会主义最基本的价值观念和理想追求；坚持这一原则，也是维护法律权威的重要条件。由于党和国家的高度重视，这一原则在我国现实生活中有力地反对了各种特权思想和特权人物，维护了公民的权益，充分显示了社会主义制度的优越性。这一原则在 1975 年和 1978 年宪法中曾被取消，理由是"没有阶级性"。在政治上，我们从来不同极少数敌对分子讲平等。平等原则在立法上和司法上是有区别的，被剥夺政治权利的人没有选举权，立法上就不平等，但是在司法上，在适用法律上，对所有公民都平等，即用法的同一尺度处理各种案件。正是考虑到这种区别，1954 年宪法的规定是"公民在法律上一律平等"，1982 年宪法改为"公民在法律面前一律平等"。由于历史传统及其他方面的原因，在实际生活中坚持"法律面前人人平等"原则，仍然是今后的一项重要任务。

4. 要进一步健全和完善司法体制和程序，切实保证案件审理的客观性和公正性

现代法治的一项重要原则是司法独立。这一原则已被现今各国宪法所普遍采用，在国际文献中也是一项重要内容，如 1985 年联合国通过的《关于司法机关独立的基本原则》就是一例。司法独立在解放区的一些宪法性文件中就有明确规定。建国后，除 1975 年、1978 年宪法这一原则被取消外，1954 年宪法的规定是"人民法院独立审判，只服从法律"，1982 年宪法的规定是："人民法院依照法律规定独立行使审判权，不受任何行政机关、社会组织和个人的干涉。"对检察院独立行使检察权也作了内容相同的规定。叶剑英同志关于起草 1982 年宪法的讲话以及代表中央精神的审判林、江反革命集团的《人民日报》特约评论员文章，也都强调了这一原则的重要性。这一原则的基本含义和意义主要是，司法机关审理案件不受外界干扰，以保证案件审理的客观性和公正性，做到以事实为根据，以法律为准绳。目前贯彻这一原则需要解决的主要问题是：（1）要正确处理好加强党的领导和坚持司法独立的关系。党对司法工作的领导主要是路线、方针、政策的领导，是配备干部，教育和监督司法干部严格依法办事，但不宜参与和干预具体案件的审理。以前，检察院逮捕人，先要经同级党委批准；三五年刑期的案件，先要同级党委讨论同意后才能判决，在不少情况下还是"先批后审"。1979 年中央 64 号文件明确宣布取消了这一制度。这是一项重大改革。我们的法院和检察院系统都是党组织在具体

领导，法律又是党的主张和人民意志的统一，因此，法院、检察院依法独立行使职权，同党的领导并不矛盾。（2）现在地方保护主义很严重，是妨碍法院、检察院独立行使职权的重要原因。解决的办法是，首先要采取措施解决好两院的"人权和财权"问题，具体办法可以研究，但"人权财权"不相对独立于地方，地方保护主义是难以解决的。其次是各级党组织和政府部门对下一级的地方保护主义采取坚决态度，支持两院抵制地方保护主义也很重要。这需要全党来抓才能奏效。再次是增强两院自身抵制地方保护主义的能力。这需要提高两院在国家政治生活中的地位和威望，提高两院干部的待遇，提高两院干部的素质，要强化两院内部的监督机制。

　　提高执行各种程序法的严肃性是当前需要注意解决的一个重要问题。长期以来，我们对实体法的执行与适用是比较好的，但对程序法的执行和遵守却比较差，有些地方有的时候甚至是很不严肃、很不严格的。这有思想上和制度上的原因。任何法律制度中都有程序法与其实体法相配合。实体法好比设计图纸，程序法则像工厂的工艺流程，没有后者，生产不出好的产品。马克思说过，审判程序是法律的生命形式，也是法律内部生命的表现。[①] 彭真同志也曾指出，在一定意义上，程序法比实体法还重要。过去人们往往把法律程序视为纯形式的东西，甚至看成是形式主义，或者认为它束手束脚。实际上，错案的发生多数不是适用实体法不正确，而是出在程序法的执行不严或程序法本身不完善。现代西方国家对程序法的执行是相当重视和严肃的。我国的程序法涉及一系列民主原则和权利保护，就应当更为重视程序法才对。我国三大程序法制定后，程序制度还在不断完善中。这次刑诉法的修改就是前进了一大步，将会产生很好的影响。我们必须重新从认识上和制度上进一步解决这方面的问题。

　　5. 建设现代法律文化是实现社会主义法治的重要内容和基本保证

　　邓小平同志指出："加强法制重要的是要进行教育，根本问题是教育人。"任何一种制度要想在实际生活中行之有效，取得预期的结果，就必须同民众的文化观念形成一种相互配合和彼此协调的关系，否则，再完善的制度也会在一种不相适应的文化氛围中发生扭曲甚至失去意义。建立社

---

　　① 参见《马克思恩格斯全集》第 1 卷，人民出版社 1983 年版，中文第 1 版，第 178 页。

会主义法治国家，必须高度重视社会主义现代法律文化建设。法律文化反映了人们对法律的性质、法律在社会生活中的地位和作用以及其他各种法律问题的价值评判，并表现在人们从事法律活动的思维方式和实际行为模式中。建立社会主义现代法律文化，就是要建立与社会主义市场经济和民主政治建设的需要相适应的法律文化，就是要在人们中间形成符合社会主义法治根本要求的价值观念、法律思维方式和法律行为模式。法律文化的形成受制于特定的历史条件和现实条件。从中国实际出发，我们已经在建立社会主义现代法律文化方面取得了重要成就，但如何进一步加强法律文化建设，是我们面临的一个重要课题。

我们正在建立具有中国特色的先进的法学理论，并逐步为广大干部所掌握。要建立先进的社会主义法律制度，必须有先进的法学理论作指导。我们的法学理论是以马克思主义为指导，但是这种理论应当是运用马克思主义的世界观和方法论，从历史的尤其是法制建设的实践中得出应有的结论。因此，我们既要坚持马克思主义各种正确的结论和观点，又不能照抄照搬现成的词句。对于西方的法学理论要吸收其某些科学的合理的成分和因素，又不能照抄照搬那些并不科学或不符合中国国情的思想和原则。在这个问题上，邓小平同志坚持的实事求是的思想路线为法学研究树立了最好的榜样。在我国，各级领导干部，尤其是从事法律实际工作的同志，掌握先进的马克思主义法学理论极为重要，这是做好立法工作、司法工作及其他法律工作的重要保证。现在中央领导同志大力倡导的学习法律知识和理论的创举，对在我国实行以法治国将会产生深远影响。

要继续开展普法宣传工作，不断提高广大公民的法律意识，以形成法治的良好的社会心理环境。自1985年以来，我国先后进行了"一五普法"、"二五普法"，现在司法部等主管部门又在积极部署"三五普法"。据统计，仅"一五普法"，全国就有7亿多人参加了"十法一条例"的普法学习，其中县团级以上干部48万人，一般干部950万人。如此规模巨大的法律传播运动，在世界历史上也是罕见的。我国人口有12亿，如果我们把这一工作坚持开展下去，再经过几个五年，广大公民的法律意识将会发生根本的变化，同时也会为我国建设社会主义法治国家提供最好、最广泛的群众思想基础和最好的法律文化环境。

要继续深入开展依法治理工作。我国自1986年以来在普法教育基础上发展起来的"依法治市"活动是一种很成功的实践。这种实践目前已在30个省、自治区、直辖市普遍推开。据统计，现在全国45%的地（市）、49%的县（市、区）正式开展了依法治理的工作，近50‰的行政村开展了依法治村工作，其他广大基层单位以及各个行业也广泛开展了依法治理工作。"依法治市"以作为不同行政区域经济文化中心的城市为纽带，把依法治国方针从中央推向各级地方和各行各业，从而形成了全方位的依法治理局面；它通过建立以党委为中心各部门分工配合的组织体制，通过抓群众关心的"热点"、"难点"问题进行了专项治理，通过实行部门执法责任制以及推动各级地方和各行业的建章立制工作，使法制教育与人们切身的法治实践生动地结合起来，从而为社会主义现代法律文化的建设提供了一个有利的法治环境。现在，像章丘那样好的典型越来越多。如果全国的大多数县市和基层都能像章丘那样，建立社会主义的法治国家就会大有希望。

要正确对待中国的传统法律文化。建立社会主义现代法律文化意味着对中国传统法律文化的超越，但这种超越是在批判继承基础上的超越。中国传统法律文化有几千年的历史，它以自然经济为基础，其中所包含的专制主义思想、宗法伦理观念、等级特权思想以及人治思想，无疑与市场经济和民主法治所要求的现代法律文化相抵触和背离，必须抛弃。但是，我国古代也有很多好的东西，如注重道德教化、重视社会整体利益、强调人际关系的和谐以及人本主义、大同思想，等等，是可以也需加以批判地继承，为我国今天建设社会主义的法律文化服务。

建设社会主义法治国家，是一项艰巨的长期的历史任务，它同我国的物质文明、精神文明和民主政治建设必然是同步进行，并相互依存、相互影响、相互制约。我国的经济和文化发展水平还不高，法治国家建设涉及一系列观念的更新和制度的变革，其深度和广度都是前所未有的。我们的国家人口众多，幅员辽阔，情况复杂，经验的积累也需要一个过程，但是，社会主义制度有着强大的生命力，实行依法治国深得广大人民群众的拥护，因此，以邓小平同志建设有中国特色的社会主义理论作为强大的思想武器，在以江泽民同志为核心的党中央的正确领导下，我们一定能够坚定地沿着建设社会主义法治国家的道路前进，并达到我们的目的，为中国人民的幸福和人类文明的进步作出贡献。

后记：

这是为 1996 年 2 月上旬中共中央法制讲座撰写的讲课初稿，后来由于某种原因未讲。此文发表在《中国法学》1996 年第 2 期。作者曾向该杂志主编郭道晖同志提出，文章内容可以修改，但题目不能改，即不可用"法制国家"，只能用"法治国家"。后编辑部接受了这一要求。发表此文时曾删去有关"法制"与"法治"三点区别的论述。现按原稿补正。《新华文摘》1996 年第 7 期曾刊登本文的前半部分。本文同时被收入刘海年、李步云、李林主编的《依法治国，建设社会主义法治国家》（中国法制出版社 1996 年版）和张耕主编的《依法治国论文集》中（吉林人民出版社 1997 年版）。王家福同志在这次中共中央法制讲座上讲的题目是"关于实行依法治国，建设社会主义法制国家的理论与实践问题"。后经修改，题为"论依法治国"（署名：王家福、李步云、刘海年、刘瀚、梁慧星、肖贤富），分别发表在《法学研究》1996 年第 2 期和 1996 年 9 月 28 日的《光明日报》上。该文曾获国家"五个一工程"奖。

依法治国的理论与实践

八届全国人大四次会议的一系列重要文件，特别是党的十五大报告，依据邓小平关于民主与法制的理论和实践以及总结新的实践经验，已经郑重地将"依法治国，建设社会主义法治国家"作为党和国家的治国方略与奋斗目标确定了下来。这是一项具有全局性、根本性和深远历史意义的战略决策。现在，我就这一问题谈一些个人的认识。

一　依法治国是邓小平理论的重要组成部分

在我国，实行"依法治国，建设社会主义法治国家"，是一个长久的历史性过程。它的起点是 1978 年党的十一届三中全会的召开。建国后，由于各种复杂的原因，我国的民主与法制建设曾走过一条很曲折的道路，既取得了一定的成就，也有过重大挫折，特别是经历了十年"文革"的浩劫。邓小平同志总结了国内与国际的历史经验，提出了发展社会主义民主与健全社会主义法制的方针。20 年来，在这一方针的指引下，我国的民主与法制建设已经取得举世瞩目的成就。

依法治国，建设社会主义法治国家，是邓小平理论的重要组成部分。虽然在小平同志的著作中没有用过"依法治国"和"法治国家"这样的提法，但是他对如何通过健全法制保证国家的长治久安作了最全面最深刻的阐述，从而为实行依法治国的方针奠定了坚实的理论基础。他提出的健全社会主义法制的一整套原则，为我们确立建设社会主义法治国家的奋斗目标，勾画出了一幅准确、完整和清晰的蓝图。

为什么要加强社会主义民主法制建设？小平同志在总结建国几十年的经验和教训的基础上指出："我们过去发生的各种错误，固然与某些领导人的思想、作风有关，但是组织制度、工作制度方面的问题更重要。这些方面的制度好可以使坏人无法任意横行，制度不好可以使好人无法充分做好事，甚至会走向反面。即使像毛泽东同志这样伟大的人物，也受到一些不好的制度的严重影响，以致对党对国家对他个人都造成了很大的不幸。我们今天再不健全社会主义制度，人们就会说，为什么资本主义制度所能解决的一些问题，社会主义制度反而不能解决呢？这种比较方法虽然不全面，但是我们不能因此而不加以重视。斯大林严重破坏社会主义法制，毛泽东同志就说过，这样的事件在英、法、美这样的西方国家不可能发生。他虽然认识到这一点，但是由于没有在实际上解决领导制度问题以及其他一些原因，仍然导致了'文化大革命'的十年浩劫。这个教训是极其深刻的。不是说个人没有责任，而是说领导制度、组织制度问题更带有根本性、全局性、稳定性和长期性。这种制度问题，关系到党和国家是否改变颜色，必须引起全党的高度重视。"① 这一思想和理论，后来他曾反复加以阐明和强调。例如，他在回答意大利一位记者提出的"如何避免类似'文化大革命'那样的错误"这一问题时说："现在我们要认真建立社会主义的民主制度和社会主义法制。只有这样，才能解决问题。"② 1988 年前后，他曾多次指出："我历来不主张夸大一个人的作用，这样是危险的，难以为继的。把一个国家、一个党的稳定建立在一两个人的威望上，是靠不住的，很容易出问题。"③ 我个人认为，这是邓小平同志关于健全民主与法制的理论基础和指导思想，是他的民主与法制思想的精髓和灵魂。这是一个在国际共运史上，在理论与实践两方面都长期没有能够解决的问题，是小平同志科学地深刻地作了回答。很显然，如果这一指导思想不明确，发展民主与健全法制的任务是难以实现的，其结果不可能是实行法治。

　　邓小平同志在上述这一治国理论和指导思想的基础上，对发展社会主义民主与健全社会主义法制提出了一整套原理、原则和要求。他的民主法制思想是其丰富、严谨的理论体系的重要组成部分。它们大体包括以下几

---

① 《邓小平文选》第 2 卷，人民出版社 1993 年版，第 333 页。

② 《邓小平文选》第 3 卷，人民出版社 1993 年版，第 348 页。

③ 《邓小平文选》第 3 卷，人民出版社 1993 年版，第 325 页。同一基本观点，又见《邓小平文选》第 3 卷，人民出版社 1993 年版，第 272—273、311 页。

个方面的主要内容：

1. 关于社会主义民主的本质和发展规律

小平同志的主要观点是：（1）"无产阶级专政对于人民来说就是社会主义民主，是工人、农民、知识分子和其他劳动者所共同享受的民主，是历史上最广泛的民主。"① 人民是国家的主人，政府的权力是人民给的，干部只能是"人民的公仆"，不能成为"人民的主人"。②（2）民主是社会主义的本质要求和内在属性，"没有民主，就没有社会主义，就没有社会主义现代化"。民主是社会主义发展的客观规律，"社会主义愈发展，民主也愈发展"。③（3）发展民主应立足于制度建设，要通过改革，克服"官僚主义现象、权力过分集中的现象、家长制现象、干部领导职务终身制现象和形形色色的特权现象"，等等。④（4）"民主是我们的目标，但国家必须保持稳定。"⑤"民主只能逐步地发展，不能搬用西方的那一套，要搬那一套，非乱不可。"⑥（5）党的领导决定着社会主义民主的性质和发展方向。"改革党和国家的领导制度，不是要削弱党的领导、涣散党的纪律，而正是为了坚持和加强党的领导，坚持和加强党的纪律。"⑦

2. 关于社会主义民主的基本制度

小平同志的基本思想有：（1）人民代表大会制度是我国的根本政治制度，必须坚持和完善这一制度。它最符合中国的实际，如果政策正确、方向正确，这种体制的益处很大，很有助于国家的兴旺发达，避免很多牵扯。西方的多党竞选、三权分立、两院制的那些体制与做法，不符合我国的国情。⑧（2）监督制度是民主制度的重要内容。"要有群众监督制度，让群众和党员监督干部，特别是领导干部。凡是搞特权、特殊化，经过批评教育而又不改的，人民就有权依法进行检举、控告、弹劾、撤换、罢

---

① 《邓小平文选》第 2 卷，人民出版社 1993 年版，第 168 页。

② 同上书，第 332 页。

③ 同上书，第 168 页。

④ 同上书，第 327 页。

⑤ 《邓小平文选》第 3 卷，人民出版社 1993 年版，第 285 页。

⑥ 同上书，第 196 页。

⑦ 同上书，第 341 页。

⑧ 同上书，第 240 页。

免，要求他们在经济上退赔，并使他们受到法律、纪律处分。对各级干部的职权范围和政治、生活待遇，要制定各种条例，最重要的是要有专门的机构进行铁面无私的监督检查。"① （3）中国共产党领导下的多党合作制度和政治协商制度，民族区域自治制度，经济管理中的民主和基层民主，都具有鲜明的中国特色并反映了社会主义民主的广泛性，小平同志都有精辟的论述。

3. 关于发展民主与健全法制的战略地位和相互关系

小平同志提出，"为了实现四个现代化，必须发扬社会主义民主和加强社会主义法制"②，并强调："这是三中全会以来中央坚定不移的基本方针，今后也绝不允许有任何动摇。"③ 他提出："搞四个现代化一定要有两手，只有一手是不行的。"他认为，民主与法制是密切联系在一起的。"政治体制改革包括民主和法制。""在发展社会主义民主的同时，还要加强社会主义法制，做到既能调动人民的积极性，又能保证我们有领导有秩序地进行社会主义建设：这是一整套相互关联的方针政策。"④

4. 关于健全社会主义法制的基本原则和要求

小平同志的基本主张包括：（1）建设社会主义必须健全法制。"所谓两手，即一手抓建设、一手抓法制。"⑤ （2）社会主义法制建设的基本内容和总的要求，是"有法可依，有法必依，执法必严，违法必究"。⑥ （3）强调立法要抓紧加快，应从实际出发，实事求是；"要多找一些各方面的专家参加立法工作"。要"经过一定的民主程序讨论通过"。⑦ （4）要维护法律的稳定性和权威性。"必须使民主制度化、法律化，使这种制度和法律不因领导人的改变而改变，不因领导人的看法和注意力的改变而改变。"⑧ "无论是不是党员，都要遵守国家的法律。对于共产党员来说，党

---

① 《邓小平文选》第2卷，人民出版社1993年版，第332页。
② 同上书，第187页。
③ 同上书，第359页。
④ 《邓小平文选》第3卷，人民出版社1993年版，第210页。
⑤ 同上书，第154页。
⑥ 《邓小平文选》第2卷，人民出版社1993年版，第147页。
⑦ 同上书，第146页。
⑧ 同上。

的纪律里就包括这一条。"① （5）要贯彻法制的民主原则。"为了保障人民民主，必须加强法制。"② "要使我们的宪法更加完备、周密、准确，能够切实保证人民真正享有管理国家各级组织和各项企业事业的权力，享有充分的公民权利。"③ （6）要坚持法制的平等原则。"公民在法律和制度面前人人平等"，"不管谁犯了法，都要由公安机关依法侦查，司法机关依法办理，任何人都不许干扰法律的实施，任何犯了法的人都不能逍遥法外"。④ （7）要保证司法机关独立行使职权。"党要管党内纪律的问题，法律范围的问题应该由国家和政府管。党干预太多，不利于在全体人民中树立法制观念。"⑤ （8）要加强法制教育。"加强法制重要的是要进行教育，根本问题是教育人"。⑥ 要"真正使人人懂得法律，使越来越多的人不仅不犯法，而且能积极维护法律"。⑦ 邓小平同志在三中全会后提出的这一整套健全社会主义法制的方针与原则，不仅具有鲜明的现实性和针对性，而且具有严谨的理论性和规律性，指明了社会主义法治国家的主要标志和基本要求。

多年来，以江泽民为核心的第三代领导集体贯彻邓小平理论，也十分重视和强调加强社会主义法制建设，并进而提出了"依法治国"。例如，江泽民同志 1989 年 9 月 26 日在中外记者招待会上曾郑重宣布："我们绝不能以党代政，也绝不能以党代法。这也是新闻界讲的究竟是人治还是法治的问题，我想我们一定要遵循法治的方针。"李鹏同志 1994 年给《中国法学》杂志的题词是："以法治国，依法行政"。这是代表新一代中央领导的庄严承诺。特别是近两年中央作出的"依法治国，建设社会主义法治国家"的重大决策，已引起全国的普遍关注和拥护。1996 年 2 月 8 日，江泽民同志在中共中央法制讲座上发表了《坚持实行依法治国，保证国家长治久安》的重要讲话。同年 3 月八届人大四次会议的一系列文件，包括《国民经济和社会发展"九五"计划和 2010 年远景目标纲要》，已经郑重

---

① 《邓小平文选》第 3 卷，人民出版社 1993 年版，第 112 页。
② 《邓小平文选》第 2 卷，人民出版社 1993 年版，第 146 页。
③ 同上书，第 339 页。
④ 同上书，第 332 页。
⑤ 《邓小平文选》第 3 卷，人民出版社 1993 年版，第 163 页。
⑥ 同上书，第 163 页。
⑦ 《邓小平文选》第 2 卷，人民出版社 1993 年版，第 254 页。

地将"依法治国"作为一项根本方针和奋斗目标确定下来。特别是1997年9月党的十五大报告，对依法治国方针的科学含义、重大意义和战略地位，作了全面深刻的阐述；第一次提出"法治国家"的概念，并将其作为建设有中国特色的社会主义政治的重要内容；对建设社会主义法治国家今后一个时期内突出需要解决的一系列重大问题作了全面的规定，并郑重地将这一治国方略和奋斗目标记载在党的纲领性文件中。这是以江泽民同志为首的党中央对邓小平理论的运用、丰富和发展，它标志着我国社会主义法制建设进入了一个新的发展阶段。

二　依法治国的重要意义

党的十五大报告对依法治国的重要意义从如下四个方面作了准确和全面的概括：

1. 依法治国是党领导人民治理国家的基本方略

我们的国家是社会主义国家。坚持党的领导，是保证国家能够沿着社会主义方向前进，各项制度和方针、政策能够符合全体人民的意志和利益的根本条件。实行依法治国，能够更好地加强和改善党的领导。党的领导是支持和领导人民当家做主。这实质上是一个民主问题。民主是个抽象的概念，但有丰富的具体内容。我认为，我国社会主义民主基本上包括一个核心，四个内容。一个核心是指人民当家做主，人民是国家的主人。我国宪法规定，"国家的一切权力属于人民"。四个方面的内容是指：一是公民的民主权利和自由应得到充分保障；二是国家政治权力的结构民主，如国家机构内部立法、行政、司法机关，要在党的领导下实行科学分工，并形成健全的监督机制；三是国家权力的行使和公民权利的保障要有民主程序；四是民主方法，如要实行群众路线的工作方法、要有批评与自我批评的作风、不搞一言堂、让人讲话等。从理论上讲，社会主义民主是有人类社会以来最高类型的民主，这种优越的民主要真正成为现实，还要靠法制来保障，正如小平同志讲的，必须使民主制度化、法律化。在我国，12亿人民不可能人人都去执掌政权，而只能通过民主选举产生政权机关，代表人民行使权力。为了保证这种权力的行使能符合人民的利益，根本的办法就是通过制定和实施体现人民意志和利益、符合社会发展规律的法律，并保证这种法律具有极大的权威，来确保政府为人民服务，为公众谋利益。在这种情况下，政权机构制定良好的法律并严格依法办事，就是按人民的利益和意志办事，就是从根本上体现并能保障人民当家做主。否则，国家机关及其工作人员就有可能认为自己是可以按个人的认识、愿望、意见和主张任意处理各种问题的，自己的权力是无限的，是可以不按民主程序办事的，就有可能滥用权力，使"公仆"蜕变为"主人"。同时，在国家和社会生活中，公民的各种权利，权力的民主配置、民主程序和民主方法等，如果没有完备和良好的具有极大权威的法律予以全面确认和切实保障，是根本靠不住的。十年"文革"的悲剧就充分说明了这一点。当时，人代会有十年之久没有召开，宪法这一根本大法成了一张废纸，民主和法制不健全终于成了"文革"浩劫之所以能够发生和发展的根本原因。正是鉴于这一教训，邓小平同志十分重视运用法律手段来保护公民的民主权利。在法制健全的条件下，公民权利的行使可以得到有效的保障；公民的权利如果遭到侵犯，也可以得到有效的救济。

2. 依法治国是发展社会主义市场经济的客观需要

计划经济的经济主体隶属于政府，计划成为资源配置的主要形式，容易造成经济主体应有的物质利益被忽视，经济自身的价值规律、竞争规律等不被尊重，维系这种经济关系的主要方法是行政手段。在这种体制下，经济权力高度集中，政府主要通过行政命令来调整经济主体之间的关系、组织社会生产，法律手段丧失了独立的品格，其作用也是十分有限的。因此，在计划经济条件下，难以真正做到依法治国。

社会主义市场经济体制是市场在国家的宏观调控下对资源配置起基础性作用。市场经济是一种以交换为基础的经济形式，一切经济活动和行为都要遵循价值规律，各种生产要素都要作为商品进入市场，通过竞争机制和价格杠杆的作用，实现各主体之间的平等、自由的交易和各类资源的优化配置。它是建立在各经济主体之间具有自主性和平等性并且承认其各自物质利益的基础之上的。利益主体多元化、经济产权明晰化、运行机制竞争化、市场行为规范化、宏观调控科学化是它的主要特征。具有自主、平等、诚信、竞争等属性的这种经济形态，除了依赖经济规律来运作，同时又主要依赖法律手段来维系，它必然从客观上要求法律的规范、引导、制约、保障和服务。此外，在今天世界经济一体化的趋势和格局下，我国的经济必须参与国际大循环，扩大对外贸易，引进先进技术和国外资金，开展科技文化的广泛交流，这也要求我们一定要有健全的法律制度。可见，市场经济内在地要求"法治"而不是"人治"。

3. 依法治国是社会文明进步的重要标志

在中外历史上，从字源看，"法"字一出现就具有正义、公正等含义。中国古代，"法"字象征一种可以判明是非曲直和正义与否的独角兽；西方古代，"法"早已被比喻为一手拿宝剑、一手拿天平的正义女神。法律调整是社会调整的特殊形式，法律是一种特殊的行为规则，能够调整人们的行为，规范人们的行为，对社会生活和生产产生影响。法律的社会作用、法存在的合理性，根源于人类社会生活本身始终存在的三个矛盾，即个人与社会的矛盾、秩序与自由的矛盾、权威与服从的矛盾。如果人类社会没有这种调整社会关系的行为准则，社会正义必将难以维护，社会自身的发展和存在都成问题。法的一般性、平等性、公开性和不溯及既往性，是法自身的特性。法必须要求任何人都遵守，必须对任何人都是同一个标准，否则法就没有权威而失去作用。法不能用人们并不知道的内部规定去处罚人们的行为，也不能用现在的规定去处理人们过去发生的行为，否则是不公道的。这也决定了法的正义性。邓小平同志一贯坚持和强调，在社会主义现代化建设进程中，必须一手抓建设、一手抓法制。这深刻地阐明了健全社会主义法制与实现社会主义现代化的辩证关系，强调了加强社会主义法制是社会主义现代化的基础和保障。法制文明属于制度文明的范畴，是现代文明的重要组成部分，一个现代化的社会，必然是一个法制完备的社会，依法治国反映了现代化建设的内在要求。世界各国现代化发展的经验表明，现代化应该是高度物质文明、制度文明和精神文明的完美统一。离开了法制建设的现代化，现代化就是不完整的、片面的、没有可靠保证的，经济发展也将难以达到现代化所要求的相应水平，整个社会的现代化就不可能真正实现。

每一历史时代，法的内容与形式以及法的精神，都同该时代的物质文明与精神文明息息相关、密不可分、彼此适应，是该时代人类文明发展水平的综合性标尺。一部由低级状态向高级状态演变的法律制度和思想史，是整个人类文明由低级状态向高级状态发展历史的一个缩影。资产阶级国家性质的局限性，决定了资本主义社会不可能实现真正、全面的法治，但它与封建社会相比，仍然是一个历史进步。资本主义国家虽然建立了法治，但并非完全的法治国家，只有我们的社会主义国家，才有可能经过不断努力，最终成为真正的法治国家。在现今的历史条件下，家长制、一言堂、搞特权、权大于法、政府权力不受法律任何制约、公民权利得不到法律有效保障，当然是不文明的。一个社会如果没有法律，要么专制主义盛行，要么无政府主义猖獗，自然也是不文明的。

4. 依法治国是国家长治久安的重要保证

法律集中了多数人的智慧，反映了事物的发展规律，法律具有稳定性和连续性的特点，不会因政府的更迭或领导人的看法和注意力的改变而随意改变。由于这种种原因，只有实行依法治国，才能保证国家长治久安。这个道理已为以往不少思想家、政治家所充分阐述，并被无数历史事实所证明。

在我们党和国家的历史上，对于这个问题的认识，曾经历过一个曲折的过程。半个世纪前，毛泽东同志在延安回答黄炎培先生提出的共产党在执掌全国政权后怎样才能跳出"其兴也勃焉，其亡也忽焉"的历史周期率这一问题时，曾经正确地指出："我们已经找到新路，我们能跳出这个周期率。这条新路，就是民主。只有让人民起来监督政府，政府才不敢松懈。只有人人起来负责，才不会人亡政息。"[①] 建国后到 1956 年这一时期，民主与法制建设成就显著。但是由于国际（如波匈事件）与国内的复杂原因，自 1957 年后，"左"的指导方针开始抬头，人治思想上升，法治思想削弱，并愈演愈烈。因而导致民主与法制不健全，终于成为十年"文革"这场历史性悲剧得以发生和发展的根本条件。党的十一届三中全会以来，邓小平同志总结了国际和国内正反两方面的经验教训，就如何才能保证国家的长治久安和兴旺发达发表了一系列我们在前面已经部分引证的精辟见解和科学论断。我个人认为，关于依法治国的理论与实践意义，这一条是

---

① 黄炎培：《延安归来》，重庆国讯书店 1945 年版。

最重要的。

三　法治国家的主要原则和要求

根据邓小平理论和党的十五大报告的基本思想，在我国建设社会主义法治国家，主要应具有以下一些原则和要求：

1. 要建立一个部门齐全、结构严谨、内部和谐、体例科学和协调发展的完备的法律体系。这种法律应当充分体现社会主义的价值取向和现代法律的基本精神

有法可依是依法治国的基础和前提，同时，法律还必须制定得好。好的标准，一是内容上的，二是形式上的。不好的法律可以对社会的发展和人民利益的维护起相反的作用。

从法的形式方面看，所谓法的"部门齐全"是指，凡是社会生活需要法律作出规范和调整的领域，都应制定相应的法律、行政法规、地方性法规和各种规章，从而形成一张疏而不漏的法网，使各方面都能"有法可依"。党的十五大报告提出："到 2010 年形成有中国特色社会主义法律体系。"我国的立法任务还很繁重，要加快立法进程，填补法律空白。法的"结构严谨"是指法律部门彼此之间、法律效力等级之间、实体法与程序法之间，应做到成龙配套、界限分明、彼此衔接。例如，宪法的不少原则规定需要有法律、法规使其具体化和法律化，否则宪法的某些规定就会形同虚设，影响宪法的作用和权威。又如，从宪法，基本法律和法律直到省会市、国务院批准的较大市制定的地方性法规和政府规章，是一个法的效力等级体系，上位法与下位法的关系和界限必须清楚。这方面也有一些问题需要解决。比如，省级地方性法规与部委规章哪个效力高？出现矛盾怎么办？对这些问题的看法就不一致。立法权限的划分也有这个问题，包括中央究竟有哪些专属立法权，地方不能搞；哪些是中央与地方所共有；省级人大与省政府之间、全国人大和省级人大与它的常委会之间，其立法权的界限也不是很清楚。法的"内部和谐"是指法的各个部门、各种规范之间要和谐一致，前后左右不应彼此重复和相互矛盾。现在地方立法中相互攀比、重复立法的现象比较严重。有的实施细则几十条，新的内容只有几

条，既浪费人力物力，也影响上位法的权威。应当是有几条规定几条，用一定形式加以公布就可以了。法律规定彼此之间相互矛盾的情况时有发生，我们也还缺乏一种监督机制来处理这种法律冲突。最高人民法院和最高人民检察院在法律适用中作过大量法律解释，起到了很好的作用，但由于法律解释制度过于原则化，最高人民法院和最高人民检察院的个别解释存在有改变法律规定的情况，这是不得已而为之。法律都是比较概括的、原则的，而社会生活却是复杂、多变的，这就要求进一步完善和丰富我国的法律解释制度，特别是要落实宪法对全国人大常委会法律解释权的规定。法的"体例科学"是指法的名称要规范，以便执法与守法的人一看名称就知道它的效力等级；法的用语、法的公布与法的生效等也都需要进一步加以规范。法的"协调发展"是指法的体系是发展变化的，立法要做到同经济政治文化的发展、同制度改革的过程、同新的党的方针政策的制定和提出，相协调、一致与和谐。以上这些问题主要应通过制定立法法、制定好立法长远规划和五年计划加以妥善解决。

从法的内容方面看，应注意解决好两个问题。第一，我们的法律应当充分体现社会主义的价值观念，要处理好各方面的利益关系。法是社会关系的调节器，它通过自身固有的规范、指引、统一、评价、预测、教育及惩戒等功能，来认可、调节种种社会关系，这是法的独特作用。任何社会关系实际上都是一种利益关系。兼顾国家、集体与个人的利益，并使其协调发展，是我们党的一贯主张，在我国立法实践中应充分贯彻落实。现在我国法律草案主要由主管部门负责进行初步的草拟，这样做具有合理性，因为这些管理部门相对来说最熟悉情况；但往往也可能带有该部门的局限性，甚至演化为部门间管理权限的争夺，从而不能正确处理部门利益和整体利益的关系。可以考虑的解决办法是，一方面进一步建立健全法律工作综合部门，加重其责任，从宏观角度对法律草案进行审议，形成科学民主的协商、反馈、协作机制；另一方面要充分发扬民主，充分发挥各方面的积极作用，法的起草小组应有各方面的人士参加，有条件的还可以专门委托法律专家或其他方面专家组成小组负责法的起草。

第二，要处理好权利与义务、行使权力与保障权利的关系。法律关系是一种权利义务关系，在这个意义上说，法学也可以称为"权利之学"。

从宪法所规定的公民基本权利与义务到各种实体法和程序法，特别是从民法、商法和经济法为主要内容的市场经济法律体系，无不以权利的保障作为中心和出发点。党的十五大报告第一次将"尊重和保障人权"写在建国后党的纲领性文件上，具有非常重要的意义。权利与义务不可分，但是在两者的关系中，权利应处于主导地位。法的目的应当是为全人类谋利益。权利是目的，义务是手段，权利是义务存在的根据和意义，法律设定义务就在于保障人们的人身人格权利、经济社会文化权利、政治权利与自由。现代法的精神的一个重要内容应当是以权利的保障作为基础和中心环节。立法中，规定政府必要的管理、公民应尽的义务、权力行使的界限，都是必要的；但是立法的重心和它的基本出发点应当是保障权利。现在有些部门的立法并没有完全贯彻这一精神，如只强调公民（还有法人）应尽的义务，而不重视对他们的权利的保障；只关注本部门职权的扩大，而不重视自身权力的监督和制约。

2. 社会主义法制应当建立在社会主义民主的基础上，要坚持社会主义法制的民主原则，实现民主的法制化与法制的民主化

"民主的法制化"是指社会主义民主的各个方面、它的全部内容，都要运用法律加以确认和保障，使其具有稳定性、连续性和极大的权威性。民主制度的建设是一个发展过程，法律可以也应当为民主制度的改革服务。党政各级领导以及广大人民群众在实践中创造的民主的新的内容与新的形式，只有用法律和制度确认与固定下来，民主才能不断丰富和发展。民主的法律化、制度化包括两层含义、两种作用：一是法制对公民权利的确认，既保证它不受侵犯，也防止它被人们滥用；二是法律赋予各级领导人员种种权力，既保证这种权力的充分行使，也限制他们的越权和对权力的滥用。

"法制的民主化"是指法律以及相关的立法、司法、执法等方面的制度，都要体现民主精神和原则。例如在立法中，需要调动中央和地方两个积极性；法律起草小组要有各方面人员包括专家参加；法律在起草过程中要广泛和反复征求各方面人士、利害相对人和群众的意见，举行必要的专家论证会、利害关系人的听证会；要让人大代表或常委会成员提前得到法律草案及各种资料以使他们有足够时间作审议法律草案的准备；审议法律

草案时除小组会、联组会外，还要在全体会议上进行必要的和充分的辩论；修正案的提出和讨论、审议需要有具体的程序；省级（自治区除外）人大立法不能全由常委会通过而大会从不讨论制定地方性法规；规章的制定不能只是某一市长或副市长签字而不经领导集体讨论就公布生效，等等。所有这些都还有待进一步完善。最近李鹏同志反复强调立法要走群众路线，并提出重要法律草案应在报上公布，交全民讨论。这是一项重大原则和重大改革。民主立法既是社会主义的本质要求，也是科学立法、提高立法质量的保证。司法和执法中的民主原则，也都需要通过不断提高思想认识和进行具体制度的改革来逐步完善。

3. 要树立法律的极大权威，任何组织和个人都必须严格依法办事

树立法律的权威，关键是切实有效地实施法律。法得不到严格执行和遵守，等于一张废纸。李鹏同志指出："依法治国的关键是执法，难点和重点也是执法。"[①] 保证宪法和法律得到严格执行和遵守是一项系统工程，应抓住关键环节，实行综合治理。

（1）党的各级组织和各级领导人以及广大党员模范地遵守法律，严格依法办事，对维护法律的权威与尊严具有非常重要的作用。这是由我们党处于执政党的地位所决定的，也同我们党内不少同志过去不大重视依法办事的传统和习惯有关。"党要在宪法和法律范围内活动"这一根本原则，已经写进党章，其精神在现行宪法中也有明确规定。为了实现这一原则，需要在党的领导方式上作一些具体制度上的改革，总的原则应是贯彻江泽民同志所强调的进一步解决"以党代政"和"以党代法"的问题。例如，某些方面需要也可以由政府去办的事情，党的办事机构不宜越俎代庖。党根据新的形势和需要制定出新的政策后，要及时修改已过时的法律规定，避免新的政策同原有过时法律规定长期脱节。在制定法律过程中，应充分发扬民主，允许人民代表、党外人士和广大人民群众对党的政策提出某些补充和修改意见，使党的政策更加丰富和完善等。在这里，提高全党同志的认识是前提。邓小平同志在《党与抗日民主政权》一文中曾尖锐指出，我们绝不能像国民党那样搞"以党治国"，因为那"是麻痹党、腐化党、

---

① 1997 年 12 月 25 日在全国政法工作会议上的讲话。

破坏党、使党脱离群众的最有效的办法"。为此，他提出了三个基本观点，在今天仍有重大的现实指导意义。一是党的"真正的优势要表现在群众拥护上"，"把优势建筑在权力上是靠不住的"。要保持党在政治上的优势，关键要靠我们自己路线和政策的正确，从而得到人民的衷心拥护。二是不应把党的领导解释为"党权高于一切"，甚至"党员高于一切"；要避免"不细心地去研究政策，忙于事务上的干涉政权，放松了政治领导"。三是办事不能"尚简单避复杂"，不能"以为一切问题只要党员占多数，一举手万事皆迎刃而解"。① 现在有些同志对搞差额选举忧心忡忡，实际上是没有必要的。

（2）政府依法行政是法治的重要环节，对维护法的权威和尊严意义重大。我国的法律约有百分之八十是需要行政机关执行和贯彻实施的。相对于立法和司法来说，行政具有自身的特点：它内容丰富，涉及的领域广阔，工作具有连续性，是国家与公民打交道最多的领域。行政机关实行首长负责制，行政权还具有主动性。为了适应迅速多变的客观现实，行政权的行使还具有快速性和灵活性的特点，法律的自由裁量权相对较大。因此，行政权必须受法律的规范和约束。依法行政应是我国行政机关的一项最根本的活动准则。现在行政立法实践已取得长足进步，今后，行政立法任务仍然很重，特别是行政程序方面的法规、规章的制定应优先考虑。但是，今后最根本的还是要采取各种综合性措施，包括加强内部和外部的监督机制，来保证行政机关能依法行政。实践证明，各级人大加强对依法行政的监督包括开展执法检查、实行执法责任制和错案追究制等，成效十分显著。这方面的工作有必要进一步规范化、程序化、制度化。

（3）完善民主监督制度。党的十五大报告对此已作了全面的系统的论述和规定。民主监督的主要目的是克服权力腐败，防止权力滥用。权力腐败与滥用是各种腐败现象的主要表现，也是其他腐败现象的重要根源。对国家权力的监督，主要有以下四种形式和渠道：①以国家法律监督国家权力，包括以法律明确规范与界定各种权力的内容和行使程序。②以国家权力监督国家权力，包括国家权力机关、检察机关和行政监察机关的监督。

---

① 《邓小平文选》第 1 卷，人民出版社 1994 年版，第 10—12 页。

③以公民权利监督国家权力，包括公民的检举、揭发、控告和舆论工具的监督。④以社会权力监督国家权力，包括民主党派、工青妇、行业组织的监督。按照十五大报告的基本要求，进一步健全与完善民主监督体系，加大其力度，是维护法律权威、保证法律切实实施的重要一环。

（4）要坚持法律面前人人平等。这是我国宪法的一项重要原则，我国现行的各项实体法和程序法也都贯彻和体现了这一原则。在经济、政治、文化各个领域以及在法律上实现真正的平等，是社会主义最基本的价值观念和理想追求；坚持这一原则，也是维护法律权威的重要条件。由于党和国家的高度重视，这一原则在我国现实生活中有力地反对了各种特权思想和特权人物，维护了公民的权益，充分显示了社会主义制度的优越性。但是由于历史传统及其他方面的原因，在实际生活中坚持"法律面前人人平等"原则仍然是今后的一项重要任务。

4. 要进一步健全和完善司法体制和程序，切实保证案件审理的客观、公正、廉洁和高效

党的十五大报告指出要"推进司法改革，从制度上保证司法机关依法独立公正地行使审判权和检察权"。法治的一项重要原则是司法独立，这一原则已被现今各国宪法所普遍采用。这一原则的基本含义是，司法机关审理案件不受外界非法干扰，以保证案件审理的客观性和公正性，做到以事实为根据，以法律为准绳。目前，保证司法独立、公正需要解决的主要问题是：①要正确处理好加强党的领导和坚持司法独立的关系。党对司法工作的领导主要是路线、方针、政策的领导，是配备干部，教育和监督司法干部严格依法办事，但不宜参与和干预具体案件的审理。1979 年党中央的第 64 号文件已经决定取消党委审批案件的制度，但少数地方仍未贯彻执行。宪法明确规定，国家的审判权和检察权分别由审判机关和检察机关独立行使，应在实践中切实落实这一规定。②现在地方保护主义严重。一个可以考虑的建议是，成立跨省、市的地区法院，领导成员由全国人大任免，经费由国库开支，负责管辖某些跨省、市而又争议标的巨大的案件。③切实执行宪法和三大诉讼法明确规定的公开审理案件的制度。将案件审理置于广大公民监督综合治理等方面，是一个多层次、全方位的系统工程。现在它已经或正在超越"学法必须用法"的视角和把依法治理仅仅当

做普法的一个环节的眼界，发展成为一个把依法治国方针和措施从中央推向各级地方、各行各业和所有基层单位的宏伟局面。这是党、人大和政府必须高度重视并下大力气加以推进的一项重要工作。在依法治理中，各级人大充分发挥"主导"作用，是一个新课题，有必要将这一工作制度化和规范化。

建设社会主义法治国家，是一项具有全局性的系统工程，关键是要加强党的领导。十五大报告指出："依法治国把坚持党的领导、发扬人民民主和严格依法办事统一起来，从制度上和法律上保证党的基本路线和基本方针的贯彻实施，保证党始终发挥总揽全局、协调各方的领导作用。"在我国，党的领导是历史和人民的选择，是国家沿着社会主义方向前进、各项制度和政策符合广大人民群众利益的根本保证。那种把实行依法治国同坚持党的领导对立起来的观点是不正确的。

建设社会主义法治国家，是一项艰巨的长期的历史任务。它同我国的物质文明、精神文明和民主政治建设必然是同步进行，并相互依存、相互影响、相互制约的。我国的经济和文化发展水平还不高，正如李鹏同志所指出，"依法治国是从人治到法治的伟大变革"，它涉及一系列观念的更新和制度的改革，其深度和广度都是前所未有的。我国人口众多、幅员辽阔、情况复杂，经验的积累也需要一个过程。因此，建设社会主义法治国家必须有领导、有组织、有计划、有步骤地进行，我们既不能停步不前，也不可操之过急。我国的社会主义制度有着强大的生命力，实行依法治国符合时代进步的要求，深得广大人民群众的拥护，只要我们以邓小平理论作为强大的思想武器，在以江泽民同志为核心的党中央的正确领导下，坚持实行依法治国方略，我们就一定能够坚定地沿着建设社会主义法治国家的道路前进，并达到我们的目的，为中国人民的幸福和人类文明的进步作出贡献。

后记：

本文是 1998 年 8 月 29 日在人民大会堂为全国人大常委会所作的法制讲座的讲稿，原来的题目是《依法治国，建设社会主义法治国家》。这个题目同我为中央中共政治局所撰写的讲课稿［刊登在《中国法学》1996 年第 2 期、《中共中央法制讲座汇编》（法律出版社 1998 年 4 月版）］完全一样，为了避免重复，我曾建议本文用《依法治国的理论与实践》，但一些领导同志还是建议用以前用过的题目；现在再改过来。本文刊载在《在中南海和大会堂讲法制》一书（商务印书馆 1999 年 12 月版）。在讲座前，本文曾经何春霖、姜云宝、刘镇和程湘清四位同志审改。

依法治国的里程碑

第九届全国人民代表大会第二次会议经过充分的民主讨论和审议，庄严地通过了根据中共中央的修宪建议并由全国人大常委会提出的宪法修正案。这次修宪共六条，主要内容是：在序言中肯定了"邓小平理论"的指导地位，在总纲的有关条款中规定"国家在社会主义初级阶段，坚持公有制为主体、多种所有制经济共同发展的基本经济制度，坚持按劳分配为主体、多种分配方式并存的分配制度"，"在法律规定范围内的个体经济和私营经济等非公有制经济，是社会主义市场经济的重要组成部分"，"农村集体经济组织实行家庭承包经营为基础、统分结合的双层经营体制"，"中华人民共和国实行依法治国，建设社会主义法治国家"，等等。邓小平理论是马克思主义同当代中国实践和时代特征相结合的产物，20 年来我国在经济、政治、文化各个领域所取得的举世公认的成就同它的正确指导分不开。这次修宪将邓小平理论确立为我们国家的指导思想，是未来继续坚持改革开放和胜利实现社会主义现代化的重要保证。这次修宪在经济方面所涉及的几项基本的和重要的制度，是多年来探索的成功经验。现在用宪法这一国家根本大法的形式将它们肯定下来，将保证其长期稳定和进一步改革与完善，以不断促进社会生产力的发展和人民生活水平的提高。在这里，我着重就依法治国方略的形成过程、它的科学内涵和重要意义以及社会主义法治国家的主要标志谈谈个人的看法。

在我国，实行"依法治国，建设社会主义法治国家"，是一个长久的历史性过程。它的起点是 1978 年党的十一届三中全会的召开。建国后，由于各种复杂的原因，我国的民主与法制建设曾走过一条很曲折的道路，既取得了一定的成就，也有过重大挫折，特别是经历了十年"文革"的浩劫。邓小平同志总结了国内与国际的历史经验，提出了发展社会主义民主与健全社会主义法制的方针。20年来，在这一方针的指引下，我国的民主与法制建设已经取得举世瞩目的成就。

依法治国，建设社会主义法治国家，是邓小平理论的重要组成部分。虽然在小平同志的著作中没有用过"依法治国"和"法治国家"这样的提法，但是他对如何才能保证国家的长治久安作了最全面最深刻的阐述，从而为实行依法治国的方针奠定了坚实的理论基础。他提出的健全社会主义法制的一整套原则，为我们确立建设社会主义法治国家的奋斗目标，勾画出了一幅准确、完整和清晰的蓝图。

为什么要加强社会主义民主法制建设？怎样才能保证国家的长治久安？小平同志说："我们过去发生的各种错误，固然与某些领导人的思想、作风有关，但是组织制度、工作制度方面的问题更重要。这些方面的制度好可以使坏人无法任意横行，制度不好可以使好人无法充分做好事，甚至会走向反面。即使像毛泽东同志这样伟大的人物，也受到一些不好制度的严重影响，以致对党对国家对他个人都造成了很大的不幸。我们今天再不健全社会主义制度，人们就会说，为什么资本主义制度所能解决的问题，社会主义制度反而不能解决呢？这种比较方法虽然不全面，但是我们不能因此而不加以重视。斯大林严重破坏社会主义法制，毛泽东同志就说过，这样的事件在英、法、美这样的西方国家不可能发生。他虽然认识到这一点，但是由于没有在实际上解决领导制度问题以及其他一些原因，仍然导致了'文化大革命'的十年浩劫。这个教训是极其深刻的。不是说个人没有责任，而是领导制度、组织制度问题更带有根本性、全局性、稳定性和长期性。这种制度问题，关系到党和国家是否改变颜色，必须引起全党的高度重视。"这一思想和理论，后来他曾反复加以阐明和强调。例如，他在回答意大利一位记者提出的"如何避免类似'文化大革命'那样的错误"这一问题时说："现在我们要认真建立社会主义的民主制度和社会主义法制。只有这样，才能解决问题。"1988年前后，他曾多次指出："我历来不主张夸大一人的作用，这样是危险的、难以为继的。把一个国家、一个党的稳定建立在一两个人的威望上，是靠不住的，很容易出问题。"这是邓小平同志关于健全民主与法制的理论基础和指导思想，是他的民主与法制思想的精髓和灵魂。这是一个在国际共运史上，在理论与实践两方面都长期没有能够解决的问题，是小平同志科学地深刻地作了回答。很显然，如果这一指导思想不明确，发展民主与健全法制的任务是难以实现的，其结果不可能是实行法治，而只能是实行人治。

邓小平同志在上述这一治国理论和指导思想的基础上，对发展社会主义民主与健全社会主义法制提出了一整套原理、原则和要求。他指出，"没有民主，就没有社会主义，就没有社会主义现代化"；要通过改革，克服"官僚主义现象、权力过分集中现象、家长制现象、干部领导职务终身制现象和形形色色的特权现象"。他提出："搞四个现代化一定要有两手，只有一手是不行的。所谓两手，即一手抓建设，一手抓法制。"健全社会主义法制的基本要求是："有法可依，有法必依，执法必严，违法必究。"他强调要维护法律的稳定性和权威性，要贯彻法律平等原则和司法独立原则，"必须使民主制度化、法律化，使这种制度和法律不因领导人的改变而改变，不因领导人的看法和注意力的改变而改变"。"公民在法律和制度面前人人平等"，"不管谁犯了法，都要由公安机关依法侦查，司法机关依法处理，任何人都不许干扰法律的实施，任何犯了法的人都不能逍遥法外"。"党要管党内纪律的问题，法律范围的问题应该由国家和政府管。党干预太多，不利于在全体人民中树立法制观念。"

邓小平同志在谈政治体制改革时，曾经指出："要通过改革，处理好法治和人治的关系，处理好党和政府的关系。"在这里，他把处理好法治与人治的关系问题，放到了政治体制改革的主要的和关键性的地位。从小平同志有关必须健全社会主义法制的理论阐述以及他提出的一整套健全法制的要求和原则可以清楚看出，他是坚持倡导法治的。1978年以后，法学界和政治学界曾经就法治与人治问题开展过一场大讨论，出现过三种截然对立的观点，即要法治，不要人治；法治与人治应当结合；法治（依法治国或以法治国）概念不科学，同"法制"概念没有什么区别，应当抛弃。虽然经过长期的讨论和争鸣，"要法治不要人治"的主张得到了越来越多的人的认同，但是广大干部对法治概念和依法治国的口号和方针仍然存在有这样那样的看法和疑虑。这就要求中央新一代领导集体根据我国经济、政治和文化现实条件的变化和实践经验的积累，进一步丰富和发展邓小平同志有关民主与法制的理论。

多年来，中央领导同志十分重视和强调要依法治国。例如，江泽民同志 1989 年 9 月 26 日在中外记者招待会上曾郑重宣布："我们绝不能以党代政，也绝不能以党代法。这也是新闻界讲的究竟是人治还是法治的问题，我想我们一定要遵循法治的方针。"李鹏同志 1994 年给《中国法学》杂志的题词是："以法治国，依法行政。"这是代表新一代中央领导的庄严承诺。特别是近两年中央作出的"依法治国，建设社会主义法治国家"的重大决策，已引起全国的普遍关注和拥护。1996 年 2 月 8 日，江泽民同志在中共中央法制讲座上发表了《坚持实行依法治国，保证国家长治久安》的重要讲话。同年 3 月八届人大四次会议的一系列文件，包括《国民经济和社会发展"九五"计划和 2010 年远景目标纲要》，已经郑重地将"依法治国"作为一项根本方针和奋斗目标确定了下来。尤其是 1997 年 9 月党的十五大报告，对依法治国方针的科学含义、重大意义和战略地位，作了全面深刻的阐述；第一次提出"法治国家"的概念，并将其作为建设有中国特色的社会主义政治的重要内容；对建设社会主义法治国家今后一个时期内突出需要解决的一系列重大问题作了全面的规定；并郑重地将这一治国方略和奋斗目标记载在党的纲领性文件中。这次修改宪法，又将这一治国方略和奋斗目标通过国家的根本大法予以认可和保障，成为全国人民的共同意志和行动准则。这是以江泽民同志为首的党中央对邓小平理论的运用、丰富和发展，它标志着我国实行依法治国进入了一个新的发展阶段，是建设社会主义法治国家这一历史性进程中一个非常重要的新的里程碑。

依法治国是国家长治久安的重要保证，这已为古今中外的历史经验所证明。在现时代，它还同市场经济、民主政治和精神文明建设密切相关。

计划经济的经济主体之间具有隶属关系，其应有的物质利益被忽视，经济自身的价值规律、竞争规律等不被尊重，维系这种经济关系的主要方法是行政手段。在这种体制下，由于经济权力的高度集中，法律手段的作用是十分有限的。因此计划经济内在地要求人治而不是法治。市场经济是一种以交换为基础的经济形式，一切经济活动和行为都要遵循价值规律，各种生产要素都要作为商品进入市场，通过竞争机制和价格杠杆的作用，实现各主体之间平等、自由的交易和各类资源的优化配置。它是建立在各经济主体具有自主性和平等性并且承认其各自物质利益的基础之上的。这种具有自主、平等、诚信、竞争等属性的经济形态，除了依赖经济规律来运作，同时又主要依赖法律手段来维系，它必然从客观上要求法律的规范、引导、制约、保障和服务。可见，市场经济内在地要求"法治"而不是"人治"。

现代民主的实现必须依靠法治作保障。在我国，人民是国家的主人，但是11亿人民不可能人人都去执掌政权，而只能通过民主选举产生政权机关，代表人民行使权力。为了保证这种权力的行使能符合人民的利益，根本的办法就是通过制定和实施体现人民意志和利益、符合社会发展规律的法律，并保证这种法律具有极大的权威，来确保政府为人民服务。在这种情况下，政权机构制定良好的法律并严格依法办事，就是按人民的利益和意志办事，就是从根本上体现了并能保障人民当家做主。否则，国家机关及其工作人员就有可能认为自己是可以按个人的认识、愿望、意见和主张任意处理各种问题的，自己的权力是无限的，是可以不按民主程序办事的，就有可能滥用权力，使"公仆"蜕变为"主人"。同时，在国家和社会生活中，公民的各种权利、权力的民主配置、民主程序和民主方法等，如果没有完备和良好的具有极大权威的法律予以全面确认和切实保障，是根本靠不住的。十年"文革"的悲剧就充分说明了这一点。当时，人代会有十年之久没有召开，宪法这一根本大法成了一张废纸，民主和法制不健全终于成了"文革"浩劫之所以能够发生和发展的根本原因。在法制健全的条件下，公民权利的行使可以得到有效的保障；公民的权利如果遭到侵犯，也可以得到有效的救济。

依法治国是社会文明进步的重要标志，也是精神文明建设的重要保证。在中外历史上，"法"字一出现就具有正义、公正等含义。法存在的合理性，根源于人类社会生活本身始终存在的三个主要矛盾，即个人与社会的矛盾、秩序与自由的矛盾、权威与服从的矛盾。如果人类社会没有"法"这种调整社会关系的行为准则，社会正义必将难以维护，社会自身的发展和存在都成问题。每一历史时代，法的内容与形式以及法的精神，都同该时代的物质文明与精神文明息息相关、密不可分、彼此适应，是该时代人类文明发展水平的综合性标尺。一部由低级状态向高级状态演变的法律制度和思想史，是整个人类文明由低级状态向高级状态发展历史的一个缩影。民主与法制属于制度文明的范畴，在当今的历史条件下，家长制、一言堂、搞特权、权大于法、政府权力不受法律任何制约、公民权利得不到法律有效保障，当然是不文明的。一个社会如果没有法律，要么专制主义盛行，要么无政府主义猖獗，自然也是不文明的。同时，法律作为一种认识与改造世界的手段，可以保证教育、科学、文化建设迅速、稳定、协调、持久地得到发展。由于法律与道德的相互渗透与作用，通过立法和执法可以促进社会主义思想与道德观念的建立、发展与传播。

依法治国，建设社会主义法治国家，是一个不可分割的整体。从广义上讲，"依法治国"包括"建设法治国家"在内。但从狭义上讲，两者又有一定区别。依法治国是一项治国的战略方针，建设社会主义法治国家则是一项治国的战略目标。它不是一个空洞的抽象的概念。社会主义法治国家作为现代社会一种最先进最文明的国家模式和政治法律制度类型，应具有一系列基本的原则和要求。根据人类的共同经验和中国的具体国情，可以将它们概括为如下十项：

一是法制完备。要求建立一个门类齐全（一张"疏而不漏的法网"）、结构严谨（如部门划分合理、法的效力等级明晰、实体法与程序法配套）、内部和谐（不能彼此矛盾与相互重复）、体例科学（如概念、逻辑清晰；法的名称规范；生效日期、公布方式合理）、协调发展（如法与政策、法与改革协调一致等）的法律体系。有法可依是实行依法治国的前提。党的十五大提出，我们应在2010年建立起社会主义法律体系，任务仍然艰巨。

二是主权在民。要求法律应体现人民的意志和利益；法制应以民主的政治体制为基础；并实现民主的法制化（民主权利的切实保障、国家政治权力的民主配置、民主程序的公正严明、民主方法的科学合理等）和法制的民主化（立法、司法、护法等法制环节要民主）。主权在民是主权在君的对立物，是现代民主的核心和基础，因而也应是现代法治的灵魂。在一个政治不民主的社会里，不可能建立起现代法治国家，而民主的法制化与法制的民主化则是主权在民原则在现代法律制度中的具体实现与展开。

三是人权保障。人权是人作为人依其自然的和社会的本性所应当享有的权利。其内容包括人身人格权、政治权利与自由以及经济社会文化权利。人权是人的尊严和价值的集中体现，是人的需求和幸福的综合反映。否认人在社会中应当享有本属于他自己的权利，就是否认他的做人的资格，使人不成其为人。人不是为国家与法律而存在，而是国家与法律为人而存在。法律主要是通过规范所设定的权利与义务来保障和调整各法律主体的利益。权利与义务问题实际上是一个人权问题，法律权利是人权的法律化。全面地、充分地实现和保障人权，是现代法律的根本目的。党的十五大报告提出，我们应"尊重和保障人权"，具有非常重要的意义。

四是权利制衡。在公法领域，权利和义务主要表现为职权和职责。"衡"指权力平衡，执政党与国家机构之间，政府与社会组织、企事业组织之间，领导个人与领导集体之间，中央与地方之间，应按分权与权力不可过分集中的原则，对权力进行合理配置。"制"指权力制约。其主要内容是以国家法律制约国家权力，以公民权利（如公民的参政权，议政权，检举、批评、罢免权，新闻、出版自由权，等等）制约国家权力，以国家权力制约国家权力（如立法、行政、司法权之间，公检法之间的权力制约以及检察、监察、审计等方面的监督），以及以社会权力（如政党、社会团体、行业组织的权力）制约国家权力，来达到防止和消除越权与不按程序办事等权力滥用和权钱交易、假公济私、徇情枉法等权力腐败现象。依照党的十五大报告的要求，建立与健全"民主监督"体系，是一项重要而长远的任务。

五是法律平等。包括分配平等和程序平等。实体法应体现与保障社会共同创造的物质的与精神的财富在全体社会成员中进行公平分配。程序法应体现与保障法律面前人人平等，在民事、刑事、行政等诉讼活动中，原告与被告双方诉讼地位平等和适用法律一律平等。适用法律平等包括对任何人无论其受保护或受惩处都适用同一法律规则，不因其性别、民族、财产状况、社会地位和宗教信仰等的差异而有区别。为此，我们必须坚决反对各种特权思想和特权人物，并消除执法与司法中的腐败现象。

六是法律至上。指法律应具有至高无上的权威。法律至上不是说法律不能修改，它是指宪法和法律被制定出来后，在尚未修改之前，任何组织特别是任何个人都必须切实遵守。法律至上同人民意志和利益至上不仅不矛盾，而且是后者的体现和保障。国家没有体现人民意志和利益的法律，这种法律没有至高无上的权威，人民意志和利益至上是无从体现和保障的。法律至上原则适用于所有组织和个人，但其核心思想与基本精神是反对少数领导者个人权威至上、权大于法。在我们这样一个家长制传统和习惯根深蒂固的国家，实现法律至上原则的任务是很艰巨的。

七是依法行政。为了适应现代经济、科技、政治与社会生活的发展迅速与复杂多变，国家的行政职能有扩大趋势。它必须迅速决策与行动，必须实行首长负责制，故而同立法机关相比较，行政部门较易违法。行政机关同行政行为相对人之间是一种管理者与被管理者的关系，这也容易使行政机关遵守法律更为困难。在我国，大约有80%左右的法律法规需要通过行政机关去具体贯彻实施，因此依法行政是法治国家的一个重要标志。依法行政要求一切抽象的与具体的行政行为都要遵循法律。它需要通过进一步健全行政法制建设，建立和强化内外监督机制，并采取教育的、行政的各种手段才能逐步实现。

八是司法独立。它建立在近代分权理论的基础上，是权力分立与互相制衡的制度安排与设计，其成效已为一百多年来的实践所充分证明。它本身并非目的，其作用在保证司法机关审理案件做到客观、公正、廉洁、高效，同时防止国家权力过分集中于某一机构或某一部分人之手而滥用权力，并对行政权起制衡功能，如司法机关对行政机关的司法审查。实现这一体制，需要建立内部与外部的有效监督机制，提高审判人员素质、完善科学的司法组织与程序，杜绝来自外界的任何组织与个人的非法干扰。在由计划经济向市场经济的转变过程中，在各方面利益配置发生剧变的情况下，诸如权钱交易、地方保护主义等腐败现象势必造成对司法独立的冲击。这些都是需要长时期花大力气才能解决的问题。

九是程序正当。法律程序是法的生命存在形式。如果法的制定和法的实施没有一定过程、规矩、规则，这样的社会将充满立法者和执法者的恣意妄为。公正的法律程序体现立法、执法、司法、护法等国家权力的科学配置和程序约束，也体现公民权利在程序中应有的保障。同时，司法机关也需要有科学的办案程序才能作出正确的判决与裁定。程序正当包括：民主、公开、公正、严明。违反立法程序和司法程序的法律、法规或判决、裁定不应具有法律效力。

十是党要守法。在我国，作为执政党的中国共产党应当领导人民制定和实施法律；在法治建设过程中执政党要总揽全局，协调各方，这是法治国家建设沿着社会主义方向前进、一切法律能够体现全体人民的意志与利益的根本保证。但是，党组织必须在宪法和法律的范围内活动，不能以党代政、以党代法。党的政策是党的主张，国家法律是党的主张与人民意志的统一。执政党政策只有通过国家权力机关的严格的民主程序被采纳，才能上升为国家意志，变为法律。由于我们党是处于执政党的地位，过去党内不少同志长期存在不大重视依法办事的传统和习惯，因此强调党要守法是十分重要的。

坚持实行依法治国，建设社会主义法治国家，是我们的国家和人民曾经付出沉重代价而得出的一条基本经验，是国家繁荣昌盛、人民富裕幸福的必由之路。它的实现涉及一系列观念的更新和制度的变革，其深度和广度都是前所未有的，因而是一项艰巨的长期的历史任务。宪法是治国安邦的总章程，是国家立法的基础，是一切国家机关和武装力量、各政党和各社会团体都必须遵守的根本活动准则。这次修改宪法用国家根本大法将依法治国方略确定下来，必将有力地推进建设社会主义法治国家的历史性进程。

后记：
本文是应《人民日报》编辑之约，为阐述《依法治国，建设社会主义法治国家》的治国方略和奋斗目标写入宪法而作，刊载在该报 1999 年 4 月 6 日理论版。该报还为本文的发表写了"编者按"。

法治与人治的根本对立

在法治与人治问题的讨论中，有的同志提出：历史上从来没有过单纯的法治，也没有过单纯的人治，任何统治阶级总是把法治与人治结合起来的；社会主义时期，我们既要实行法治，也要实行人治。这种观点是值得商榷的。

在这里，问题的关键是要弄清楚，究竟什么是法治、什么是人治。持上述看法的同志有一个基本论点，就是"徒法不能以自行"，法的制定、执行、遵守都要依靠人。正如有的同志所作的形象比喻：法是武器，人是战士，法治与人治的关系，好比武器同战士的关系，因此，有必要把两者结合起来。显然，这是把"法治"同"法"、"法的作用"，把"人治"同"人"、"人的作用"这样一些不同的概念完全混为一谈了。如果这些同志的论点是正确的，那就只能得出一个结论：古今中外根本就没有什么"法治"，而只有"人治"。我国50年代末期，一些小册子和文章就正是从这一论点出发，得出了这样的结论：既然法自己不会产生、不会行动，立法的是人，司法的也是人，离开了人，法是死的，什么作用也没有；因此，所谓"法治"完全是一种"虚构"，世界上只有"人治"，根本就没有什么"法治"。自然，这不符合历史事实。

事实是，法治也好，人治也好，都不是一个空洞的抽象的概念。作为两种对立的治理国家的理论和原则、方法，尽管在不同的社会制度下，在不同的统治阶级那里，其具体内容和阶级实质有很大不同，但它们都有自身确定的含义。它们不仅是一种理论，一种治国原则和方法，而且也是一种社会实践，同一个国家实行什么样的政治法律制度密切相关。法治与人治概念确定的含义和丰富、具体的内容，绝不是简单地用"法"与"人"、"法的作用"和"人的作用"这样的概念就能够替代的。法治与人治是相对立而存在、相斗争而发展的，它们之间的激烈论争往往出现在社会发展的转变关头。这种论点的出现不是出于偶然，而是有它自身的客观必然性。在一定的历史条件下，法治的主张总是具有一定的革命性和进步性，人治的主张则总是具有一定的反动性或落后性，两者是不能结合的。历史上，有过奴隶主阶级的法治、地主阶级的法治、资产阶级的法治和社会主义的法治，它们逐步由低级向高级演变，是社会发展的客观要求，是人类进步的重要标志。

下面，我们就来具体考察一下几个不同的历史时期法治与人治的根本对立，以及它们之间论争的具体内容及其社会意义。

一

古希腊奴隶制时期，代表中、小奴隶主阶级利益的亚里士多德主张法治，而代表奴隶主贵族利益的柏拉图则主张人治。

柏拉图主张的"贤人政治"，实际上就是人治。他提出："除非哲学家成为国王……国家就不会解脱灾难，得到安宁。"他认为，一个国家的国王只要是个有知识的哲学家，就可以把国家治理好，而不需要借助于法律进行统治。在他看来，政治好比医学，统治者好比医生，被统治者好比病人，只要有个好医生，就能把病人治好；如果强调运用法律治理国家，就会把哲学家的手束缚住，犹如让一个高明的医生硬要依照教科书去看病一样。他认为，法律是呆板的固定的，不能适应经常变化的情况；法律原则性强，又不能适应各种特殊事例，而"人们之间和他们行为中的差异，以及人事中的无限的不规则的活动，都不允许有一种普遍和单纯的规则，并且没有任何技术能够制定出一种应付千变万化的原则"。尽管在柏拉图晚年所写的《政治家》、《法律篇》这两部著作中，他对法律作用的看法有很大改变，但他的基本立场仍然是人治优于法治。例如，他认为，如果一个国家的统治者不是哲学家，而且在较短的时间内又没有好的方法把统治者变成一个哲学家，则法治要比人治好。然而法治只能称为"第二等好的"政治，终究不如贤人政治好。他说，在各种政府形式中，只有一种政府形式是最妥当的，它是真正的政府；这种政府的统治者懂得科学，而不是不懂科学。至于这种政府是否受法律的统治，或者没有法律，它的人民是否愿意被统治，那都是无足轻重的。

亚里士多德的法治论是在批评柏拉图的人治论的基础上建立起来的。这种法治论与人治论的对立，主要表现在如下两个方面。

首先是理论方面。亚里士多德在回答"由最好的一人或由最好的法律统治哪一方面较为有利"① 这一问题时，他认为"法治应当优于一人之治"。② 其理由主要是：

（1）法律是由许多人制定出来的，而众人所作的判断总比一个人的判断要可靠。他说："城邦原为许多人所组合的团体；许多人出资举办一个宴会可以胜过一人独办的酒席；相似的，在许多事例上，群众比任何一人又可能作较好的裁断。""大泽水多则不朽，小池水少则易朽；多数群众也比少数人为不易腐败。单独一人就容易因愤懑或其他任何相似的感情而失去平衡，终致损伤了他的判断力；但全体人民总不会同时发怒，同时错断。"③

（2）人难免感情用事，实行人治易出偏私；而法律有公正性，实行法治才能避免偏私。他说："要使事物合于正义，须有毫无偏私的权衡；法律恰恰正是这样一个中道的权衡。"④ 又说："凡是不凭感情因素治事的统治者总比感情用事的人们较为优良。法律恰正是全没有感情的；人类的本性便谁都难免有感情。"⑤ "常人既不能完全消除兽欲，虽最好的人们也未免有热忱，这就往往在执政的时候引起偏向。法律恰恰正是免除一切情欲影响的神祇和理智的体现。"⑥

（3）法律有稳定性和连续性的特点，并不因领导人的去留而随意更改。然而一人为治的君主制，其皇位是世袭的，如果继任者是个庸才就会危害全邦。实行法治就能避免这种情况。

---

① ［古希腊］亚里士多德：《政治学》，吴寿彭译，商务印书馆1965年版，第162页。
② 同上书，第167页。
③ 同上书，第163页。
④ 同上书，第169页。
⑤ 同上书，第163页。
⑥ 同上书，第169页。

（4）实行法治可以反对专横与特权。他说："为政最重要的一个规律是：一切政体都应定立法制并安排它的经济体系，使执政和为官不能假借公职，营求私利。"① "一个城邦要有适当的法制，使任何人都不致于凭借他的财富或朋友，取得特殊的权力，成为邦国的隐忧。"②

（5）法律确实比较原则，也不能完备无遗，但它不能成为反对实行法治的理由。他说："法律训练（教导）执法者根据法意解释并应用一切条例。对于法律所没有周详的地方，让他们遵从法律的原来精神，公正地加以处理和裁决。法律也允许人们根据积累的经验，修订或补充现行各种规章，以求日臻完备。"③ 他还说："就因为法律必难完备无遗，于是，从这些缺漏的地方着想，引起了这个严重执争的问题："应该力求一个（完备的）最好的法律，还是让那最好的一个人来统治。法律确实不能完备无遗，不能写定一切细节，这些原可留待人们去审议。主张法治的人并不想抹杀人们的智慧，他们就认为这种审议与其寄托一人，毋宁交给众人。"④

从以上材料可以看出，对于一个国家的长治久安来说，究竟是法治好还是人治好。应当承认，亚里士多德讲的一些道理，包含有许多合理的科学的成分在里面。

其次是原则方面。法治和人治的对立，反映出它们是两种不同的治国原则。这种对立的最核心的一条，就是法律的权威高于国家领导人的权威，还是国家领导人的权威高于法律的权威。亚里士多德说：法治应包含两重意义：已成立的法律获得普遍的服从，而大家所服从的法律又应该本身是制定得良好的法律。他认为，合乎"正义"的法律，就是良好的法律；大家都要服从法律，当然包括国家领导人在内。他十分强调要保障法律的权威和尊严。他说，最后的裁决权力应该寄托于正式制定的法律。只是所有的规约总不能概括世事的万变，个人的权力或若干人配合组成的权力，只应在法律所不及的时候，方才应用它来发号施令，作为补助。他强调："法律应在任何方面受到尊重而保持无上的权威，执政人员和公民团

① ［古希腊］亚里士多德：《政治学》，吴寿彭译，商务印书馆1965年版，第269页。
② 同上书，第268页。
③ 同上书，第168页。
④ 同上书，第171页。

体只应在法律（通则）所不及的个别事例上有所抉择，两者都不该侵犯法律。"① 相反，在柏拉图看来，一个城邦如果实行法治，就会妨碍哲学家的统治，因为哲学家掌握的知识是一种真理，它比国家机关所制定的法律要高明得多。他认为，国王的命令就是法律，他可以不按法律办事。

由此可见，亚里士多德的法治论同柏拉图的人治论的根本对立主要表现在这样两个方面：一是国家兴旺发达与长治久安的决定性因素究竟是什么。人治论认为，希望主要应当寄托在有一个好的国王身上；法治论则认为，希望主要应当寄托在建立一个好的比较完备和具有无上权威的法律和制度上。二是法治论主张国家要有比较完备的法律，特别是全国的每个人包括国家最高领导人在内，都要遵守法律，严格依法办事；人治论则认为，法律可有可无，国王个人的权威高于法律的权威，要依照他个人的意志和智慧治理国家，他可以不按法律办事。这就说明，法治与人治是相比较而存在、相对立而产生和发展的。它们都有自己的特定含义，是不能简单地把法治同"法"、"法的作用"，把人治同"人"、"人的作用"混为一谈的。它们的意思也并不是一个对法的作用强调得多一点、对人（国家领导者）的作用强调得少一点，另一个对人的作用强调得多一点、对法的作用强调得少一点。如果按照有些同志的看法，历史上没有单纯的法治，也没有单纯的人治，从来都是法治与人治相结合，那么，亚里士多德就应当是既主张法治、也主张人治、柏拉图是既主张人治也主张法治了。显然，这样讲是不符合历史事实的。的确，柏拉图主张人治，但并不完全否认法的作用，在他晚年甚至说过，没有法律，"人们自己将无法区别于野蛮人"。亚里士多德主张法治，也并不否认国家领袖人物的作用，并不抹杀领导者个人的才智。同时，不论是亚里士多德还是柏拉图都重视道德和教育的作用。然而，这并不能作为法治与人治应当结合的理由，而恰好证明法治论并不是主张什么法律万能。

在西方的政治法律思想史上，亚里士多德是第一个系统阐述法治理论的人。他的观点对后世产生过巨大的积极的影响。亚里士多德的法治论代表着奴隶主阶级的利益，是为了更好地维护奴隶主对奴隶的统治。但是，

---

① ［古希腊］亚里士多德：《政治学》，吴寿彭译，商务印书馆 1965 年版，第 192 页。

在当时的历史条件下，他的法治主张反映着中、小奴隶主阶级的利益，比较进步；柏拉图的人治主张则是代表奴隶主贵族的利益，比较落后和反动，这是可以肯定的。

二

我国春秋战国时期是奴隶制向封建制急剧转变的时期。法家主张"法治"和儒家主张"人治"，就正是封建制和奴隶制、新兴地主阶级与没落奴隶主阶级之间的斗争在理论上和政治上的重要表现之一。儒家的人治以"礼治"、"德治"为其重要内容。儒家讲"礼治"、"德治"，实际上就是讲"人治"。

法家的"法治"与儒家的"人治"的根本对立主要表现在以下三个方面：

（1）儒家认为，一个国家是兴旺发达还是衰败没落，主要的起决定作用的因素在于国君和将相是否贤明，而不在法律制度的有无与好坏，即所谓"为政在人"，"其人存，则其政举，其人亡，则其政息"①。"法不能独立，律不能自行，得其人则存，失其人则亡。"② 法家则反对这种看法，认为一个国家的治与乱、兴与亡，关键的第一位的因素是法律与制度的有无与好坏，而不在是否有贤明的帝王与将相。他们说："国无常强、无常弱，奉法者强则国强，奉法者弱则国弱。"③ 他们深刻地、针锋相对地批驳了人治的主张。尹文子说："圣人之治"，是"自己出者也"；"圣法之治"，是"自理出者也"；故"圣人之治，独治者也；圣法之治，则无不治也"④。慎到说：所谓人治，就是"舍法而以身治"，是"以心裁轻重"，"赏罚从君心出"，那就必然造成"同功殊赏"和"同罪殊罚"⑤ 等不良后果。韩

---

① 《礼记·中庸》。
② 《荀子》。
③ 《尹文子·圣人》、《尹文子·大道》。
④ 《慎子·君人》。
⑤ 《韩非子·六反》。

非子说："明主之治国也，使民以法禁，而不以廉止。"① "释法术而心治，尧不能正一国"②，"今废势背法而待尧舜，尧舜至乃治，是千世乱而一治也"③。因此，他们鲜明地提出了"唯法为治"和"以法治国"等口号。

（2）儒家主张把"礼"作为治国的根本，作为人们一切行为的最高准则。他们说："治人之道，莫急于礼。"④ 他们提出："夫礼者，所以定亲疏、决嫌疑，别同异、明是非也。……道德仁义，非礼不成。教训正俗，非礼不备，分争辩讼，非礼不决。君臣上下，父母兄弟，非礼不定。官学事师，非礼不视。班师治军，莅官行法，非礼不成不行。祷祠祭祀，供给鬼神，非礼不成不压。"⑤ 他们既然主张以"礼"作为人们一切行为的准则，因此，他们极力反对公布成文法。晋国铸刑鼎，孔子就说："晋其亡乎，失其度矣……民在鼎矣，何以尊贵。"⑥ 他极力主张仍然保持过去那种"刑不可知，则威不可测，则民畏上"⑦ 的状况。与此相对立，法家则主张："事断于法。"他们从多方面论证了法的社会作用，并十分强调必须以法律作为人们的行为准则。管仲说："法律政令者，吏民规矩绳墨也。"⑧ 商鞅说："释权衡而断轻重，废尺寸而意长短，虽察，商贾不用，为其不必也。故法者，国之权衡也。"⑨ 他们明确主张公布成文法，认为只有这样，才能做到"天下之吏民无不知法者。……故吏不敢以非法遇民，民又不敢犯法"。⑩

（3）儒家主张"礼有差等"，"法不加于尊"，"刑不上大夫，礼不下庶人"；法家则与此相反，认为君主拥有至高无上的权力，但法律一经制定和公布，全国每一个人，包括君主在内，就都要遵照执行。如管仲主

---

① 《韩非子·六反》。
② 《韩非子·用人》。
③ 《韩非子·难势》。
④ 《礼记·祭统》。
⑤ 《礼记·典礼》。
⑥ 《左传·昭公二十九年》。
⑦ 《左传·昭公六年孔颖达正义》。
⑧ 《管子·七元七臣》。
⑨ 《商君书·修权》。
⑩ 《商君书·定分》。

张："君臣上下贵贱皆从法。"① 商鞅也说："法者，君臣之所共操也";②"法之不明者，君长乱也","君臣释法任私必乱"。③ 他们极力主张"刑无等级"、"法不阿贵"，要求"刑过不避大臣，赏善不遗匹夫"。

从上述法治与人治的根本对立中，我们可以清楚看出，尽管法家的法治主张主要是为了更有效地统治当时的劳动人民，但它在封建制与奴隶制激烈斗争的时代，主张以地主阶级的法治反对奴隶主贵族的"心"治；主张以反映新兴地主阶级利益的、明令公布的成文法律，而不是以体现奴隶主利益的、不成文的周礼作为人们的行为准则；主张君主与官吏也要守法，限制这些人恣意专横；主张适用法律平等，而反对奴隶制的等级与特权，其重大历史进步作用是不能否认的。

儒家主张人治，但并不是根本不要法与刑。如孔丘说："礼乐不兴，则刑罚不中，刑罚不中，则民无所措手足。"④ 这是事实。同样，法家主张法治，也并不是根本不要礼与德。如商鞅说："法者所以爱民也，礼者所以便事也。是以圣人苟可以强国，不法其故，苟可以利民，不循其礼。"⑤这也是事实。然而，我们绝不可以此作为理由，否定法治与人治的根本对立。唯物辩证法认为，对立面是彼此相互联系、相互渗透的，不能因为"你中有我，我中有你"，就否定对立面之间的原则界限。有的同志说，先秦法家只是侧重法治，儒家只是侧重人治而已。按照这种说法，法家主张法治，也主张人治；儒家主张人治，也主张法治。这不符合历史事实。有些同志之所以得出这样的结论，归根到底，还是由于把"法治"同"法"、把"人治"同"人"混为一谈了。

法家的法治主张，既有精华也有糟粕。他们主张严刑峻法，搞愚民政策和文化专制等，就是属于糟粕一类。同样，儒家的整个学说，既有糟粕也有精华，如孟子讲"民贵君轻"，就是属于精华之列。这是并不奇怪的。法治主张只是法家整个学说的一个方面，人治主张也只是儒家整个学说的

---

① 《管子·经法》。
② 《商君书·修权》。
③ 同上。
④ 《论语·子路》。
⑤ 《商君书·更法》。

一个方面，我们现在不是全面评价法家和儒家的全部学说。而且，法治与人治主张本身也是一分为二的，因为任何事物都有两重性。但是，我们不应该由此得出结论说，法治与人治之间没有什么好与坏、进步与落后之分。唯物辩证法要求我们，对于复杂的现象，应该善于抓住其主流和本质。事物的矛盾的主要方面决定该事物的性质。如果我们承认，从总体上和根本上说，法家的法治代表着新兴地主阶级的利益，儒家的人治是维护奴隶制的等级与特权，我们就应该承认，在当时的历史条件下，法治主张是进步的，人治主张是反动的。有的同志以孟子的"民贵君轻"思想对比法家主张君主专制，就得出结论说，人治比法治"具有更多一点民主色彩"，这种看法不能认为是全面的和正确的。

是否实行君主专制，并不是区分儒家人治与法家法治的一个标志。孟子的"民贵君轻"不是反对君主专制，而是为了维护君主专制。当时的法治与人治，在维护君主专制这一点上，是殊途同归的。在生产力很低和封建生产关系的条件下，在我国的具体历史环境中，君主专制制度的存在有它的客观必然性，这不是当时人们的主观愿望所能决定的。法家一方面主张"以法治国"、"唯法为治"，另一方面又把君权绝对化，主张皇帝权力至高无上，这就使得其法治理论不能不经常处于不可克服的矛盾之中，使得"事断于法"、"君臣上下贵贱皆从法"、"刑无等级"等主张，在理论上和实践上不可能真正得到实现。正是在这个意义上说，在君主专制主义制度下，不可能有严格意义上的真正的法治。这一矛盾，只有在资本主义的政治法律制度建立以后才得到进一步解决。因此，尽管当时新兴地主阶级的法治相对于没落奴隶主阶级的人治来说，是进步的革命的事物，但是相对于资产阶级的法治来说，它又成了落后的和反动的东西。

三

资产阶级的法治理论，是在反对封建主义的革命斗争中提出来的，有它自己的特定的含义。资产阶级法治作为一种理论，它体现和反映在资产阶级启蒙思想家洛克、孟德斯鸠、卢梭等人的著作中；作为一种社会实践，它就是资产阶级的"法治国"，即实行法治的资产阶级民主共和国。

资产阶级法治这一概念,绝不是什么"法很重要"、"要重视法的作用"之类很一般、很抽象、很含混的意思所能概括、表达和代替的。

　　资产阶级法治的对立面是封建君主专制主义的人治。两者的根本对立,突出地表现在如下几个方面:①封建专制主义的人治,主张依靠君主个人的意志来决定国家的大政方针以治理国家。英国的詹姆士一世说:"国王可以正正当当地叫做神。因为他所行使的神权和上帝一样,上帝有自由生杀予夺的权力,不对任何人负责。国王也是这样:要怎样做便怎样做,除掉对上帝负责之外,并不对于任何人民负责。"① 与此相反,资产阶级法治则主张依靠体现统治阶级集体意志和根本利益的法律来治理国家。洛克说:"谁握有国家的立法权或最高权力,谁就应该以既定的、向全国人民公布周知的、经常有效的法律,而不是以临时的命令来实行统治。"② 又说:"使用绝对的专断权力,或不以确定的、经常有效的法律来进行统治,两者都是与社会和政府的目的不相符合的。"③ ②封建专制主义人治主张君主的权威高于法律的权威,也可以不受法律的约束。詹姆士一世说:"君主注意人民,如同头脑注意身体。一个慈爱的父亲总在儿辈的幸福中得到快乐,故国王在人民之上,在法律之上,只能服从上帝和自己的良心。"④ 与此相反,资产阶级的法治则主张法律的权威高于任何国家领导人的权威,任何国家领导人都要遵守法律,严格依法办事。卢梭说:不管一个国家的政体如何,如果在它管辖范围内有一个可以不遵守法律,所有其他的人,就必然会受这个人的任意支配。③封建专制主义的人治,主张君主应该掌握立法、司法、行政等一切大权,极力反对分权的理论和作法。霍布斯说:"如果要把主权分开,给这个人一点,给那个人一点,便是纷扰和内乱的原因。"⑤ 与此相反,资产阶级法治则要求三权分立,主张立法权由普选的议会行使,实行司法独立。孟德斯鸠说:"一切有权力的人都容易滥用权力,这是万古不易的一条经验。""从事物的性质来说,要防止

---

① 转引自高一涵编《欧洲政治思想史》中卷,上海书店 1923 年版,第 163 页。
② [英]洛克:《政府论》(下篇),叶启芳、瞿菊农译,商务印书馆 1964 年版。
③ 同上。
④ 转引自高一涵编:《欧洲政治思想史》中卷,上海书店 1923 年版,第 162 页。
⑤ 同上书,第 201 页。

滥用权力，就必须以权力约束权力。""如果同一个人或是由重要人物、贵族或平民组成的同一个机关行使这三种权力，即制定法律权、执行公共决议权和裁判私人犯罪或争治权，则一切便都完了。"① ④封建专制主义的人治主张法律不平等。封建主义的法律制度，不论是立法还是司法，都公开维护等级与特权。与此相反，资产阶级法治则主张法律面前人人平等。洛克说："法律一经制定，任何人也不能凭他自己的权威逃避法律的制裁；也不能以地位优越为借口放任自己或下属胡作非为而要求免受法律的制裁。"② "国家的法律应该是不论贫富、不论权贵和庄稼人都一视同仁，并不因特殊情况而有出入。"③

　　通过以上对比分析，我们可以清楚看出，法治与人治都有特定的含义和具体的内容。从资产阶级法治的立场看问题，封建社会尽管有法律，但没有法治；资产阶级法治同封建专制主义人治是不能"结合"的。这一点，启蒙思想家讲得十分透彻。我们不妨再引一点材料。例如，孟德斯鸠就指出："专制政体是既无法律又无规章，由单独一个人按照一己的意志与反复无常的性情领导一切。"④ "人们曾经想使法律和专制主义并行，但是任何东西和专制主义联系起来，便失掉了自己的力量。"⑤

　　资产阶级法治较之代表地主阶级利益的法家的法治，不仅要进步得多，而且有性质上的不同。先秦法家的法治，是在肯定君主专制前提下实行以法治国；而资产阶级法治则是对君主专制主义本身的彻底否定。正是从这个意义上说，封建社会不可能有真正的法治；近代意义上的法治，是资产阶级革命以后才有的。但是，正如马克思所指出，资产阶级法治也仍然是"理论和实践处于惊人的矛盾中"，⑥ 因为，这种法治是建立在私有制的经济基础之上，是建立在资产阶级与无产阶级这两大阶级的尖锐对立之上，是建立在剥削与压迫的现实生活之上。因此，这种法治，从资产阶

---

① ［法］孟德斯鸠：《论法的精神》上册，张雁深译，商务印书馆 1961 年版，第 154、156 页。
② ［英］洛克：《政府论》（下篇），叶启芳、瞿菊农译，商务印书馆 1964 年版，第 58 页。
③ 同上书，第 88 页。
④ ［法］孟德斯鸠：《论法的精神》上册，张雁深译，商务印书馆 1961 年版，第 8 页。
⑤ 同上书，第 129 页。
⑥ 《马克思恩格斯全集》第 1 卷，人民出版社 1956 年版，第 703—704 页。

级内部来说有它的真实性，但对无产阶级和劳动人民来说，又有它的局限性、虚伪性和欺骗性。一方面，资产阶级需要利用这种法治所具有的超阶级外表的假象来麻痹劳动人民的革命意识，以进行有效的统治；另一方面，他们又害怕人民群众利用资产阶级的民主和法治训练队伍，积聚力量，因此他们总是想方设法限制人民群众的民主权利，直至在革命危机时期公开抛弃这种法治。从阶级实质上讲，资产阶级法治归根结底是为了维护资本主义私有制和资产阶级的政治统治。但是，应该承认，资产阶级法治主义的理论与实践，不仅在反对封建主义的革命时期起过革命作用，而且也是人类社会历史发展的一个巨大进步。在帝国主义时期，资产阶级法治的历史作用虽然已经由原来是进步的事物走向了自身的反面，但它同公开抛弃法治的法西斯主义也还是有很大的区别。

资产阶级法治包括"人"、"人的因素"、"人的作用"在内，这是不言而喻的。资产阶级法治实行普选制、议会制，立法权由议会行使，就是否定君主立法，而要求由选举产生的资产阶级代表人物集体行使立法权；资产阶级实行"三权分立"，搞"司法独立"，就是否定君主司法，而要求由资产阶级的各级司法人员独立行使司法权；资产阶级法治主张法律应该具有至高无上的权威，就是否定君主或某些官吏可以高居于法律之上而不按法律办事，目的是使体现资产阶级集体意志的法律在全国上下得到一体遵行，以维护资产阶级的根本利益。总之，在资产阶级法治的概念中，法和人是不可分割地联系在一起的。如果我们把资产阶级法治这样一个统一整体中的"法"与"人"割裂开来，把人的因素抽出去，在"资产阶级法治"和"资产阶级法律"这两个完全不同的概念之间画等号，所谓资产阶级法治就会变成一个抽象的、僵死的和毫无意义的概念，这是不符合资产阶级法治的本来含义的。在历史上，资产阶级法治的理论与实践同封建专制主义的对立与斗争，是十分尖锐与激烈的，为此，英国的克伦威尔曾经把查理一世送上绞刑架，法国的罗伯斯庇尔曾经把路易十六送上断头台，因此资产阶级法治又怎么能够同封建专制主义人治相"结合"呢？

四

在社会主义制度下，无产阶级和广大人民群众治理自己的国家，也存在着是法治还是人治这样两种根本不同的原则和方法。我国法制建设所走过的曲折道路，同这一理论问题是否得到正确认识和处理密切相关，这已为建国以来三十年的历史所充分证明。

本来，我们党对于实行社会主义法治的问题一直很重视，所采取的立场也是正确的。早在"五四"运动前后，党的创始人李大钊等同志就曾经对儒家的人治进行猛烈抨击而极力推崇社会主义法治。在长期革命战争中，尽管党的中心任务是武装夺取政权，但我们党还是一直重视革命根据地的法制建设。新中国成立后，党和国家的各种重要文件以及领导人的讲话，都没有否定过法治。1954 年，毛泽东主席亲自主持制定了我国的第一部宪法，并强调指出：宪法"通过以后，全国人民每一个人都要实行，特别是国家机关工作人员要带头实行，首先在座的各位要实行。不实行就是违反宪法"。[①] 在法制建设上，建国后的短短几年内，我们制定了一系列重要法律法令，全国上下也比较重视依法办事。这些说明，以前我们基本上是坚持了以法治国，而且这种法治，就其阶级性和社会性来说，是属于社会主义的历史类型，它不仅是对封建专制主义人治的根本否定，而且也同资产阶级法治相对立。虽然，这个时期我们在社会主义法治的理论上认识还不是很充分、很自觉，法律制度也很不完备，但作上述这样的基本估计是必要的。

1957 年以后，情况发生了很大变化。由于种种原因，在广大干部中开始产生了一种否认法治、主张人治的思潮。不少主张实行法治的同志遭到了批判；在一些小册子和文章中，"法治"被说成是虚伪的、骗人的、反动的东西；认为历史上根本没有什么法治，只有人治。不少干部认为法律束手束脚，政策可以代替法律，法律可有可无；认为即使要有一点法律，

---

① 毛泽东：《关于中华人民共和国宪法草案》，载《毛泽东文集》第六卷，人民出版社 1999 年版，第 328 页。

也只能作办事的参考，权力应该大于法，领导人的意志应该高于法律，办事可以依人不依法、依言不依法；认为"群众运动"的"首创精神"可以高于法律，"群众运动"一来可以把法律当做废纸一样扔掉。这样一种否定法治、主张人治的理论、意见、看法和主张，在很长一个时期里，在我们的很多干部包括不少高级干部以及党和国家领导人中曾经相当流行。这种人治思想，虽然没有写成系统性的理论文章，但它确确实实是存在的。这一思潮给我国法制建设所带来的危害已是人所共知。

那么，对于这种人治思想究竟应该怎样看待呢？

首先，这种人治思想同历史上的人治思想相比较，有它相同的地方，也有它不同的地方。从历史上看，作为一种治国的原则和方法，人治的一个重要特点是国家领导人具有最高权威；法治的一个重要特点是国家的法律具有最高权威。党中央曾经指出：法律能否严格执行，是衡量一个国家是否实行法治的重要标志。而在我国一个时期里出现的那种认为权大于法，办事可以依人不依法、依言不依法的观点和做法，同历史上的人治思想是一脉相通的。但是，这种人治思想又是产生在社会主义的历史时期，是在坚持社会主义的基本政治制度前提下存在的一种错误主张和实践。它的产生主要有以下几个方面的原因：一是党在思想、政治路线上的"左"倾错误，导致一些同志在法治与人治的理论问题上没有能够采取正确的立场；二是干部思想上的无知，以致有不少同志根本不了解社会主义法律的性质和作用，存在着轻视法律、蔑视法治的法律虚无主义态度；三是我国几千年来的封建主义思想，其中特别是专制主义和家长制思想的余毒在一些干部包括某些高级干部的头脑中作怪。虽然这种人治思想并不是要从根本上否定社会主义制度，并不是要搞封建专制主义；但从思想范畴来说，它绝不属于无产阶级的思想体系，而是属于非无产阶级的思想体系，是封建主义思想占主导地位并兼有小生产者思想的混合物。这种人治思想的存在，始终是健全我国社会主义法治最根本的障碍。这种人治思想不克服、不肃清，我们的法制建设是绝对搞不好的。过去是这样，现在是这样，将来也是这样。

其次，这种人治思想同"文化大革命"期间林彪、江青反革命集团的胡作非为是根本不同的，必须严格加以区别。前者是一度存在于我们党内和人民内部的错误思想和做法，后者是一小撮披着共产党外衣的反革命分子鼓吹封建法西斯主义；前者导致社会主义法制很不完备、很不健全，后者则是彻底毁灭社会主义法制，大搞封建法西斯专政。但是两者之间也有一定的联系。林彪、江青反革命集团怎么能够篡夺部分党和国家的领导权？重要原因之一，不就是因为我国的民主与法制不健全，选举、罢免、监督领导人的权力并没有真正掌握在人民群众手里吗？很明显，如果我们有健全的法制，林彪、江青一伙是很难平步青云、扶摇直上的；即使上了台，人民也可以把他们撤下来，甚至可以依法弹劾，交付审判。但是，各级人民代表、广大人民群众并没有得到这种权力，没有那种具有极大权威的法律制度和法律手段去限制他们和制裁他们。同时，由于社会主义法制的观念没有在广大干部和群众中牢固地树立起来，实际上是人治思想占上风，也为林彪、江青一伙为所欲为地肆意践踏宪法、疯狂破坏法制提供了一定的条件。这是历史留给我们的惨痛教训。

最后，在社会主义条件下，法治与人治之间存在着根本的对立，是不能相互"结合"的。社会主义法治要求"有法可依，有法必依，执法必严，违法必究"；要求法律具有极大权威，一切党政机关和社会团体，包括党中央、人大常委和国务院，一切工作人员和公民个人，包括党和国家的所有领导人，都要一丝不苟地严格遵守法律；法律和制度应该具有稳定性和连续性，不能因领导人的改变而随意改变，不能因少数领导者个人的看法或注意力的改变而改变。而人治则认为：法律可有可无，权大于法，有法可以不依，凡事由少数领导者个人说了算。这两种完全不同的主张和做法，怎么能够彼此相容和并存呢？认为社会主义制度下既要重视法的作用，也要重视人的作用，这就是法治与人治相结合，这种观点表面看来似乎很全面，实际上是搞乱了法治与人治的本来含义和特定内容。社会主义法治的概念包括"人的因素"在内，社会主义法律的制定、执行、遵守都离不开人的作用，这是不言自明的。认为法律不是人制定的而是天上掉下来的，法律不要人去执行和遵守而自己会起作用，这样头脑简单的人，在现实生活中是很难找到的。如果把法治和法混为一谈，认为只要社会上有法律，就是有了法治，那么，社会主义法治作为一种理论与实践，它的基本原则、丰富内容和革命锋芒，就会被"社会主义国家也需要有法律，也要重视法的作用"这样一种很简单、很一般、很抽象、很含混的概念所代替和抹杀，法律必须具有极大权威这一重要原则也就一笔勾销了。如果认为一个国家只要有法律，就是实行法治，那么，党中央郑重提出的"法律能否严格执行，是衡量一个国家是否实行法治的重要标志"这一极为重要的科学论断也就是无的放矢而没有什么意义了。法治与人治"结合"论有一个前提，就是法治虽好，但有片面性，需要有人治作补充；"人治"虽有一定片面性，但终究还是一种很好的思想、主张、做法，人民非常需要它。显然，从这种理论出发，不可能总结好历史的经验教训，不可能准确地宣传和实行社会主义法治，也不可能有力地批判和克服那种健全社会主义法制最大的思想障碍即权大于法、依人不依法、依言不依法的人治思想；而其实践结果，则必然是以人治代替法治。

后记：

本文发表在《西南政法学院学报》1981年第2期。80年代初期进行的关于法治与人治问题的大讨论，其规模之广、理论界主要是法学界参与争鸣著作之多，为建国以来所罕见。当时出现过"要法治不要人治"、"法治人治应结合"、"法治概念不科学，应取消"三大截然对立的观点。本文主要是回答"结合论"。作者观点可参见《人治与法治能相互结合吗?》一文。载《法学研究》1980年第2期。

法治概念的科学性

当前，在关于法治与人治问题的讨论中，有的同志提出："法治"这一概念"不科学"，有"片面性"，与坚持四项基本原则相矛盾；我们既然有"法制"的提法，也用不着再讲什么"法治"了，因此主张抛弃"法治"这个概念。我们认为，这种观点是值得商榷的。

一　"法治"概念是不是科学

有的同志说，如果"法治"指的是所谓"法律的统治"，那么这一概念本身就是不科学的。因为，法律是统治阶级实现其阶级统治的工具，而不是统治的主体；统治的主体只能是组成统治阶级的人。因此，世界上并不存在"法律的统治"。我们认为，这是纯粹从字面上来解释"法治"这个词，这样解释并不符合人们在使用"法治"这一概念时赋予它的特定的、真实的含义。的确，资产阶级讲法治，英文是 Rule of law、Government of law，或者 Rule by law，直译可以是"法律的统治"，或者"被法律所统治"。但是，资产阶级在使用这一概念的时候，并不是这样解释它的；并不是说统治的主体不是人而是法律，是不会说话的法律在那里统治，而不是活生生的人在那里统治。如果我们细读一下提出资产阶级法治主义的各启蒙学者的著作以及多如牛毛的各种辞典和教科书，就会知道，他们讲法治，尽管说法不一，但有一个最基本的意思是相同的，即任何一个统治者或统治者集体，都应严格依照法律来治理国家。当然，这也只是法治这一概念的主要含义。除了这个意思以外，资产阶级主张法治而反对君主专制主义的"人治"，还包括有三权分立、法律面前人人平等、罪刑法定等内容在里面。总之，把"法治"说成是法律在统治，而不是统治者个人或集体运用法律，依照法律治理国家，那是望文生义的解释。法治这一概念存在了几千年，在近代，这一概念几乎已经家喻户晓。但是在现实生活中究竟还有多少人认为是法律自己在那里统治，而不是作为主体的人运用法律这一工具在那里治国呢？这种认识虽说不是完全没有，恐怕有也不多。显然，这样提出问题和论证问题，是不妥当的。

有的同志认为，法治这一概念是历史上剥削阶级提出的，又没有阶级性，是一个"非阶级或超阶级的观点"，因此我们不能用。我们现在所使用的许多概念，比如民主、自由、平等、人权、人道主义等，都不是无产阶级自己的发明，而是历史上沿袭下来的。为什么这些概念可以沿用，唯独"法治"概念就不能沿用呢？历史上有过的许多名词、概念，剥削阶级总是抹杀、掩盖其阶级性，但不妨碍马克思主义者揭示这些名词、概念的阶级属性，赋予他们阶级的含义。一个名词、概念有没有阶级性，不能单从字面上看，问题是人们怎样解释它、运用它。比如"民主"，从字面上看，是没有阶级性的，无产阶级可以利用它，其他剥削阶级也可以利用它。历史上，有过雅典奴隶主的民主，有过欧洲封建社会城邦国家的地主阶级民主，有过资产阶级民主，还有我们今天的社会主义民主。一切剥削阶级都不承认民主有阶级性，只有马克思主义者才认为民主具有阶级属性。"法治"也是这样。亚里士多德主张的法治是奴隶主阶级的法治；韩非、商鞅等主张的法治是新兴地主阶级的法治；洛克、卢梭等主张的法治是资产阶级的法治；我们今天提倡的，是广大人民群众的社会主义法治。我们今天既然使用法治这一概念，当然和历史上有过的法治概念，存在一定继承关系。但是，这种继承不是全盘照搬，而是批判地继承。社会主义法治对历史上各个剥削阶级法治的继承表现在，法治作为一种治国的理论和原则、方法，有某些相同之处。从法治的理论依据来看，法治论者都认为，一个国家是否兴旺发达、长治久安，起决定性作用的第一位因素，不在于一两个领导人是否贤明，而在于法律与制度的有无与好坏。从法治的标志来看，所有法治论者都大致强调以下几点：一是国家应该制定一套比较完备的法律，作为人们的行为准则；二是任何人包括国家领导人在内都要遵守法律，严格依法办事；三是法律面前人人平等，谁违法犯罪都要受到同样制裁。以上内容基本上是各种法治主张的共同点。它们之间的区别，首先在于阶级本质不同。这种不同，从根本上说，是由法律本身的阶级性决定的。既然法律体现着不同阶级的意志和利益，因此不同阶级所实施的法治总是有利于维护本阶级的利益，有利于更好地实现本阶级的政治统治。其次是它们的具体内容和实现程度不同。比如近代意义上的法治是同民主分不开的，而封建主义的法治则同君主专制结为一体；三权分立是资产阶级法治主张的重要内容，而封建主义的法治则是立法、司法、行政大权都集中在君主一人之手。在严格依法办事和法律面前人人平等这些方面，不同历史时代的法治在实现程度上有很大差别。总之，法治这一概念并不是什么"非阶级或超阶级的观点"。只要我们对法治的概念及其作用进行科学的分析，作出符合客观实际的理论说明，法治这一概念的阶级性是可以阐述清楚的，人们是不会对此有所误解的，我们完全可以使用这一概念。

有的同志还指出：虽然我们十分强调工业、科学等的作用，但不能提什么"以工业治国"、"以科学治国"；重视军队的作用，但不能提什么"以军治国"；因此，提"以法治国"也是不科学的。这是一种不恰当的比喻和推论。因为，法律和工业、科学、军队的性质、特点完全不同。法律是集中体现统治阶级意志的、由国家制定（或认可）的，并由国家强制力保证其统一实施的、人们必须严格遵守的行为规则。所谓"以法治国"或"依法治国"（法治），也就是要十分重视运用法律这种行为准则并严格依照它的规定来治理国家的意思。由于法律具有上述那样的性质和特点，因此提"以法治国"和"依法治国"是确切的、科学的。正如叶剑英同志所说，"我们的国家要大治，就要有治国的章程"（《关于修改宪法的报告》），宪法就是治国的总章程，而刑法、民法、诉讼法、组织法、行政法、选举法、经济法、劳动法、婚姻法等，则是每个方面的治国的具体章程。有法才能治国，无法必然乱国。只有运用并严格依照法律这一治国的章程来全面地高度地统一全国人民的思想和行动，国家才能治理好，这是明白易懂的道理。而工业、教育、军队等的情况与法律完全不同。它们既不具有法律那种人人必须遵守的行为规则的性质，也不具有法律那种在政治、经济（包括工业、农业、交通运输、财贸、金融等）、文化、教育、军事等各方面都要统一执行的特点。有些同志完全撇开法律与工业、科学、军事具有完全不同的性质和特点这一前提，只抓住它们对治理国家都有作用这一点，来论证"以法治国"不科学，显然是没有什么说服力的。

有的同志还提出，"法治"的提法过于简单，容易引起人们的误解，因此不宜使用。人所共知，"民主"也只是两个字，而且直到今天人们对它还存在着这样或那样的不同理解，但这并不妨碍我们使用这个概念。还有平等、自由、人权等也是如此。在我国的政治生活中，法制这个词的提出和普遍使用，实际上只是近两年的事情。只要我们通过研究和宣传，对"法治"这个词的准确含义作出科学的规定和阐明，人们对它是完全可以正确地掌握与运用的。

二 "法治"这一概念有没有片面性

有的同志提出，法治的提法和口号有"片面性"，因为它否定了党的领导的作用，否定了党的路线的作用和政权的作用，否定了政治思想工作的作用和共产主义道德教育的作用，否定了生产关系的作用和生产力的作用，等等。总之，认为这一提法是肯定了法律制度的作用，而否定了其他一切，是鼓吹"法律万能"。

首先，从理论上看。要求一个概念和口号的提出应该包括社会生活中的一切，否则就认为这个口号有"片面性"，这种逻辑是不能成立的，事实上也是根本办不到的。任何一个口号都有特定的科学含义、特定的具体内容、特定的适用范围、特定的社会作用，不能要求它概括一切、包罗一切、代替一切。比如，"坚持四项基本原则"是我们今后的长远的一个带有根本性和全局性的口号，但它的含义只是强调了四项基本原则对治理国家的重要意义，而四项基本原则是属于政治与思想这个范畴，并没有包括发展生产这一重要内容在里面。而"实现四个现代化"这一口号则不同，它是从经济方面提出要求，是强调发展生产对建设国家的重要作用和意义。又比如，"加强社会主义民主，健全社会主义法制"，也是一个带根本性和全局性的口号，但它也只是要求解决整个上层建筑领域中一个方面的问题；而"建设社会主义的精神文明"这样的重要口号，则又是从另一个方面提出要求，是强调精神文明对建设国家的重要作用和意义。依此类推，还有"自力更生"、"百花齐放，百家争鸣"等口号，都有它们各自的科学含义和社会作用。如果因为这些口号只是强调了某一个方面的事物、问题的重要作用和意义，就说这些口号有"片面性"，显然是不正确的。每一个概念、每一个口号，都有它自己特定的含义和范围，我们在解释和运用它们的时候，不能任意增加其内涵、扩大其外延。解释和运用法治这一概念和口号也应该是这样。认为提法治就是鼓吹"法律万能"，就是否定了其他东西对治国安邦、建设国家的重要作用，正是违背了科学地解释和运用各种概念、口号的上述基本要求。所谓"法治"，是相对于那种不重视运用法律手段、不严格依照法律规定来治理国家的人治主张而言的，它并不是说除了法律以外，其他东西不能治国，法律是治国的唯一手段。法治的基本含义，就是要善于运用和善于依照体现统治阶级集体意志和根本利益的法律来治理国家；国家的法律和制度应该比较完备，而且是按照严格的程序制定出来的，它一经公布施行，就要保持其连续性、稳定性和权威性；任何机关、团体和公民个人包括国家的领袖人物在内都要严格依法办事；坚持法律面前人人平等。如果一个国家切实做到了以上这些，也就是实现了法治。至于党的领导和党和路线如何重要，如何加强与改善党的领导，如何正确制定和执行党的路线，以及政权建设的重要性、道德和教育的重要性、发展生产的重要性、完善生产关系的重要性等，那是另一个方面、另一个范畴的问题，不能也不应和法治问题混为一谈。法治这一概念，自然包括强调法律与制度对治国安邦具有重要作用这个意思在内，但它并不意味着否定其他工具、其他手段对治国安邦的作用。世界上任何一个单独的事物都不是万能的，法治只是一种（也仅仅是一种）治国的理论、原则、方法，它不应也不能代替任何一项具体工作。法治的对立物是人治，法治所排斥、否定、反对的，不是人的作用、道德和教育等的作用，而是那种认为法律可有可无、权大于法、办事依人不依法、依言不依法的"人治"理论和实践。由此可见，说提倡法治就是提倡"法律万能"，这在理论上、逻辑上都是站不住的。我们认为，上述这些道理，广大干部和群众是不难理解的。事实上，近两年我们的党和国家提倡法治以来，绝大多数人能够正确理解与掌握法治这一概念的基本含义，并没有因此就认为人的作用不重要了，道德和教育的作用不重要了，发展生产和完善生产关系的作用不重要了。至于极少数人对法治这一概念有片面理解，以为只要有了法律和制度，就可以解决一切问题，这种情况与法治这个概念和口号的提出时间还不长，我们对它在理论上正确阐述、在宣传上广为传播还很不够有密切关系。这是属于我们在工作方面的问题，并不是这个概念和口号本身有什么"片面性"。

其次，从历史上看。有的同志说，法治思想最本质的特征是主张"法律万能"，是认为法律的强制手段是治理国家唯一有效的方法。这是不符合历史事实的。就我们所了解的情况来看，历史上提倡法治的人并不主张什么"法律万能"，并不否定国家的领袖人物以及道德与教育等对治理国家具有重要作用。这方面的事实是很多的，我们不妨简单地列举一些材料来证明这一点。比如，亚里士多德鲜明地主张法治，针锋相对地反对柏拉图的"哲人政治"，但他并不否定国家领导人的作用。他就说过："既是贤良政治，那就不会乱法。"又说："我们注意到邦国虽有良法，要是人民不能全部遵循，仍然不能实现政治。"他也不反对道德的作用。他曾提出：一个人应具有一定的物质财富、健康的身体和良好的道德，其中良好的道德是最主要的。我国春秋战国时期代表新兴地主阶级利益的思想家韩非倡导法治，但他同时又主张"法、术、势"相结合；商鞅倡导法治，但他也主张："国之所以治者三：一曰法；二曰信；三曰权。"他也并不否认国君的作用。法国启蒙思想家卢梭是一个资产阶级革命时期的法治论者，但他对教育的作用也十分重视，并专门写了《爱弥尔》（或称《论教育》）一书。

以上事实充分说明，历史上主张法治的人并不否认国家领导人以及道德、教育等对治理国家的重要作用，"法治"这一概念的含义并不是主张什么"法律万能"。同时，中外历史上主张"人治"的人也并不否认法律对治国安邦的一定作用。然而这个事实恰好说明，法治和人治的对立，并不是一个主张"法律万能"、一个主张国家的领袖人物万能。正如我们在前面曾经指出过的那样，法治与人治的对立，就其理论根据这一点来说，法治认为一个国家是否长治久安，第一位的具有决定性意义的因素，不是国家的领袖人物是否贤明，而是法律与制度的有无与好坏；而人治主张则持与此完全相反的观点。有些同志没有能够正确地把握住这一点，把法治主张法律与制度是国家长治久安的第一位的决定性的因素，误解或曲解成法治主张法律与制度是治理国家的唯一的手段和工具。显然，这是两个完全不同的问题，不能混为一谈。

再次，从实践看。我们的国家如果否定法治，实行人治，并不能正确地有效地发挥国家领袖人物的作用，发挥道德、教育的作用。相反，如果我们的国家否定人治，实行法治，局面就完全是另一个样子。1957 年"反右"以前和 1976 年粉碎"四人帮"以后的情况就是很好的说明。下面，我们不妨就这个问题作一些具体分析。

在社会主义条件下，如果实行人治，认为法律可有可无，有法可以不依，凡事由少数领导个人说了算，其结果是长官的个人意志号令一切和指挥一切，从而出现种种不按客观规律办事的弊端；如果实行法治，领导人自己带头严格按照法律和制度办事，就可以保证他们少犯全局性的错误，犯了这种错误也比较容易纠正。

再比如，实行社会主义法治，同加强共产主义的道德教育也是密切相关的。社会主义法治和共产主义道德的一致性，集中地表现在：凡是社会主义法治所禁止的行为，也是共产主义道德所谴责的行为；凡是社会主义法治所鼓励的行为，也必然是共产主义道德所倡导的行为。例如，保护社会主义公共财产，不仅是宪法对公民规定的义务，也是共产主义道德的要求。法治与道德的相互作用，具体表现在：一方面，加强共产主义道德教育，是维护社会主义法治的重要手段，因为一个有高尚的道德观念的人，一定会积极维护社会主义法治；另一方面，社会主义法治一个重要职能就是教育人民，传播共产主义道德，并且通过一定的强制手段，保证那些既体现在法律规范中也体现在道德规范中的行为准则得到切实遵守。制定法的过程，是形成和提高人民共产主义道德意识的过程。在实施法的过程中，结合法的适用，实行公开审判，开展法制宣传，惩罚犯罪活动，制裁违法行为，这对同剥削阶级的旧习惯、旧思想、旧道德观念作斗争，教育和改造违法犯罪者，培养人们的共产主义道德品质，都有极为重要的意义。如果我们的国家不是实行法治而是实行人治，人们无法可循或者有法不依，共产主义的道德教育就根本不可能搞好。以上这一切，都是建国三十多年以来正反两个方面的经验教训所一再证明了的。

三　实行法治同坚持四项基本原则是否矛盾

有的同志认为，我们治理国家主要依靠坚持四项基本原则，法治的口号同它是矛盾的，所以不能用。我们认为，这种看法是不正确的。要治理好一个国家，涉及政治、经济、文化等各个方面，问题又十分复杂，因此，治理国家的原则不应该是一个，而应该是很多。"法治"是一项治国原则，但并不是说治国只能有这一项原则。坚持社会主义道路，坚持人民民主专政（无产阶级专政），坚持党的领导，坚持马列主义、毛泽东思想，是治国的四项基本原则，但也并不是说治国只能有这四项基本原则，不能有任何别的治国原则。"以法治国"的口号同"坚持四项基本原则"的口号不仅不矛盾，而且相得益彰。无论从理论还是从实践看，实行法治大大有利于坚持四项基本原则；如果实行人治，则完全不利于四项基本原则的贯彻实施。

实行以法治国与能否坚持社会主义道路是密切配合在一起的。1954年，毛泽东同志在谈到我国宪法的原则时指出："原则基本上是两个：民主原则和社会主义原则。"又说："用宪法这样一个根本大法的形式，把人民民主和社会主义原则固定下来，使全国人民有一条清楚的轨道，使全国人民感到有一条清楚的明确的道路可走，就可以提高全国人民的积极性。"毛泽东主席在这里所讲的我国宪法的基本原则，也就是我国社会主义法治的一项基本原则。坚持社会主义道路像一条红线贯串在我国全部社会主义的法律和制度中。社会主义法是建立、巩固和发展社会主义生产关系的重要工具。在我国，社会主义法曾为剥夺地主、官僚资产阶级的财产，建立社会主义的国营经济和合作社经济服务，为限制、利用和改造资本主义工商业和农业、手工业的社会主义改造服务。生产资料私有制的改造基本完成以后，法制保护生产关系的突出作用，就是保护社会主义公有制、"各尽所能、按劳分配"的原则以及社会主义生产中人与人的合理关系得到不断巩固、发展和完善；就是保卫社会主义的生产关系和公共财产不受侵害。社会主义经济制度的产生和发展有它自身的客观规律性，我们要正确认识与掌握这一规律性，单凭一两个领导者的个人智慧是不行的，而是要依靠全党和全国人民的集体智慧。只有依靠这种集体智慧求得对社会主义生产关系不断发展与完善的科学认识，并形成法律与制度，使之成为统一全党和全国人民思想和行动的准则，才能保证我们的国家沿着社会主义道路健康地发展。这一点，只有实行法治才能切实做到。如果我们的国家不是实行法治，而是处于那种认为法律可有可无、有法可以不依、凡事由少数领导者个人说了算的状态，国家就不可能沿着社会主义道路胜利地前进，就会左右摇摆，就会出现那种貌似革命而实则极"左"的严重弊病，把社会主义的经济制度搞得混乱，从而大大影响社会生产力的发展。

实行社会主义法治同坚持人民民主专政（无产阶级专政）也是相互依存、相辅相成的。它们之间的关系，概括起来就是：人民民主专政决定社会主义法治的性质和内容，社会主义法治则是实现人民民主专政的有效手段。人民民主专政包括对人民实行民主、对敌人实行专政这样两个方面。实行"以法治国"，既有利于发扬人民民主，也有利于加强对敌专政。无产阶级在领导广大人民群众夺取了政权、争得了民主以后，应该运用社会主义法制的形式，将这个胜利成果加以记录，予以承认，给以保障。人民需要法律，首先就是为了保护自己的民主权利。在社会主义条件下，为了切实保障和充分发扬人民民主，需要运用宣传教育、道德规范、党的政策等工具和手段，但是，运用法律和制度来保障人民民主具有特别重要的意义。因为法治具有行为规范的特性、国家意志的特性、强制执行的特性，这些特性是思想教育、道德规范、党的政策所不具有或不完全具有的。法治正是通过它的这些特性来发挥对人民民主的保障作用。社会主义民主的各个方面，公民的各项民主权利和自由，只有通过宪法和各方面的具体法律，把它们一条条、一项项明确地肯定下来，使之条文化、具体化、规范化，广大人民群众才能清楚地知道自己究竟享有哪些民主权利，才能充分调动他们的积极性，才能指导他们正确地运用这些权力去管理自己的国家。对各级国家机关和广大干部来说，只有做到民主制度化、法律化，才能使他们明确地、具体地知道，自己应该如何发扬人民民主，应该如何按照民主集中制原则进行活动，应当怎样尊重人民的民主权利，自己应该具有什么样的民主作风，怎样依靠广大群众做好各项工作。同时，民主一经制度化、法律化，发扬人民民主也就变成了国家意志，任何单位和个人毫无例外地应该遵照执行。无论谁破坏社会主义民主，都是违背国家的意志，违背全体人民的意志，都是违法行为；国家和人民就可以运用法律的强制力，对任何破坏民主的行为予以追究，给以各种形式的制裁。这一切说明，发扬人民民主是不能没有法治的。

再从加强对敌专政来看。只有实行以法治国，才能严格地运用比较完备的法律和制度，最准确有效地识别敌人、打击敌人、制裁敌人、改造敌人。对敌专政同非法专横是不相容的。"对敌狠"，并不是说可以胡来。对敌人，要依照法律规定的程序进行惩治，要依照法律的规定定罪量刑，要依照法律的规定对敌人实行改造，做到既准确又合法。建国以来的经验教训充分表明，是否实行以法治国，同能否坚持人民民主专政是息息相关的。在"文化大革命"期间，林彪、江青反革命集团大搞封建专制主义的"人治"，在理论上把健全社会主义法制同加强人民民主专政对立起来，在实践上疯狂地践踏社会主义法制。他们非法专横，想抓谁就抓谁，想专谁的政就专谁的政，为所欲为，无法无天，结果是把人民民主专政变成了赤裸裸的封建法西斯专政。这一教训难道还不深刻吗?!

实行以法治国同坚持党的领导也是密切相关的。以法治国要有党的领导，党的领导也必须通过以法治国才能更好地实现。社会主义的法律是党领导制定的，是党的路线、方针、政策的定型化、规范化、条义化。党通过领导国家的立法机关、司法机关和行政机关，制定、贯彻和执行法律，把阶级的意志上升为国家的意志，并且运用国家强制力保证其实施，这正是巩固与加强党的领导，而绝不是降低或削弱党的领导。我们的党是执政党，这种领导地位得到了宪法的认可与保障。我国宪法第2条规定："中国共产党是全中国人民的领导核心。工人阶级经过自己的先锋队中国共产党实现对国家的领导。"因此，任何人反对党的领导，都是违反宪法的。但是，党对国家的领导如果没有法律来作出明确的、具体的、详细的规定，党就领导不好国家。无规矩不能成方圆，有法才能治国，无法必然乱国。毛泽东主席说："一个团体要有一个章程，一个国家也要有一个章程。"宪法就是治国的一个总章程，而各项具体法律则是治理国家的具体章程。只有依靠一套比较完善的、具有极大权威的治国章程来领导广大人民群众治理国家，才能增强自觉性、预见性，减少盲目性、随意性；增强稳定性，避免不稳定性；才能保证整个庞大而复杂的国家机器按照统一轨道精确而有效率地进行运转。以法治国要求党的任何组织与个人，从党中央总书记到每个普通党员，都要严格依法办事，是为了使法律得到统一而严格的执行，这不是否定和削弱党的领导，而正是为了维护和加强党的领导。可是在一个相当长的时期里，由于否定法治，主张人治，不少同志蔑视和轻视法律，以为党的组织和领导人严格依法办事是限制和削弱了党的领导，以为不运用法律和制度去治理国家，而是以党代政、以言代法，事无巨细一律都凭党的各级组织和领导人直接发号施令，那才是体现了党的"绝对"领导，这不能不说是我们的党还缺乏统治经验的一种表现。这样做的结果，只能损害党的领导作用的发挥和领导地位的巩固，只能削弱人民群众对党的工作、党的干部和党员的监督，危害党的健康肌体。

党要以马列主义、毛泽东思想武装全国人民，要运用它指导各条战线的工作。但是，马克思主义不是法律，也不能代替社会主义法治。林彪、江青反革命集团的重要头目康生叫喊什么，哪有这个法、那个法，"马克思主义就是根本大法"。这是极其荒谬的。马克思主义是一种科学真理，只属于思想领域的东西。我们只能通过宣传教育，让人们接受马克思主义，而不能用强制的方法，使人们信仰马克思主义。法律则不同。法是统治阶级意志被上升为国家意志的、以国家强制力保证其实施的、人人必须遵守的行为规范。任何人违法犯罪都要受到制裁。因此，马克思主义与社会主义法治是两个范畴的东西，不能混为一谈；也绝不可以用马克思主义代替社会主义法律。那种以为既然有了马列主义、毛泽东思想作指导，也就用不着再有社会主义法律的观点是极其错误的。我们说，不能强迫人们信仰马克思主义，丝毫不是意味着可以允许人们肆意诋毁、攻击马克思主义。因为这是两个含义与性质完全不同的问题，不能混为一谈。

坚持马克思列宁主义、毛泽东思想，作为四项基本原则之一，已经明确地规定在我国宪法的序言中。宪法的这一规定，是完全合理和不可动摇的。如果谁要动摇这一基本规定，谁就是站在极其危险的道路上。谁要肆意谩骂、攻击、诋毁马克思主义，谁就是公然违背了我们国家的根本大法，我们就要根据各种具体情况，进行必要的制裁。我国宪法和各项具体法律包括刑法、民法、诉讼法、经济法、婚姻法等的制定、贯彻和执行，都是以马克思主义作为指导思想。在一定意义上可以说，马列主义、毛泽东思想是我国社会主义法治的灵魂，而社会主义法治则是马列主义、毛泽东思想的一个方面（不是全部）的具体体现和具体实施。因此，以法治国绝不会贬低或削弱马克思主义的地位和作用，而是能更好地巩固和维护它在治理国家中的地位，提高和发挥它在革命和建设中的作用。马列主义、毛泽东思想既是人民革命实践经验的科学总结，又是指导人民革命斗争实践的理论武器。在马克思主义指导下，在总结实践经验的基础上，制定出政治、经济、文化、教育、军事、外交等各个方面的法律、规章和制度，作为人们的行为准则，并保证全国上下一体遵行，就可以更正确、稳定、全面、有效地发挥马克思主义对指导人民革命斗争实践的伟大作用。相反，如果不搞法治搞人治，国家无法可循或者有法不依，凡事由少数领导者个人说了算，马克思主义对人民革命斗争实践的指导作用只能受到损害。建国以来正反两方面的经验教训也充分证明了这一点。

通过上述分析，可以清楚看出：坚持四项基本原则，是实行社会主义法治的根本指导思想，并为社会主义法治提供了政治基础、指明了前进方向，实行以法治国则是坚持四项基本原则的重要手段和可靠保障。它们都是治理国家不可离开的重要原则。人为地把"坚持四项基本原则"同"实行社会主义法治"这两个口号对立起来，不论在理论上还是实践上都是极为有害的。

四　"法制"为什么不能代替"法治"

有的同志提出，我们既然有了"健全社会主义法制"这一口号，也就用不着再提什么"要实行社会主义法治"这样的口号了。我们认为，这一理由也是不能成立的。因为，"法制"与"法治"是两个既有密切联系，又有重大区别的概念，不能混为一谈。"法治"这一概念的作用是"法制"这一概念所不能代替的。

那么，什么是法制呢？我们法学界现在正在进行讨论，还没有取得一致的意见。虽然大家的看法并不完全相同，然而有一点是绝大多数的人都能接受的，那就是"法制"是指法律制度；或者说，"法制"是法律制度的简称。人类自进入阶级社会以后，有了法律，也就有了法律制度。任何一个国家的任何一个历史时期，都有自己的法律制度。历史上，有过奴隶主阶级的法制、封建主阶级的法制、资产阶级法制和社会主义法制。所谓法律制度，既包括各种法律，也包括与法律的制定、执行与遵守有关的各项制度在内。前者包括宪法以及刑法、民法、诉讼法、婚姻家庭法、行政法、劳动法等部门法（又有成文法与不成文法即习惯法之分），后者则包括立法制度与司法制度。司法制度中又有审判制度、检察制度、律师制度、劳改制度，等等；审判制度中又有公开审判、合议、陪审、回避、辩护等制度。此外，贯穿在整个法律制度之中的，还有各项法制原则，如法制的民主原则、平等原则、独立审判原则、人道主义原则，等等。所谓"法制"，也就是上述这些法律与制度的总称。因此，"法制"这个概念的内涵是十分丰富的，外延是十分广阔的。我们通常所说，"要健全社会主义法制"，意思就包括了要健全所有这些法律与制度在内。

　　法治与法制不同。其区别主要表现在以下几个方面：第一，法律制度属于制度这个范畴。它同一个国家的政治制度、国家制度、经济制度、军事制度、文化制度、教育制度等，是属于同一种类、同一系列的概念，是相对于这些制度来说的。"法治"则不一样。它是一种（仅仅是一种）治国的理论、原则和方法，是相对于"人治"这一治国的理论、原则和方法来说的。在政治法律思想史上或法理学上，无论过去或现在，法治与人治始终都是作为一组对立物而出现的。因此，法制与法治是属于两个不同范畴的概念。第二，作为一种治国的理论，法治与人治的根本对立在于，法治认为一个国家能否兴旺发达、长治久安，具有决定性意义的因素，是整个法律与制度的好坏，而不是少数几个国家领导人是否贤明；人治的理论则恰好与此相反。作为一种治国的原则与方法，实行法治的主要标志，是一个国家要有比较完善的法律与制度；并且特别强调，任何国家机关、社会团体或公民个人，包括国家的最高领导人在内，都要遵守法律，严格依法办事。这同那种认为法律可有可无、有法可以不依、凡事由少数领导者个人说了算的人治是有原则区别的。这些，是"法治"这一概念的最基本的含义。"法制"的基本含义则与此不同，这已如前述。因此，"法制"与"法治"这两个概念，其内涵与外延都不一样。第三，任何一个国家的任何一个历史时期都有它自己的法律制度，但不一定都是实行法治。一个国家的治理，即使是人治的理论、原则和方法占据着统治的、支配的地位，也仍然有它自己的一定的法律制度。比如，在希特勒统治德国和蒋介石统治中国的时期，有它自己一定的法律制度，但绝不能说那时也是实行法治。由此可见，"法制"与"法治"是两个不同的概念，各有自己特定的科学含义，也各有自己特殊的社会作用。两者是不能等同的，也是不能相互代替的。

当然，这绝不是说，"法治"与"法制"这两个概念彼此毫不相干，相反，它们是密切地联系在一起的。从严格的意义上讲，法治这一治国的理论、原则和方法的提出，就是直接地为建立、健全和完善一定的法律制度服务的。社会主义法制的建立、健全和发展，需要有各种正确的理论与原则作为它的指导思想。辩证唯物主义的宇宙观与方法论，马克思主义的上层建筑与经济基础相互关系的学说、国家学说、阶级斗争学说、两类矛盾学说等，都是社会主义法制建设不可缺少的正确指导思想。

法治的理论与原则也是其中之一。建国以来正反两方面的经验表明：如果坚持法治的理论与原则，社会主义法律制度的建设，就前进、就兴旺发达；如果否定法治的理论与原则，社会主义法律制度的建设，就倒退、就衰败没落。

历史上，法治与人治的论争及其对社会政治、经济、文化生活的广泛、巨大而深刻的影响，是一个客观存在；在各个不同的历史时期，法治的主张总是代表着一定的进步力量的利益，反映着当时社会进步的要求，也是难以否认的事实。法治这一治国的理论与原则之所以被人们反复提出来，并用以指导、影响、推动法制建设的实践，绝不是某些人心血来潮的产物和凭空创造，而是有它自身存在的合理性和社会价值。在社会主义时期，人们之所以极力倡导法治，情况也是这样。今天，在我国，越来越多的人强烈地主张法治，反对人治；法治的主张已经开始深入人心。这一事实本身就雄辩地证明，"以法治国"的口号具有强大的生命力，它是不会从20世纪80年代社会主义中国的政治生活和思想领域中被摒弃、被抹掉的。

后记：

本文刊载于《法学研究》1982 年第 2 期，目的是回答法治与人治论争中"取消论"一派的种种论据。对法治概念和以法治国口号与方针的责难和疑虑，在理论和实际工作者中直到今天也并没有完全解决和消除。1996 年 3 月八届人大四次会议提"法制国家"到 1997 年 9 月党的十五大改提"法治国家"就是一个例证。中国关于法治与人治的论争，在日本和苏联都有影响，如日本京都大学针生诚吉教授曾摘要翻译本文在课堂上组织学生讨论，认为本文是中国"法治论"一派的代表作。

依法治国的理论根据和重要意义

在我国，实行依法治国，并不是哪些人的心血来潮，也不是某种权宜之计，而是历史发展的客观规律，是社会进步的现实要求，是人类文明的重要标志，是全国人民的共同愿望。这可以从如下四个方面进行具体分析。

一　依法治国是实行市场经济的客观要求

依据马克思主义的基本原理，上层建筑最终是由经济基础决定，并必须也必然为经济基础服务。我国现在实行的市场经济，既为依法治国提供了现实的经济条件，也为实行这一方针提出了客观要求。社会主义市场经济同我国古代的自给自足的自然经济以及我国曾经实行过的计划经济，它们和法律制度的相互关系有着根本的区别。市场经济只能是法治经济。市场经济的本质特点和内在规律必然要求以法治国。

与生产力水平低下和社会分工不发达相适应的自然经济，其经济活动特点是自给自足。这种经济活动的单一性决定了复杂与完备的经济法律规范没有产生的客观条件和需求。这种经济关系通过和运用宗法伦理、道德规范和传统习惯就完全可以调整和维系。自然经济条件下的农民在政治上也不可能提出民主与法治的要求，而必然把自己和家庭的命运寄希望于国家出现少数明君贤相。计划经济是建立在经济主体之间具有隶属关系，其特殊的物质利益被忽略，经济自身的价值规律、竞争规律等不被尊重的基础上的行政经济，维系这种经济关系的主要方法是行政手段。在计划经济体制下，由于经济权力的高度集中以及伴随而来的政治权力的高度集中，计划就是法律，法律手段本身也丧失了独立的品格，其作用是十分有限的。因此，计划经济在本质上"不是权利经济"而是"权力经济"，它内在地、本能地要求人治而不是法治。

市场经济是一种以交换为基础的经济形式，一切经济活动和行为都要遵循价值规律，各种生产要素都要作为商品进入市场，通过竞争机制和价格杠杆的作用，实现各主体之间平等、自由的交易和各类资源的优化配置。市场经济是建立在各经济主体具有自主性和平等性并且承认其各自物质利益的基础之上，利益主体多元化、经济产权明晰化、运行机制竞争化、市场行为规范化、宏观调控科学化是它的主要特征。这种具有自主、平等、诚信、竞争等属性的经济形态，除了依赖经济规律来运作，同时又主要依赖法律手段来维系，它必然从客观上要求法律的规范、引导、制约、保障和服务。社会主义市场经济建立和完善的过程，实质上是经济法制化的过程。具体表现在：（1）市场主体的资格、它们之间的平等地位，需要依法确立。市场主体多元化所产生的复杂的产权关系和产权的经常性的流动和重组，需要法律规则加以规范和明确。市场经济的微观基础是政企分开、自主经营、自负盈亏的企业，企业是独立的商品经营者。市场经济条件下法律的主要任务之一，是确认和保护各类市场主体人格独立，确认和保护他们意志的自由，确认和保护他们地位的平等。（2）市场主体行为以及各主体在经营、交换中彼此的权利和义务需要法律的规范和保障。通过规定人们的法定权利和义务来调整社会关系，是法的一个基本特征。市场经济是一种权利经济，是以权利为本位，企业的义务由其所享有的权利所派生。如果说在计划经济体制下，经济主体是义务主体，那么在市场经济体制下，经济主体就应成为权利主体。市场经济行为的自主性、平等性、竞争性、契约性，必然要求运用法律手段来规范和保障经济主体在交换、经营中的权利义务关系，以维系市场经济的正常运行，保证意思自治、交易公平、竞争平等、经营正当。（3）统一的市场规则、有序的市场活动，需要依法确认和保障，以建立公正的市场法律秩序。优胜劣汰是市场经济的客观需要，也是它的自然法则。市场经济作为竞争性的经济形态，它在合法运作与公平竞争的同时，也会出现种种非法运作和不公平竞争，如投机倒把、坑蒙诈骗、假冒伪劣、权钱交易、地区封锁、行业垄断，以至行贿受贿，等等，这些只有通过法律手段才能预防和消除。法的规范性、明确性、公开性、公正性、稳定性、权威性等特性，使法律在规范市场活动中具有其他手段都无法替代的功效。（4）健全的经济宏观调控系统需要法律的建立、完善和保障。市场经济具有自发性和盲目性的特点，这是其自身的弱点和消极面。当今世界各国的现代市场经济，加强了国家对经济的宏观调控是其重要特点之一。以公有制为主体的社会主义市场经济在宏观调控上有强大的物质基础，它有必要也有可能运用宏观调控来解决市场经济的自发性和盲目性，以保持经济总量的基本平稳，促进经济结构的优化，调节好种种利益关系，引导国民经济持续、快速、健康的发展，生态环境的有效保护，推动社会的全面进步。法律手段可以保证宏观调控的客观性、科学性和稳定性，这是行政手段难以做到的。（5）社会保障体系需要依靠法律手段建立和完善。市场经济条件下的自由竞争，必然导致一些企业的破产和部分劳动者的失业，两极分化的趋势也不可完全避免。因此建立社会保障体系，包括医疗保险、养老保险、失业保险、工伤保险等制度，以保障劳动者的基本生活需要，减轻企业负担，促进产业结构调整，提高企业竞争力，保障社会安定，都是十分重要的。这比计划经济条件下的社会保障体制情况复杂，也需要有法律手段调整。

此外，对外开放是我国的一项既定国策。在今天世界经济一体化的趋势和格局下，我国的经济必须参与国际大循环，必须成为国际市场的组成部分，必须扩大对外贸易，引进先进技术和国外资金，开展科技文化的广泛交流。这就要求我们一定要有健全的法律制度，要求我们的法律按国际经贸和民商事领域的国际惯例和国际通行的规则办事，这是行政手段无法做到的。

二　依法治国是建设民主政治的基本条件

民主与法制是密切联系在一起的。概括地说，民主是法制的前提和基础，法制是民主的确认和保障。在我国，国家的一切权力属于人民，政府的一切权力都是人民所赋予，人民的各种经济、政治、文化以及人身人格权利应当得到充分的保障。在现代，通过法律保障人民主权原则的实现，已成定理。在我国，12 亿人民怎么当家做主呢，绝不可能人人都去执掌政权，而只能通过自由公正的选举产生政权机关，代表人民行使权力。为了保证这种权力的行使能符合人民的利益，根本的办法就是通过制定和实施体现人民意志和利益、符合社会发展规律的法律，并保证这种法律具有极大的权威，来确保政府为人民服务、为公众谋利益。在这种情况下，政权机构严格依法办事，就是体现了人民当家做主。

在国家和社会生活中，人民的主人翁地位，公民的各种权利，没有完备的具有极大权威的法律予以全面确认和切实保障，是根本靠不住的。十年"文革"的悲剧就充分说明了这一点。

当时，人代会有十年之久没有召开，宪法这一根本大法成了一张废纸，广大人民群众的各种权利遭到践踏是必然的结局。鉴于这一教训，邓小平同志十分重视运用法律手段来保护公民的民主权利，他提出："为了保障人民民主，必须加强法治。必须使民主制度化、法律化，使这种制度和法律不因领导人的改变而改变，不因领导人的看法和注意力的改变而改变。"① 在法制健全的条件下，公民权利的行使可以得到有效的保障；公民的权利如果遭到侵犯，也可以得到有效的救济。

权力不受制约，必然腐败；绝对的权力，绝对的腐败，这是一条铁的规律。因此，国家的权力必须受制约。首先，国家权力要受法律的制约。人民通过宪法和法律分别赋予各类国家机关立法权、行政权、司法权、监督权等，这既是一种"授权"，即国家权力的获得有了合法性；同时，这也是一种"限权"，即国家机构只能在宪法和法律赋予它的范围和限度内行使自己的权力，超越权限行使权力就是违法。可以设想，如果没有健全的法制，不通过法律对国家机构的权限加以设定，它就可能拥有绝对的无限的权力而使人民遭殃。其次，是以权力制约权力。我国的公检法三机关的相互合作与制约，就是一种比较好的完整的权力相互制约的机制。立法、行政与司法机关相互之间，各机构内外、上下、左右之间，都应建立某种权力相互制约机制。再次，是以权利制约权力。公民可以通过自己所应当享有的选举权、参政权、议政权、罢免权、监督权，来开展对国家政

① 《邓小平文选》第 2 卷，人民出版社 1994 年 10 月第 2 版，第 146 页。

权机关行使权力的监督，其形式和渠道是多种多样的。这后两种制约也需要通过法律加以制度化、规范化。建立强有力的监督机制是建设法治社会的重要一环，是以权力制约权力和以权利制约权力的基本形式。现在，我国这样的法律监督体系正在建立与健全的过程中，它包括权力机关的监督、执政党与民主党派的监督、政协和其他社会团体的监督、国家专门机关（检察系统、行政监察系统、审计系统等）的监督、广大群众和新闻舆论的监督，以及国家机构内部和上下左右的相互监督。完善这一监督体系，是防止权力滥用、政府腐败、干部变质最有效的办法和出路之一。

社会主义民主政治建设的关键，是加强和改善党的领导。实行依法治国是加强特别是改善党的领导的根本途径和可靠保障。只有依法治国，才能克服和消除"以党治国"的弊端。对于后者，邓小平同志早在1941年《党与抗日民主政权》一文中就已作出了最深刻的说明。他指出："有的同志误解了党的领导，把党的领导解释为'党权高于一切'，遇事干涉政府工作，随便改变上级政府的法令，不经过行政手续，随便调动在政权中工作的干部，有些地方没有党的通知，政府法令行不通，形成政权系统中的混乱现象。甚至有把'党权高于一切'发展成为'党员高于一切'者，党员可以为非作歹，党员犯法可以宽恕。……结果群众认为政府是不中用的，一切要决定于共产党，政府一切法令都是共产党的法令，政府一切错误都是共产党的错误，政府没有威信，党也脱离了群众。这实在是最大的蠢笨。"邓小平这段十分精辟的论述，今天仍有现实意义。改变这种状况的办法，就是要彻底改变党政不分、以党代政的弊端，充分发展社会主义民主，善于把党的政策与主张通过严格的民主程序变为法律而上升为国家意志，治理国家由主要依靠政策转变到主要依靠法律。总之，就是实行以法治国。

三　依法治国是人类社会文明的重要标志

在中外历史上，从字源看，"法"字一出现就具有正义、公正等含义。中国古代，"法"字象征一种可以判明是非曲直和正义与否的独角兽；西方古代，人们就已经把"法"看作是一手拿宝剑、一手拿天平的正义之神。法并不是阶级斗争的产物，而是根源于人类社会生活本身所始终存在的主要矛盾，包括个人与社会（含个人与他人、个人与群体）、秩序与自由的矛盾。法作为一种普遍性的社会规范，它的产生和存在，正是为了合理解决这些矛盾，使其和谐与协调，从而维护社会正义，推动社会进步。法的阶级性并不是法的本质，而是法的本质的异化。法应当是平等地属于人类社会的每一个人，是人类共同创造的文明成果，是人们希冀运用它来促进物质文明与精神文明的进步而为全人类的共同利益服务的工具。每一历史时代，法的内容与形式以及法的精神，都同该时代的物质文明与精神文明息息相关，密不可分，彼此适应，是该时代人类文明发展水平的综合性标尺。一部由低级状态向高级状态演变的法律制度和思想史，是整个人类文明由低级状态向高级状态发展历史的一个缩影。当然，理想和现实是有矛盾的。在阶级社会中，法律往往为在经济上因而也在政治上占统治或优势地位的阶级所利用，为其狭隘的一己的私利服务。但是，我们既是现实主义者，也是理想主义者，如果我们不承认法律应当是平等地属于全人类，应当是人类的共同财富和平等地对待每一个人，我们又有什么根据和理由，去批判奴隶制和封建制法律的不合理性，去批判当代诸如前南非种族主义法律的非正义性呢？

法制文明属于制度文明的范畴。我国现代化事业的宏伟目标，是建设一个富强、民主、文明的社会主义国家。这里所说的"富强"，即物质文明，是指社会生产力发展水平的极大提高和人民物质生活需求的极大满足。"文明"是特指精神文明，包括社会文化、教育、科技事业的高度发展和人们文化科学与思想道德水准的极大提高。这里所说的"民主"，从广义上说，包括法制在内。民主与法制是属于制度文明的范畴。在现今的历史条件下，家长制、一言堂、搞特权、权大于法、政府权力不受任何制约、公民权利得不到有效保障，当然是不文明的。一个社会如果没有法律，要么专制主义盛行，要么无政府主义猖獗，自然也是不文明的。

在物质文明和精神文明的建设中，法律有其特殊的功能。法律的制定和实施，集中了人民的智慧，反映了人民的愿望，较之个人独断专行无比优越。法律能反映事物的发展规律，少数人决定问题难免主观臆断。依法治国就可以保证两个文明的建设高效而持续地得以发展。我们要铲除封建主义残余思想的影响，要抵制拜金主义、享乐主义的渗透，要消除腐朽生活方式的侵蚀，除了思想教育，法律应是最重要的手段。

四　依法治国是实现国家长治久安的根本保证

法治与人治的对立和论争，在中外历史上已经存在几千年。作为一种治国的理论，两者的对立与争论主要是集中在这样一个问题上，即国家的长治久安关键是要依靠一两个好的领导人及其威望，还是主要应寄希望于建立一个有权威的良好的法律和制度。古希腊亚里士多德主张"法治优于一人之治"，他的老师柏拉图却认为，国家的治理好坏与长治久安主要在于是否有一个好的"哲学王"当政。这是两种完全不同的看法。中国古代法家倡导以法治国，反对儒家的"为政在人，其人存则政举，人亡则政息"的人治主张，在理论上也是围绕上述问题展开论争的。历史已经证明，在当时的具体条件下，法治主张代表了先进阶级、阶层和开明政治家改革社会的要求和愿望，其法治优于人治的论据也是科学的、合理的。

在我们党和国家的历史上，对于这个问题的认识，曾经历过一个曲折的过程。半个世纪前，毛泽东同志在延安回答黄炎培先生提出的共产党在执掌全国政权后怎样才能跳出"其兴也勃焉，其亡也忽焉"的历史周期率这一问题时，曾经正确地指出："我们已经找到新路，我们能跳出这个周期率。这条新路就是民主。只有让人民来监督政府，政府才不敢松懈。只有人人起来负责，才不会人亡政息。"[①]建国后到1956年这一时期，民主与法制建设发展顺利，成就显著。但是由于国际与国内的复杂原因，自1957年后，"左"的指导思想与方针开始抬头并愈演愈烈，因而，导致民主与法制不健全，终于成为十年"文革"这场历史性悲剧得以发生和发展的根本条件。当时，法治思想削弱，人治思想上升，突出表现在1958年8月在北戴河召开的协作区主任会议上。毛泽东说，公安法院也在整风，法律这个东西没有也不行，但我们有我们这一套，还是马青天那一套好，调查研究，就地解决问题。毛泽东还说，不能靠法律治多数人。民法刑法那

---

① 黄炎培：《延安归来》，重庆国讯书店1945年7月版。

么多条谁记得了。宪法是我参加制定的，我也记不得。韩非子是讲法治的，后来儒家是讲人治的。我们的各种规章制度，大多数，百分之九十是司局搞的，我们基本上不靠那些，主要靠决议，开会，一年搞四次，不靠民法、刑法来维持秩序。人民代表大会、国务院开会有他们那一套，我们还是靠我们那一套。刘少奇提出，到底是法治还是人治？看来实际靠人，法律只能作为办事的参考。①

　　1978 年党的十一届三中全会以来，邓小平同志总结了国际和国内正反两方面的经验教训，就如何才能保证国家的长治久安和兴旺发达，发表了一系列精辟的见解和科学的论断。他在 1978 年 8 月《党和国家领导制度的改革》这篇极为重要的讲话中指出："我们过去发生的各种错误，固然与某些领导人的思想、作风有关，但是组织制度和工作制度方面的问题更重要。这方面的制度好可以使坏人无法任意横行，制度不好可以使好人无法充分做好事，甚至会走向反面。即使像毛泽东同志这样伟大的人物，也受到一些不好制度的严重影响，以致对党对国家对他个人都造成了很大的不幸。"他接着指出，由于毛泽东同志"没有在实际上解决领导制度问题以及其他一些原因，仍然导致了'文化大革命'的十年浩劫。这个教训是极其深刻的。不是说个人没有责任，而是说领导制度、组织制度问题更带有根本性、全局性、稳定性和长期性。"② 邓小平同志在不同场合从不同角度曾一再反对和批判那种把一个国家的前途和命运寄托在一两个人的威望之上的人治思想。如 1988 年他说："我有一个观点，如果一个党、一个国家把希望寄托在一两个人的威望上，并不很健康。那样，只要这个人一有变动，就会出现不稳定。"③ 1988 年他又强调："一个国家的命运建立在一两个人的声望上面，是很不健康的，是很危险的，不出事没问题，一出事就不可收拾。"④ 不久，他又指出："我历来不主张夸大一个人的作用，这样是危险的、难以为继的。把一个国家、一个党的稳定建立在一两个人的

---

　　① 转引自全国人大常委会办公厅研究室编著《人民代表大会制度建设四十年》，中国民主法制出版社 1991 年版，第 102 页。

　　② 《邓小平选集》第 2 卷，人民出版社 1994 年版，第 333 页。

　　③ 《邓小平选集》第 3 卷，人民出版社 1994 年版，第 272—273 页。

　　④ 《邓小平文选》第 3 卷，人民出版社 1994 年版，第 311 页。

威望上，是靠不住的，很容易出问题。所以要搞退休制。"① 他在回答一意大利记者的问题时指出，我们今后可以防止"文革"悲剧重演，办法就是"认真建立社会主义的民主制度和社会主义法治"②。这是邓小平同志关于健全民主与法治的理论基础和指导思想，是他的民主与法治思想的精髓和灵魂。这是一个在国际共产主义运动史上，在理论与实践两方面都长期没有能够解决的问题，是邓小平同志科学地深刻地作了回答。很显然，如果这一指导思想不明确，所谓发展民主与健全法制就只能是一句空话。

早在 1988 年 9 月 26 日，刚刚上任的江泽民总书记在中外记者招待会上就曾郑重宣布和庄严承诺："我们绝不能以党代政，也绝不能以党代法。这也是新闻界讲的究竟是人治还是法治的问题，我想我们一定要遵循法治的方针。"今年 2 月 8 日，在中共中央举办的"中央领导同志法制讲座"上，他又指出："加强社会主义法制建设，依法治国，是邓小平同志建设有中国特色社会主义理论的重要组成部分，是我们党和政府管理国家和社会事务的重要方针。"今年 3 月召开的八届人大四次会议通过的一系列重要文件，又以国家最高权力机关的名义，明确确定了"依法治国，建设社会主义法制国家"这一根本方针和奋斗目标。它标志着我国实行依法治国进入了一个新的发展阶段。如果我们能够沿着这一正确方向和道路坚定不移地走下去，把我国建设成为一个"富强、民主、文明的社会主义国家"这一宏伟目标和理想，就一定可以实现。

后记：

本文刊载于《人大工作通讯》1996 年第 11 期。1997 年 9 月中共十五大报告对依法治国的重大意义作了如下概括："依法治国，是党领导人民治理国家的基本方略，是发展社会主义市场经济的客观要求，是社会文明进步的重要标志，是国家长治久安的重要保证。"这四条同本文所作的概括是相同的。其中"党领导人民治理国家的基本方略"实际上讲的也是民主政治。

---

① 《邓小平文选》第 3 卷，第 325 页。
② 《邓小平文选》第 2 卷，第 348 页。

现代法的精神论纲

一　法的精神的一般特征

法的内容、法的形式和法的精神，是构成法的三个基本要素。如果说，法的内容是法的骨骼和血肉，法的形式是法的结构和外表，那么，法的精神就是法的神经中枢和灵魂。

法的精神似乎看不见、摸不着，但它是客观存在的。它集中体现在法的内容上，同时在法的形式上也有体现。有时候，人们自觉地运用法的精神去观察与解释法律现象，去指导法的制定与实施；有时候，人们则是不自觉地在法学研究和立法与司法实践中运用它。

法的精神集中反映在立法旨意和法律原则中，无论是封建专制主义的君主"一言立法，一言废法"，还是寡头政治的极少数决策者制定的法律，都会这样那样地表现出该国家的立法旨意，反映出该时代的法的精神。现时代，在代议制民主的立法活动中的法律辩论，往往集中在对法的精神的不同理解与处理上，有时候还通过立法者的"法律说明"等方式，用文字的形式表现出该国该时代的法的精神。在以宪法为核心，以民法、刑法、行政法、诉讼法等法律为主体的法的体系中，一系列法律原则集中体现出一个国家一个时期法的精神。

法的精神这一概念的内涵与外延，是十分丰富和宽泛的。人们可以从不同层面和不同角度运用它。但是它的中心思想或主要内容涉及五个方面的问题，并须正确处理这五个方面的关系：（1）法律与人类的关系；（2）个人与社会的关系；（3）利益与正义的关系；（4）效率与公平的关系；（5）权利与义务的关系。所谓法的精神，就是法律应当和是否在处理上述五个基本的关系上，作出既符合事物的本性和规律，又体现人类一定历史发展阶段的时代精神的正确选择。

正确处理法律与人类的关系，是法的精神应当回答与解决的主要问题。第一，法律的内容与形式要正确反映它所需要调整的各种社会关系的发展规律和现实要求，也要正确反映法律自身的性质与特点。但是，法是人制定的，也要人去实施它，因而立法者和执法者能否使法的制定与实施适合客观事物的性质与规律，就具有决定性意义。第二，法律应当是人类用以认识与改造世界的武器，法律不应当成为奴役人、压迫人的工具。第三，为全人类或人类绝大多数人谋取最大利益和幸福，应当是法的终极目的。这就是法律的人本精神。法的人本精神是法的最高层次的法的精神。

法是联结个人与社会的重要纽带。正确处理个人与社会的关系，是法的精神应当回答与解决的根本问题。个人是组成社会的细胞，谋求与保障社会上每个人的利益是组成社会和国家的终极目的，调动每个人的主动性、积极性和创造性，是整个社会发展的基础与前提。但是个人不能脱离社会而独立存在，保障社会的整体利益是个人利益实现的基本条件。因此，在个人与社会的利益与道德冲突中作出合理的兼顾与平衡，得到个人与社会的和谐存在与协调发展，是法的精神的重要内容与原则。正确处理社会秩序与个人自由、社会安全与个人权利的关系，都属于个人与社会相互关系这一范畴，是它的具体表现和展开。

利益与正义是法的最普遍、最深层的本质。法是社会关系的调整器。人们之间错综复杂的社会关系，包括个人与个人之间，群体与群体之间，个人、群体与社会之间的关系，本质上是一种利益关系。以权利与义务为形式，以正义为基本道德准则，实现人们的利益需要和合理分配，是全部法存在与活动的轴心。满足人们的物质生活和精神生活追求，使人们的基本需求——利益与正义能够彼此兼顾，得到最大限度的实现，并在它们相互矛盾时使其协调发展，是法的重要的基本使命。

效率与公平是法的体系中两个重要的价值。法以自身的特殊性质和社会功能，通过对人们行为的指引和社会关系的调整，一方面促进社会经济、政治、文化、科技的发展，另一方面，又保障社会公平的实现。效率与公平在一般情况下是相互作用的，在特殊情况下又是互相制约的。从总体上看，应当是效率优先，兼顾公平。因为，只有全社会创造出更多的物质财富与精神财富，人们才能在更高的水平上得到公正的合理的分配。

权利与义务是法的最基本的范畴，是构成法律关系的内容。无论是一般法律关系还是具体法律关系，都是法律关系主体彼此之间一种权利义务关系。在一般情况下，权利与义务是不可分的；在特定条件下，权利与义务又是可分的。在权利与义务的关系中，从价值取向看，应当以权利为本位，即以权利为出发点和归宿，以权利为重心和主导；权利是目的，义务是手段；义务的设定，目的在保障权利的实现。这是因为，人们生活在相互依存的社会中，建立国家与创制法律的目的在于保障人们的各种利益的需要和满足，"人们奋斗所争取的一切，都同他们的利益有关"；人们对利益的追求，"是一切创造性活动的源泉和动力"。

法的精神根源于它所调整的各种关系自身的规律和法律自身的特性，同时又受不同历史时代和不同国家的经济、政治、文化的现实条件的决定、影响与制约。因此，它是共性与个性的统一，也是一个动态的概念；不同的时代，有不同时代的法的精神。古代法的精神和现代法的精神是有很大区别的。凡是体现客观事物的一般规律和法律本性，符合那个时代经济、政治、文化的现实条件，又促进了那个时代的物质文明、精神文明与制度文明的发展的法的精神，就是正确的和进步的。反之，则不是。

法的精神既是客观的，又是主观的。其客观性是指，它有自身的性质、特点和发展规律，也真实地、具体地存在于一定国家和一定历史时期的法律制度中，而不以人们怎样认识它和如何评价它为转移。其主观性是指，在制定法律和实施法律过程中，人们的理论、思想和认识能力起着重要的作用。尽量使主观与客观相一致，是保证法的精神科学与进步的重要条件，也是法律工作者、政治家和学者们的重要任务。

法的精神既是应然的，也是实然的。法的精神的应然性决定于法调整对象的一般规律和法自身的特殊本质。例如法应当以人为中心，应当是为人类谋幸福的工具；个人与社会不应绝对分离与截然对立；利益与道德都是人类不可或缺的需要与追求；效率与公平必须兼顾与协调；权利义务应当以权利为本位。法体现正义，法要求平等，是法之所以为法的必然要求，所有这些都具有超时空的性质。法的精神的实然性则受时空的限定。

它受制于一定历史发展阶段和一国具体国情的政治、经济、文化等客观条件（其中经济的发展水平与制度性质具有决定性影响），也受制于人们的伦理观念与认识能力。在某些条件下与范围内，法的精神的应然性与实然性完全背离，这就是法的精神的异化。在古代，奴隶制把人作为工具可以任意买卖，封建制"轻视人，蔑视人，使人不成其为人"；在近代，这种现象在个别国度与某个时期或一定程度上依然残存，就是例证。

二　现代法的精神的价值取向

现代法的精神与古代法的精神相区别的根本条件是市场经济、民主政治与理性文化。东西方之间由于在上述社会条件的三个基本方面有共同点，因而其现代法的精神的价值取向有它们的一致性。同时，由于文化背景、历史传统与具体国情不同，东西方之间现代法的精神又具有多样性，有时会呈现相反相成的面貌。

在法与人的关系上，现代法的人本主义（我赋予这一概念与人文主义、人道主义大体相同的含义）精神已经或正在实现中，法的应然与实然的人本精神正由古代法的异化而逐步实现复归。一切从人出发，把人作为一切观念、行为与制度的主体，尊重人的价值与尊严，实现人的解放和全面发展，保障所有人的平等、自由与人权，提高所有人的物质生活与精神生活水准，已经或正在成为现代法律的终极关怀，成为现代法制文明的主要标志，成为现代法律创制与实施的重要特征，成为推动法制改革的巨大动力。法的工具性价值与伦理性价值，已经或正在得到双重尊重，法由奴役人和压迫人的工具，已经或正在改变成为全人类谋幸福的手段。这一法的根本价值取向，正在成为越来越多的人的共识。世界上绝大多数国家和地区，尽管理性认识有高有低、道路方法有同有异、措施力度有大有小、实际进步有快有慢，但都已走上或正在走向这一现代法制文明的发展大道。

在历史传统上，东西方法的精神既有共性，也有特性。西方思想与制度史上，经历过由神性到人性、由君权到民权、由神权到人权的漫长而曲折的发展过程，文艺复兴时期人文主义的兴起与传播在世界范围内发生过巨大的影响。但不能因此得出结论或产生误解，认为中国历史上没有人文主义、人道主义传统。中国古代从"民之所欲，天必从之"、"仁者爱人"、"民贵君轻"、"爱人利人者，天必福之，恶人贼人者，天必祸之"、"水可载舟，亦可覆舟"、"人为万物之灵"、"己所不欲，勿施于人"，一直到"法乃天下之公器"，要以"天下之法"取代"桎梏天下人之手足"的"一家之法"，等等，源远流长。中国文化传统中重人、爱人、以人为本的特点，在中国法的精神中起过重大的积极作用；其内容之丰富，在世界文明发展史上也是不多见的。我们首先要继承与发扬自己国家历史上具有民主性与人民性精华的人本主义优良传统，同时也重视借鉴与吸取其他国家一切具有科学成分与进步因素的人文主义的历史财富，来为建设我国的现代法制文明服务。

市场经济是现代法的人本主义精神赖以存在与发展的主要社会基础和巨大推动力量。发展市场经济的根本目的和意义在于，它通过对价值规律与竞争机制的运用，更快地促进经济、科技与文化的发展，以更好地实现人们的物质生活的满足与精神生活的充实。现代市场经济的特性在于，市场主体独立自主，契约自由，进行等价交换，坚持公平诚信原则，这就可以大大培养与增进人们的主体意识、权利意识、自由思想与平等观念。市场经济与计划经济相比较，社会关系还将发生各种重大变化，如实现从身份到契约的转变，改变"大国家、小社会"的状况，形成利益多元与文化多元的格局。以上所有这些，都将大大有利于促进对人性的认同、对人格的尊重、对人道的肯定、对人权的保障。

在个人与社会的关系上，东西方历史文化的差异对现代法制也有重要的影响。西方古代有相对发达的简单商品经济，以民营为主要特点；加之城邦国家的分立、交往与融合，对个人地位的肯定、对个人权利的保障比较重视；公民意识也比较发达。中国古代不同，自给自足的农业自然经济占据统治地位，虽有简单商品经济的存在，但以官商为主要特点，它重家国、崇宗法，这种情况一直延续了几千年。这就产生了两方面的结果：一是重视国家的整体利益，重视民族的团结凝聚，因而运用整体力量的优势，创造了伟大的文明；一是个人不能获得自主与自由，个人的地位与权利得不到应有的承认与保护，因而极大地束缚了生产力的发展与社会关系的改革。这正反两个方面传统对现代中国法制建设都有影响。扬其所长，弃其所短，有利于个人与社会得到和谐的发展。

在经济体制转型过程中，依据市场经济的客观要求，我们正在寻求个人与社会更好的和谐存在与协调发展，并为此对政策的侧重点作出重要的调整。过去运用整体力量的优势，曾经取得了科技、教育、文化及社会权利保障等诸多方面的重大成就；但是由于历史文化背景的负面影响，执政党的特殊历史经历以及经济与政治体制中权力的过度集中，也存在有个人权益保障不够的弊端，因而已经或正在采取一系列措施来解决这一问题，包括在保障社会秩序的同时，着重加强对个人自由的保护；在保障社会安全的同时，着重加强对个人权利的保护。在建立市场经济法律体系中，固然是以权利保障为其出发点；在众多公法领域也如此。以正在酝酿修改的刑事诉讼法为例，诸如，收容审查制度的否定、无罪推定原则的肯定、律师的提前介入、庭审方式的改革、类推制度的存废、非法证据的处理、免予起诉制度是否合理等，都在研讨之中。这些都同加强个人权利保障有关。

利益与正义关系的处理，在中外历史上都是一个富有争议的问题。西方法理学三大主流派，特别是自然法学派与社会法学派（受功利主义学说影响很大）的论争，是同这个问题密切相关的。前者强调正义，后者强调利益，它们的兴衰起伏，都有特定的社会历史条件为背景。中国古代"利义"之争中，儒家主张重义轻利，法家则主张重利轻义；但墨子（"兼相爱，交相利"）和荀子（"义与利者，人之所两有也"）却倾向两者并重。实际上，中国历史上占据主导地位的是儒家的主张。从孔夫子的"君子喻于义，小人喻于利"，到朱熹的"存天理、灭人欲"，不仅支配过古代人们的思想与行为模式，也影响到现代。这都有其发生作用的社会经济、政治与文化条件。实行市场经济以来，人们既感受到了在物质上带来的巨大好处，也看到了在道德领域诱发的种种消极现象，从而引起了广大公民、官员与学者的普遍关注和意见分歧。在建立市场经济法律体系及完善司法与执法体制中，如何使利义两者协调一致与和谐发展，大家的认识是比较一致的，也正在采取措施予以解决。然而对政策侧重点的选择，人们的看法仍然有距离。这同效率与公平的关系问题又是密切相关的。

效率与公平同自由与平等，有一定区别，又有内在联系。在全球范围内，这都是政策与法律论争的一个焦点。美国是自由主义占上风的国家，但两党政策分歧的重点还是这个老问题。瑞典是福利国家的典型，它的社会学家强调福利政策还要强化，而经济学家则持批判态度。原因在西方个人自由不缺，而社会平等过少，问题成堆。工业发达国家日益走向福利国家，这是总趋势，是人类文明进步的一个重要表现。与此趋势有所不同，中国内地执政党早已把经济建设作为中心任务，十四大又把"效率优先，兼顾公平"写进了正式文件。这里的现实情况是，"平等"过头，走向了平均主义；自由过少，束缚了各方面的手脚。改革开放一系列政策和措施，用一句话可以概括，就是"松绑"，给地方、企事业单位和个人以更多的自由，借以调动各方面的积极性、主动性和创造性，加快物质文明与精神文明建设。这也符合生产力的提高是人类社会各方面进步与发展的最终决定性力量的原理。

权利与义务的关系问题，在西方并非热点。尽管现今世界是一个权利的时代，对权利的研究分析为学者所普遍关注，但权利与义务的相互关系问题在实践中并不十分突出。近代西方的工业与政治革命已完成由义务本位向权利本位的转化，近几十年又已实现或正在实现由个人权利本位向"个人—社会权利本位"的转变。中国情况有所不同。近几年来，内地学者中主张权利本位论、义务重心论、权利义务并重论的三种观点进行了热烈的讨论。但是有两个因素和事态发展强有力地支持了权利本位论。一是市场经济模式得到了人们广泛的认同和支持，而市场经济法律自然要以权利的设定与保障作为出发点和落脚点；二是人权理论与观念的肯定与深入研究。法律权利实际上就是人权，虽然在某些具体法律关系中的权利义务并不完全属于人权的范畴。人权理论中一系列基本原理，诸如任何人都应享有人权；人权依其本义是一种基于人的价值与尊严所应当享有的权利，而不是任何外界所恩赐；权利产生权力，权力作为手段是为保障人权服务的，等等，都为权利本位观提供了坚实的理论依据。在立法与司法实践中，如何以权利为重心而不是以"管理"、"义务"为重点，是一个亟待进一步解决的问题。

我曾给人权下过两个定义：一是"人权是人作为人依其自然的和社会

的属性所应当享有的权利"；二是"人权是受一定伦理道德所支持和认可的人应当享有的各种权益"。据我个人对人权概念的内涵与外延的理解，本文所涉及的问题都是人权问题，或与人权问题密切相关。人权的实现程度是人类文明进步的综合性标尺。"享有充分的人权，是长期以来人类追求的理想。"人权是个"伟大的名词"，是无数仁人志士矢志不渝地为此而努力奋斗的崇高目标。即将到来的 21 世纪是一个和平与发展的时代，也是一个人权受到空前关注与尊重的时代。促进与保障人权的充分实现，是各国政府的神圣职责，也是人人都应参与的无上光荣的事业。

　　无论是在自然界、人类社会还是人们的思想中，差异、矛盾、冲突与斗争是始终存在的，但是，万事万物又都处于一个统一体中而彼此一致、相依、共存与和谐。国家与国家之间要和平共处、民族与民族之间要凝聚团结、群体与群体之间要诚信相处、个人与个人之间要友爱相待，我们这个世界才会变得更美好。真善美与假丑恶是对立的，斗争不可避免也十分必要。但斗争只是手段，并不是目的。况且，矛盾与冲突还可以更多地经过沟通、协商、互谅、互让等各种形式来解决。相依、和谐、共荣，既是万事万物发展的原动力，是它们的理想存在状态，也是处理本文所涉及的种种问题的总的指导原则。通过人们共同的长期的努力，建设一个人的全面解放、人的全面自由发展、人的需要全面满足、人人平等与共同富裕、制度和文化多姿多彩的大同世界这一人类理想，是一定能够实现的。

　　后记：

　　这是作者为 1995 年 7 月在台北市举行的《海峡两岸社会问题研讨会》提交的论文，后刊登在《法学》杂志 1997 年第 6 期。《新华文摘》1997 年第 10 期全文转载。"法的精神"的概念可参见作者《法的应然与实然》、《法的内容与形式》（《法律科学》1997 年第 3 期）。作为一个法理学上的概念，"法的精神"的提出只是近几年的事情。1994 年 8 月部分法理学专家（作者在内）在大连市召开的研讨会上第一次提出这一命题并对现代法的精神的内容作了初步探讨。但"法的精神"这一概念的基本内涵是什么，它同法的内容与形式是什么关系，它在法理学体系中如何定位，迄今尚无其他学者论及。

法的人本主义

马克思主义哲学应当由辩证唯物论、唯物辩证法、唯物历史观和人本价值观四个主要部分构成。"以人为本"属价值观范畴，就像对立统一规律是辩证法的根本规律一样，以人为本是马克思主义价值观的根本原理与原则。

西方历史上有人本主义、人文主义。早在古希腊，普罗泰戈拉就提出了"人是世间万物的尺度"。① 西欧人文主义者倡导人性高于神性、人道高于神道、人权高于神权、民权高于君权，是他们为人类文明作出的最大贡献。中国历史上也有人本主义、民本主义。如"民可近，不可下；民惟邦本，本固邦宁"。② "民为贵，社稷次之，君为轻。"③ "君者舟也，庶人者水也，水则载舟，水则覆舟。"④ 当时它们都具有进步意义。今天我们讲以人为本，是人类历史上人本主义的继承与发展，是当代人类文明发展中有关这一命题各种进步理念的高度概括和理论升华，因而具有更为丰富、深刻、文明的科学内涵与时代精神。

我们今天讲以人为本，也是对马克思主义的继承与发展。马克思、恩格斯曾明确提出，他们理论的"出发点是从事实际活动的人"。⑤ "人是人的最高本质"，"人的根本就是人本身"⑥；"人就是人的世界，就是国家、社会"⑦。无产阶级不但要解放自己，还要解放全人类。由于过去经济体制

---

① 参见周辅成主编《西方伦理学名著选辑》（上卷），商务印书馆1996年版，第27页。
② 《尚书·五子之歌》。
③ 《孟子·尽心下》。
④ 《荀子·王制》。
⑤ 《马克思恩格斯选集》第1卷，人民出版社1995年版，第73页。
⑥ 同上书，第9页。
⑦ 同上书，第1页。

僵化，政治体制权力过分集中，以及以阶级斗争为纲的思想与政治路线，我们曾在一个很长时期里偏离了原来的理想。

和谐社会与法治国家相互依存与促进，是理想社会的两个基本特征。两者的构建都应当以"以人为本"作为核心的价值观。因为人类社会的一切主义、政策、法律、制度等，都应当从人出发，都是为人而存在的，都是为人服务的。

现代以人为本丰富而深刻的科学内涵，具体表现为以下十点。从这些科学内涵可以清楚看出，始终坚持与切实实现"以人为本"的原理和原则，是现代人权保障和法律制度的根基，是实现社会公平正义、建设社会主义法治国家最根本的保证。依据"以人为本"的科学内涵指导社会主义法治建设可以将其概括为"法的人本主义"或"人本法律观"。

第一，人的价值高于一切。世界上最宝贵的事物就是人自己。世界上万事万物都不能和人自身的价值相比。英国著名思想家莫尔说过："世界上没有一样值钱的东西像我们的性命那样宝贵。"① 胡锦涛总书记也强调："人的生命是最宝贵的。我国是社会主义国家，我们的发展不能以牺牲精神文明为代价，不能以牺牲生态环境为代价，更不能以牺牲人的生命为代价。"② 以人为本同"以物为本"相对立。我们现在说，保险重保命，救灾先救人；处理劫机事件，乘客安全要紧；发展经济科技，生产安全第一。这些都是很有现实意义的。在我国汶川大地震的抢险救灾中，对人的生命的高度关爱，就深深地感动了全中国乃至全世界的广大人民群众。随着经济的迅猛发展，我国近些年来矿难严重，事故不断发生，已经引起各级领导和广大群众的高度关注，已到不能再容忍和非扼制不可的地步，并正在采取各种有力措施予以解决。又比如死刑，就和如何看待人的价值有关。在中国，大量减少死刑是学术界的共识。毛泽东主席也一贯主张要"慎杀"、"少杀"。他曾说，韭菜割了长得出来，脑袋掉了就长不出来了。近年来，死刑核准权收归最高人民法院管辖，死刑案件二审必须开庭，是

---

① 参见［英］托马斯·莫尔《乌托邦》，戴镏龄译，商务印书馆1982年版。

② 参见《胡锦涛在中共中央政治局第三十次集体学习时的讲话》，2006年3月29日《人民日报》。

符合这一进步思想潮流的。还有，最近提出的"宽严相济"的刑事政策，也同以人为本有关。总不能不分对象、时间、地点、条件，都一概强调"严打"。这不仅是不科学的，也是对人的生命、自由的不尊重。

第二，人是目的，不是手段。国际上，康德提出的这个命题和观念，影响十分广泛和深远。他说："人，总之一切理性动物，是作为目的的本身而存在的，并不是仅仅作为手段给某个意志任意使用的。"① 实际上这也是马克思主义的一个重要观点。"不是国家制度制造人民，而是人民制造国家制度"，"在民主制中，不是人为法律而存在，而是法律为人而存在"②。社会上的一切制度、政策、法律的制定和实施，都是为了人的需要，都不过是手段，人才是目的。我们不能把它们倒过来。比如说，我们搞群众运动是合理的，但不能搞运动群众。这种情况过去是存在的，像"文革"期间的做法，就是把人当做一种手段来使用。又比如说，我们要讲意识形态，但不能什么都意识形态化，不讲实际效用。再比如，邓小平同志提出的社会主义本质的三个内容，从终极的意义上看，发展生产力和以公有制为主体，都只是手段，实现共同富裕才是目的。现在有些地方搞"政绩"工程，不能笼统地说不对，但有些人为了搞自己的"政绩"、"面子"，连他人的生命、财产和安全都可以不顾了，这是十分错误的。

第三，人是发展的中心主体。这是最近一二十年以来国际上非常流行的一个观点，特别是在联合国通过的《发展权利宣言》和其他一系列国际人权文书中都有明确表述。这种发展，是经济、政治、文化的全面发展，而人必须是发展的享有者，也必须是发展的参与者。《发展权利宣言》第1条指出："发展权利是一项不可剥夺的人权，由于这种权利，每个人和所有各国人民均有权参与促进并享受经济、社会、文化和政治发展，在这种发展中，所有人权和基本自由都能获得充分实现。"第2条规定："人是发展的主体，因此，人应成为发展权利的积极参与者和受益者。"在我国，以人为本是科学发展观的重要内容，是它的本质和核心。党的十六届六中

---

① 参见北京大学哲学系外国哲学史教研室编译《西方哲学原著选读》（下卷），商务印书馆1982年版，第317页。

② 转引自武步云《马克思主义法哲学引论》，陕西人民出版社1992年版，序言第3页。

全会又将其概括为"发展为了人民、发展依靠人民，发展成果由人民共享，促进人的全面发展"。我们应当牢固树立人在发展中的主体地位，不能只见物不见人，不能为发展而发展。发展是手段，满足人的需要，实现人的幸福才是目的。必须大力加强发展过程由人民共同参与的体制，必须大力加强发展成果由人民共同享有的体制，切实解决贫富差距过大问题。对此，中国的执政党已经予以高度重视。党的十七大报告提出，必须把解决好"三农"问题"始终作为全党工作的重中之重"。农业、农村问题归根到底是个农民问题；三农问题的核心实际上是九亿多农民如何平等参与国家的发展和平等享受国家发展成果的问题。

第四，促进人的全面发展。经济社会发展的最高目的是人的全面发展，这是马克思主义的一贯立场。马克思早在《资本论》中就已指出，人类社会发展的最高阶段就是"以每一个个人的全面而自由的发展为基本原则的社会形式"。[1] 中国共产党从十六大以来在提出与阐释"以人为本"这一核心价值观时，也一再强调要促进人的全面发展。[2] 人的德智体美技，即品德高尚、知识丰富、体魄健全、追求美好和技能优良，既是历史发展与文明进步的力量源泉，又是人类生活幸福、美满的主要追求。经济社会发展的核心是人的全面发展，离开了人的发展就谈不上社会的发展。应当克服那些重经济发展轻人自身发展的片面认识。在坚持以经济建设为中心的同时，应将促进人的全面发展提高到发展的战略高度；在保证经济增长速度和国家综合实力提高的同时，应当认真贯彻落实执政党十六届三中全会提出的"构建现代国民教育体系和终身教育体系，建设学习型社会"的任务；应当逐步加大教育、文化、卫生、体育等事业的投入，并将各项政策惠及社会的每一个成员。

第五，崇尚和彰显人性。为什么古往今来人人都追求建立理想的法治国家与和谐社会？其理论根据之一就是源自人性。有人说"人权不是抽象的，是具体的"，也有人说"民主不是抽象的，是具体的"，还有人说，

---

[1]　参见《资本论》第1卷，人民出版社2004年版，第683页。

[2]　例如江泽民同志指出："我们要在发展社会主义物质文明和精神文明的基础上，不断推进人的全面发展。"参见《在庆祝中国共产党成立八十周年大会上的讲话》，载《江泽民文选》第3卷，人民出版社2006年版。

"只有具体的人性，没有抽象的人性"。这些观点都是不正确的。世界上的万事万物都是抽象和具体、一般和个别、共性和个性的辩证统一。不承认有一般的"人"，不承认有抽象的人性，人将不成其为人，也就不会有"人类"这一崇高的称谓。正是基于十年"文革"的教训，1982 年宪法在我国制宪史上第一次明确规定："中华人民共和国的人格尊严不受侵犯。"自从提出"以人为本"的理念以来，在中国的立法、执法与司法中，人的人性、人格、人道和人的尊严，越来越受到尊重。现在我们翻开报纸，几乎每天都能看到，各个地方和部门都在搞人性化管理。毛泽东主席说，罪犯也是人，要把犯人当人看待。"文革"期间刘建章在秦城监狱被关押时，一天只许喝三杯水，他的夫人向周总理写信，毛主席批示说："这种法西斯式的审查方式是谁人规定的。"我国是《禁止酷刑和其他残忍、不人道或有辱人格的待遇或处罚公约》的缔约国，但有些地方刑讯逼供屡禁不止，非法证据排除规则的立法困难重重，这种现象的存在虽然原因很多，但同我们有些国家机关工作人员观念落后肯定是分不开的。我国监狱管理部门近年来制定和推行的一系列人性化管理措施，将标志着我国的狱政建设文明水准提高到一个新的水平。

第六，坚持人的独立自主。自由是人的一种本性，也是人的一种本质。人的思想自由和行为自由是人区别于动物的基本特征，也是人能动地认识和创造世界的力量源泉。马克思主义实际上是很重视自由的。西方有个记者曾问恩格斯，你能不能用一句话概括什么是社会主义，恩格斯说，我愿意用《共产党宣言》里的一句话来表达：我们理想的那个社会是一个"个人的自由是社会上一切人自由的条件"的联合体。笔者认为，党的十一届三中全会以来我们所有的改革开放政策，可以用两个字概括："松绑"，即扩大地方、企事业单位和个人的自由度，以调动方方面面的积极性、主动性和创造性，为社会创造更多的物质财富和精神财富。实行市场经济与对外开放 30 年来，我们在经济领域所创造的世界奇迹，[①] 主要应归

---

① 中国改革开放 30 年（1978—2008）国内生产总值年平均增长率为 9.8%，城乡人均收入分别比 1978 年增长 40 倍和 30 倍。国内生产总值占全球的比重由原来的 1% 上升到 5% 以上，对外贸易总额占全球比重由不足 1% 上升到 8%。

功于"自由"。人们企盼我国的政治文化取得更快更多的进步，也主要寄希望于扩大自由度，更好地营造一个既有民主又有集中、既有自由又有纪律的生动活泼的政治局面。

第七，尊重人的首创精神。人是有理性的动物，能够能动地认识世界和改造世界，这是人类同其他动物的根本区别所在。"人类的特性恰恰就是自由的自觉的活动。""有意识的生命活动把人同动物的生命活动区别开来，正是由于这一点，人才是类存在物。"① 人类史同自然史的区别在于，它是人自己创造的。② 而人民群众是社会实践的主体，因而也是人类历史与文明的创造者。我们并不否认不同时期不同国度英雄人物与社会精英的作用，但广大人民群众的积极性、主动性、创造性，是推动社会发展的决定性力量。我们应当坚持历史唯物主义的基本立场，在一切社会实践活动中尊重人的首创精神。自新中国建立，特别是进入改革开放新时代以来，从农村的改革到经济特区的设置，在经济、政治、文化、社会各个领域都出现无数第一个敢吃螃蟹的人，人民的首创精神显示出了巨大的活力和作用。各个领域的管理者，切不可认为自己什么都比被管理者聪明，一切自以为是。必须善于发现与集中民智。真理面前人人平等。任何领导者切不可把自己说的每句话都当成金科玉律，不允许他人有任何质疑与商榷。

第八，权利优位于义务。在过去一个很长时间里，我们不少人受封建主义历史传统观念的影响，把法律仅仅看成是一种工具。当官的是管老百姓的，用的手段是法律，法律是用来管老百姓的，老百姓只有遵守法律的义务，权利观念长期以来都非常淡薄。但是在市场经济条件下，我们必然也必须提倡权利优位于义务。计划经济是一种"权力"经济，而市场经济则是一种"权利"经济。况且，人活在这个世界上，理应享受自己的各种权利。人类社会里的各种主义、政策、法律和制度以及一切其他设施，归根到底，都是为了实现和满足人的需要与幸福。然而要享受权利就必须对社会对他人尽相应的义务，否则大家的权利都会享受不到。但义务是伴随权利而来的，是第二位的东西。也正是在这个意义上，人们才常说，"法

---

① 《马克思恩格斯全集》第42卷，人民出版社1982年版，第96页。
② 参见《资本论》第1卷，人民出版社2004年版，第429页注释。

学就是权利之学"。正确认识和处理这个问题，在我们的立法和司法里都是很有现实意义的。

第九，权利优位于权力。我们的法理学过去受西方一位学者的影响，把所有的法律都归结于"权利和义务"这对基本范畴，把权力看作是权利的一部分。实际上，在私法领域，法律主要是调整自然人和法人之间的权利与义务的关系；在公法领域，主要是规范国家机构及其工作人员的职权和职责。

我们的法理学从来没有这样一章，专门研究国家的职权和职责这对基本范畴。很多国家工作人员对"权力"与"权利"的区别也不甚了解，甚至有些重要文件还多次出现过概念混淆。因此很有必要对此予以深入研究和广为宣传。笔者认为，国家权力和公民权利有以下八点区别：（1）国家的职权与职责相对应，在法律上两者是统一的；公民的权利与义务相对应，两者是分离的。（2）国家权力不能转让或放弃，否则就是违法或失职；公民的权利则可转让或放弃。（3）国家权力伴随着强制力，有关个人或组织必须服从；公民的权利在法律关系中则彼此处于平等的地位。（4）国家权力的本质属于社会"权威"这一范畴，不能将其归结为是一种利益；公民权利的本质则是利益。（5）职权与职责，职责是本位的，法律赋予某一国家工作人员权力，首先意味着这是一种责任；公民的权利与义务，则应以权利为本位。（6）对国家，法不授权不得为；对公民，法不禁止即自由。（7）是公民的权利产生国家的权力而不是国家的权力产生公民的权利。（8）国家权力是手段，公民权利是目的，国家权力是为实现公民权利服务的。清楚了解与深刻认识以上八点区别，对于正确树立公民权利观特别是国家权力观，正确树立"执政为民"和"执法为民"的理念和原则，是至关重要的。

第十，尊重和保障人权。尊重人、维护人的尊严，首先要尊重人的利益。马克思曾说，人们通过斗争所要争取的一切都和利益有关。党的十六届六中全会决议把必须坚持以人为本作为构建和谐社会六条原则的第一条，提出要"始终把最广大人民的根本利益作为党和国家一切工作的出发点和落脚点，实现好、维护好、发展好最广大人民的根本利益"。以人为本而不尊重、维护与实现人的利益那就是一句空话。当然，这个利益是广义的，不仅包括经济、文化和社会的各种利益，还包括人的人身、人格利益和各种思想与行为自由。在现代的民主法治社会里，人们的各种利益需求，就集中表现为人权。而且，人依据其人性和人的人格、尊严和价值所应当享有的权利，必须用法律明确、具体、详细地加以规定，使之成为法律上的权利，这种应有权利才能得到最有效的保障。前面列举的以人为本的九个方面的观念、原则与政策，最终都应当通过人权保障制度的完善得到体现与落实。而以人为本理念与原则的提出与实施，将成为我国人权保障制度坚实的理论基础与推动力量。1993 年，笔者在江泽民同志提议撰写的，由刘国光、汝信教授主编的《中国特色社会主义经济、政治、文化》这本书里曾写道："社会主义者应当是最进步的人道主义者，社会主义者也应当是最彻底的人权主义者。"最近基于笔者对以人为本的理解，还应在这两句话的后面加一句："社会主义者还应当是最坚定的人本主义者。"

　　从"以人为本"的以上十条科学内涵可以清楚看出，它应成为现代法律最根本的价值准则。早在 1995 年，笔者在《现代法的精神论纲》一文中就已提出"现代法的人本主义"概念，指出："一切从人出发，把人作为一切观念、行为和制度的主体，尊重人的价值与尊严，实现人的解放和全面发展，保障所有人的平等、自由与人权，提高所有人的物质生活与精神生活水准，已经或正在成为现代法律的终极关怀，成为现代法制文明的主要标志，成为现代法律创制与实施的重要特征，成为推动法制改革的巨大动力。"笔者在该文中也强调："法的人本精神是法的最高层次的精神。"① 自 2003 年党中央正式提出"以人为本"的科学概念以来，"以人为本"的理念在社会生活和法治建设中所起的巨大指导作用都可以并已经证明，笔者的上述判断是正确的。

---

① 参见李步云《论法治》，社会科学文献出版社 2008 年版，第 216、218 页；又可参见李步云《宪政与中国》（英文版），法律出版社 2006 年版，第 196 页。

什么是良法

良法有广义和狭义之分。① 广义的良法是指对社会发展起积极或推进作用的法；反之，对社会发展起消极或阻碍作用的法，就是不良之法。狭义的良法是指通常所说"恶法非法"指称中与"恶法"相对的法，而狭义的"恶法"则是指严重违背人类正义的法。本文对广义的良法的一般特征进行探究。从一定意义上说，广义的良法就是"真、善、美"的法。"真"是指法的内容的合规律性，即符合事物性质、反映时代精神、适应客观条件；"善"是指法的价值的合目的性，即体现人类正义、实现人民利益、促进社会进步；"美"是指法的形式的合科学性，即结构严谨合理、体系和谐协调、语言规范统一。

一　良法之真

良法之"真"是指法律必须反映与符合客观事物的真实状态及现实条件。法律作为调整社会关系和规范人们行为的一种手段，它必须符合事物自身的性质和事物发展的规律，同时也要适应不同国家不同时期的条件和可能。法律不能虚构和脱离实际，否则法律就起不到自己应有的作用，甚至会对社会起负面效应。

（一）符合事物性质

法的内容和规则必须符合事物自身的性质。法的内容包括法律规则、

---

① "良法"作为一个确定的概念，首先是古希腊亚里士多德提出来的，他说："法治应当包含两层意义：已制定的法律获得普遍的服从，而大家服从的法律又应该本身是制定得良好的法律。"［古希腊］亚里士多德：《政治学》，吴寿彭译，商务印书馆1965年版，第199页。

法律原则、法律概念三个要素。其中法的规则是构成法的基本的主要的成分。法的规则是指法所调整的各种社会关系，包括经济的，政治的，文化的，军事的，社会的如婚姻家庭、民族关系等各个方面的由行为模式、行为条件和法律后果所构成的规则或规范。这些法的规则、规范，最直接地和外在地为各种社会关系的性质与状态所决定。

法要维护、促进现实社会中各种社会关系的存在与发展，就必须使其自身符合各种现实社会关系的性质和状况，符合各种社会关系本来的面貌。在社会关系与法的相互作用中，前者是主动的，后者是被动的。正是在这个意义上，孟德斯鸠指出，应从各种事物的性质之中去把握对法的理解。他说："从广义上来讲，法是由事物的性质产生出来的必然关系，一切事物都有其法。不同的事物的性质必然产生不同的关系及其相应的法。"① 立法者的任务就是探讨不同事物的性质如何产生不同的关系及其相应的法，揭示存在于法律和各种事物所可能有的种种关系之间的联系和对应性。社会关系是相对稳定的，又是绝对变动的；社会关系的不断发展变化推动着法的不断发展变化，并通过法的内容真实地反映与体现出来。一定历史发展阶段中现实社会关系的性质与状况，决定着法的内容，从而也决定着整个法的性质与状况。由此出现了古代的奴隶制法、中世纪的封建制法、近现代的资本主义法与社会主义法。从历史发展的全过程看，法由低级向高级的发展，是由多种社会关系的性质与状态从低级向高级的发展所决定的。

法的内容要符合事物自身性质的另一个表现是，社会关系在性质上发生根本性变化（包括个人与个人之间、个人与各种社会群体之间、个人与国家之间的关系在性质上发生根本变化），必然导致和要求法的内容在性质上发生相应变化。近代和现代法律中出现的一系列原则，如民主、平等、法律至上、司法独立、人权保障等，无不是社会性质与社会关系发生根本变化所决定的，在古代这些原则是不可能出现的。

（二）反映发展规律

良法必须反映事物的发展规律。西塞罗指出，"真正的法律"乃是

---

① ［法］孟德斯鸠：《论法的精神》，孙立坚等译，陕西人民出版社2001年版，第5页。

"正确的规则"的主观表达和客观载体。[①] 马克思也提出，法律应当"是事物的法的本质普遍和真正的表达者。因此，事物的法的本质不应该去迁就法律，恰恰相反，法律倒应该去适应事物的法的本质"。[②] 他提出的"事物的法的本质"是指法所调整的各种客观的社会关系的必然性和规律性。法律要适应"事物的法的本质"，就要求立法必须以客观事实为基础，以事物的本质为前提，以客观发展规律为依据。

从法的内容看，尽管法所调整的各种社会关系的内容纷繁复杂并且变化不定，但它们各自具有自身的规律，它们的存在和发展总是受其规律性的支配，立法者必须很好地理解和掌握这种规律性，并把它们体现在法律中。例如，事物彼此制约的规律和事物彼此竞争的规律以及事物普遍性与多样性的规律，普遍存在于自然界、社会和人的思维中。立法者要善于通过建立某些具体的制约机制、竞争机制和某种共性与个性机制，来保障与促进事物的发展。譬如，在经济上，我国市场经济及其法制对计划经济的取代，是对竞争规律、价值规律等的认可与尊重；在政治上，中国古代的御史制度、当代的各种权力制约制度和监督制度，是国家机构权力配置中权力互相制约机制的具体运用；在文化上，我国科学艺术领域里"百家争鸣，百花齐放"原则的确定和实施是对竞争规律和多样性规律的尊重和运用。总之，从总体上说，所有法律规范都是对社会发展客观规律的反映。经济性的法律规范反映了社会经济规律，表现为对经济惯例的尊重；政治性的法律规范反映了政治领域中的规律和内在精神；文化性的法律规范是对有利于统治阶级或全体人民的价值标准和道德标准的反映。

立法中尊重有关的自然规律也是必要的。"人类的一切活动必须受自然规律的规定、制约和支配。人类史上的大量立法，尤其是人与自然关系紧张以来（工业革命后）的大量立法，往往因自然规律之作用而通过立法者制定，立法是否符合自然规律，已是立法者必须首先予以关注的因素。"[③] 例如，婚姻法必须根据人生长的自然规律来规定男女结婚的年

---

① ［古罗马］西塞罗：《论共和国/论法律》，王焕生译，中国政法大学出版社 1997 年版，第 120 页。

② 《马克思恩格斯全集》第 1 卷，人民出版社 1956 年版，第 139 页。

③ 周世中：《法的合理性研究》，山东人民出版社 2004 年版，第 173 页。

龄，根据遗传的规律来规定婚姻的禁忌。婚姻法规定禁止近亲结婚，便是近亲结婚不利于优生这一遗传规律在法律上的反映。在现代，科学技术的发展日新月异，正在全面地迅速地改变着人类生产和生活样式以至思维方式，改变着法律的内容，也在推动着法制现代化的进程。所有这些，都离不开人们对自然规律的认识和运用。环境保护法、自然资源法、科技法等众多法的领域，其规范的很多方面，都是对自然规律的认识和运用。马克思说，"法律是人的行为本身必备的规律"，"法律只是在自由的无意识的自然规律变成有意识的国家法律时才起真正法律的作用"。① 法律能够更多地反映与体现客观规律，人们依法办事就能获得更大的自由。

法律还必须与社会改革和变迁相协调、相适应。法律应对社会改革和变迁起指导、保障和推动作用，或者说法律应对社会改革和变迁适时作出回应。要通过立法和进行相应的法律改革，消除或修改不适应改革的旧的法律秩序，建立为改革所要求的新的法律秩序；以法律的形式将改革的具体要求和步骤明确加以规定，对改革中出现的消极影响加以消除，从而推动当代中国全面改革的顺利前进和社会的正向变迁。这主要从三个层面表现出来：（1）制度和规范形态的层面。例如我国市场经济的建立和港澳回归使得旧刑法中的"投机倒把罪"和"反革命罪"变得不合时宜等情况，使我国 1979 年刑法的"除旧布新"不可避免；近年来在中国出现了结构性腐败的蔓延，要求加强利用司法手段反腐败的力度，进而要求通过宪政主义的法制来制约权力，也是一个例子。（2）法律观念和意识形态层面。随着市场经济、民主政治和法治建设的发展，传统的权利观，即社会本位权利观、国家本位权利观和义务本位权利观，已发生向注重个人利益、强调公民的自主性、尊重和保障人权以及权利本位的嬗变。（3）应用和研究法律现象的方法论的层面。随着对外开放的扩大、国际交流的日常化，对法律制度与文化之间关系的认识水平提高了。

法制建设要适应社会改革和变迁的需要，法的体系不应是僵化的，而

---

① 《马克思恩格斯全集》第 1 卷，人民出版社 1956 年版，第 72 页。

应当是开放的，与外界相协调的。立法是时代的反映，而要做到这一点，就需要我们的立法者"与时俱进"。同经济文化建设相比，发展民主、健全法制、保障人权，要贯彻求实创新的思想路线，所遇阻力和困难会更大，但舍此别无他路。

法作为一种特殊社会现象，有它自己的特殊本质和规律性。法律在人类社会的出现和存在有它的必然性和合理性，并不是某个人或某些人全凭自己的灵感和联想而纯粹偶然地发明出来的。它并不是你想要就要、不想要就不要的东西。法律有它自己的一般特性，如国家意志性、行为规范性、权利义务性、强制性等，以及由此而产生的其他一些特性如普遍性、公开性、确定性、不溯及既往、相对稳定性、继承性等。法律有自己的一系列特有的范畴，如法律关系、法的渊源、法的效力、违法与犯罪、法的责任等，所有这些，都有自己的特征和构成要素以及此事物区别于彼事物的特定界限，都有它的客观性、必然性和应然状态，而不以人们的主观意志和认识为转移。它们既不是人们单凭自己的喜好用几片布料可以任意剪裁与打扮的布娃娃，也不是人们单凭自己的想象用几块泥巴可以随心所欲地捏塑的小泥人。如果通过立法者的主观意志（包括愿望和认识）制定出来的法律不符合法律本身所应有的特征、特点和规律，它就是有重大缺陷的，以致它可能根本就不成其为"法"。这样的"法"不可能充分发挥其应有的社会功能，甚至可能起相反的作用，阻碍社会的发展。例如，法是国家制定和认可的，执政党的政策未经法定程序上升为国家意志就不是法。又如，法律必须公布，因此国家机关的各种"内部规定"就不具有法律的性质和效力。

我们肯定法的内容必须反映客观规律，承认社会关系的内容之规律性是法的决定性成分，肯定法自身的特殊本质和规律性，但是，规律本身并不是法。这是因为，规律被反映到法的内容中来，不是简单的复印，而是渗入了立法主体的愿望、智慧和能动性。由规律到法的形成，需要有立法者的主观努力；同时，须有国家权力作为中介。

（三）适应客观条件

事物的性质、特点和规律的表现形式和实现方式，随时间、地点、条件的不同而有所不同，一切以时间、地点、条件为转移。普遍性存在于特殊性之中。"法律是一种地方性的知识"，一国法律是由该国的生产方式、人口条件、地理环境等社会物质条件所决定，并受该国的民族精神、风俗习惯、社会心理等非物质条件的深刻影响，所以孟德斯鸠说一个国家的法律能够完全适应另一个国家，完全是一种偶然的巧合。因此，立法和法律移植要充分考虑一国的具体国情和历史条件。

例如，迁徙自由的问题。根据世界各国的普遍做法，我国1949年制定的起临时宪法作用的《共同纲领》确认了迁徙自由。但由于我国城乡经济、政治的"二元结构"，迁徙自由在中国目前实际上难以做到。全国人大十届二次会议通过的宪法修正案，在将"尊重与保障人权"等条款写进宪法的情势下，依然没有将有些学者提出的"迁徙自由"入宪，还是基于中国目前的现实经济条件和情况仍然无法完全做到迁徙自由之故。

法应当反映与适应现实的条件和可能，一般说来，这也是立法者们的愿望，但能不能完全做到这一点，那是另一回事。由于人的各种主观因素，立法者们的认识有时能够正确反映现实条件与可能，并能科学地体现在立法之中，而在另一些情况下，立法者们做不到这一点，他们的认识可能与现实情况相差甚远，甚至背道而驰。因此法在不同时期、不同国家和不同立法者那里才呈现出千差万别的面貌，其作用有时大、有时小，有时好、有时坏。因此，我们必须反对立法中的主观主义和任意性，反对不做调查研究关在房子里纯凭主观想象起草法律，反对全然不顾自己的国情而主张一切都照搬外国的东西。

法要符合与适应现实生活的条件与可能，这是法学唯物论的基本原理。但是我们不能把这一公式绝对化，而同时要坚持辩证唯物主义的能动反映论，充分肯定人的能动作用，承认法对社会的巨大推动作用，承认法必须而且能够有一定的预见性和超前性，对新的社会关系的产生起一种指引与促进作用。在我国，有些同志由于在这些问题上这样或那样地陷入机械唯物论的错误，因而认为法对社会的改造是完全被动的、消极的；认为"法的超前性"命题不对，法只能是对"事实的公认"，如此等等。这些不正确认识的根源之一，就是我们不承认或没有充分认识法具有主观与客观的两重性。① 法的两重性要求我们在立法活动中坚持从客观条件出发和充分发挥人的主观能动性与法的超前性的协调和统一，防止它们之间的分离和冲突。

二　良法之善

法具有伦理性和工具性的双重价值。法的伦理价值，首先意指法是公平、正义的体现，其次意味着法在调节与分配各种利益和处理各种纠纷时，必须体现公平、正义的原则。法的工具价值，首先表现为法在调整各种利益冲突时，要保护绝大多数人的根本利益；其次，它应能促进社会经济、政治、文化的全面发展。

（一）体现人类正义

法应否是正义的体现，这是历代法学家们十分关注的问题。苏格拉底把正义视为法律的最高标准，认为正义是立法的本质。亚里士多德认为法律的好坏在于是否符合正义，立法的根本目的在于促进正义的实现。斯多葛学派以"自然法"与"人类法"（实在法）的二元区分作为理论基础，认为"人类法"只有在符合"自然法"时才是正义的。乌尔比安说，"法是善良和公正的艺术"。西塞罗认为正义是评判人类实在法"正当性"、"合理性"与"合法性"的标准，不符合正义的法律是无效的。托马斯·阿奎那也认为，"一种非正义的、非理性的法律，根本不是法律，而是对法律的歪曲"。②

对思想的历史从而对人类的历史产生重大影响的古典自然法理论认为，在人的主观意志所能决定的范围以外某个神秘的地方（宇宙、上帝之城、自然状态、价值领域等）早就存在着人类社会生活的最公正、最科学的自然法则。实在法必须依据这种自然法则（但实在法并不天然地符合这

---

① 法的主观性是指法是由人们（主要是立法者）依据其意志和愿望以及他们自己对客观事物的认识而制定出来的；法的客观性是指法律所调整的对象各种社会关系实际是客观的和应当是客观的。参见李步云《法的两重性与基本矛盾》，《中外法学》1992 年第 1 期。

② 《阿奎那政治著作选》，马清槐译，商务印书馆 1963 年版，第 116 页。

种自然法则，实在法与自然法之间有距离甚至相对立），否则，实在法就不能算是真正的法律，这种自然法则就是正义和理性。①

分析法学派根据正义的相对性和价值判断没有客观标准，对古典自然法学派的"理性主义"哲学尤其是"唯理论"哲学②的绝对性提出了质疑③，而坚持认为法律与道德之间没有必然的联系④，"法律的存在是一回事，它的优缺点是另一回事"⑤。一个法规，尽管在道义上是邪恶的，但只要是主权者以适当的程序制定和公布的就是法，即"恶法亦法"。

新自然法学派尖锐地反驳这种看法并认为，法律的效力来自于它的道德性，当实在法与自然法（应然之法）的冲突达到不可容忍的程度时，实在法就不仅是不公正的法，而且完全失去了"法的本性和效力"，即"恶法非法"。

"良法"、"恶法"的法理论战⑥和法律实践中希特勒纳粹的法令被视为不正义的恶法而被废除⑦，使战后各法学流派纷纷向古典自然法"正义

---

① 周世中：《法的合理性研究》，山东人民出版社 2004 年版，第 123 页。

② "唯理论"哲学认为人类天生具有理性思维能力，可以通过理性演绎获得"普遍性和必然性知识"。它促使人类对解决自己的问题，诸如国家、宗教、道德、语言和整个宇宙的问题，充满了信心。参见［美］梯利《西方哲学史》下册，葛力译，商务印书馆 1979 年版，第 148 页。

③ 分析法学派代表人物凯尔逊认为："人类理性只能达到相对的价值，就是说不能使一种价值判断来排除相反的价值判断的可能性。绝对正义是一个非理性的理想，即人类永恒的幻想之一。"参见［奥］凯尔逊《法律与帝国》，台湾中正书局 1984 年版，第 3 页。

④ H. L. A. Hart, Positivism and Separation of Law and Morals, Harvard Law Review（1957–1958），p. 601.

⑤ J. Austin, The Province of Jurisprudence Determined, Weidenfeld & Nicholson, 1954, p. 13.

⑥ 在新分析法学派代表人物哈特和新自然法学代表人物富勒之间的论战饶有兴味和富有启发。哈特提出，广义的法律包括良法（合乎道德的法）和恶法（不合乎道德的法）；狭义的法律只承认良法是法。哈特试图通过提出"广义的法律概念"来解决对于那些形式合法，而在内容上不正义的法律应该如何看的问题。他说，认为恶法就不是法，只有良法才是法，是采用了"狭义的法律概念"，是把"法律是否在形式上有效"与"法律是否正义"两个问题混为一谈了；而他认为这两个问题是可以分开的，可以存在一种形式上有效但却不正义的"广义的法律"，说："这是法律，但他们是如此邪恶以致不应遵守和服从。"富勒针对哈特的观点反驳说，一旦具体地来说，哈特所谓法律的广义的概念不仅无济于事，而且会引起混乱的结果：一个法院拒绝服从和适用它所承认是法律的东西。哈特的根本性错误在于，他忽略了法律的内在道德问题，缺乏这种道德的法律是根本不能为法律的。参见沈宗灵主编《现代西方法理学》，北京大学出版社 1992 年版，第 72 页。

⑦ 战后联邦德国法院在审理卑鄙的告密者案件中，判决纳粹政府的法令因"违反了一切正直人的正当良知和正义感"而无效。

理论"复归。① 新自然法学的代表人物哈特承认，"不参照任何特定内容或社会需要而以纯粹形式的观点作出的法律和道德定义，会证明是不适当的"。② 现实主义法学的代表人物卢埃林认为，法官具有使判决结果合于正义的责任。"法院对制定法的正常任务不仅是阅读法律，而且要根据目的和理性来实施法律。"新自由主义法学的代表人物罗尔斯更是直截了当地指出："正义是社会制度的首要价值，正像真理是思想体系的首要价值一样。一种理论，无论多么精致和简洁，只要它不真实，就必须加以拒绝或修正；同样，法律和制度，不管它们如何有效率和有条理，只要它们不正义，就必须加以改造和废除……"③ 纵观西方"法律正义"思想的流变，我们可得出一些结论：

首先，"理性"和"正义"是西方法律的两个基因。但是在哲学上，"理性"属于"真"的范畴，它讲究的是人们认识活动与实践活动的"合规律性"；"正义"属于"善"的范畴，它关注的是法律是否具有正当性，讲究的是人们认识与实践活动的"合目的性"。"正义"以"理性"为前提，"理性"以"正义"为归宿。法律是人类的创造物，它既体现了某种客观规律性（包括社会的规律性和法律自身逻辑形式上的规律性），又体现了人类追求正义的价值目标。正义与理性的统一恰恰是良法的基本内涵。

其次，法律正义是相对的，但又是绝对的。各时代、各民族、各群体、各阶级、各国家的人们甚至每个个体的正义观念都是有差异的，但寻求和拥有某种共同的正义观是完全可能的，如对某些"基本权利"，现代各国法律所体现的要求是一致的。"正义"作为法律追求的最高价值目标，具有一种"绝对超越"的取向，它对于现实法制始终具有一种阐释的批判的功能，在法律之外引导法律的发展，又在法律之内引导法律的

---

① 其中最为典型的代表是德国著名法学家拉德布鲁赫，在痛苦地经历了二战给德国和世界人民带来的灾难后，他深刻地认识到自然法思想所体现的永恒正义理念及其作为实在法的基础的必要性，他修改了原先的相对主义法律思想，转向自然法学。

② ［英］哈特：《法律的概念》，张文显等译，中国大百科全书出版社1996年版，第194页。

③ ［美］罗尔斯：《正义论》，何怀宏等译，中国社会科学出版社1988年版，第1页以下。

进步。① 只承认法律正义的相对性而否认其绝对性，无疑会进一步否定法律正义的客观性和历史发展性，落入相对主义和不可知论的误区。

再次，在法与正义的关系问题上，把法与正义直接等同起来是不妥的，因为正义并不是法的全部，法也不仅仅是正义问题。认为法与正义毫无关系更是错误的，在理论上是否定法的价值追求和法的"二元理论"。主张"恶法亦法"势必在实践上导致纳粹一类暴政。法与正义密切相连，正义是评价法的良善邪恶的最重要的标准，是社会法律信仰形成的道义基础，法律只有符合"正义"，才能取得社会成员的普遍认同和自觉遵守，并确立其至高无上的地位，法治由此而确立。可以肯定地说，法律缺乏基本的"法律正义"就不可能成为"良法"。因此法在制定时，立法者不能不以一定的正义观念作指导并将这些正义观念体现在具体的规定之中。②

正义意味着公平、公正、公道、合理。正义的实质是要求在全社会以公平方式分配社会的权利和义务，合理地分配社会的利益。在我国法治建设中，正义应当成为我国社会法律体系的核心价值。

在当今世界，以正义原则指导立法者的立法活动，在司法活动中从正义原则弥补立法者理性认识的不足，又限制法官的自由裁量权，这已经成为各国法学家们的共识。我国最高人民法院院长肖扬曾提出，21 世纪人民法院审判工作的主题是"公正与效率"。而有的学者更强调司法工作必须把公平与正义放在首位③，正义作为一种法的价值对法的效率、自由、秩序等价值具有优先性。

（二）实现人民利益

不管何时，良法都应以实现人们的利益为根本目的。亚里士多德提出良法的首要标准就是其目的应该体现和保障公众利益。"法律是以合乎德

---

① 参见李龙主编《良法论》，武汉大学出版社 2001 年版，第 85 页。
② 参见卓泽渊《法的价值论》，法律出版社 1999 年版，第 507 页。
③ 有的学者认为，司法工作与经济工作不一样，应当以公正为先。参见李步云《谱写宪法新篇章》，《法学》2003 年第 1 期。十六大报告则明确指出："社会主义司法制度必须保障在全社会实现公平和正义。"

性的以及其他类似的方式表达了全体的共同利益，而不只是统治者的利益。"① 阿奎那指出，"法律是直接为公益而设，法必须以整个社会的福利为其真正的目标"，"法律的首要和主要目的是公共幸福的安排"。② 霍布斯说："良法就是为人民的利益所需要而又清晰明确的法律。"③ 庞德认为，法的目的是尽可能合理地建筑社会结构，以有效地控制由于人的本性而不可避免地出现的社会矛盾和冲突，最大限度地满足社会中人们的利益。

可见，公益原理是评价国家政治法律的一项根本性的标准和尺度。一个政府，只有它的执政目的是为最大多数人谋取最大幸福时，才能是好的政府；一个国家的法律制度，只有其目的在于增进最大多数人的根本利益时，它才可能是良法。如果一个国家的法律只是为了少数人特别是社会强势集团的利益服务，而置社会多数人特别是社会弱势集团的利益于不顾，那么，这样的法律就不可能称其为"良法"，而是"恶法"。

人类是有理性的高级动物，生活在彼此相互依存的社会中。人都有生存和生活得好的需求，这种需求可以高度概括与表现为"利益"（首先是物质利益，同时也包括政治的、文化的与社会的利益以及人身人格等利益）。法是为实现与满足人类的生存与生活得好的各种需求以及合理地处理各种社会关系（实质是利益关系）而存在的。

法怎样实现和满足人们的利益呢？法是调整人们行为的规范，法律以权利与义务的形式来调整社会关系，目的是实现权利（包括人身人格权利；经济、社会、文化权利；政治权利与自由）。耶林说，权利是受法律保护的利益。立法者制定法律，考量的就是各种权利的配置或利益的分配，说"法是人民意志的体现"，就是从法必须体现人民的基本权利或根本利益这个意义上来讲的。体现人民基本权利或根本利益的立法和法的实施的过程就是对人民权利或利益分配、实现和满足的过程。

对于权利或利益范围的认定和调整，要采取历史唯物主义态度。一方

---

① 另外两条标准是：良法应该体现古希腊人珍爱的自由，良法必须能够维护城邦政体于久远。参见［古希腊］亚里士多德《政治学》，吴寿彭译，商务印书馆1965年版，第138页。

② 《阿奎那政治著作选》，马清槐译，商务印书馆1963年版，第106页。

③ ［英］霍布斯：《利维坦》，黎思复、黎廷弼译，商务印书馆1985年版，第113页。

面，人类有共同的利益和道德准则，这是由人的本性和本质所决定的。如人人都有生的权利、人身安全权利、人身与思想自由权利、人格和尊严权利，等等。另一方面，利益的享有与合理分配，又受各种社会关系首先是物质生活条件的制约。这就决定了"法的时代精神"具有两重性，即法所应保障的利益，既有它的永恒性，又有它的社会性、历史性及时代性。体现在法的内容中，表现为法依照一定的道德原则和价值取向合理地确认、调整与保障各种社会关系及其所内含的各种利益关系。在个人与社会的关系上，任何历史时代和任何国家，都不能把个人利益与社会利益截然对立起来，只要或只顾及一方面而不要或不顾及另一方面。但不同历史时代和不同国家及不同发展时期，其关注和强调的侧重点又是不同的和变化的。在诸如权利与义务、秩序与自由、效率与公平等的价值选择重点以及它们发生矛盾时的处理上，都有这种情况。比如，法定权利必须与应然权利（道德权利）相一致，必须具有伦理性，否则，这种权利在社会中并不被认为是正当的。又如，在专制政府统治下告密者有不承担任何责任的告密权，这是恶法中的权利，这种权利缺少社会正当性。反过来，法定义务也必须与应然义务相一致，即法律也不能将人们普遍认同的一种生活方式置于违法的境地。倘若如此，这样的法律是不合理的，也是行不通的。[①]

（三）促进社会进步

法律是一种文明。[②] 法律文明属于制度文明的范畴。[③] 制度文明是人类创造社会、改造社会、适应社会发展要求的各种制度和体制的成果。它有广义和狭义之分。广义的制度文明包括社会经济制度、政治制度和文化制

---

① 20世纪20年代美国禁酒法的失败就是很好的例子。对于"禁酒法"失败的原因，科特威尔写道：禁酒法之所以失败，是因为人们对此有抵触情绪，"这种抵触情绪是由禁酒运动中的宗教因素引起的，它不可避免地与有的道德观念和生活方式的冲突相联系"。参见［英］罗杰·科特威尔《法律社会学导论》，潘大松等译，华夏出版社1989年版，第63页以下。

② 董必武同志曾说："人类进入文明社会以后，说到文明，法律要算一项，虽不是唯一的一项，但也是主要的一项。"参见《董必武政治法律文集》，法律出版社1986年版，第520页。

③ 1996年后，一些学者在给中央领导机构讲法制课的时候，已经提出了包括民主与法制在内的"制度文明"的概念，而同物质文明和精神文明并列。参见李步云《依法治国，建设社会主义法治国家》，载《中共中央法制讲座》，法律出版社1998年版，第142页。

度的建设成就和进步，① 狭义的制度文明指政治制度文明（简称政治文明），② 主要内容是民主、法治、人权。本文指其狭义。

制度文明除其自身的价值，还对物质文明和精神文明起服务和保障的作用。法律文明是制度文明中具有特殊重要意义的环节和内容，因为法律是最强有力的社会规制手段。它使人们的活动和社会组织向有序化方向发展，而同制度有着天然的联系。法律化就意味着制度化。任何制度要普遍有效地发挥作用，必须通过法律化，才具有效力并得以巩固。所以法律对包括物质文明、精神文明和政治文明的其他内容都起着确认、维护、保障和促进的重要作用。③

例如，市场经济是法治经济，市场经济的主体地位、竞争规则、宏观调控、社会保障以及全球化都需要有法律的确认、服务与保障。再如，现代政治是民主政治，民主政治下的一系列重要制度和基本原则，如代议制度、选举制度、政党制度、监督制度以及人民主权原则、分权制衡原则、依法治国原则和保障人权原则等，都需要法律的确认和维护。又如，社会主义精神文明建设的地位、方针，社会基本道德义务的法律化，科学发明、知识产权的保护等，都需要法律的规范和保障。

因此，能否促进物质文明、政治文明和精神文明的发展以及社会的全面进步，是评价法或制度的好与不好的重要标准。而在经济、政治、文化三个方面，推动经济（包括生产关系和生产力）的发展是决定性的。这其中，促进生产力的发展又是第一重要的。这就是法的生产力标准。因为人类首先要解决衣、食、住、行的生存问题，然后才能从事政治的、艺术的、科学的活动。在任何社会中，物质资料的生产都是整个社会发展的基

---

① 参见文正邦、赵政《试论制度文明对建设社会主义精神文明的重要作用》，《四川大学学报》（哲学社会科学版）1997 年第 2 期。

② 政治文明是江泽民同志首先提出来的。在 2001 年 1 月 10 日召开的全国宣传部长会议上，他指出："法治属于政治建设，属于政治文明。"在 2002 年的"5·31"重要讲话中又说："发展社会主义民主政治，建设社会主义政治文明，是社会主义现代化建设的重要目标。"2002 年 7 月 16 日，他在中国社会科学院又明确指出："建设有中国特色社会主义，应是我国经济、政治、文化全面发展的进程，是我国物质文明、政治文明、精神文明全面建设进程。"

③ 参见文正邦、赵政《试论制度文明对建设社会主义精神文明的重要作用》，《四川大学学报》（哲学社会科学版）1997 年第 2 期。

础。生产力始终是最活跃、最革命的要素。物质文明是精神文明与政治文明进步的主要动力。因此，发展生产力是法的首要目的和根本任务。①

邓小平对马克思主义的一个重大贡献是提出了社会主义本质理论和"三个有利于"的标准，即社会主义本质是解放和发展生产力。衡量政治、制度好坏的主要标准，是看它们是否有利于当时当地生产力的发展，是否有利于人民生活水平的提高，是否有利于社会的发展。对社会主义法律也应作这样的评价。这就是法的生产力标准。法和法律制度对生产力的推动或阻碍是通过经济基础发生作用的。假设一种经济基础是代表先进生产力的，这时如果法和法律制度与这种经济基础相适应，起着维护和促进作用，那它就是良法；如果起阻碍甚至破坏作用，那它就是不良之法。

三　良法之美

法律形式科学合理与否，对法律的好坏起一定的正面效应或负面效应。② 法的形式是法的内在要素的组成方式和外在表现，包括法的语言、逻辑、结构、体系，等等。形式是为内容服务的，形式科学合理，能有效地体现法律正确的价值取向。而从微观的规范三要素的结构到宏观的一国的法律体系；从法的语言文字，到法的逻辑，它们的规范、统一、和谐、协调，既是法这一社会现象的特殊本质所决定，同时也是人类所追求的一种美。

---

① 参见李步云主编《法理学》，经济科学出版社 2001 年版，第 389 页。

② 古典自然法学家在论述良法问题的时候，也涉及了法律的形式方面的要求，他们认为法律应当具有普遍性，参见［法］卢梭《论人类不平等的起源和基础》，李常山译，商务印书馆 1996 年版，第 51 页；法律条文应简洁、明确，参见［英］霍布斯《利维坦》，黎思复、黎廷弼译，商务印书馆 1985 年版，第 270 页。正是在这个意义上，博登海默认为"说霍布斯是现代现实主义法学和分析法学的先驱是不无道理的"，参见［美］博登海默《法理学：法哲学及其方法》，邓正来译，华夏出版社 1987 年版，第 48 页。但是，将揭示实在法的形式结构作为法理学的任务的分析法学派，放弃了对法律的实体价值和实体内容的研究，转而研究"具有普遍适用性的形式"：法律的概念、法律体系的结构、法律体系的同一性、法律推理的形式和结构化方法，推动了法的形式良性化的探讨。例如，哈特强调法律的概念要清楚，内涵要明确，语言表达要规整，法律条文要固定化等，这些都表明分析实证主义法学对法的形式科学性有独特见解。

（一）结构严谨合理

"法的结构"是一个多层次、多视角的概念，包括法律规则三要素的结构、法律内容三要素的结构，以及成文法与不成文法的形式结构等方面。这些法的结构都必须做到严谨合理。

法的规则或规范是构成一国法律的细胞，是法的内容，即法的规则、法的原则和法的概念中最主要的成分和要素。所谓"法"，人们通常就是指一国法律的千千万万个法的规则。法的规则的内在结构，包括事实假定、行为模式和法律后果三个基本要素。也就是说，一个法律规则必须包括"在什么样的时间、地点和条件下，发生了什么样的行为，就必须承担什么样的法律后果"。一部好法律或一个好的法律规则，应当对此作出明确的、肯定的、全面的规定，这样的法的规则才是可操作的和有实际效用的。在我国，违宪审查制度一直未能建立起来，违反宪法的行为无法得到应有惩处，这是我国亟待改进的地方。我国有些法律，如教育方面的不少法规，缺少有关法律后果的规定，使这些法律法规作用的发挥受到很大限制。我国立法法规定了立法如果违反了五种情况中的一种情况，该法规被视为没有法律效力，则是一例。

法律内容的三个方面，即法律规则、法律原则与法律概念，它们彼此之间必须构成一个逻辑严谨的整体，不能彼此脱节与冲突。法律原则与法律规范的逻辑联系，法律规范彼此之间的纵向与横向的逻辑联系，法律原则、法律规范同法律概念之间的逻辑联系等，必须严谨；法律概念的内涵与外延也必须准确、明晰。这样，以法律概念为基础并通过它联结起来的法律原则与规范之间、法律规范与规范之间的逻辑联系才能科学与合理。

一部成文法的总体结构有两个基本要求：一是必须符合它所表现和表达的法的内容在逻辑上的结构和顺序；二是要合理表现和表达法的宗旨、立法原则、法的规范各部类之间的关系，某些概念的内涵和外延的解释以及法的生效方式，等等，并做出科学的合理的安排。后者要求在诸如权利与权力、权利与义务、权利保障与权力行使、公民权利与政府管理之间的关系等方面，做出恰当的处理。例如，我国1982年宪法改变了过去几部宪法的做法，把"公民的基本权利和义务"一章，放在"国家机构"一章之前，就是考虑到公民权利与国家权力的关系，是公民权利产生国家权力，国家权力存在的意义是保障和实现公民的经济、政治、文化以及社会的各种权利。

（二）体系和谐协调

一国法律规则千千万万，必须按照一定的原则和要求，上下（上位法与下位法）、左右（此部门法与彼部门法）、里外（国内法与国际法）、前后（前法与后法），合理地结合成为一个内部和谐统一的有机整体①，这是法律体系的基本要求，具体包括以下三点：

1. 内容完备。要求做到法律各部门门类齐全，编织一张"疏而不漏"的法网，以保证社会生活的各个领域都有法可依。如果法规零零星星，支离破碎，有些最基本的法律部门都没有建立起来，也就无所谓法律体系，一国法律体系作为一个整体，也就谈不上是良法。我国现在的立法较之五六十年代刑法、刑事诉讼法这样的基本法律都没有的状况已取得长足发展，初步建立了社会主义法律体系，但还根本不存在西方有些国家法律过于庞杂繁琐的情况，仍然需要坚持"有比没有好"的原则，尽快使法律之网臻于完备。

2. 结构严密。要求法律部门彼此之间、法律效力等级之间、实体法与程序法之间，各种法律法规成龙配套，做到上下左右紧密配合，以构成一个有机整体。例如，仅有宪法不行，还要制定一系列法律，以配合与保证宪法的实施。我国现行宪法有不少这样的条文："人民法院的组织由法律规定"，"地方各级人民代表大会代表名额和代表产生办法由法律规定"……这样的规定都要求制定出具体法律与之配套。据统计，现行宪法共有这样的规定 29 处。到目前为止，我们还有不少这样的法律尚未制定出来，这使宪法的作用和权威受到影响。另外，还有立法权的合理配置问题，如上位法与下位法的关系和界限必须清楚。因为上位法的适用效力高于下位法，如果关系不清楚，司法与执法人员就会无所适从。

---

① 马克思说，法"必须是不因内在矛盾而自己推翻自己的内部和谐一致的表现"。参见《马克思恩格斯选集》第 4 卷，人民出版社 1972 年版，第 483 页。

3. 内部协调。要求法的各个部门、各个规范和谐一致，不能彼此重复，相互矛盾。彭真同志在中国法学会成立大会上的讲话中所说的"立法要从实际出发，但也要有自己的法的体系，前后左右不能自相矛盾"，就是这个意思。例如，现在地方立法中，重复立法的现象比较严重，既浪费人力、物力，也影响上位法的权威，法律彼此之间也缺少一种监督机制来处理各种法律冲突。又如，我们新制定一个法律，必须对照以前的法律，看是否在内容上有矛盾。凡需要制定新的法律规范，以前与此相抵触的规范都要明令废止，否则人们也会无所适从。

（三）语言规范统一

成文法的概念、规范、原则及其他技术性规则、规定等全部内容都必须通过语言文字表达出来。同形象思维的文学艺术不同，法律必须使用科学的语言文字，以符合逻辑思维的要求。法律的实施关系到社会上每一成员的长远的和切身的利益以至生杀予夺，因此，它全部的内容都要求有严密的逻辑性。正如美国的斯普尔特·切斯在其名著《词的威力》中就普通语义的原理所提出的 21 个命题所显示的那样。[①] 语义同现实生活之间具有十分复杂的关系，所有这些，都要求法律所使用的语言文字包括各种定义，必须准确、明晰、严谨和前后一贯，不能含糊不清、模棱两可、晦涩难懂、前后矛盾。例如，1975 年宪法和 1978 年宪法关于国家武装力量的规定，使用的是"工农子弟兵"和"无产阶级专政的柱石"，这些提法不能准确表达军队的性质和它在国家中的法律地位。

我们必须特别注意法律语言文字的使用环境，它所反映和表达的现实生活的复杂多样性，以及现实生活和语言文字本身的发展变化。马克思说，对于科学的概念，"不能把它们限定在僵硬的定义中，而是要在它们的历史和逻辑的形成过程中来加以阐述"。例如，我国 1949 年的《共同纲领》使用"国民"一词作为宪法权利与义务的主体。1954 年宪法改为"公民"，但其外延一直不明确。曾有人认为，在我国凡是被剥夺政治权利

---

① 参见李步云《关于法系的几个问题——兼论判例法在中国的运用》，《中国法学》1990 年第 1 期。

的人不是公民。从现实生活与逻辑分析看，这是不正确的。因为，我国宪法和其他法律都使用"公民"这一词汇作为权利与义务的主体，如果被剥夺政治权利的人不是"公民"，那他们就可以不受宪法和法律的约束，或者必须为这些人另外制定一套法律。① 所以1982年宪法作出了这样的新规定："凡是具有中华人民共和国国籍的人都是中华人民共和国公民"（第31条）。由上可见，正确运用法的词义，立法、司法、执法和守法以及法学研究才可以避免许多不应有的混乱，法的形式才能够很好地为法的内容服务。

　　法的语言要规范统一，还包括法规名称规范化、科学化，它可以保证法的位阶易于为人们准确掌握。实现法规名称的规范化，可以使人们从法的不同称谓上比较清楚地看出一个法律文件是由哪一级国家权力机关或行政机关所制定，它具有多大的法律效力，可以适用于什么范围，哪一级国家机关有权解释修改或废除它。我们的法规名称相当庞杂混乱，仅国务院和各部委发布的法规，即有条例、办法、条款、规则、守则、原则等几十种之多。这种情况要有所改变。有研究者建议，为实现法的名称的科学化，应只用宪法、基本法、法、法规、规章、授权规定、条例、变动案、实施细则九种名称，并将各层次法的名称固定化。②

　　我们认为，良法的三个标准，关键是"善"。因为，法在"内容合规律性"和"形式合科学性"上若不够深刻和有些瑕疵（在立法实践中绝对或明显违背客观规律的情况应该是不多见和不大容易发生的。因为，但凡能享有立法权者，其智识和责任感当不在对明显违背规律的荒唐之事都能辨认并能预见其严重后果的一般人之下，否则，也难以享有立法权。何况，还有立法民主机制的保障），其后果只是这种法的实践效果没有预期的那么好或起某种程度的消极作用与负面影响而已，而法若严重违背基本道德和社会正义，人性中恶的天性及其恶性膨胀则是较容易发生和现实中较多见的，则这种法的实施所带来的对社会的破坏和对人类利益的损害将十分严重。仅就晚近的实践而言，希特勒的法西斯法律、南非前政权有关

---

① 参见李步云《什么是公民》，《人民日报》1981年12月18日。
② 参见周旺生主编《立法学教程》，法律出版社1998年版，第259页。

种族歧视的法律，以及国民党统治时期对共产党员"宁可错杀一千，不可漏掉一个"那种法律，就是我们所说的狭义的恶法。和谐社会问题的提出，使我们更容易理解公平正义之于法治建设极为特殊的价值。

法有应然与实然之分①，法的应然与实然不应截然割裂开来和对立起来，"实然的法"应以"应然的法"为根据。这不仅是西方法哲学的理论观点，也是马克思主义法哲学的理论观点。马克思指出："应然的法"即"事物的法的本质"，是"实然的法"的根据。列宁也曾主张，宪法有理想中的宪法和现实中的宪法。

上述三条九点标准，讲的是"法的应然"，现实中的法不一定符合这些标准。由此可以肯定，法理学应肯定"应然法"的概念和引入"良法"概念。法理学的一项重要使命是探索"法的应然"，认识良法的标准，这对我国社会主义法治建设具有重要意义。依法治国内在地要求依良法治国，"良法治国兴，恶法治国亡"是历史的规律。

良法的理论基础是"法的应然理论"，良法是符合"法的应然状态"的法律。"应然"的根据不是人们的主观愿望，而是事物的性质与规律，是人类的利益与正义。立法不是"发明法律"而是"发现法律"。立法者在制定法律的时候，自己的意志、愿望、要求和认识，必须符合法的调整对象，法的内容和形式所固有的性质、特点和规律以及法所应当具有的道德准则和价值取向。②

后记：
本文载于《法学研究》2005 年第 6 期。

---

① "自然法"和"实在法"、"法的应然"和"法的实然"、"法应当是什么"和"法实际是什么"、"法的理想状态"和"现实中的法"等这些二元论是研究良法理论的基本理论范式，换言之，"自然法"、"法的应然"、"法应当是什么"、"法的理想状态"是良法的基本标准。它们在自然法学那里，是"理性"和"正义"；在分析法学那里，是"形式的科学性"；在社会法学那里，是二者的双重关照。"理性"诉求的是合规律性，"正义"关怀的是合目的性。

② 参见李步云《法的应然与实然》，《法学研究》1997 年第 5 期。

依法治国首先要依法治"官"

中央这次把依法治国写进宪法，意义重大，需要我们首先正确理解依法治国的科学含义。依法治国，就是通过建立完善的法律制度来治理国家，属"法治"论，是相对于"人治"而言的。

中外历史上存在着法治和人治两种不同的治国理论与方略，我国法学界在1979—1982年对此有过一场学术争鸣。"人治论"主张或默认组织和个人的权威高于法律，权大于法，认为国家的安定和兴旺在于国家领导人是否贤明；而"法治论"则认为治国主要依靠建立完善的法律制度。经过多年的争鸣和实践检验，如今人们的认识渐趋统一，即"法治"优于"人治"；党和政府近年来又多次予以肯定，尤其是党的十五大确立"依法治国"方略，这次又准备写进宪法，表明我国走向法治的坚定决心。

依法治国，治"民"还是治"官"？我认为既治民也治官，但根本目的、基本价值和主要作用应当是治官。有一种错误认识认为，法律只是一种治理老百姓的手段，它已成为某些干部的一种思维方式和行动准则。产生这种想法有深远的历史背景。古代的统治者都把法律当做主要是治民的工具，这是由当时的经济和政治条件所决定的。实际上从法律本身来看，它的核心作用是解决权利与权力这两个问题，即保障个人的合法权利不受侵犯，对个人、集体与国家相互之间的利益冲突进行合理的分配与调节；同时，对政府的权力和行为作出规定，以防止其权力过大和滥用权力。公民个人权利与国家权力的主要区别在于：公民的权利产生政府的权力，而非相反。权力只是手段，它以保障公民（也包括集团与国家）的权利为目的。其重要的特点是，权力同管理与服从相关联，权利则同利益的享有与负担相关联。其实现方式是，政府既不可越权，也不能失职；权利可以放弃，义务则必须履行。

在一个法治国家里，老百姓当然要守法，但根本的问题是政府要依法办事，因为直接治理国家的不是"民"而是"官"。强调依法治国首先要依法治"官"，能从一个侧面反映和体现出现代法治文明的真谛。当前官员腐败成为我国最主要、最突出的社会矛盾之一，这就是我们强调依法治"官"的一个重大现实意义。官员腐败最主要的原因是权力缺乏完善的监督和制约机制，而且一些制度本身就包含着治"民"而不治"官"的因素。我国有80%以上的法律要通过行政机关制定，而行政机关立法却存在着难以克服的局限性，往往从部门利益、行业利益或地方利益出发，造成部门垄断、行业割据和地方保护等不正常现象。而对于这种情况，我国目前尚无完善的解决办法。因为人大机构虽有监督权，但还无法真正限制政府部门滥用权力。另外，由于政府部门的权力地位难以受到监督、约束，因此很多政府部门及有关官员侵犯其他单位或个人利益时，就难以得到真正的解决。我们强调法治重在治"官"，一方面是为了加强党政官员的法治意识，另一方面也为今后完善我国的有关法律制度准备思想基础。改革总是带有超前性，往往会同一些现行法规相抵触。如何处理那些有锐意改革精神的官因"改革"而违法的问题呢？改革的超前性与法律的滞后性都是客观存在的，解决这个矛盾同样靠加强法治，可以从四个方面考虑。

第一是中央和地方立法权的划分。该集中到中央的应坚决集中，该下放地方的应尽快下放。目前权力过于集中和下放过多两方面的问题都存在。第二是应加强宪法和法律的解释工作。可成立专门的机构，使法律法规的界限更清晰，能够得到人们更深入、更准确的了解，从而保障其顺利实施。第三是对与法律冲突的事情如何裁决。既要考虑法律的严肃性和稳定性，又要通过细致的研究分析，对那些明显不利于国家和人民整体利益的要依法处理，而对国家和人民有利的改革可寻求灵活的解决办法，比如通过法定的特殊措施加以保护，必要时甚至可以依法修改法律条文。第四，凡不属于中央专属立法权的事项，地方可以先行立法，即有的地方先可用法律形式对符合地方实际情况和需要的改革措施进行确认与规范，一旦中央有了该事项的立法法律，应该按中央的规定执行。

对于如何防止官员违法，对国家权力实行制约，真正实现依法治"官"，笔者认为有四个原则和渠道。

第一是以国家法律制约国家权力，如重点解决行政程序立法问题，一些行业部门可以先单独制定本行业部门的程序法规，以后总结经验再制定一部国家行政程序法，使行政部门所有活动都法制化。

第二是以国家权力制约国家权力。如尽快制定监督法规，加强全国人大对"一府两院"的监督，赋予检察、审计等部门更大的监督权，加强对行政机关和审判机关的制约等。

第三是以社会权力制约国家权力。让各民主党派、社会团体更多地参与监督工作，并进一步法律化、制度化。

第四是以公民权利制约国家权力，切实保障公民的参政、议政、监督和知情权等，包括充分利用新闻媒体行使监督权等。

后记：

本文发表在 1999 年 3 月 8 日《中国经济时报》，原为答该报记者冀文海问。本文曾被《文摘报》转载。

社会主义民主和法制的里程碑

——评审判林彪、江青反革命集团

最高人民法院特别法庭对林彪、江青反革命集团的公开审判是我国政治生活中举世瞩目的一件大事。它将以人民的公正判决，把林彪、江青一伙丑类永远钉在历史的耻辱柱上；它将以对这伙罪犯的依法惩处打击敌人、保护人民、伸张正义，显示国家法律的尊严；它将以社会主义民主、法制的胜利检阅，表明我国社会主义政治制度正在稳步地走向完善，进一步激励全国各族人民同心同德向四个现代化奋勇进军。

对林彪、江青反革命集团主犯进行公开审判，这是人民的伟大胜利、民主和法制的伟大胜利、社会主义的伟大胜利。民主和法制是国家的根本性问题。民主、法制的状况如何，直接影响政权的性质、国家的前途。我国作为人民民主专政即无产阶级专政的社会主义国家，应当具有高度的民主、完备的法制。但是，由于我国有两千多年封建社会的历史，封建传统根深蒂固，由于我们建设社会主义的时间还不长，中间又经过"文化大革命"的严重破坏，社会主义民主和法制还很不健全。林彪、江青一伙正是利用我国政治制度上的这一重大缺陷，明目张胆地诬告、陷害党和国家领导人，肆无忌惮地迫害、镇压广大干部和群众，疯狂地进行推翻我国无产阶级专政的国家政权的反革命犯罪活动，把本来就很不健全的民主、法制破坏殆尽。然而，我国的社会主义民主和法制在前进道路上尽管充满艰难险阻，但它的发展终究是任何反动势力都不能根本扭转的。在社会主义制度下，生产资料是公有的，即原则上属于全体劳动人民所有，这个事实从根本上决定了我们国家的政治生活和社会生活必须是民主的。所以社会主义民主的发展，并不是人们主观的善良愿望，而是社会历史发展的必然趋势。人民从来是而且永远是历史的主人，绝非任人宰割的消极力量。在社会主义制度下，人民可以在一个时期内由于种种原因遭到反民主、反社会主义的反动力量的迫害，甚至遭受十年动乱期间那样的迫害，但是历史表明，人民终究会战胜种种困难走向自己的胜利。当中国人民一旦从林彪、江青反革命集团的法西斯暴行中看清了他们的真面目，懂得了社会主义民主和法制的极端重要性，就以大无畏的革命精神，用各种形式，为民族的生存、国家的前途，奋起同他们展开了争取民主、保卫法制的殊死搏斗。1976 年 4 月 5 日在全国发生的以天安门广场事件为中心的亿万人民的伟大民主运动，就是这样可歌可泣的斗争的集中表现和威武雄壮的篇章。这场运动是以广大共产党员、共青团员和同他们团结在一起的广大革命青年为骨干的，当时大批老干部由于被打倒，不可能直接参加，是他们的子女、亲属以及同他们有联系的群众来参加的。1975 年，邓小平同志主持党中央和国务院工作期间，同"四人帮"进行了针锋相对的斗争，对各条战线的工作进行了卓有成效的整顿，这对于提高人民群众的觉悟、认识"四人帮"所作所为的反革命性质、增强人民群众的斗争意志和信心，起了重要的作用。这场运动以创造历史、推动社会前进的伟大力量，进一步为同年十月粉碎"四人帮"准备了思想基础和群众基础，为 1980 年公开审判林彪、江青一伙创造了必要的前提条件。林彪、江青反革命集团的兴亡史，中国共产党领导下的全国各族人民同这个反革命集团的斗争史，生动地证明：对林彪、江青反革命集团的审判，是按照全国各族人民的意志进行的，这是十亿人民的审判，这个审判在本质上是民主的，它又一次证明人民必胜，民主和法制必胜，社会主义必胜，这是一条铁的历史定律。

人们也许要问，在中国大地上横行十年之久的"四人帮"，被中国人民打倒已经四年多了，为什么到今天才把林彪、江青一伙押上人民的审判台？这是因为，他们是在"文化大革命"中形成和发展起来的反革命集团，而"文化大革命"是一个十分复杂的社会历史现象。林彪、江青反革命集团的主犯当时所采取的是反革命两面派手法，因而能够钻进党和国家的领导核心，并且在相当长的时期里，是以党和国家领导人的面貌进行活动的。这就呈现出更加复杂的局面，需要耗费必要的时间和人力，来进行十分繁重而复杂的工作。举其大者来说，一是大量的问题需要审查、调查、验证、核实；一是两类不同性质的社会矛盾即工作性质和其他性质的错误同反革命犯罪需要在弄清事实的基础上严格区分。这两项工作是紧密联系在一起的。如果不是对林彪、江青反革命集团的大量活动进行周密的、严肃的、精确的、负责的审查、调查、验证、核实，就不可能对这个案件所牵涉到的人和事，正确地区分不同性质的矛盾，正确地区分犯罪与错误。对于林彪、江青反革命集团的主犯，也要区分违反党纪和触犯刑律这两种不同情况，分别处理。对前一种情况，要根据我们党的章程，在党内对他们进行实事求是的审查，并分别作出相应的处理；而对于他们的超出党纪范围、触犯国家刑律的问题，则要由国家司法机关依法审理。这次对他们的公开审判，就是审判他们的反革命犯罪问题，追究他们的刑事责任，而不涉及错误。

正确地、严格地区分和处理犯罪与错误这两种不同性质的问题，是一个原则性的问题。对于任何曾经担任党和国家领导职务的人来说，尤其如此。一般说来，工作中的错误是难以避免的，包括一切革命政党及其担负领导责任的人，工作中发生错误以至发生严重错误，也都是难以完全避免的。一切无产阶级政党及其领导人，为了实现无产阶级所肩负的历史使命，都必须适时地正确分析革命形势，估量阶级力量变化，作出战略决策，制定战略、战术、方针、政策，不断地把革命事业推向前进。然而，各国的情况千差万别，世界上没有也不可能有适用于任何国家的革命和建设的通用模式，要把马克思主义的一般原理同本国具体实践结合起来，找出适合本国情况的通向胜利的道路，是一项十分艰巨的任务。任何革命政党和革命领导人，都要受历史的和认识的局限以及其他主观和客观条件的制约，都难以避免在工作中产生这样或那样的错误，直至产生指导方针上的严重错误。完全不犯错误的政党和领导人是没有的。在我们党的历史上，就曾经出现过多次严重错误，例如 1924—1927 年出现过陈独秀右倾错误、1931—1934 年出现过王明"左"倾错误。尽管前者导致轰轰烈烈的第一次国内革命战争的失败，后者使白区党的组织几乎损失殆尽、苏区损失也极其严重，但是，人们只要站在革命的立场，用历史唯物主义的观点看问题，就会理所当然地把这种指导方针上的错误看成是革命队伍内部、人民内部的是非问题，看成是在争取民族的、阶级的革命利益的漫长的艰难道路上犯的错误，看成是由于在认识上离开了客观实际也离开了马克思主义的基本原理而产生的错误。这些错误的产生甚至与个人作风品质上的某些缺点有关，但是这种错误同反革命犯罪在本质上是不同的，因而只能采取包括应有的党纪处分在内的惩前毖后、治病救人的方法来解决，而绝对不能允许把这种性质的错误同反革命犯罪混为一谈。这是我们党长期采取的经过实践检验的正确方针。历史已经充分地证明，这样做完全符合革命的利益，符合党和人民的利益。

毛泽东同志在他的晚年，特别是在他亲自发动和领导的"文化大革命"中，也犯了错误，给党和人民带来了不幸。当然，不只是毛泽东同志犯错误，我们党内其他一些同志在不同程度上也有过错误。但是，这种错误同林彪、江青反革命集团的阴谋活动在性质上是根本不同的。当我们在谈论犯罪和错误的区别这样的问题时，还必须指出，即使是林彪、江青反革命集团中的人，他们的活动也并非全都是反革命犯罪，其中也有一部分是属于各种错误。正因为"文化大革命"中存在着上述这种错误与犯罪并存并且互相交错在一起的复杂情况，因此能否正确地和严格地区分错误与犯罪，就成为一个非常重要、非常突出的问题，成为一个关系到党和人民根本利益的问题。

林彪、江青反革命集团中的人的犯罪，同其他人的错误根本的不同在什么地方呢？我们主要可以从三个方面来看：

第一，它们的性质不同。所谓错误，从根本上说是指主观与客观相分离，违背客观规律的行为；犯罪是指一切依照法律应当受刑罚惩处的危害社会的行为；而反革命犯罪则是以推翻无产阶级专政的政权和社会主义制度为目的的、危害中华人民共和国的行为。因此，错误是属于批评教育、吸取教训、党纪政纪的范畴，而犯罪则是属于应追究刑事责任、受刑罚惩处的范畴；错误是是非问题，属于人民内部的社会政治矛盾，而犯罪中的反革命罪则属于敌我矛盾（并不是一切犯罪都属于敌我矛盾）。根据我国刑法规定，颠覆政府，分裂国家，策动叛乱，以反革命目的杀人、伤人等，都是按照刑法规定严惩不贷的反革命犯罪。林彪反革命集团经过精心策划，根据1971年9月8日林彪手令，发动武装政变，妄图夺取全国政权，或另立中央，分裂国家，同时密谋用火焰喷射器打火车，派飞机轰炸，杀害毛泽东主席；江青反革命集团经过周密准备和策划，根据张春桥、王洪文1976年9月底的指令，于同年10月8日在上海策动武装叛乱，等等，都是罪大恶极的反革命犯罪，而不是什么错误，这是很清楚的，人们对此不会有什么疑问。像他们的这些犯罪行为在世界上任何国家，依据法律，都不可能不构成严重犯罪。像谋杀、政变、分裂国家、武装叛乱这样的反革命犯罪，同我们上面说到的革命队伍内部、人民内部的是非问题，在为争取民族的、人民的利益的道路上犯的错误，包括造成严重后果的错误是不相干的，是性质根本不同的两回事，这也是容易理解的。

第二，它们的手段不同。实施错误行为的手段，一般是符合正常的工作程序和组织原则，为当时的政策、法律所允许的；而实施犯罪行为的手段，则是非正当的、为国家刑律所禁止的。林彪、江青一伙为达到篡党窃国的罪恶目的，是不择手段、无所不用其极的，除了搞谋杀、政变、叛乱以外，还采用各种阴谋手段陷害党和国家领导人，镇压广大干部和群众。一是蓄意诬告。按照林彪的安排，由叶群口授，雷英夫执笔，林彪批转江青，无中生有地捏造诬告材料，蓄意致刘少奇同志于死地，就是一例。二是制造伪证。比如，江青一伙对孟用潜、丁觉群进行逼供，制造"叛徒"伪证，并非法扣压孟、丁多次更正、申辩材料，对上严密封锁，明目张胆地以假乱真，就是蓄意用伪证来达到其陷害国家主席的罪恶目的。三是刑讯逼供。他们为了陷害好人、杀人灭口，按照他们的"棍棒底下出反革命"的法西斯信条，设刑室，兴冤狱，实行惨无人道的肉体和精神折磨，使千千万万革命者死于他们的酷刑之下。四是打砸抢抄抓。他们用赤裸裸的法西斯暴力镇压广大干部、群众的反抗，死伤之多，难以数计。仅1967年8月由王洪文直接指挥、张春桥亲自支持的围攻"上柴联司"的武斗事件，就打伤一千多人，绑架八百多人，关押判刑五人。五是特务活动。张春桥手下配有武器、拨有活动经费、取有代号的"游雪涛小组"，就是一个专门从事盯梢、绑架、抄家、监禁、秘密刑讯的特务组织。这一切充分表明，不仅他们陷害党和国家领导人，镇压干部、群众是有预谋的反革命犯罪活动，而且为此所采取的种种手段也无一不是我国刑法所严禁的犯罪行为。显然，这同人们按照正常的组织系统、工作程序和工作手段所犯的错误，包括严重错误，毫无共同之处。

第三，它们的目的不同。犯错误，一般说是好心的，要革命的。而犯罪则相反，反革命犯罪是有明确的反革命的目的。从法学观点看，一个人的行为是否构成反革命犯罪，是以行为人的主观有无反革命的直接故意，即反革命的目的为必要条件。根据我国刑法规定，这个目的就是"推翻无产阶级专政的政权和社会主义制度"。而林彪、江青一伙所实施的一切犯罪行为正是以此为目的。只要我们全面地分析一下他们所提出的"改朝换代"的反革命纲领；他们所实施的谋害毛泽东主席，发动武装政变，策划武装叛乱；有组织、有预谋地陷害党和国家领导人，镇压、迫害广大干部和群众的全部犯罪事实，就可以清楚看出，他们的目的就是妄图推翻人民政权，建立封建法西斯"朝代"。这同其他人从我们党和国家不变颜色的良好愿望出发而犯的工作错误和指导方针错误是截然不同的。

综上所述，可以准确无误地作出判断，林彪、江青反革命集团不是什么犯错误问题，而是触犯了《中华人民共和国刑法》，分别犯有颠覆政府、分裂国家、武装叛乱罪，反革命杀人、伤人罪，反革命诬告陷害罪，组织反革命集团罪，反革命宣传煽动罪，刑讯逼供罪，非法拘禁罪。依法追究他们的刑事责任，完全是执行"违法必究"的原则。

对林彪、江青反革命集团的审判，严格区分了反革命犯罪和错误的原则界限，只审他们的反革命罪行，而不涉及错误，这完全符合我国社会主义法制的基本要求。这样做，对于正确地、严格地区分敌我矛盾和人民内部矛盾这两类不同性质的矛盾，分清罪与非罪，准确地制裁反革命罪犯，剥夺林彪、江青反革命集团的一切借口，充分揭露他们的反革命面目，使他们难逃法网；对于发扬我们党采取惩前毖后、治病救人，批评和自我批评，以及必要的党纪政纪处分等方法，处理犯了错误包括严重错误的同志的优良传统；对于我们党和国家的兴旺发达，都有着明显的利益。

林彪、江青反革命集团罪恶之大、危害之烈、迫害的人之多，为古今中外所罕见。他们擢发难数的罪行，给我们的国家、我们的民族、我们的人民，造成的灾难是无法估计的。但是，我们是社会主义国家，马克思主义是指导我们思想的理论基础，我们对待林彪、江青反革命集团，不是从什么永恒的正义、不变的道德和义愤出发，而是严格根据体现着人民意志的社会主义民主和法制原则，通过法定的司法程序，对他们依法治罪。这次审判就是依照我国现行法律的基本精神和具体规定办事，经得起历史的检验，经得起子孙后代的检验。

这次审判贯彻了司法工作的独立原则。尽管此案案情特别重大，许多极其复杂的情况在前一阶段已经过党内的审查，但仍然由人民公安机关对他们独立进行侦查预审，然后才由人民检察机关独立进行检察起诉，由人民法院独立进行审判。最高人民法院鉴于林彪、江青反革命集团是特别重大案件，根据《法院组织法》第 31 条第 2 款关于最高人民法院可以设置"其他需要设的审判庭"的规定，建议成立特别法庭审理此案主犯，人大常委会对此作出了相应决定，并任命特别法庭的庭长和审判员，这是对自己法定权限的行使，而不是对司法事务的干预。对林彪、江青反革命集团主犯的审判，对被告人的定罪、量刑，完全由最高人民法院特别法庭独立决定，任何个人和组织均无权非法干涉。最高人民法院特别法庭由 35 位法官组成，除了绝大多数是专职法官之外，还有少数非专职法官，这部分法官还能起陪审的作用，这对保证案件的公正处理是有利的。

这次审判贯彻了司法工作的民主原则。对林彪、江青一伙的审判，完全依照《刑事诉讼法》规定，公开进行。为了保证参加旁听的群众具有更大的普遍性，由各省、自治区、直辖市、各党派、各人民团体、国家机关、人民解放军推举代表参加旁听；鉴于这次审判涉及国家机密，因此，外国记者不便参加。在审判中，被告人的辩护权将得到充分保障。他们除了自己行使辩护权以外，还可以聘请律师充当自己的辩护人。辩护人完全可以根据事实和法律，提出证明被告人无罪、罪轻，或者减轻、免除其刑事责任的意见和材料，以维护被告人的合法权益。在审判过程中，被告人的其他法定民主权利也将受到切实的保障。

这次审判贯彻了司法工作的实事求是原则。整个诉讼过程都将完全以事实为根据，以法律为准绳。是就是，非就非，是他们的罪行，一分不能少；不是他们的罪行，一分也不能多。重证据，不轻信口供，对林彪、江青一伙的诉罪，依据的都是经过验证的原始书证材料和原始物证，如档案、信件、日记、笔记、讲话记录和录音等。真理掌握在人民手里。我们绝不搞林彪、江青一伙所惯用的"一人供听、二人供信、三人供定"那一套。我国《刑事诉讼法》规定："只有被告人供述、没有其他证据的，不能认定被告人有罪和处以刑罚；没有被告人供述，证据充分确实的，可以认定被告人有罪和处以刑罚。"这次审判将根据这个原则行事。

这次审判贯彻了司法工作的革命人道主义原则。我们决定对被告人适用新刑法就充分体现了这一点。大家知道，关于"反革命罪"，早在1952年《惩治反革命条例》中就有明确规定，它同五届人大二次会议公布的《中华人民共和国刑法》的规定精神是一致的。但是，《惩治反革命条例》是在全国刚刚解放、镇压反革命运动正处在高潮中制定的，对各种反革命罪所规定的刑罚都比现行刑法规定的为重。根据我国刑法第9条规定，"中华人民共和国成立以后本法施行以前的行为"，"如果当时的法律、法令、政策认为是犯罪"，但本法"处刑较轻的"，适用本法。对林彪、江青反革命集团主犯的定罪量刑，我们将根据这一规定适用新的刑法。这不是追溯既往，而是在运用新旧法律上贯彻从轻原则。这样做有利于被告，充分体现了革命人道主义精神。

这次审判贯彻了法律面前人人平等原则。这一原则，是封建特权的对立物，是社会主义法制原则的核心。它的基本精神是人人享有依法规定的权利，也应尽法律规定的义务；任何人都没有凌驾于法律之上、超越于法律之外的特权；不管谁犯法都要依法受到制裁，无论被告人的政治地位、社会成分、职务高低有何不同，适用法律一律平等。这次审判林彪、江青一伙，就坚决贯彻了这一原则。这十名主犯，九名曾是党的政治局委员，他们曾经是所谓"大人物"，但并未逃脱我国刑律平等地适用到他们身上；这十名主犯，个个罪大恶极，为全国人民所切齿痛恨，但并不会因此而剥夺他们作为被告人在诉讼过程中依法应当享有的一切权利，也并不会因此违背法律规定去加重其刑罚。这次审判将为坚持法律面前人人平等的原则树立一个典范。社会主义法律是人民意志和利益的体现，是不可侵犯的。一切组织，从党中央、国务院到每个基层单位；一切个人，从党的主席、国家的首脑到每一个党员、每一个公民，都必须受自己同人民一起制定的宪法和法律的约束。任何人以身试法，违法犯罪，都将毫无例外地受到同样的制裁。在社会主义的中国绝不容许置身于法律之外的特殊公民逍遥法外。

对林彪、江青反革命集团的审判，是我国民主和法制发展道路上的一座引人注目的里程碑。它充分体现了以法治国的精神，坚决维护了法律的崇高权威，认真贯彻了社会主义民主和法制的各项基本原则，在国内外引起了强烈反响，具有除旧布新的重大意义。这次审判将以令人信服的事实向全世界宣告：中国人民胜利地清除了历史的垃圾，正团结一致、满怀信心地沿着民主和法制的轨道勇往直前，用自己的全部智慧，为把祖国建设成高度民主、高度文明的社会主义现代化强国而努力奋斗。

后记：

本文载于 1980 年 11 月 22 日《人民日报》，署名"特约评论员"。《历史的审判》一书（群众出版社 1981 年版）收入了本文。这篇文章是应一位中央领导同志的建议与要求而撰写，目的是为审判林彪、江青反革命集团这一历史性事件作一总结。当时作者在中共中央书记处研究室工作，具体负责这篇文章的撰写。鉴于任务重大，特邀请中国社会科学院法学研究所王家福同志共同执笔。文章在起草过程中，滕文生同志参与过讨论，并由林涧青同志最后定稿。本文总结的这次历史性审判所体现的五项法治原则中，"司法独立"的提法，可参见叶剑英在《宪法修改委员会第一次会议上的讲话》。该讲话也是提"司法独立"，但个别领导人并不同意这一概念和提法，认为只能提"法院独立行使审判权"、"检察院独立行使检察权"。

坚持公民在法律上一律平等

1954年颁布的《人民法院组织法》第5条规定："人民法院审判案件，对于一切公民，不分民族、种族、性别、职业、社会出身、宗教信仰、教育程度、财产状况、居住期限，在适用法律上一律平等。"这一规定，是必要的、正确的，但是，在后来的一个相当长的时间里，却被一些人说成是错误的，是没有同资产阶级的"法律面前人人平等"划清界限，是"没有阶级观点"，是主张革命与反革命"一律平等"。这种说法必须予以澄清。

"法律面前人人平等"的口号，是资产阶级在反对封建主义的斗争中提出来的。封建主义的法律是以公开维护等级与特权为特征的，它不仅确认地主阶级可以根据土地多少、官职大小、爵位高低享有不同的封建特权，而且使地主阶级的各级官吏和封建帝王的皇亲国戚超越于法律的约束之外。资产阶级提出的"法律面前人人平等"，作为资产阶级民主制度和法律制度的一个重要原则，在摧毁封建专制主义的斗争中曾起过革命的作用。然而，资产阶级的统治是建立在资本主义生产关系上的，资产阶级的法制是以财产不平等为基础的。它们说一切公民都有平等选举权，但同时又用居住期限、教育程度以至财产资格来加以限制，这就决定了广大劳动人民不可能真正享有同资产阶级一样的平等权利。因此，在资产阶级专政的条件下，所谓"法律面前人人平等"，实际上是虚伪的。

无产阶级所要求的平等，归结为废除阶级。社会主义的法制是建立在生产资料公有制基础之上的，它规定不劳动者不得食。因而，社会主义法律既不承认任何等级特权，也不允许财产等条件的限制，真正做到公民在法律上一律平等。毛泽东同志在讲到我国第一部宪法的时候，曾经说过，

"原则基本上是两个：民主原则和社会主义原则"①。在我国社会主义的经济制度和社会主义民主的政治制度下面，公民在法律上一律平等，是必须做到的，也是能够做到的。坚持这一原则，不是什么人喜欢不喜欢的问题，而是历史发展的必然，是社会进步的客观要求。根据这一原则，凡属我国的公民，按照宪法和法律，一律平等地享受他们应该享受的权利，履行他们应该履行的义务；不承认有任何享受特权的公民，也不承认任何免除法律义务的公民。这是对封建专制主义和等级特权观念的彻底否定。如果我们不是这样做，而是抛弃这一原则，认为公民在法律面前应该是不平等的，那就是允许一部分人享有特权，默认有人可以置身于法律之外、高居于法律之上，那么，社会主义法制的民主原则就无从体现，宪法和法律就会遭到破坏，人民的民主权利就没有保障。

"公民"和"人们"，是两个不同的范畴。在我国，"公民"是指具有中华人民共和国国籍的人，也就是通常所说的国民。我们讲公民在法律上一律平等，着重是从司法方面来说的，主要是指公民在适用法律上一律平等。至于立法，我们并不规定所有公民都平等，人民和阶级敌人是必须区别的。在立法上，占人口 95% 以上的人民是平等的，宪法规定："中华人民共和国的一切权利属于人民"，"国家坚持社会主义的民主原则，保障人民参加管理国家、管理各项经济事业和文化事业"。而对于"一切叛国的和反革命的活动"，对于"一切卖国贼和反革命分子"，则不是讲什么平等，而是要坚决镇压的问题。这些规定，反映了无产阶级的意志，充分体现了法律的阶级性。但在司法上，我们讲公民在适用法律上一律平等，这里的"公民"，既包括人民，也包括敌对阶级的分子在内。即使对于还没有改造好的反革命罪犯和其他犯罪分子，只要他们不再违法，我们就只是依法剥夺他们的政治权利，其余的权利和义务，例如"人身自由不受侵犯"、"劳动的权利"、"休息的权利"以及"遵守宪法和法律"、"遵守劳动纪律"等，则是同其他公民一律平等的。而人民内部的人，如果触犯了刑律，也同样要依法制裁，直至判处极刑。国家机关在执行和适用法律

---

① 毛泽东：《关于中华人民共和国宪法草案》，载《毛泽东文集》第六卷，人民出版社 1999 年版，第 326 页。

上，必须对一切公民平等，不允许有任何特殊。只有这样，才能保证宪法和法律的严格执行。这样做，完全符合无产阶级的利益，怎么能说主张公民在适用法律上一律平等，就是没有同资产阶级的"法律面前人人平等"划清界限、就是没有阶级观点、就是主张革命和反革命"一律平等"呢？

反对"法律面前人人平等"，必然认为法律只能管一部分人，不能管另外一部分人，这样，就必然使一部分人可以凌驾于法律之上，可以任意破坏民主、践踏法制。有些人总是喜欢搞一言堂，喜欢独断专行，认为别人犯法才算犯法，自己犯法就不算犯法，这哪里还有什么法制？由于中国几千年来封建主义流毒，以及林彪、"四人帮"反动思想的影响，在我们的队伍中，至今还有一部分人存在着特权思想和等级观念，要彻底清除这种病毒，还是一项长期的战斗任务。我们不仅要大力宣传公民在适用法律上一律平等的原则，而且要在实践上坚决贯彻执行。一个人不管职位多高、功劳多大，如果犯了罪，都要同普通老百姓一样地依法惩处，不能有任何特殊。最近，我们的党组织和司法机关依法给原来曾是相当高级的领导人以党纪国法的严厉制裁，受到了全国人民的衷心拥护，这一事实充分说明，只要我们真正做到"法不阿贵"，社会主义法制就一定会加强。

后记：

本文载于 1978 年 12 月 6 日《人民日报》。当时党的十一届三中全会尚未召开。本文在国内外曾引起较大反响，被认为是新时期法学界突破以往思想理论禁区的第一篇文章。作者曾收到国内不少读者来信，其中陕西一读者来信说："真担心你被打成右派。"以五种外国文字对外发行的《北京周报》1978 年第 22 期曾对此文作了报道和介绍。民主德国的闵策尔教授曾将此文译成德文在德国发表。我国的《参考消息》1978 年 12 月 15 日（上）曾披露美联社记者、60 年前即开始报道中国革命的约翰·罗德里克曾报道这篇文章。他说："中国领导主张，所有的公民，包括敌对阶级的人在内，在适用法律上一律平等，中国要彻底消除封建特权思想和等级观念，即使对资本家、地主和富农，也要遵循司法。""共产党过去一直把地主、富农和资本家当做敌人对待，剥夺他们的全部权利，不管他们的财产多么有限。这些人定期成为清洗的对象。如果《人民日报》的承诺得到实现，这些阶层的千百万人的命运会有明显的好转。"

司法独立的几个问题

依法治国，建设社会主义法治国家，作为中国人民的一项治国方略和奋斗目标，已被庄严地载入我国宪法。司法独立是现代法治国家的主要标志，是现代宪政的重要内容，是我国现行宪法的一项基本原则和制度。1997 年党的十五大报告又进一步强调，要"推进司法改革，从制度上保证司法机关依法独立公正地行使审判权和检察权"。现在，我国的司法改革正在广泛的范围内深入展开。保证司法独立是司法改革的一项极为重要的任务，本文拟着重从司法独立的理论层面谈一些个人的看法，以就教于学术界和实务界同仁。

一　司法独立的产生与历史发展

研究问题的科学方法之一，是对某一理论、原则或制度进行历史的考察，看它在历史上是怎样产生的，它经历过什么样的发展阶段，这样才能更好地把握该事物的性质、价值和未来的发展方向。

司法独立作为国家机构的一项重要原则和制度，是近代民主革命的产物。它是建立在"主权在民"和分权理论的基础上的。在古代，无论是西方还是中国，国家的立法、行政和司法等各项权力，都是高度集中于君主和地方长官一人之手。这是奴隶制和封建制的专制主义政治的重要特征。其理论基础是"主权在君"。既然"普天之下，莫非王土；率土之滨，莫非王臣"、"朕即国家"，那么为了实现君主一人的统治，国家权力的高度集中就成为很自然的事情。随着封建主义生产关系的没落以及资本主义生产关系和市场经济的兴起，"主权在民"理论应运而生。但是人民很难直接管理国家，只能通过选举产生政府，由政府代表人民管理国家。为了防止被选举产生的政府权力腐败与异化，启蒙思想家们建议未来的政府应当实行权力分立与权力制衡，这就是司法独立产生的社会条件和历史背景。这里，笔者需要顺便指出的是，人们通常认为，司法独立的理论基础是"权力分立"理论，这无疑是正确的，但还不够全面。"权力不受制约必然腐败"的原理，具有超时空的性质，因此古代就有了朦胧的权力分立与制衡的思想。西方古代权力分立理论的出现和中国古代"三省"制度、"监察"制度的设置就是例证。但那时候不可能产生司法独立的理论、原则和制度，这是"主权在君"观念和专制主义政治制度所决定。肯定这一点，对深刻理解"司法独立"的价值是十分必要的。

通常认为，西方古代的分权思想起源于古希腊思想家亚里士多德。他认为，"一切政体都有三个要素，作为构成的基础"，这三个要素是议事机能、行政机能和审判机能。倘使三个要素都有很好的组织，整个政府将是一个健全的机构。[①] 比亚氏晚两个世纪的古罗马史学家波里比亚斯继承并发展了他的这一思想。在《罗马史》这一著作中，波里比亚斯提出，罗马的政权分为三部分：第一是执政官，代表君主势力；第二是元老院，代表贵族势力；第三是平民会议，代表人民的势力。任何一部分过重，都会影响政体的平衡。执政官需要元老院通过法律，才能获得经费；执政官签订条约与媾和，也要经平民会议通过；元老院有关死刑的判决须经平民会议批准；而平民会议通过建筑执照和雇用税吏等法案又必须经元老院同意。只有三者相互制衡，才能避免政制衰败。[②] 古代西方的分权思想比中国发达，是由古希腊存在城邦国家等具体历史条件所决定的。

近代西方的分权理论是由英国的洛克和法国的孟德斯鸠等思想家奠定的。洛克的一生是在英国革命时期度过的，其思想深受这一革命的影响。他认为，每个国家都有三种权力，即立法权、行政权、对外权。每一种权力都要由一个特定的机关来掌握，而不能集中在君主或政府手里。如果一个机关同时享有立法权和执行权，就会促使他们去获取权力并滥用权力，

---

① 参见西方法律思想史编写组《西方法律思想资料选编》，北京大学出版社 1983 年版，第 56 页以下。

② 参见张金鉴《西洋政治思想史》，台北三民书店印行 1976 年版，第 92 页。

在制定法律时只顾自己的利益，而在执行法律时免受法律的约束。他认为，在国家权力体系中，立法权最高，行政权和财政权应处于次要的和服从的地位，其目的是提高议会的地位以抑制王权。但他也强调，立法权也要受限制：它应以正式公布的法律来治理国家，"国家的法律应该是不论贫富、不论权贵和庄稼人都一视同仁"；① 这些法律应以为人民谋福利作为最终目的，未经人民或其代表同意，不得对其财产课税；立法机关制定法律的权力不能转让。② 他认为，以上三权应当分立并相互制约。依照现代的观念和制度来说，洛克实际上是主张两权分立。他没有提出"司法独立"，同英国革命具有妥协性有关。当时贵族院居于最高法院的地位，司法权由英王掌握。在近代，完整的"三权分立"理论是孟德斯鸠提出的。彻底的法国资产阶级大革命造就了他的思想观念。孟德斯鸠说："一切有权力的人都容易滥用权力，这是万古不易的一条经验。""从事物的性质来说，要防止滥用权力就必须以权力约束权力。""如果同一个人或是由重要人物、贵族或平民组成的同一个机关行使这三种权力，即制定法律权、执行公共决议权和裁判私人犯罪或争诉权，则一切便都完了。"③ 虽然孟德斯鸠在政治立场上趋于保守，1789 年法国大革命否定了他的君主立宪方案而采纳了卢梭的"人民主权"理论，建立了法兰西共和国，但他被公认为是"三权分立"学说的正式提出者，是系统地论述"司法独立"的第一人。他的"三权分立"理论被 1787 年制定的《美利坚合众国宪法》和 1791 年法国宪法所采纳。此后，司法独立的原则和制度被世界上很多国家所沿用。尽管由于历史背景和文化传统不同，分权制衡的具体形式各有千秋，例如美国有总统制、英国有内阁制、法国有总统内阁混合制，从而司法独立各有差异，但其原则精神是完全相同的。

值得注意的是，近几十年以来，司法独立的原则和制度在全世界得到了更为广泛的传播，其基本特点是它已经进入国际法领域，从而开始了一个新的发展阶段。有关司法独立的国际文件主要有：1982 年 10 月 22 日在

① ［英］洛克：《政府论》（下篇），商务印书馆 1981 年版，第 88 页。

② 参见西方法律思想史编写组《西方法律思想资料选编》，北京大学出版社 1983 年版，第 205 页。

③ 孟德斯鸠：《论法的精神》上册，商务印书馆 1961 年版，第 154 页以下。

印度新德里举行的国际律师协会第十九届年会通过的《司法独立最低标准》、1983 年 6 月 10 日在加拿大魁北克蒙特利尔举行的司法独立第一次世界会议通过的《司法独立世界宣言》、1985 年 8—9 月在意大利米兰举行的第七届联合预防犯罪和罪犯待遇大会通过的《关于司法机关独立的基本原则》、1989 年 5 月 24 日联合国经济及社会理事会通过的《关于司法独立的基本原则：实施程序》、1994 年 1 月 20 日在西班牙马德里举行的国际法学家委员会通过的《关于新闻媒体与司法独立关系的基本原则》、1995 年 8 月 19 日在中国北京举行的第六届亚太地区首席大法官会议通过的《司法机关独立基本原则的声明》等。这些有关司法独立的国际文件具有以下特点：（1）这些文件概括了世界上不少学者和政治家的看法和主张，反映了很多国家的意见和政策，体现了全人类的价值追求，表达了各国人民的共同意志，因而具有很高的权威性与影响力。（2）这些文件对司法独立概念的科学内涵作了深刻揭示，对司法机关与其他国家机关、执政党及新闻媒体的关系作了准确定位，对法官的资格、任免、培训、服务条件与任期、权利与义务等作了全面规定，对司法机关内部的关系作了分析。所有这些对世界各国确定与建立司法独立的原则和制度具有重要的指导意义与参考价值。（3）这些文件中的一部分对联合国成员国具有约束力。例如，《关于司法机关独立的基本原则》曾经过联合国大会 1985 年第 40/32 号决议和 40/146 号决议认可。《关于司法机关独立的基本原则：实施程序》由联合国经济及社会理事会第 1989/60 号决议通过。这些文件都是联合国成员国必须遵守的，并自 1988 年起"每五年向秘书长通报一次在实施基本原则方面所取得的进展情况，包括基本原则的宣传、纳入国内立法的情况、在国内实施原则时所面临的问题和困难以及遇到的各种阻碍，同时还包括可能需要的国际社会的援助等"。我国是联合国安理会五个常任理事国之一，有责任和义务在实施这些原则与制度方面采取行动和作出表率。

二　司法独立的价值与现实意义

对于司法独立的价值与现实意义，我们不应局限于从司法制度自身去思考，而应从更广阔的视野，即从宪政的角度去考察。司法独立的原则和制度是宪政十分重要的内容和必不可少的组成部分。宪政又称宪政主义、立宪主义等，各国学者和政治家对其内涵存在种种不同见解，其定义不下几十种。在我国，同样有各种说法，如："宪政是什么？就是民主的政治。"① "所谓宪政就是合乎宪法规定的国家体制、政权组织以及政府和人民相互之间权利义务关系，而使政府和人民都在这些规定之下，享受应享受的权利，负担应负担的义务，无论谁都不许违反和超越这种规定而自由行动的这样一种政治形态。"② "按照立宪主义的基本精神，国家的政治、经济、文化及其社会生活必须依据宪法精神来加以控制和治理，而这种控制与治理的基本要求与手段则是对国家权力的有效控制与人权保障。"③ 有人主张"民主 + 宪政 = 理想的政制"，④ 也有人提出"宪政"与"宪法"是一个概念。⑤ 笔者个人认为："可以给宪政下这样一个定义：宪政是国家依据一部充分体现现代文明的宪法进行治理，以实现一系列民主原则与制度为主要内容、以厉行法治为基本保证、以充分实现最广泛的人权为目的的一种政治制度。根据这一定义，宪政这一概念，包含三个基本要素，即民主、法治、人权。"⑥ 下面我们分别就司法独立在民主、法治和人权中的地位与作用，作一概要分析。

现代民主这一概念的内涵，大致上包括一个核心和四个方面的内容。一个核心是指"人民主权"原则。它是现代民主的理论基础和根本原则。我国现行宪法规定"中华人民共和国的一切权力属于人民"，⑦ 就是"人民主权"原则在宪法上的体现。四个方面的内容，一是指公民的民主权利，包括选举权、参政议政权、监督权、知情权，等等；二是指政治权力的民主配置，包括执政党和在野党、合作党的关系，执政党和国家机构的关系，国家机构内部立法机关、行政机关、司法机关的关系，各国家机关内部领

---

① 毛泽东：《新民主主义宪政》，《毛泽东选集》第 2 卷，人民出版社 1952 年版，第 726 页。
② 张友渔：《宪政论丛》上册，群众出版社 1986 年版，第 97 页以下。
③ 韩大元：《亚洲立宪主义研究》，中国人民公安大学出版社 1996 年版，第 7 页。
④ 参见张文显、信春鹰《民主 + 宪政 = 理想的政制——比较宪政国际讨论会热点述评》，《比较法研究》1990 年第 1 期。
⑤ 参见陈云生《民主宪政新潮》，人民出版社 1988 年版，第 1 页。
⑥ 李步云：《走向法治》，湖南人民出版社 1998 年版，第 2 页。
⑦ 《中华人民共和国宪法》（1982）第 2 条。

导者个人和领导集体的关系，等等，都要按照分权与制衡的原则作出合理安排；三是民主程序，包括政治决策、立法、执法和司法等都要有民主程序；四是指民主方法，包括民主集中制、群众路线、批评与自我批评、不搞一言堂、让人讲话，等等。司法独立是属于政治权力民主配置这一范畴，但又同民主的其他内容密切相关。为什么在国家权力的分立与制衡中要强调司法机关的独立性呢？被尊称为"美国宪法之父"的约翰·汉密尔顿有一段话讲得好："司法部门既无军权，又无财权，不能支配社会的力量与财富，不能采取任何主动的行动，故可正确断言：司法部门既无强制，又无意志，而只有判断；而且为实施其判断亦需借助于行政部门的力量。"① 由于它在国家机构体系中的这种弱势地位，它的任务只是搞清案件的事实和正确适用法律，以及它的地位的这种中立性，因而司法机关对社会的危害性也最少。而司法机关又是维护社会正义的最后屏障和防线，因而保证司法的工作不受来自任何外界的干预和影响，以保障和维护法律的崇高权威，是十分必要的。司法独立不仅是一个国家权力结构民主体制的重要一环，而且对保证公民政治权利的实际享有、维护民主程序的正常运行也有关键性作用。因为在民主与法治的社会里，政治权利与民主程序一旦遭受侵犯和破坏，应当得到司法机关的救济。如果一个国家的行政机关和法律真正体现人民的利益和意志，同时又有一个独立公正的司法机关能够维护法律的尊严，那么"主权在民"原则的实现就可以得到根本的保证。世界各国的历史和实践已经证明，司法独立是现代民主制度不可或缺的重要一环。

司法独立是法治国家一个必不可少的主要标志，已得到国际上的普遍赞同和认可。虽然民主原则、平等原则、程序公正、依法行政、法律至上等都是现代法治的必备要素，但是司法独立不仅有其自身的独立价值（国家权力结构的分权与制衡）而且还是实现上述这些原则的重要条件。例如，行政诉讼和对行政抽象行为的司法审查，对保证行政机关依法行政具有重要作用。司法机关独立行使职权，不受行政机关的抵制和干预，是保证行政诉讼和司法审查依法进行的前提条件。又如，形式平等与实体平等是相互关联的，如果适用法律不平等，必然导致公民与法人在权利与义务

① 《联邦党人文集》，商务印书馆 1982 年版，第 392 页。

的享有和履行上的不平等，而对司法的不当干预，正是影响适用法律不平等的重要因素。另一方面，从司法机关内部的体制、程序、审判方法等来看，司法独立的地位和作用是显著的。这可以从我国当前司法改革所面临的形势和任务看得很清楚。公正与效率是我国司法工作在未来一个时期里的两大主题，它们都同司法独立密切相关。从总体看，现在我们出现错案的主要原因，除了金钱案、关系案这些腐败因素之外，一是司法人员的素质不高，一是外部的非法干预，这已是不争的事实。至于地方保护主义和部门保护主义影响司法公正，更是同司法不能独立存在体制上的局限和弊端有着直接的联系。同时，这个批条子、那个打招呼，使司法人员左右为难，犹豫不决，也成了影响办案效率的一个重要原因。依据有关司法独立的国际文件的要求，国际实践经验以及我国目前的现实情况，实现司法独立，需要在法官的任免、遴选、培训以及保障其权利等方面进行改革，以保证司法官员做到德才兼备、精通业务、公正无私、廉洁自律。这也是司法工作实现客观、公正、廉洁、高效的重要条件。只有实现真正的司法独立，才能摆脱地方保护主义的束缚及其他体制方面的障碍，这方面的改革才有可能取得最大的成效。

　　司法独立同人权保障密切相关是近几十年以来的事情。人权保护进入国际领域始于 20 世纪中叶。第二次世界大战后，德意日法西斯践踏基本人权、灭绝种族的暴行，激起了世界各国人民的极大愤慨，人们普遍提出了保护人权的强烈要求，保障人权开始被确立为一项公认的国际法准则。大批国际人权文书（包括宣言与公约）被通过，其中就包括一些有关司法独立的国际文书。从人权保障的角度来重视司法独立的原则和制度，并制定出国际标准力求在全球范围得以实现，这是以前未曾有过的。司法独立与人权保障的密切关系，包括两层含义：第一，司法独立原则本身就是一项人权。《世界人权宣言》第 10 条规定："人人完全平等地有权由一个独立而不偏倚的法庭进行公正的和公开的审讯，以确定他的权利和义务并判定对他提出的任何刑事指控。"① 换句话说，它的意思是，当一个人受指控

---

　　① 《公民权利和政治权利国际公约》第 14 条，《关于司法机关独立的基本原则》序言第二段和《司法机关独立基本原则的声明》（"北京声明"）第 2 条都对此作了相同内容的规定。

时，他（或她）享有由一个合法设立的独立的法庭进行审理的权利。第二，司法独立制度是保障人权的一种重要手段，这在《关于司法机关独立的基本原则》等文件的序言中讲得很清楚：保障人权是制定这些文件以普及司法独立的原则和制度的背景和目的。这里又包括两类人权。一类是诉讼人权，如辩护权、申请回避权、公开审判权、上诉权，等等，司法独立、法律平等、无罪推定等原则同这些权利的保障直接有关；一类是各种实体法中公民可以享有的各种权利，司法独立原则通过公正的审判对它们起着间接的保障作用。保障人权是实行权力分立与制衡体制的根本目的，也是厉行法治的根本目的。

三　中国司法独立观念的反思

1949 年中华人民共和国成立以来，我们在司法独立的原则和制度问题上，曾走过一条曲折的道路。1978 年党的十一届三中全会到现在，随着民主与法制建设进入一个新的历史时期，司法独立在原则的实施与制度的建设方面已经取得一定的进步。但是，从建设社会主义法治国家的目标来看，这一原则和制度还存在不少问题和差距。究其原因，除了政治体制的改革需要有一个发展过程外，某些理论观念相对陈旧与落后是其中的一个重要因素。这是需要我们运用邓小平的理论加以反思的。

新中国成立后我国的第一部宪法即 1954 年宪法第 78 条规定："人民法院独立进行审判，只服从法律。"这一规定清楚地、准确地表述了人民法院实行司法独立的原则，即人民法院审判案件是独立的，它只服从法律，不受任何干涉。但是这一原则后来在很长一个时期里遭到了批判和否定。一次是 1957 年的反"右派"斗争。当时，"法律面前人人平等"、"被告人有权获得辩护"、"司法独立"等法制原则和"法律可以继承"等理论主张，都被批判为"宣扬资产阶级法律观点"，独立审判被说成是"反对党的领导"，是"以法抗党"。不少法官和理论工作者还因此被划为"右派"。在这种背景下，始于 50 年代初"镇压运动"中的"党委审批案件制度"得以进一步强化；公检法相互制约的制度也被"一长代三长"、

"一员顶三员"所代替。① 这些都侵犯了宪法赋予人民法院的审判权。到60 年代初这些"左"的错误才开始得到纠正。1962 年 5 月，当时任中共中央副主席、国家主席的刘少奇在一次重要讲话中指出："有的党政负责人随便批准捕人，根本不要公安局、检察院这一套。甚至有的公社、工厂、工地也随便捕人。"他说，"这种破坏法制的行为，必须坚决制止"②。针对当时有些地方的党组织和行政机关非法干涉法院独立办案的情况，他还明确指出："法院独立审判是对的，是宪法规定了的，党委和政府不应该干涉他们判案子。"还说："不要提政法机关绝对服从各级党委领导。它违法，就不能服从。如果地方党委的决定同法律、同中央的政策不一致，服从哪一个？在这种情况下，应该服从法律，服从中央的政策。"③ 后来，最高人民法院在这一思想指导下制定了《关于人民法院工作若干问题的规定》，情况有很大好转。

但是好景不长，1966 年开始"文化大革命"并持续十年之久。司法独立第二次遭受批判和否定。第四届全国人民代表大会第一次会议通过的1975 年宪法，取消了"人民法院独立审判，只服从法律"、"公民在法律面前人人平等"、"被告人有权获得辩护"等法制原则，并撤销了检察机关，把所谓"群众专政"也写进了法院的审判程序。其结果是公民的权利遭到肆意践踏，冤狱遍于国中。1976 年 10 月"四人帮"被粉碎后，这一法制原则才再一次得到确立。1978 年 12 月召开的党的十一届三中全会，标志着我国的民主法制建设进入一个新的春天。全会的公报指出："检察机关和司法机关要保持应有的独立性；要忠实于法律和制度，忠实于人民利益，忠实于事实真相，要保证人民在自己的法律面前人人平等，不允许

---

① "公检法三机关相互制约"指公安机关、检察院、法院在办理刑事案件中"分工负责、互相配合、互相制约"的制度。"一长代三长"、"一员顶三员"指公安局长、检察长、法院院长实行"分片包干"，一个地区的案件，由其中一长负责主持办理，他可以代行其他两长的职权。侦查员、检察员、审判员也可以互相代行职权。参见张慜、蒋惠岭《法院独立审判问题研究》，人民法院出版社1998 年版，第 145 页。

② 《刘少奇选集》下卷，人民出版社1985 年版，第 450 页。

③ 同上书，第 462 页。

任何人有超越于法律之上的特权。"① 1979 年 7 月，五届人大第二次会议通过刑法、刑事诉讼法、人民法院组织法、人民检察院组织法等七个法律。其中修正的人民法院组织法，恢复了"人民法院独立进行审判，只服从法律"这一原则。1979 年 9 月，中共中央发布"关于坚决保证刑法、刑事诉讼法切实实施的指示"（著名的"六十四号文件"）。该文件指出，这些法律"能否严格执行，是衡量我国是否实行社会主义法治的重要标志"。但是，在我们党内，由于新中国成立以来对建立和健全社会主义法制长期没有重视，否定法律、轻视法制，以党代政、以言代法、有法不依的做法在很多同志身上已经成为习惯，认为法律可有可无、法律束手束脚、政策就是法律、有了政策可以不要法律等思想在党员干部中相当流行，因此，该文件提出："加强党对司法工作的领导，最重要的一条，就是切实保证法律的实施，充分发挥司法机关的作用，切实保证人民检察院独立行使检察权，人民法院独立行使审判权，使之不受其他行政机关、团体和个人的干涉。国家法律是党领导制定的，司法机关是党领导建立的，任何人不尊重法律和司法机关的职权，这首先就是损害党的领导和党的威信。"同时，这一文件还作了一个重要的决定，即"取消各级党委审批案件的制度"。② 1982 年 9 月，党的十二大召开，在这次大会上通过的新党章明确提出："党必须在宪法和法律的范围内活动。"党的十二大报告针对这个规定指出："这是一项极其重要的原则。从中央到基层，一切党组织和党员的活动都不能同国家的宪法和法律相抵触。"③ 1986 年 6 月，邓小平同志在中央政治局常委会上也指出："属于法律范围的问题要用法制来解决，由党直接管不合适。""党干预太多不利于在全体人民中树立法制观念。"④ 他还说："不管谁犯了法，都要由公安机关依法侦查，司法机关依法办理，任何人都不许干扰法律的实施。"⑤ 1992 年 10 月，江泽民同志在

---

① 《中国共产党第十一届中央委员会第三次全体会议公报》，载《三中全会以来重要文献选编》，人民出版社 1982 年版，第 12 页。

② 参见张慜、蒋惠岭《法院独立审判问题研究》，人民法院出版社 1998 年版，第 133 页以下。

③ 《十二大以来重要文献选编》上卷，人民出版社 1986 年版，第 68 页。

④ 《邓小平文选》第 3 卷，人民出版社 1993 年版，第 163 页。

⑤ 《邓小平文选》第 2 卷，人民出版社 1993 年版，第 292 页。

党的十四大报告中又重申："要严格执行宪法和法律，加强执法监督，坚决纠正以言代法、以罚代刑等现象，保障人民法院和检察机关依法独立进行审判和检察。"① 所有这些文件和讲话，对纠正和克服"反右斗争"，特别是"文化大革命"中在司法独立上的错误观点和立场，对恢复与坚持司法独立的原则和制度，起了重大作用。

1982 年制定的现行宪法是一部好宪法。它为我国新的历史时期民主、法治建设和人权保障奠定了基础，其中包括在宪法中重新确立了司法独立原则。但是这部宪法对司法独立原则的表述是否准确、全面，是可以研究和讨论的。这部宪法规定：人民法院依照法律规定独立行使审判权，人民检察院独立行使检察权，"不受行政机关、社会团体和个人的干涉"。"干涉"是个贬义词。我国的司法机关要接受党的领导，接受人大的监督，这些原则在宪法中已经有十分明确和具体的规定。然而，"干涉"和"领导"、"监督"不是同一个概念。各级党组织及其领导人、各级人大及其领导人，也不能随意对司法机关独立行使审判权和检察权加以干涉。但事实上，这种干涉是客观存在的。因此，1982 年宪法规定，这种独立审判权和检察权，只是不受"行政机关"的干涉是不严谨的。在这部宪法制定过程中，就有一些学者对此提出过意见，并建议还是用 1954 年宪法关于"人民法院独立进行审判，只服从法律"的规定为好。可是，这一建议未被采纳，② 从而为后来党中央关于"取消党委审批案件的制度"的指示不能得到落实，地方党组织和领导人干涉司法机关对具体案件的审理时有所现；人大监督与司法独立的关系不能得到正确理解和处理，地方人大及领导人干涉司法机关对具体案件的审理常有出现，留下了宪法原则依据的缺失。

以上问题的出现，同人们包括有些领导同志对"司法独立"原则存在不同理解与认识有关。例如，1981 年第一次全国政法工作会议上，一位领导同志就曾提出要批判"司法独立"、"无罪推定"、"有利被告"、"自由

---

① 《中国共产党第十四次全国代表大会文件汇编》，人民出版社 1992 年版，第 34 页。

② 例如，当时宪法起草委员会秘书处负责人胡乔木同志曾要求中国社会科学院法学研究所对 1982 年宪法草案提修改意见。该所孙亚明、王家福、李步云、刘海年、张仲林五位同志提出过这一建议。

心证"这四个原则和制度。这位领导同志的看法是："司法独立，还要不要党的领导？这是一个老问题。有人提出，法院独立审判，只服从法律，任何机关、团体、个人不得干涉和施加影响。这样讲，还要不要受党的领导？还要不要对人民代表大会及其常委会负责？公检法互相制约，也是一种干涉，不允许吗？工青妇对审判发表一点意见，也是影响，这都不行？甚至审判是个人都要独立，不受审判委员会、院长、庭长的领导，只能他一个人说了算。那怎么行呢？"① 其实，"司法独立"不能提，只是这位领导的个人意见，同时他个人的看法也不是一贯的主张。例如叶剑英同志任宪法修改委员会主席代表中共中央在该委员会第一次会议上讲话时，就曾提出，坚持司法独立是这次宪法修改的一项指导原则。又如，撰写代表党中央意见的《社会主义民主和法制的里程碑——评审判林彪、江青反革命集团》的《人民日报》特约评论员文章，② 就是这位领导同志提出的建议并审阅定稿。这篇文献总结的这次世纪审判贯彻了五项法制原则，其中一项就是"司法独立"。可见，认为"司法独立"的提法不能用并不是中央领导集体的意见。当然，问题的关键不是提法和用词问题，而是涉及法的基本理念，是对"司法独立"这一法治原则的科学内涵的理解与把握。认为执政党的各级党组织和领导人员可以"干涉"司法机关独立办案，这是无论如何也说不通的，它既同邓小平的理论主张不符合，也和世界各国通常的理念与制度相背离，还同《关于司法机关独立的基本原则》这一国际人权文件的精神与规定相抵触。该文件的第 2 条规定："司法机关应不偏不倚、以事实为根据并依法律规定来裁决其所受理的案件，而不应有任何约束，也不应为任何直接间接不当影响、怂恿、压力、威胁或干涉所左右，不论其来自何方或出于何种理由。"③

党对司法工作的领导主要是路线、方针、政策的领导，是监督司法机关严格依法行使职权和依法办案。在一定意义上，法律集中体现了执政党

---

① 《彭真文选》，人民出版社 1991 年版，第 416 页。

② 1980 年 11 月 22 日《人民日报》；李步云：《走向法治》，湖南人民出版社 1998 年版，第 615 页。

③ 中国社会科学院法学研究所编：《国际人权文件与国际人权机构》，社会科学文献出版社 1993 年版，第 300 页。

的方针、政策。司法机关内部也有党的组织在起领导和监督作用，因此，司法机关严格依法办案，就是体现了党的领导作用。司法独立是一项宪法原则，司法机关的权力是宪法赋予的，而像党委审批案件一类制度[1]是违反宪法的。如果司法机关之上或之外还可以有某个组织或个人对具体案件的定罪量刑作最后裁决，这就剥夺了我国宪法赋予司法机关独立办案的权力。我一贯主张在我国建立违宪审查制度，[2] 如果这一制度建立起来，而某一案件是司法机关之上或之外的某一机关或个人所最后定夺，那么当事人就可以提起宪法诉讼，违宪审查机构就必须受理，而违宪审查机构也很难作出这不是违宪的裁决。这也不失为保障司法独立的一种有效办法。

后记：
本文刊载于《法学研究》2002 年第 3 期。

---

① 参见《党委审批案件的制度需要改变》，载李步云《走向法治》，湖南人民出版社 1998 年版，第 326 页。

② 参见李步云《建立违宪审查制度刻不容缓》，《法制日报》2001 年 11 月 2 日。

党委审判案件的制度需要改变

党委审批刑事案件的制度要不要改变，是一个极需讨论解决的问题。我认为，实行这一制度，弊病很多，主要有九点。

第一，党委审批案件，名义上是党委集体讨论决定，实际上往往是由管政法工作的书记说了算。党委要管的事情很多，党委成员不可能仔细审阅案情，他们对法律的各种具体规定也不熟悉，因此在很多情况下，决定于政法书记或第一书记的个人意见。有时候，有的地方，党委实际不管，而由书记个人负责审批。这样，就往往出现那种以个别领导人的"长官意志"定罪量刑的状况。

第二，过去公开说，审判人员主要是负责把案件的事实搞清楚；而处理是否恰当，则由党委负责。这样的讲和做，都是不科学的。"事实是根据，法律是准绳"，两者密切相关。一个具体案件从提起公诉到最后判决，要经历一个复杂的调查研究过程，只有亲自参加办案的人最了解案情；也只有对案情最了解，才能作出符合法律规定的正确判决。把掌握案情同适用法律割裂开来，就难免要出现或枉或纵的差错。

第三，强调运用法律由党委"把关"，也容易造成审判人员不负责任。如有的审判人员就说："党委掌舵我划船。我们把事实搞清楚就行了，适用法律正确不正确是党委的事。"如果党委不过问具体业务，认定事实和适用法律都由各级法院和审判人员全部负责，就能大大提高各级法院和具体办案人员的责任感，更好地调动他们的积极性和主动性。

第四，党委审批案件，也往往使某些审判工作的重要环节包括公开审判在内，容易流于形式。实行公开审判的作用，不仅可以把法庭变成一座很好的学校，使审判活动起到宣传教育作用；更重要的是，它可以把人民法院的审判活动置于广大人民群众监督之下，以进一步提高审判工作的质量。但是，案子如何处理，经过党委审批后，实际上已经拍板定案。因此，无论是"先批后审"，还是"先审后批"，都往往使开庭审理和宣判，尤其是公开审判，只是走走过场。

第五，党委审批案件，也不利于切实搞好公检法三机关的相互制约。搞好三机关的相互制约，对于搞清案件事实真相，正确地适用法律和政策，以提高办案质量，十分重要。三机关对案件的分歧意见，到了党委那里，往往形成最后裁决；并且一经决定，即使具体办案人员还有不同意见，因为要"绝对服从党的领导"，也就只好不再坚持，马虎了事。更重要的是，有些案子是"先批后审"，在同级党委已事先审批的条件下，三机关相互制约，包括检察院对法院在审理案件中定罪量刑如持有不同意见可以"抗议"的法律规定，是很难行得通的。

第六，党委审批案件，还不利于严格按照法律的规定定罪量刑，以维护法律的严肃性。过去建立审批制度，一个重要理由是，党委最了解全局，最了解当时当地的阶级斗争形势；案件由党委审批，就可以使审判工作更好地为中心工作服务。一般说来，党委比较强调办案要配合当时当地的斗争形势，要服从中心工作；法院的审判人员则是比较强调办案是否合乎法律的规定。实践证明，过去强调办案要为当时当地的形势和中心工作服务，是存在不少问题的。如某市有一社员仅仅偷了生产队五斤粮食，为了所谓"保卫三秋"，竟判了他两年徒刑。过去有人甚至这样说：由于时间、地点和阶级斗争形势不同，一个案件，在甲地可以判处死刑，在乙地可以无罪释放。如果这种论点能够成立，那还要《刑法》干什么?!

第七，党委审批案件，也不利于人民群众对法制实行监督。比如，在我们的诉讼制度中有"回避"制度，即当事人如果认为审判人员对本案有利害关系或其他关系不能公平审判，有权请求审判人员回避。这是保证审判工作公正进行的一项重要制度。但是，党委审批案子，是一种不公开的内部实行的制度，从来不搞也不可能搞什么"回避"，这就难以从法律和制度上有效地避免由于某种原因而出现某些徇情枉法的情况。

第八，由党委审批案件，实际上是国家的审判权不完全掌握在审判机关手里，而是在很大程度上掌握在同级党委手里。这同《人民法院组织法》关于"人民法院独立进行审判，只服从法律"，以及新宪法关于"国家的审判权由人民法院行使"的法律规定是相矛盾的。实行这种同宪法与法律的规定相矛盾的、仅仅是内部实行与掌握的制度，就必然使国内和国外的人们认为，我们的国家"法外有法"，各级党的组织有超于法律制度之上的特殊权力。

第九，有人说，取消党委审批案件的制度，就是"不服从党委领导"、"向党闹独立"。这是一种奇怪的逻辑。强调"人民法院独立进行审判，只服从法律"，目的是使审判工作更好地执行法律，怎么是"向党闹独立"？而且，我们的各级司法机关都有党组织和大批党员在其中从事领导和进行工作，难道这就不体现党的领导吗？现在的情况是，无论工业、农业、商业、教育、文化、科技还是政法，各条战线都存在着党委的权力过于集中、党委对各方面的具体工作大包大揽的问题。这方面，确实需要来一个很大的变革。

后记：

本文原载于 1979 年 3 月 6 日《人民日报》的《理论宣传动态》第 62 期。同一天，该报的《情况汇编》第 1038 期转载此文，报中央领导同志参阅，受重视。1979 年 9 月 9 日中共中央《关于坚决保证刑法、刑事诉讼法切实实施的指示》正式决定取消这一制度。这是我国在司法制度方面实行的一项意义深远的重大改革。作者曾参与这一文件的起草。1985 年 2 月 12 日，本文获中国社会科学院优秀研究报告奖。

第三篇

保障人权

社会主义人权的基本理论与实践

　　保障全人类的人权能得到最充分的实现，是社会主义的一个本质特征。在国内，逐步建立起卓有成效的人权保障机制，使每个人的人身人格权、政治权利与自由以及经济、社会、文化权利都能得到全面的切实保障；在国际上，积极广泛地参与人权的国际保护，坚决支持被压迫人民和民族争取人权的斗争，是在我国建设有中国特色的社会主义政治的一个重要目标。

　　人权作为一种社会关系，是自有人类社会以来就有的。然而，以自由、平等与人道为主要原则的近代意义上的人权，却是资产阶级革命的产物。资产阶级以民主对抗专制，以人权反对神权、王权和等级特权，在历史上具有重大的进步意义。资产阶级共和国及其人权制度的建立，标志着整个人类社会文明向前迈进了一大步。在民主革命中，资产阶级以实现普遍人权为号召，曾极大地动员了广大人民群众参加斗争，并保证革命取得了胜利。但是资产阶级的政治法律制度是建立在资本主义生产资料私有制的经济基础之上的，这就使得广大劳动人民很难同资产阶级一样平等地享有普遍的人权。

　　从资产阶级革命取得胜利到现在，资本主义国家的经济、政治和文化已经发生重大变化。由于科学技术的迅速发展、社会生产力水平的普遍提高、人类精神文明的巨大进步，资本主义国家的统治者采取和建立了诸如股份制、社会福利保障和工人参加企业管理等一系列新的政策和制度，广大劳动人民的人权状况得到了显著的改善。但是，只要资本主义生产资料私有制不作根本性质的改变，社会就将存在两极分化和对立，诸如种族歧视、男女不平等、大量无家可归者的存在就不可避免，第三世界国家的生存权、发展权等集体人权也难以得到保障。

社会主义制度是在分析资本主义社会基本矛盾、批判与扬弃资本主义制度种种弊端的基础上建立和发展起来的。社会主义人权制度是整个社会主义制度的有机组成部分。社会主义人权的内容包含在社会主义的经济、政治与文化之中。同时，作为一种相对独立的社会现象，社会主义人权是以社会主义的生产关系作为自己赖以建立与发展的经济基础；它受社会主义法律制度的确认和保障，受社会主义政治与文化的支持与维护，因此，从根本上说，社会主义人权的性质和特点是由整个社会主义制度所决定的。同资本主义的人权相比，社会主义人权制度的优越性突出地表现在如下三个方面：一是它的广泛性。享受人权的主体是全体公民，它不受民族、种族、性别、职业、家庭出身、宗教信仰、教育程度、居住期限等的限制；人权的客体不仅包括人身人格权、政治权利与自由，而且包括经济、社会和文化权利；不仅包括个人人权，而且包括集体人权。相对来说资本主义国家对公民经济社会文化权利的保障和对集体人权的维护是不重视的。二是它的公平性。社会主义消灭了剥削制度和剥削阶级，这就不仅实现了公民在经济地位上的平等，保证了公民在享受社会和文化权利时是平等的，而且公民在享受各种政治权利与自由时不再受金钱和财产状况的影响。三是它的真实性。社会主义制度和意识形态的本质与特点决定了社会主义国家愿意也能够为公民个人和少数民族、妇女、儿童、残疾人等各类社会群体实际享受各种人权提供充分的物质保证和其他方面的条件。

要使先进的社会主义人权制度不断巩固、发展和完善，需要有正确的人权理论作指导。在制定和提出社会主义人权的基本理论时，必须遵循以下原则：

第一，要以马克思主义的基本理论为指导。马克思、恩格斯对人权问题有过不少精辟论述，特别是他们观察人权问题的立场、观点和方法，是我们需要学习、掌握和运用的。但是，我们应从马克思主义的整个学说，特别是科学社会主义理论的总体把握中去深刻理解人权的本质、特点、意义和发展规律。那种以为革命领袖有关人权问题的直接的和系统的论述不多，因而认为马克思主义不强调人权的重要性；或者以为马克思主义创始人深刻地批判资本主义社会人权的虚伪性与局限性，就是意味着社会主义可以不讲人权；或者仅把马恩有关人权问题的言论加以编排整理，以为这就是马克思主义的人权观；或者以"左"的面貌出现，用片面的形而上学的方法对待马克思主义，曲解与否认马克思主义人权观的全面性与科学性；如此等等，这些看法与做法都是不正确的。

第二，要全面地、实事求是地总结社会主义人权制度的实践经验。它无疑有成功的一面。它从一个重要侧面显示了社会主义制度的优越性，并有力地调动了广大人民群众建设社会主义的积极性。同时，它也有过种种失误。由于社会主义的经济制度和政治制度在实践过程中存在种种弊端以及指导思想上的严重错误，社会主义制度的先进性在人权保障上并未充分地表现出来，甚至出现过像苏联 30 年代"肃反扩大化"和中国 60 年代"文化大革命"那样的历史悲剧。社会主义人权保障的正反两方面经验都应是制定社会主义人权理论的重要依据。

第三，要从社会主义国家的社会现实和整个世界的现实状况出发。现在，社会主义的观念和制度正在经历一场深刻的变革；世界物质文明与精神文明已发展到一个崭新阶段，国与国之间的经济、政治与文化的联系日益密切；争取人权的斗争已成为全世界人民共同关心的大事，保障人权已成为国际法的一项重要原则。所有这一切都同一百多年前马克思与恩格斯提出科学社会主义理论时有了很大不同。马克思主义者应当回答当代国内人权与国际人权面临的种种重大问题，对人权理论作出新的概括。

第四，要敢于和善于吸收和借鉴人类社会创造的人权理论与人权制度的一切文明成果。对以往和当今西方的人权理论和人权制度不应简单否定，一笔抹杀。对于其中具有科学性、人民性的合理因素与成分要为我所用。

根据以上原则，社会主义人权基本理论的主要内容有以下八点。

1. 人权是人按其自然属性和社会本质所应当享有的权利

人权的主体，既包括自然人，即世界上所有的人——全人类；也包括人的延伸，即国内的集体如民族、种族、妇女、儿童、残疾人，以及国际的集体如国家、地区。人权的客体，既包括基本人权，也包括非基本人权，即人应享有的一切权利。人权的本原，即人为什么应当享有各种权利，人权产生的根源是什么。马克思主义认为，人权的产生是由人自身的本性或本质所决定的。正如恩格斯所指出的："一切人，作为人来说，都有某些共同点，在这些共同点所及的范围内，他们是平等的，这样的观念自然是非常古老的。但是现代的平等要求是与此完全不同的；这种平等要求更应当是，从人的这种共同特性中，从人就他们是人而言的这种平等中，引申出这样的要求：一切人，或至少是一个国家的一切公民，或一个社会的一切成员，都应当有平等的政治地位和社会地位。"① 人的本性或本质，包括人的自然属性和社会属性，这两个方面是统一的不可分割的。人人都要求生存、要求自由、要求过好的物质生活和精神生活，这是由人的生理的和心理的自然属性所决定的，是人的一种本能，人们始终把人权作为自己追求的根本目标，归根结底是为了满足自身的各种需要和利益。这是人权发展的永不枯竭的动力。另一方面，人的本质是"一切社会关系的总和"。因为人不是孤立地生活在世界上。人和人之间，群体和群体之间，个人、群体与社会之间，存在着各种错综复杂的社会关系。人就是生活在各种各样的社会关系之中。既然人不是脱离各种社会关系而孤立地存在，就必然存在着人与人之间的各种利益矛盾与冲突，需要有权利与义务这种形式去加以调整，这样，也就产生了人权问题。所以，社会关系的存在是人权存在的前提。在各种性质不同的社会关系中，以经济关系、财产关系为主要内容的生产关系是最基本的和主要的关系，它最终影响与决定着政治的文化的和其他性质的社会关系。而人类社会一定历史阶段（如奴隶社会、封建社会、资本主义社会）人们之间各种社会关系的性质与状况，决定着人权的性质与状况。同时，人权意识对人权制度具有反作用，一定的人权制度是依据人们一定的人权意识建立的，但人们不同的人权意识是由人们在各种社会关系中所处的不同地位所决定的，一定的生产力与生产关系构成一定的社会生产方式，而人类社会一定历史阶段的人与人之间各种社会关系的性质与状况，以及与之相适应的人权制度的性质与状况，最终是由该社会的生产方式所决定的。这就是马克思主义关于人权本原问题的完整学说，只有它能全面深刻地说明人权的产生及其发展规律，并同各种不正确的理论划清界限。"天赋人权论"将人权看成是上帝或"自然神"所赋予固然不对，但从片面的人性论出发，以"自然法"为论据

---

① 《马克思恩格斯选集》第 3 卷，人民出版社 1972 年版，第 142—143 页。

来阐明人权的本质也不正确。因为它只强调了人的自然属性，而否定了人的社会本质，因而它必然否认人权的社会性和历史性，把人权看成是永恒不变的。它无法说明，为什么在人类社会发展的不同历史阶段，人权的性质和状况会发生根本性变化。把人权看成是"法律所赋予"的理论之所以错误，在于人权的本来含义是一种"应有权利"，它的存在并不以法律是否确认为转移。如果说，法律是"统治阶级意志的体现"，那就等于是承认，资本主义国家里劳动人民享有一定的权利，也不过是资产阶级的一种施舍。把人权视为人作为人依其自身的自然属性和社会本质所应当享有的权利，否认人权是任何外界的恩赐，这就为一切被压迫人民和被压迫民族以及社会上的各种弱者，为争取和维护人权而斗争，提供了一种最强有力的思想武器。

2. 人权是受一定伦理道德所支持与认可的人应当享有的各种权益

这是人权的本质。权利的基础是利益。人们之间的权利义务关系，本质上是一种利益关系。这里所说的利益，其内涵是极其广泛的，它既包括物质利益和精神利益，也包括人身人格利益。无论是国内人权还是国际人权，总是意味着在个人与个人之间，群体与群体之间，个人、群体与社会之间存在的利益的互相矛盾与冲突中，一定权利主体在利益上的追求、享有和分配。"人们所追求的一切都同他们的利益有关"，离开"利益"讲人权是没有意义的，也不可能正确理解在人权问题上经常存在的种种矛盾与斗争的实质。但是，人权又要受人们的一定道德观念的支持与认可。什么样的个人或群体应当享有什么样的人权，法律是否和应当如何确认并保护某项人权，由于人们的道德观念在某些方面存在着差异，因而其看法与做法也往往不一致。支持与认可人权的伦理道德观念的核心是人道主义，但人们对人道主义的理解也不完全一样。在存在着阶级对抗的社会里，由于人们所处的阶级地位不同，不同阶级之间存在着利益上的矛盾与冲突，人们的道德观念也受其阶级地位的决定与影响，因此，在阶级社会里，人权具有阶级性。社会主义是绝大多数人所参与并为绝大多数人谋利益的自觉的运动，社会主义消灭剥削，建立以公有制为主体的经济制度，保证生产力得到更快的提高，其目的是为了更好地保障绝大多数人的人权。这是社会主义人权的一个重要立足点。当然，这并不意味着对极少数敌对分子应当受保护的人权不予保护。社会主义者承认阶级对抗社会的人权具有阶级性，正是为了消灭人权制度上的阶级不平等，实现人人自由、平等和共同富裕的共产主义。阶级性是阶级对抗社会里人权的重要属性之一，但它不是人权的本质，而是人权本质的异化。在人类历史上，随着奴隶社会、封建社会、资本主义社会与社会主义社会的更迭，人权的阶级属性在广度上和深度上都日渐减弱，这是人类文明不断进步的一个重要标志。在未来的共产主义社会里，人权的阶级性将彻底消灭，人权将进入一个最理想的境界。

3. 人权是共性与个性的统一

无论是国内人权还是国际人权，都既有个性也有共性，这是我们制定人权政策的重要理论依据。人权的个性与共性的基础是，在利益的追求与享有和道德价值的判断与取向上，全人类有着共同的一致的方面；而在不同的个人、群体、国家或民族彼此之间又存在着差异、矛盾与冲突。在一国范围内，任何人都享有生命不可剥夺、身体不受伤害、思想自由不受禁锢、人身自由不受拘禁、人格尊严不受侮辱等最基本、最起码的人权，是共性人权的突出表现（对某些罪犯剥夺其人身自由甚至判处死刑，那是另外一个问题）。在存在阶级对立的社会里，不同阶级和阶层的人对经济、政治、文化与社会等方面权利的实际享有存在着不平等；在社会主义制度下，极少数敌对分子不能同广大人民一样平等地享有人权，是人权个性的明显表现。在现今的国际社会里，不同社会制度的国家普遍承认和尊重《联合国宪章》提出的保障"全人类之人权及基本自由"的宗旨以及《世界人权宣言》和《国际人权公约》所确认的保障一系列基本人权与自由的原则，共同签署某些国际人权条约，共同采取行动制裁某些践踏人权的国际罪行，都是人权共性的反映。在尊重和维护国家主权原则的基础上，不同国家和民族在人权观念、人权政策与人权制度上可以采取不同的立场和做法，是人权个性的体现。人权的共性与个性的界限不是绝对的，而是相对的；它们的内容与表现形式都将伴随着整个人类社会的经济、政治与文化的发展变化而不断演变。人权的共性不断扩大，人权的个性将日益缩小，这是历史发展的总趋势，是人类文明进步的重要标志。社会主义者要站在这一历史潮流的最前列，为促进与加速这一历史进程作出自己应有的贡献。

4. 经济权利与政治权利的统一性

人权的内容是广泛的，它主要包括三个基本的方面，即人身人格权利，政治权利与自由，经济、文化和社会权利。社会主义人权观认为，这些权利具有同等重要意义。在人类文明已经发展到现今的条件下，人应当全面地享有这些权利。从历史发展看，在前资本主义时期，人们所要争取的主要是人身人格权，包括生命权、人身安全权、人身自由权、人格尊严权，等等。资本主义革命时期，资产阶级所要争取的主要是政治权利与自由，包括选举与被选举权、言论与出版自由、集会与结社权，等等。在社会主义革命时期，无产阶级领导其他劳动人民所要争取的则主要是经济、社会与文化权利。这一革命已经不满足于人的"政治解放"，而是要求人的"社会解放"。它不是要求以一种相对先进的私有制来代替另一种相对落后的私有制，而是要消灭私有制本身，从政治平等提高到经济平等，并为全人类能够全面地享有最广泛的人权创造条件。这一人权的历史发展轨道表明，它是一个人权由较低层次向较高层次发展、上升与进步的过程。许多西方学者也都公正地承认，社会主义革命的人权要求较之资产阶级革命的人权要求高出整整一个时代；社会主义者为推进全人类的人权运动作出了历史性贡献。从现今资本主义国家的现实情况来看，由于生产力水平与文化发展水平有了很大提高，社会主义思潮的影响日益广泛和深入，这些国家的政府被迫从法律上和政策上采取了各种措施，使公民在经济、社会与文化方面的人权状况有了显著改善，但他们不愿对资本主义的经济制度作根本性质的改变，劳动人民群众就不可能享有广泛的人权。正如列宁所说："只要剥削还存在，就不会有平等。"与资本主义制度不同，社会主义社会的最大优越性，在于它为公民享有一切权利提供了一个现实的经济、社会和文化基础，开辟了广阔的发展前景。但是，社会主义在实践过程中也出现过种种挫折和失误。从人权的角度看，问题不是在平等的经济、社会与文化权利的实际享有，而是在政治权利与自由的充分保障上。这有复杂的原因，除了革命斗争的客观环境和指导思想上存在着失误外，经济体制与政治权力的过于高度集中是其中一个很重要的因素。这是社会主义国家在经济体制改革特别是政治体制改革中需要着重研究的一个重要课题。

与此密切相关的另一个重要问题，是要正确处理好自由与平等的矛盾与冲突。自由和平等都是现代人权的重要原则。两者既有相互依存与促进的一面，又有相互矛盾与冲突的一面。社会主义制度在实践中出现的主要弊端，是"平等"过头而走向了平均主义，"自由"太少而束缚了各方面的手脚。社会主义制度（首先是经济制度，同时也包括政治制度和文化制度）的改革所要解决的一个重要问题是，克服平均主义，打破"铁饭碗"、取消"大锅饭"；扩大各方面的自由，给地方、企业事业单位和劳动者个人"松绑"，借以调动广大劳动者的主动性、积极性和创造性，以生产出更多的物质财富和精神财富，使人民摆脱普遍贫困。同时，在高速发展物质生产与精神生产的前提条件下，采取各种措施，防止两极分化，实现共同富裕。从保障人权的角度和意义上看，采取这一方针，也就意味着要在平等与自由这两项主要人权原则的价值取向上，作出向自由倾斜的重要调整。只有这样做，才能保证社会主义国家的全体公民切实享有最广泛的人权。

5. 个人人权与集体人权的一致性

社会主义人权观强调个人人权与集体人权的统一性和一致性，主张国家和国际社会对两类人权予以同样的重视与保护。集体人权有两类。一类是国内集体人权，如民族种族权利、妇女儿童权利、残疾人的权利、人犯与罪犯的权利，等等。另一类是国际集体人权，其主体主要是国家，也包括一些地区和国家集团，这一类也称为民族人权。

一般来说，个人人权与集体人权的相互关系是，个人人权是集体人权的基础，集体人权是个人人权的保障。一方面，任何集体都是由个人组成的。任何集体从国家或国际社会的人权保护中所获得的权益，其出发点都是组成这个集体的个人，其落脚点即实际受益者也都是个人。否则，集体人权就成了一个空洞的抽象而失去任何意义和存在价值。同时，任何人权的争取与获得也要依靠组成这一集体的个人的共同努力。另一方面，由社会的性质与组织结构的特点所决定，集体人权的出现又是必然的和必要的。它是人类权利追求与实现的一种重要形式，对个人权利的保障具有十分重要的意义。国内集体人权是这样，国际集体人权就更是这样。在一个国家内，少数民族与种族需要作为一个整体从国家那里得到法律上、政策上的权利保障和物质的与文化的特殊具体帮助，其成员才可能获得各种实际权益。在国际上，如果一个国家不独立，这个国家的人民各方面的权利保障就无从谈起。

资本主义国家比较重视个人人权而轻视集体人权的保障，是一个不可否认的事实。尽管在国内集体人权的保障方面，资本主义国家近几十年来采取了一些法律的政策的措施与实际行动，在国际社会也签署了不少有关保障民族自决权、发展权等方面的国际公约与条约，但它们侧重强调保障个人人权的基本立场与态度并未发生根本性的改变。这有历史的和制度本身的多种原因。资产阶级领导的民主革命本质上是一场政治革命，是以政治上反对王权和等级特权，争取个人的民主、自由权利为主要目标；在思想上则提倡个性解放，主张个人至上，崇尚个人主义，以反对封建专制主义的思想禁锢。资本主义经济是一种私有制自由经济：雇佣自由、买卖自由，强调保护个人权利是必然的。

从政治上的个人解放运动，发展到经济上政治上的阶级解放运动再发展到国际上的民族解放运动；从资产阶级人权强调保护个人权利，发展到社会主义人权既重视个人权利的保障，又重视集体权利的保障，进而发展到以保障民族自决权发展权等为主要内容的国际集体人权，是人权发展两次历史性飞跃。社会主义革命对此都作出了重大贡献。社会主义人权观强调个人人权与集体人权的高度统一，是由社会主义的"人的全面解放"学说与理想所决定的。正如《共产党宣言》所指出的，共产主义社会将是一个"每个人自由发展是一切人的自由发展的条件"的联合体①。那种认为社会主义只应重视集体人权不应强调个人人权，或者认为集体人权高于个人人权的观点，都是不正确的。毋庸讳言，在以往社会主义的实践中，我们在处理个人人权与集体人权的相互关系时，确实存在过忽视和轻视保障个人人权的倾向，"文化大革命"的出现就是例证。这场灾难正是以"反修防修"为借口而肆意践踏上至国家主席、下至黎民百姓的个人权利且长达十年之久。正因为如此，党的十三届三中全会以后，党和国家才采取一

---

① 《马克思恩格斯选集》第 1 卷，人民出版社 1972 年版，第 273 页。

系列政策和法律措施来全面加强对个人人权的保护。事实上，这个问题在所有社会主义国家中普遍存在。在社会主义制度的自我完善过程中，彻底解决好这个问题，对于充分体现与发挥社会主义制度的优越性，在全世界人民的心目中提高社会主义的威望，是至关重要的。

6. 人权具有权利与义务的不可分割性

实现人权在权利与义务上的高度统一，是社会主义人权制度的一个重要特点。马克思主义认为："没有无义务的权利，也没有无权利的义务。"① 这个一般原理为现代人权观念所公认。正如《世界人权宣言》所强调的："人人对社会负有义务，人人在行使他的权利和自由时，只受法律所确定的限制，确定此种限制的唯一目的在于保证对旁人权利和自由给予应有的承认和尊重。"权利与义务的统一性，由人权自身的社会属性所决定，因为人权只能在人与人的社会关系中存在。在个人与个人，群体与群体，个人、群体与社会的相互关系中，某一主体享有某项权利，就意味着要求其他主体有尊重并不得侵犯这项权利的义务，否则，任何人的人权都无法得到保障。但是，权利与义务又有可分性的一面，因为权利与义务是两个相对独立的概念与范畴。就它们的实际行使来说，有的主体可能只享有权利而不尽义务；有的主体则可能只尽义务而不享有权利。

权利与义务相分离，是一切私有制社会所共有的特征，它反映了阶级剥削与阶级压迫的不平等关系。不过，这种分离的性质与程度在奴隶制社会、封建制社会和资本主义社会里又是有区别的。它随着人类社会的不断进步而不断改变自己的形态。权利与义务由完全分离逐步走向统一，是人类社会文明不断发展与提高的一个重要标志。

社会主义社会是权利与义务实现高度统一的社会。在这里，任何人在法律上既是权利的主体，也是义务的主体；任何人在法律面前，既享有平等的权利，又承担平等的义务。社会主义公有制的建立，经济剥削与政治压迫的废除，阶级对立的消失，使权利与义务的分离失去了社会根基。但是，这并不意味着在社会主义制度下不再存在任何权利与义务相分离的情况。社会主义社会的经济、政治与法律的制度为权利与义务实现高度统一

---

① 《马克思恩格斯选集》第 2 卷，人民出版社 1972 年版，第 137 页。

提供了社会条件与法律保障，但有的人并不一定按法律规定行使权利与履行义务。反对只享有权利而不尽义务的特权思想与特权人物，是所有社会主义国家都面临的一项重要任务。如何从制度上法律上防止与杜绝这类特权人物存在，是社会主义制度自我完善的一项重要课题。在那些缺乏民主与法制传统的国家里，情况更是如此。

人权的认可与享有不是绝对的；权利与义务的设定与实现是有界限的。这种界限应由法律作出明确具体的规定。如果国家可以任意剥夺或肆意侵犯人应当享有的权利，那是专制主义；如果允许权利主体可以超越人权的合理界限而滥用权利，那是无政府主义。这两种倾向都是应当防止和反对的。在那些缺少民主与法制传统的社会主义国家里，防止与反对各种形式的专制主义是主要的。此外，还应准确地把握和合理地确定权利与义务的界限。它取决于三个最基本的因素：一是立法者需要洞悉社会的现状与趋势，准确把握权利赖以产生与制约的经济、政治与文化条件；二是立法者需要正确处理个人、群体与国家三者利益的协调，其合理配置应能在保证效率的前提下实现社会公正；三是立法者应具有适应时代精神要求的道德价值判断和取向。

7. 人权的实现是一个过程：受多种条件的决定与制约

人权的三种基本存在形态是应有权利、法定权利、实有权利。人权的本义是"应有权利"。法定人权是人们运用法律这一工具使人的"应有权利"法律化、制度化，使它的实现能够得到最有效的保障。实有权利是指人们已经享有和能够享受到的权利。应有权利存在本身有一个发展过程。最基本的人身人格权，如生命权、人身安全权、人身自由权、人格尊严权是人类社会一存在就应当享有的；而政治权利和经济、文化、社会权利则主要是随着社会生活日益丰富，社会关系日益复杂、多样、广阔，以及人类物质文明与精神文明日益进步而不断丰富和扩展的。这里所说的"人权的实现"，是指从应有权利转化为法定权利，从法定权利转化为实有权利。保证应有权利能为人们所享受，取决于各种社会因素和力量，其中法律手段是最基本的和最有效的。一项应有权利为法律所确认和保护，就是表示应有权利的实施迈进了一大步。但是法律确定了某项人权，并不等于人们就已经或实际能够享受到这一人权。因此，由法定权利转变为实有权利是人权实现的另一过程，而且是最困难也是最主要的过程。要在法律中对人权的内容作出全面规定并不十分困难，但要使法定权利为人们所切实享有，则不是很容易能够做到的。评判一个国家的人权状况，主要看这后一条。在我国，人权保障存在的问题，固然在立法上有很不完善的地方，但主要的还是法律所确认的权利得不到最有效的保障。

人权的实现，取决于以下四个方面的基本条件：一是商品经济的发展状况。人类历史表明，人权的发展同商品生产的发展是有密切联系的。自由与平等的观念主要来自商品经济，资本主义人权制度与意识建立在资本主义商品生产的经济基础之上。社会主义商品经济的发展将为社会主义人权的实现提供最有利的经济条件。二是民主政治的发展程度。作为专制政治对立物的民主政治，是现代人权制度赖以建立与发展的政治基础，公民的民主权利与自由是人权内容的组成部分；同时整个民主制度包括其国家制度、政治制度在内，又是人权实现的可靠保障。法治是现代民主政治的重要内容。法治的基本标志是要有完备的并能充分保障人权的法律；这种法律又要有极大的权威，以保证它能得到最切实的执行与遵守。三是经济文化发展水平。社会的物质产品与精神产品越丰富，人们享有人权的可能性就越大。它们既是经济权利、文化权利与部分社会权利的实体内容，又是发展社会经济政治结构在物质和思想方面的必要条件，对人身人格权利和政治权利的实现有间接的重要作用。四是人权意识的发展水平。人权制度的建立与实施，离不开正确的先进的人权理论作指导。广大公民要为争取自己的权利而斗争，也需要有科学的进步的人权意识为基础。以上四个方面的条件对人权实现的决定性作用，适合于不同社会制度的国家，具有普遍意义。我国之所以出现过十年"文革"人权遭受肆意践踏的历史悲剧，以及现在仍然存在人权问题的原因和今后健全人权制度的途径，应当从这四个方面去寻找。单纯强调经济文化发展水平的作用是错误的。

8. 人权的彻底实现以人的全面解放、人的全面自由发展、人的需要的全面满足为标志

只有共产主义社会才能实现这一最理想的人权。社会主义社会是通往这一理想境界的一个阶段。资本主义社会的人权以资本主义生产资料私有制为基础，财产权是其一切权利的核心，"平等地剥削劳动力，是资本的

首要人权"。这种人权的最大局限性，在于它本质上是资产阶级的特权，对无产阶级来说，人权有它不真实的一面。社会主义革命要消灭阶级、消灭剥削、消灭压迫，要以比资本主义更快的速度发展生产力并最终实现共产主义。这一理想社会是一个"自由王国"，是全面发展的自由人的联合体。只有这样的社会，人权才能彻底实现。实现彻底的真正人权，是共产主义的最终目的，消灭私有制是达到这一目的的根本手段。把消灭私有制当做目的而把人权当做手段的理论观念是完全错误的。人道主义是人权的重要理论基础。一切为了人的解放，一切为了人的幸福，是马克思主义的出发点和最后归宿。从某种意义上可以说，共产主义者应当是最进步的人道主义者，也是最彻底的人权主义者。马克思主义者应当把"人权"这两个大字书写在共产主义旗帜上，并高高举起它。

以上八点就是社会主义人权理论的主要内容，是马克思主义者观察与处理一切人权问题的基本立场，也是在我国建设有中国特色的社会主义人权制度的指导思想。

后记：

本文原载《法学研究》1992年第4期，后作为"导言"收入《当代人权理论与实践》（吉林大学出版社1996年版）一书。曾由日本铃木敬夫教授译成日文，刊登在北海学园大学法学研究第31卷第3号。本文于1996年9月获中国社会科学院法学研究所、政治学研究所1992—1994年度优秀科研成果奖。

人权的三种存在形态

人权是人按其本性应当享有的权利，简单地说，就是"人的权利"。在现代，人权的内容十分广泛和丰富，它可以从不同角度作多种分类。例如，从人权内容的不同性质看，可以分为人身权利、政治权利、经济权利、文化教育权利、社会权利等；从人权的不同主体看，可以分为个人权利、集体权利、民族权利；从人权的不同保障方式看，可以分为国内人权与国际人权。这些都是现在人们经常使用的分类方法。此外，笔者认为，我们还可以从人权的实现和存在形态这个角度进行区分，把它分为应有权利、法定权利、实有权利。本文试图就此问题作一论述。

一

为了说明这个问题，首先需要搞清楚"人权"这一概念的外延。笔者以为，不少同志对这一概念，包括人权的主体和客体，在理解上偏于狭窄。

有的同志说，"什么是人权？简而言之，人权就是人民的权利，或者叫公民的基本权利。在资本主义国家里，人权，一般是公民基本权利的通称，即公民的基本权利也可以叫做人权"[1]。"人权概念无论是在被发明出来的时候，还是现代的使用中，都不指涉和涵盖公民的全部权利，而仅指涉那些基本的和普遍的权利"，或者说，"屈指可数的主要的权利"[2]。人权，"指人身自由和其他民主权利"[3]。笔者认为，把人权的内容仅仅理解

---

[1] 乔伟：《论人权》，《文史哲》1989 年第 6 期。
[2] 张光博：《坚持马克思主义的人权观》，《中国法学》1990 年第 4 期。
[3] 《法学辞典》，上海辞书出版社 1984 年版，第 8 页。

为"公民的基本权利"是不妥当的。尽管人权的内容是伴随着人类社会的物质文明与精神文明发展水平的不断提高而逐步扩展与丰富的，人权的概念在历史上是处于不断发展变化之中的，现在人们对人权内容的理解也还有差异，但在现今的国际社会中，认为人权就是指人的"权利"，包括人的一切权利，已经越来越成为一种共识。到目前为止，国际上已经制定了六十多个有关人权保障的文件，其内容十分广泛，几乎无所不包，而不仅仅限于基本人权。就一国范围来说，基本人权一般是通过宪法规定的"公民基本权利"来表现其内容的。基本人权与非基本人权，公民的基本权利与公民的非基本权利，其界限既是绝对的、确定的，又是相对的、不确定的。所谓公民的基本权利，是相对于公民的非基本权利而言的。公民的基本权利主要由宪法规定，而公民的非基本权利则由普通法律来予以确认。从逻辑上说，公民的非基本权利自然也应当是人权的内容。从所涉及的范围看，基本人权如生存权、自由权、平等权只是人权的一小部分，而非基本人权的内容则要广阔得多。保护公民的基本权利固然重要，但不能认为公民的非基本权利就不重要，就可以被排除在人权概念之外。残疾人的某些特殊权利，对健康人不适用；消费者的权利，生产者不能享有；罪犯的某些特殊权利，对一般公民不适用。这些都是公民的非基本权利，但这些无疑都是重要的，都应属于人权的范畴。在民事的、刑事的与行政的法律关系以及诉讼法律关系中，当事人与关系人的各种权利，有的是自由、平等、安全等基本人权的引申、展开与具体化，有的则不是，如律师的权利、监护人的权利，如此等等，内容十分广泛，这些也无疑应属于人权的范畴。如果我们把公民的非基本权利排除在人权概念之外，这在理论上是不正确的，在实践上是有害的。

当然，把人权区分为基本人权与非基本人权是十分必要的。无论是在一国范围内还是在国际主义社会里，我们首先需要强调并着重予以保障的是基本人权，这是一个问题；而人权这一概念应当包括基本人权与非基本人权在内，则是另一个问题。在许多国际文件与人权约法中，经常使用"基本人权"这一概念，其目的与作用也是为了强调保障基本人权的重大意义，但它并不是意味着人权就仅仅指"基本人权"。

有的同志提出：人权就是公民权。在我国，持这种观点的人相当多。

笔者认为，这在逻辑上和事实上都是不能成立的。所谓公民，通常是指具有一个国家的国籍，根据该国宪法、法律享受权利、担负义务的自然人。国籍的取得，要有一定条件；国籍也可以丧失，包括自愿丧失与非自愿丧失。因此，几乎任何国家都可能有非公民生活与工作在那里。如果"人权就是公民权"，那就意味着这些人与人权无关，不应享有人权。由于各种政治原因，一个国家的公民出逃，作为难民而留居在别一国家，这种情况非常之多，近年来，越南、阿富汗、伊拉克的难民，就都以百万计。现在世界上还有许多并非难民的无国籍人，他们不是任何一个国家的公民，如果"人权就是公民权"，那么这些难民和无国籍人就与人权无关，他们的应有权利在居住国就难以受到保护。自 1951 年以来，有关国际组织已经制定不少公约，如《关于难民地位的公约》（1951）、《关于无国籍人地位的公约》（1954）、《减少无国籍状态公约》（1961）、《难民地位协定书》（1967）、《非居住国公民个人人权宣言》（1985），等等，来保障难民与无国籍人的应有权利。国际社会普遍认为，这些都是世界人权约法的重要组成部分。

自马克思主义出现以来，尤其是苏联十月社会主义革命以后，人权概念与人权制度已由重视保障个人人权，发展到重视保障集体人权，如阶级的或阶层的权利、少数民族的或种族的权利、妇女和儿童的权利、残疾人的权利、消费者的权利，等等，这些都是"群体"的权利，不是个体的权利。而公民则是一个个体概念。显然，"人权就是公民权"的定义，是概括不了这类重要权利的。

再从国际范围来看。第二次世界大战以后，一大批新独立的第三世界国家反对殖民主义掠夺与剥削，要求民族独立、发展民族经济的斗争日益高涨，因而产生了民族自决权、发展权、和平权、环境权等权利要求。从此，人权的概念与制度由国内法领域进入了国际法领域。这类重要人权已得到国际社会的公认，并制定有一系列国际公约保障这类权利。今天，社会主义和第三世界国家反殖、反霸的内容已经成为我们这个时代的主流。显然，公民权这一国内法的具有个体特征的概念，是包容不了国际范围内民族与民族之间、国与国之间、地区与地区之间的权利关系的。

大家都知道，人权与公民权这两个概念，在资本主义国家的经典文献和马克思主义经典作家的著作中是有区别的。例如，法国 1789 年制定的《人权宣言》，其全名就是《人权与公民权宣言》。马克思曾指出："一个人有责任不仅为自己本人，而且为每一个履行自己义务的人要求人权和公民权。"① 马克思认为，人权的一部分是政治权利，它们属于公民权利的范畴；而人权则是"权利的最一般形式"。

　　上面，我们从两个方面分析了人权的概念，其权利主体不能局限于"公民"，其权利客体不能局限于"基本权利"。如果采用人权就是"人的权利"这一定义，就能比较恰当地概括出它的全部内容，比较合理地表述这一概念的外延以及它的内涵。这里的"人"是指一切人，不仅指公民，而且包括非公民；不仅指个人，也包含作为人的群体，即国内的集体与国际的民族集体。这里的"权利"是指人的一切权利，不仅指基本权利，而且包括非基本权利。人权这一概念在理论上逻辑上必须严谨，这样，在人权保障的实践中才不致带来各种消极的影响。同时，人权就是"人的权利"这一定义，原则上不涉及人权的本质、制度与政策，能同国际社会的共同看法相协调，也可以在国际交往中避免不必要的障碍和困难。

二

　　有一些同志在自己的著作中提出，人权就是"人的权利"，"是人作为人享有或应该享有的权利"；② "人权即作为一个人所应该享有的权利"。③ 但是，持这种观点的同志，有的认为这里所说的"权利"仅仅是指法定权利，有的则没有提出和分析、论证"应有权利"这一概念或者有意回避了它。究竟在现实的社会生活中有没有"应有权利"，它是一种什么样的性质和状态，它同西方所谓的"自然权利"又有什么区别，笔者在下面试图对此作一探究。

　　从本来的意义上讲，人权就是指人的这种"应有权利"。法律规定的

---

① 《马克思恩格斯全集》第 16 卷，人民出版社 1964 年版，第 16 页。
② 董云虎等主编：《世界人权约法总览》，四川人民出版社 1990 年版，第 75 页。
③ 何华辉：《比较宪法学》，武汉大学出版社 1988 年版，第 60 页。

权利不过是人们运用法律这一工具使人的"应有权利"法律化、制度化，使其实现能得到最有效的保障。因此，法定权利是法制化了的人权。法定权利同"应有权利"相比，虽然是一种更为具体、明确、肯定的规范化的人权，但不能说它同"应有权利"是一回事；在法定权利之外，不存在"应有权利"。由于受主观与客观的种种条件的限制，在任何国家里，法律的制定都需要有一个过程。而且由于各种因素的影响与制约，立法者是否愿意运用法律手段去确认与规范人的"应有权利"以及这种权利能否得到合理与充分的保障，也是不确定的。只有存在人的"应有权利"，才能产生应不应当以及如何去保障它的问题。否认"应有权利"的存在，法定权利就会成为"无源之水"和"无本之木"。

事实上，"应有权利"的存在，并不以也不应当以法定权利的存在与否为转移。举两个例子就能充分说明这一点。世界上第一部成文宪法——美国宪法颁布于1787年。当时由于存在不同意见，宪法中没有任何保障人权的具体条款。只是到1791年，经过杰佛逊等民主主义者竭力争取，才通过第二修正案即人权法案，明确规定公民可以享有的一些基本人权。能不能说，美国人民在1791年之前，不应享有该修正案所列举并予以保障的那些基本人权呢？当然不能。我国现行宪法颁布于1982年，这部宪法的第38条规定："中华人民共和国公民的人格尊严不受侵犯。禁止用任何方法对公民进行侮辱、诽谤和诬告陷害。"这在我国是第一次。能不能说，我国人民在这部宪法颁布之前不应当享有人格尊严不受侵犯的权利呢？当然不能。运用法律这一社会关系调整器来确认与保障人的"应有权利"要有一个过程，这在任何国家都是必然的。不过，有的过程是合理的，而有的过程则是不合理的。如果认为人权仅仅是指法律规定的权利，不存在人的应有权利问题，那不等于是承认那些专制主义国家蔑视人权、拒绝运用法律手段去确认与保障人权是正常的、合理的吗?!

一人的"应有权利"在法律没有予以确认和保障之前，它们在现实社会生活中是客观存在的。权利义务关系实质上是一种社会关系。法律上的权利义务存在于法律关系（包括抽象法律关系与具体法律关系）之中。法律关系以法律的存在为前提，是一种具有自身特点的特殊的社会关系。人的"应有权利"以及与之相伴随的义务，一部分或大部分被法律化、制度化以后，转变成了法定的权利与义务；而另一部分则存在于现实生活的各种社会关系之中。它们是不难看出与理解的。例如，我国自 1949 年 3 月中共中央发布《关于废除国民党的六法全书与确定解放区的司法原则的指示》以后，旧的法统就在我国内地中断了。1950 年 4 月制定与颁布了新中国的第一部婚姻法。尽管这部法律制定得十分迅速，但我国的婚姻家庭关系中的权利与义务仍然在一个短时期内没有法律给以确认与保障。然而，在那时的婚姻家庭关系中，夫妻之间与父母子女之间还是存在着某种权利与义务的关系。在千千万万个家庭中，父母在这样那样地行使教育子女和监护未成年子女的权利；而子女则在这样那样地履行赡养父母等义务。

人的"应有权利"在法律没有给予确认和保障的情况下，它们受着以下一些社会力量与因素的不同形式与不同程度的承认与保护：一是各种社会组织，包括政党与社会团体的纲领与章程；二是各种形式的乡规民约；三是社会的习俗、习惯与传统；四是人们思想中的伦理道德观念和社会政治意识。所有这些社会力量与社会因素对人的"应有权利"的承认与保护，虽然不如国家的法律对"应有权利"的确认与保障那样具体、明确，那样具有普遍性和规范化的特点，没有国家强制力予以支持，但这种承认与保护是人们看得见与感觉得到的，它证明人的"应有权利"在社会现实生活中，在现实的社会关系和社会交往中客观存在，并不是什么虚无缥缈的东西。

有人认为，权利是个法律概念，也仅仅适用于法律领域，并由此而否定或怀疑人的"应有权利"这个概念的科学性。这种看法是不正确的。权利与义务是一个内容极为广泛的概念，其种类不仅包括国家法律上的权利与义务，也包括政党、社会团体、企事业组织等规章上的权利与义务，还包括道德、宗教规范中的义务。法律上的权利与义务同各种社会组织规章中的权利与义务的区别，仅仅是具体内容、适用范围、实施方式的不同而已。它们都具有权利与义务共同的形式特征。人的"应有权利"以及伴随而存在的义务，一部分通过法律原则和条文以及社会组织规章的原则与条款得到具体反映，一部分则通过人们的伦理道德、社会政治观念以及传统、习惯、习俗等的认可与支持而在现实生活中的社会关系和社会交往中表现出来。例如，在某个国家的某个历史时期，在法律和社会组织规章上没有规定人的人格尊严不受侵犯，但人格权，包括人的人身不受凌辱、名誉不受诋毁、荣誉不受玷污、姓名不受亵渎、肖像不受侮辱等，虽然会经常遭受破坏与践踏，但在现实的社会关系与社会交往中还是能够多少有所反映和表现，能够多少受到社会上一部分人的承认和尊重。

我们所讲人的"应有权利"同西方天赋人权论所讲的"自然权利"，虽然在形式上有些类似，但是在一系列根本问题上存在着原则区别。天赋人权论以人权反对神权和君权，具有重大的历史进步意义；它的理论基础之———"自然权利"说也包含有某些合理的因素，即提出了"应然"与"实然"的概念，猜想到了在法定权利之先，有某种人应当享有的权利的存在。但是，整个天赋人权论连同它的理论基础"自然权利"说，是建立在历史唯心论的基础上。具体分析，其区别主要表现在以下几个原则问题上。

第一是关于权利的本源。"自然权利"说认为，在国家出现之前，人是处于一种"自然状态"中，那时人与人的关系由"自然法"调整，"自然权利"是自然法所赋予和固有的。随着国家的产生而出现了人定法，它必须受"自然法"的支配。自然法与自然权利是人与生俱来的。它的本源是"自然"，是人的"理性"，是人性。他们所讲的人性，即人的本性，是一种脱离社会的抽象的人性，实际上是只讲人的自然属性，而不讲人的社会属性。这种理论虽然包含有某些合理的成分在内，但从总体上讲是唯心的，而其历史观则完全是唯心的。

与此种理论截然不同，我们所讲的"应有权利"，其产生与本源有两个方面，即内因与外因。内因是指人的本性或本质，它包含人的自然属性与社会属性。人的本性和本质是人的自然属性与社会属性的统一，这是人的"应有权利"产生与发展的内在根据。外因则是指人类社会物质文明与精神文明的发展水平，它是人的"应有权利"由低级向高级发展的外部条件。马克思曾经指出，人的本质"是一切社会关系的总和"。他的这一论断是对人的本质学说的历史性贡献。这一观点的提出使人的本质的理论开始建立在真正科学的基础上。人人都要求生存、要求发展、要求理性，要求过幸福的生活，这是由人的生理的和心理的自然属性所决定，是人的一种本能。马克思主义经典作家也曾深刻地论证过，自由与平等都是基于人的本性。权利的基础是利益，人们之间的权利义务关系，本质上是一种利益关系。马克思说："人们所追求的一切都同他们的利益有关。"人始终把人权作为自己追求的根本目标，归根结底是为了满足自身的各种需要和利益，这是人权发展的永不枯竭的动力。但是，单纯的利益与愿望构不成权利，因为人不是孤立地生活在世界上，人与人之间，群体与群体之间，个人、群体与社会之间，存在着各种性质不同的错综复杂的社会关系。其中财产关系与经济关系是主要的、基本的关系，整个人类社会是在生产力与生产关系、生产关系与上层建筑的矛盾运动中向前发展的，一定的生产力与生产关系构成一定的社会生产方式，而人类社会一定历史阶段的人与人之间各种社会关系的性质与状况是由该社会的生产方式所决定的。人与人之间社会关系作为人的"应有权利"的本源，即人权产生与发展的内在根据，具体表现在三个方面。（1）社会关系的存在是人权存在的前提。如果人是完全孤立存在的，那就不需要有权利与义务这种形式去调整人与人之间的各种利益矛盾与冲突。（2）人类社会一定历史阶段（如奴隶社会、封建社会、资本主义社会）人们之间各种社会关系的性质与状况，决定着人权的性质与状况。（3）人权与人权意识是相互依存和相互作用的。人们在各种社会关系中所处的不同地位，决定着人们的人权意识，而这种人权意识又反作用于人权与人权制度。由此可见，马克思主义关于人的本质的学说与整个历史唯物主义原理使关于人权本源的理论真正建立在科学的基础上，只有它能够正确地、全面地、完整地说明人权的产生及其发展规律。

第二是关于权利的状态。在"天赋人权论"看来，自然法与自然权利存在于人们的思想意识中，康德就把这种自然权利叫做道德权利。他们认为在现实社会生活中存在的只是人定法与法定权利，因此，对于人们来说，这种自然权利始终具有一种很神秘的性质。我们所讲人的"应有权利"与此截然不同，它存在于现实的社会关系与社会交往中。在这里，我们必须把"人权"同人权意识严格区别开来。人的"应有权利"在没有法律化、制度化之前，虽然有时处于某种不确定的状态，虽然它的存在与状况受一定的道德观念的影响与制约，但它们是存在于现实社会生活中的，这种"权利"同人权意识相对而言，它是属于"社会存在"这个范畴，它们的存在并不以人们的意志为转移。

第三是关于权利的性质。在天赋人权论看来，自然权利是一种纯抽象的东西。它对一切人都有效，对任何人都一视同仁。因此，它也就没有什么阶级性。即使有的人承认在阶级社会中，阶级划分及其矛盾冲突是一个客观存在（如资产阶级的某些学者），但由于自然权利具有抽象的性质，因此它也仍然超脱于这种阶级矛盾和对立之上而不具有阶级性。我们所讲的人的"应有权利"，在现实生活中是具体的，是存在于各种经济关系、政治关系、文化关系以及其他社会关系中的一个个具体的权利。"应有权利"这个概念，是许多具体权利的抽象，但假若不存在现实生活中各种各样的具体的"权利"，这种抽象也就成了没有内容的抽象，本身就失去了根据和意义。在阶级社会里，权利的具体性必然导致权利的阶级性。应有权利在被法律确认后变为法定权利，固然具有阶级性（因为"法是统治阶级意志的体现"），但这种应有权利在没有被法律予以确认和保障的情况下，它也仍然具有阶级性。因为，一个人能够实际享有多少权利，是由他在各种社会关系中所处的不同地位决定的；同时，应有权利的享有又受人们观念的影响与制约。由于人们所处的阶级地位不同，对于某项权利，有的人认为"应当"享有，而另一些人则可能认为"不应当"享有。

第四是关于权利的演变。在天赋人权论看来，自然权利是不变的，过去是什么样子，现在和今后仍然是什么样子。既然自然权利产生于人的"自然属性"，是"理性"的体现，它又是纯抽象的东西，因此认为自然权利具有不变性是合乎逻辑的。我们所讲的"应有权利"与此不同，它是永远不断发展变化的。一方面，它的性质与状况由一定历史时期的社会关系的性质与状况所决定；另一方面，它的实现程度又受整个社会的物质文明与精神文明（包括文化教育设施、科学文化艺术成果以及人们的道德水准，等等）的发展水平所影响和制约。

三

人权得到最全面最切实的保障，是现代法治社会的一个根本目标，也是它的基本标志之一。现在，法律日益成为人类社会中最普遍、最权威，也是最富有成效的社会调整手段。法网几乎已经伸及社会生活的一切方面，人们行为的选择，无不处在法律的调节和支配之下。在资本主义国家里，资产阶级历来十分重视运用法律手段来保障资产阶级人权。马克思主义经典作家同样重视运用法律来确认与保障人的应有权利。马克思说过："法典就是人民自由的圣经。"① 列宁也曾指出："宪法就是一张写着人民权利的纸。"②

为什么人们会如此重视运用法律手段来保障人权，即把人的"应有权利"转化为"法定权利"呢？基本的原因是，法律既具有重大的工具性价值，同时又具有独特的伦理性价值。作为一种工具，法律具有国家意志性、行为规范性、普遍有效性和强制执行性等基本特性。法律的社会功能就是来源于这些基本特征。人的"应有权利"被法律确认而成为"法定权利"以后，这种权利就会变得十分明确而具体，它就被上升为国家意志，就对一个国家的全体居民具有普遍约束力，国家就将运用强制力量来保障其实现。法律对人权的这种保障作用，是所有社会组织规章、乡规民约以及伦理道德等手段所无法比拟的。不仅如此，法律本身就是公平与正义的体现，它的本性就要求所有人在它面前一律平等。尽管在阶级对立的社会里法律事实上做不到这一点，但它的这种独特的伦理价值，在千百年的中外历史上为维护人的基本价值和尊严发挥了并将继续发挥着巨大的作用。正是基于这两个方面的原因，在人类文明的发展已经达到如此高度的现时代，我们甚至可以说，哪里没有法律，哪里就没有人权；哪里的法律遭到践踏，哪里的人权就会化为乌有。

当然，我们不应主张法律万能。事实上，人权问题并不单纯是一个法律问题。尽管把"应有权利"转化成法定权利意义十分重大，但终究不能把法律看成是保障人权的唯一手段。我们之所以提出并论证"应有权利"这一概念，目的之一，就在于阐明除了法律这个手段，还有其他一些社会力量和社会因素对保障人的应有权利也有一定作用。如果否认应有权利这一概念，在"法定权利"与"人权"之间画等号，就势必把人权问题看成仅仅是一个法律问题。

---

① 《马克思恩格斯全集》第 1 卷，人民出版社 1972 年版，第 71 页。
② 《列宁全集》第 9 卷，人民出版社 1987 年版，第 448 页。

提出"实有权利"这一概念也不是没有意义的。所谓"实有权利"，是指人们实际能够享有的权利。在一个国家里，法律对人的应有权利作出完备规定，并不等于说这个国家的人权状况就很好了。在法定权利与实有权利之间，往往有一个很大的距离。现时代，在法律中对人权的内容作出全面的规定并不怎么困难，但要使法定权利得到全面的切实的实现，就不是一件很容易的事情。一个国家的人权状况如何，在很大程度上是取决于这一点。

一般说来，在一个国家里，妨碍法定权利变为实有权利的因素主要有四点。（1）法制观念与人权意识。这主要是指国家的各级领导人员的法制观念与人权意识的状况如何。在那些历史上缺乏民主与法制传统的国家，这一点往往成为主要障碍。（2）国家政治民主化的发展程度。一个国家制定有比较完备的法律，不等于就是实行法治。法治的基本标志是法律具有至高无上的权威。而法治国家只能建立在民主政治的基础上。（3）商品经济的发展状况。马克思曾经精辟地分析与论证过，自由与平等的观念同商品经济有着不可分离的联系。在社会主义制度下，有计划的商品经济的发展，将为人权意识的普及与提高奠定可靠的经济基础。（4）社会经济与文化的发展水平。像诸如劳动权、休息权、受教育权等的充分享有，都直接同这方面的条件有关。

从应有权利转化为法定权利，再从法定权利转化为实有权利，这是人权在社会生活中得到实现的基本形式。但是，这并非唯一形式。因为在人权的实现过程中还有其他社会因素在起作用。这三者之间不是平行关系，而是层次关系，三者的内容有很大一部分是重叠的。随着人类文明的继续向前发展，它们之间在外延上将一步步接近，彼此重叠的部分将日益扩大，但永远存在着矛盾，应有权利永远大于法定权利，法定权利永远大于实有权利。正是这种矛盾，推动着人权不断地得到实现。

后记：

本文原载《法学研究》1991 年第 4 期，后收入《当代人权》（中国社会科学出版社1992 年版）一书，曾由林来梵教授译成日文，登载在立命馆法学第 230 号（1993 年第 4号）上。本文于 1995 年 10 月获《法学研究》一百期优秀论文奖。

论人权的本原

人权的本原是指人权的根源是什么，即人为什么应当享有人权，国家为什么应当保障人权，人权是人作为人自身所应当享有的，还是国家和法律所赋予，抑或是基于别的什么条件或原因。这关系到人应当享有人权的正当性，是必须认真探究和回答的人权的一个基本理论问题。

一　西方学者的人权本原论

广义上的人权在国家和法律出现之前就有了。但以自由、平等、人道为其重要内容与特征的狭义上的人权，是近代商品经济和民主革命的产物。近代以来，西方的人权本原理论存在着三种基本观点，即"天赋人权"论、"法律权利"说与"社会权利"说。其中天赋人权论始终占据着主导的地位，影响极为广泛与深远，因此我们必须重点加以讨论。

（一）古代的"自然权利"说

天赋人权论源自西方两千年前即已开始产生与存在的"自然权利"说，有时人们甚至把它们看成是一回事。最早，自然法学说诞生于古希腊城邦国家的没落时期。随着亚历山大皇帝建立起庞大的帝国，人们开始不再生活在自给自足的城邦国家里，要求重新认识世界和自己，斯多葛派由此兴起。此派认为，人人都是上帝的儿子，因而彼此之间都是兄弟。人有共同的人性，它同自然规律是基本一致的。上帝有理性，因而人也具有理性，理性也就是自然法则。它"教给人们必须做什么和回避什么……它是到处适用的公正和正确的标准，它的各项原则是不可改变的，无论统治者还是居民都必须遵守，因而它就是上帝的法律"。他们认为，自然法具有更大的权威，是条例与习俗的准则。古罗马的西赛罗继承与发展了斯多葛主义。他提出，自然法先于国家和法律而存在。它有两个来源：上帝的旨意和人类的本性——理性，它是永恒不变的。依据自然法，每个人都享有一定的尊严，一切人都是平等的。人们如果不尊重彼此的权利，社会就无法长期存在下去。自然法体现正义，任何与其相违背的法律都是不道德的、不合理的。西赛罗的观念对罗马法起过很大影响。古罗马衰落时代的赛涅卡对自然法思想引入宗教起过重要作用。他认为，每个人都是两个共和国的成员：在公民的国家里，他是一个居民；同时，他又因其人性而属于一切有理性的人所组成的更大的国家——它不是法律的和政治的，而是以道德与宗教为纽带，在这个国家里，一切人都是平等的，怜悯、同情、慈善、宽容、仁爱等人道主义精神有着崇高的地位。这些思想后来成了基督教伦理观念的中心内容。

（二）近代的"天赋人权"说

在近代，随着商品经济的发达和人文主义的兴起，自然法学说得到广泛的发展，荷兰的格老秀斯作出了重要贡献。他也认为自然法的渊源是上帝的意志和人类的理性，但是他开始将自然法引入对市民社会特性与原则的分析中，包括对个人财产的天赋权利与社会契约关系的论证。例如，他说："有约必践、有言必偿、有罪必罚等，都是自然法。"他认为自然法的一系列原则是不证自明的公理，并由此推演出国内成文法和国际法的一系列原则。继格老秀斯之后的另一位著名自然法倡导者是英国的霍布斯。他的突出贡献是开始抛弃笼罩在自然法之上的宗教的神秘面纱，力图将自然法学说建立在科学的推理和实证的基础上。他提出，人类天性中包含着求利、求安全和进行侵犯这样三种基本的要素。在自然状态中，人人享有自然权利，但由于人的天性中存在猜疑、争夺等非理性的东西，因此人们又是处于一种战争状态，其生存与安全得不到保障。因而自然法的第一条原则是寻求与信守和平；第二条原则是每个人都放弃自己的一部分自然权利而组成社会，以实现人类自我保护的目的，社会是契约的产物。由这一观点出发，他又引申出一系列自然法原则，如遵守信约、宽恕、平等、公道、公平分配、相互尊重，等等。他认为，自然法是理性的戒条，只在内心具有约束力，需要有成文法加以保护。成文法不应是主权者主观意志的产物，而应当源自理性，以自然法为其基础和准则。

英国的约翰·洛克是近代自然法理论的集大成者，对后世影响最大。同霍布斯相反，他是性善论者。他认为，在自然状态下，人们的行为受自然法的支配。"人们在自然法的范围内，按照他们认为合适的办法，决定他们的行动和处理他们的财产和人身，而无须得到任何人的许可或听命于任何人的意志。"① 然而，他认为，这种自然状态也有很大缺陷，主要是没有成文法作为判断是非和处理利益冲突的明确而具体的标准；缺少一些有权来执行成文法以处理各种争议与纠纷的裁决者；也没有一种政治权威与力量来保证执法者所作裁决的执行与遵守。这样，人们就同意通过订立契约来建立政治社会，成立国家。而国家的目的和宗旨是保障公民的生命、安全、自由、平等、财产和追求幸福的权利。公民的这些权利不是外界的恩赐，而是公民应当享有的一种自然权利和天赋权利。人们在政治国家里所放弃的，只是权利不能无限制地行使，也不能自己去处理各种违法行为。如果政府制定严重违背自然法精神的法律，变成侵犯人民权利和压迫人民的工具，人民就有权推翻这个政府。洛克在《政府论》中对自然状态、自然法、自然权利十分严密的分析与论证，使自然法、自然权利思想的发展达到了高峰，并成为后来写入一些具有里程碑意义的权利宣言和宪法的"天赋人权"观念的直接思想渊源。1774 年 10 月 14 日第一次大陆会议通过的《权利宣言》就认为"自古不变的自然法则"是殖民地获得自身权利的主要依据。1776 年夏通过的美国《独立宣言》指出："我们认为这些真理是不言而喻的：人生而平等，他们都从造物主那里被赋予了某些不可转让的权利，其中包括生命权、自由权和追求幸福的权利。"1789 年 8 月通过的法国《人权和公民权宣言》指出："所有政治结合的目的都在于保存人的自然的和不可动摇的人权。这些权利就是：自由、财产、安全和反抗压迫。""为了保障这些权利，所以才在人们中间成立政府。而政府的正当权力，则系得自被统治者的同意，如有任何一种形式的政府变成损害这些目的的，那么人民就有权来改变或废除它。"

---

① ［英］洛克：《政府论》下篇，商务印书馆 1964 年版，第 5 页。

（三）近代中国学者的"天赋人权"观

"天赋人权"观是清末民初分别经由英美和日本两个渠道传入中国的。有意思的是，尽管当时中国的经济、政治、文化同西方有很大的区别，中国学者阐释"天赋人权"也并非鹦鹉学舌，但我们可以发现，关于这一理论的一些论据，他们之间是如此相同。例如，康有为说："凡人皆天生。不论男女，人人皆有天与之体，即有自立之权，上隶于天，人尽平等，无形体之异也。"① 康有为所说人的自立（自由）与平等是一种"天权"，并非是指人权为上天所赋予，而是指人应当生而平等、生而自由。梁启超说："人权者出于天授者也，故人人皆有自主权，人人皆平等。"② "人也者生而有平等之权，即生而当享自由之福，此天之所以与我，无贵贱一也。"③ "自由者，天下之公理，人生之要具，无往而不适用者也。"④ "自由者，权利之表征也。凡人所以为人者有二大要件，一曰生命，二曰权利。二者缺一，时乃非人。故自由者，亦精神界之生命也。"梁启超所说"天授"当然也不是指人权是上帝或神明所赐予，而是指自由与平等是生命的一部分，是与生俱来的，这乃是"公理"。⑤ 陈独秀认为，人的平等与自由属于人的人格的范畴，它应当是每个人所"固有"。他说："社会之所向往，国家之所祈求，拥护个人之自由权利与幸福而已。"⑥ "解放云者，脱离夫奴隶之羁绊，以完其自主自由之人格之谓也。我有手足，自谋温饱；我有口舌，自陈好恶；我有心思，自崇所信；绝不认他人之越俎，亦不应主我而奴他人；盖自认为独立自主之人格以上，一切操行，一切权利，一切信仰，唯有听命各自固有之智能，断无盲从隶属他人之理。""法律上之平等人权，伦理上之独立人格，学术上之破除迷信，思想自由"，

---

① 钱钟书主编：《康有为大同论二种》，三联书店 1998 年版，第 188、93、183 页。
② 同上书，第 188、93、183 页。
③ 梁启超：《国家思想变迁异同论》，《时论选集》第 1 卷（上册），三联书店 1960 年版，第 30 页。
④ 梁启超：《论学术之势力左右世界》，《梁启超选集》，上海人民出版社 1984 年版，第 271 页。
⑤ 梁启超：《新民说》，《时论选集》第 1 卷（上册），三联书店 1960 年版，第 136 页。
⑥ 梁启超：《十种德性相反相同义》，《梁启超选集》，第 158 页。

"此三者为欧美文明进化之根本原因"。① 胡适是着重从人的个性和人格来看待这个问题的，他说："社会最大的罪恶莫过于摧折个人的个性，不使他们自由发展。""社会国家没有自由独立的人格，如同酒里少了酒曲，面包里少了酵母，人身上少了脑筋；那种社会国家绝没有改良进步的希望。"② 李大钊却从人的价值来阐释这个问题，他说："自由为人类生存必需之要求，无自由则无生存之价值。"③ 罗隆基则是从满足人的需要和幸福来解释人权的本原，他说："人权，简单地说，就是一些做人的权，人权是做人的那些必要的条件。"④ "说彻底些，人权的意义，完全以功用二字为根据。凡对于下列之点有必要功用的，都是做人的必要的条件，都是人权：（一）维持生命；（二）发展个性，培养人格；（三）达到人群最大多数的最大幸福的目的。"⑤ 中国一些先进思想家有关人权本原问题的上述论断，我们大致上可以用一句话加以概括：人权是人作为人所应当享有的权利，不是任何外界的恩赐；否认人权就是否认做人的权利，没有人权就失去了做人的资格。这些同西方"天赋人权"论所内含的各种道理是相通的。

（四）西方的"法律权利"说和"社会权利"观

在西方人权思想发展史上，同"天赋人权"论相对立的有"法律权利"说，或曰"法赋人权"论。这一派的代表人物有边沁、戴西、密尔等人，法学史上属法律规范主义这一流派。它强调人权不是生而有之的，而是法律赋予的。它否认法律与人权的伦理性，认为伦理属于主观的范畴，每个人都有自己的伦理观，其好坏是非难以作出客观的确切的判断，并批评"天赋人权"论的"自然状态"具有虚构性，其"自然法"具有神秘性，其"自然权利"具有虚假性，因而都是不科学的。如边沁说："权利是法律的产物；没有法律也就没有权利，不存在与法律相抗衡的权利，也

---

① 陈独秀：《袁世凯复活》，《陈独秀著作选》第 1 卷，上海人民出版社 1984 年版，第 240 页。
② 胡适：《易卜生主义》，《胡适文萃》，作家出版社 1991 年版，第 741—744 页。
③ 李大钊：《宪法与思想自由》，《李大钊文集》（上），人民出版社 1984 年版，第 244 页。
④ 罗隆基：《论人权》，《新月》第 2 卷第 58 期。
⑤ 同上。

不存在先于法律的权利。"① "权利是法之子，自然权利是无父之子"；"在一个多少算得上文明的社会里，一个人所以能够拥有一切权利，他之所以能抱有各种期望来享受各种认为属于他的东西，其唯一的由来是法"②。从人权的本原这个意义上，这种理论是不正确的，但它也包含有一定的合理因素。人权有三种存在形态，即应有权利、法律权利与实有权利。③ 人权本来的含义是一种依照人的本性和他（她）们的人格和尊严所应当享有的权利。这里顺便指出，我们之所以不用西方学者常用的"道德权利"这一称谓，是因为我们认为"道德"属于主观的领域，而应有权利是人与人之间的一种社会关系，是社会生活中客观存在的现象。法律上的权利只是对人所应当享有的权利的一种认可。美国第一部宪法即 1776 年宪法开始制定与通过之时，并未规定有关人权保障方面的内容，只是后来才有《权利法案》作为修正案予以补充。我们不能说美国人民在此之前不应当享有他们应当享有的人权。中国 1982 年宪法第一次规定中国公民的人格尊严不受侵犯，我们也不能说，中国公民在此之前不应当享有人格尊严权。宪法和法律是人制定的，立法者可以在也可以不在法律中对公民权利保障作出规定，他们甚至还可以运用宪法与法律的形式与手段，来剥夺公民所应当享有的权利。前南非种族主义政权就曾经这样做过。而且，法律对人权保障作出明确规定，公民也不一定能够享受得到；相反，法律对权利保障不作规定，公民也不一定一点权利都享受不到，因为人应当享有的各种权利，在某种程度上和某些方面能够得到其他社会组织的章程、乡规民约与习俗、宗教与文化传统观念的认可、支持与保护。这就是我们所说"实有权利"这个概念。同时，各种伦理道德观念和各种价值准则，尽管具有相对性，但具有理性的人类是完全可以认识与把握的。况且，伦理与其他价值标准在不同的人群那里，既有特殊性，也有共同性，人们对它们也是可以达成共识的。人类的文明发展史已充分证明了这一点。因此，主张在法学研究中将价值与道德性的东西排除出去，认为人性、正义、理性这些东

---

① H. L. A. Hart. Essay on Bentham oxford，1981 年版，第 82 页。

② 转引自张文显《当代西方法学思潮》，辽宁人民出版社 1988 年版，第 357 页。

③ 参见本书中李步云《论人权的三种存在形态》一文。

西人们无法把握与求得共识的观点是不正确的。这些是人权本原问题上"法律权利"论的根本错误所在。然而，在现代社会里，用法律的形式与手段将人应当享有的权利明确规定下来，是人权形态中的一种具体的、明确的，并最能得到实现的人权。在这个意义上，"法律权利"说包含有某种合理的与积极的因素与成分在内。

另一种同"天赋人权"论相对立的观点是"社会权利"说。这派观点认为，人是一种"政治动物"、"社会动物"，人不能脱离社会而独立存在，人们是生活在各种社会关系之中，他们彼此之间存在着一种联带关系，因而每个人的利益都有可能受到他人或社会组织的侵犯，每个人也可能去侵犯他人或各种社会组织的整体利益，这就需要法律予以调整，这就产生了人权问题。应当说这些看法有其正确的一面。但是，这种观点由此进而否定"天赋人权论"的合理内核，不承认人"生而平等"、"生而自由"，不承认人权来源于"人的本性"、"人的人格与尊严"，则是根本错误的。其实，人权有其历史性、时空性，又有其超历史性、超时空性；有些人权如生命、安全、自由、平等是人生而有之的，有些人权如选举权、罢工权则是在一定历史条件下才产生的。还是卢梭说得对："人生而自由，但无往不在枷锁之中。"前者指的是人权的应然性，后者指的是人权的实然性。我们必须善于将应然与实然区别开来，又必须善于将两者统一起来。

西方流行的三种人权本原理论，都有其合理的方面，但也各有其局限性。相比而言，"天赋人权"论包含有更多的科学成分在内，因为它相当深刻地阐明了人权产生的内在根据，十分明确地指出人权存在的根本价值。因而它始终处于主流的地位，为越来越多的人民和政府所认可与接受，并被写进各种各样的国际人权文书。从《世界人权宣言》到人权"两公约"，以及各种地区性人权公约，在人权本原问题上，其所表达的无一不是"天赋人权"的理念。

但是，长期以来，中国不少学者对"天赋人权"论采取了完全否定的态度，或者否定了那些不该否定的合理的科学的内容与成分。例如，有学者认为："资产阶级人权理论把上帝、人性、理性作为权利的本源，并把权利看成是抽象的、永恒不变的、普遍适用的，抹杀了人权的历史性和阶级性，因而是唯心主义的和形而上学的。所谓天赋人权理论只是一种抽象的假说，只是在观念上和理论上进行论证，而没有科学的根据……"①"这种所谓的天赋人权论的实质是什么呢？它是否符合人的本质呢？马克思指出，人的本质在于他是一种社会存在物。"②"天赋人权"论的确有它片面的和不正确的地方，就是它否认了人的社会属性这一面，因而是并不完全科学的，但是它肯定了人的自然属性的一面，则是正确的和含有很大科学成分在内的。

二 当代中国学者的若干观点

近二十年来，人权的本原是不少中国学者苦苦思索的一个重要理论问题，曾提出过各种各样的不同见解。

（一）"斗争得来说"

例如，有学者认为，"人民掌握了国家主权，才能获得人权，人权是经过革命、经过夺取政权争来的"。③ 这种看法在 20 世纪 50 年代以后的一些宪法教科书中比较常见，即中华人民共和国公民的基本权利是"斗争得来"的。当时这种看法比较流行，也同毛泽东讲过的一句话有关，即"自由不是恩赐的，是斗争得来的"。从人权本原角度看，这种观点是不正确的，因为这是两个不同性质的问题。斗争与革命是人权实现的一种形式和方法，同人权产生的根源是两个不同范畴的问题。在人权实现的各种方式中，通过斗争与革命来实现人权是十分重要的，但这里必须有一个前提，即人权是应当属于你、属于我、属于他的，否则人们通过斗争去获取不该属于他们的东西，那是既不合理又不合法的。

（二）"商赋人权"说

持这种看法的人认为，"人权是资本主义商品经济的产物"。在中国

---

① 孙国华主编：《人权：走向自由的标尺》，山东人民出版社 1993 年版，第 220、229 页。
② 同上。
③ 见张光博：《关于宪法学的几个理论问题》，《人民之友》2000 年第 12 期。

20 世纪 80 年代中期，这种观点相当流行。在这些学者看来，"商赋人权"论是马克思主义的、是对抗"天赋人权论"的一种科学理论。的确，近代与现代意义上的人权，是同资本主义商品经济联系在一起的，资本主义商品经济是近代人权产生的经济基础。恩格斯指出，近代"大规模的贸易，特别是国际贸易，尤其是世界贸易，要求有自己的、在行动上不受限制的商品所有者，他们作为商品所有者来说是有平等权利的，他们根据对他们来说全部是平等的（至少在当地是平等的）权利进行交换。从手工业到工场手工业的转变，要求有一定数量的自由工人……他们可以和厂主订立契约出租劳动力，因而作为契约的一方是和厂长权利平等的"。"由于人们……生活在那些相互平等地交往并处于差不多相同的资产阶级的独立国家组成的体系中"，因而，资产阶级反对封建等级和特权的要求，"就很自然地获得了普遍的、超出国家范围的性质，而自由和平等也很自然地被宣布为人权"①。因此，这种观点包含有一定合理因素，但是从人权本原问题的角度看，它在总体上是不科学的。这是因为：狭义的即近代意义上的人权是近代资本主义经济与政治制度出现以后才有的，但广义的人权却同人类社会共始终。人权是人作为人依其本性所应当享有的权利，我们不能说在近代经济与政治出现以前，人不应当也绝不可能享有任何权利。事实上，朦胧的人权意识古已有之。如前文所述，自然权利思想在西方源远流长；即使在古老的中国，人权思想与精神所内含的人本主义思想与人文主义精神也是十分丰富的，如"仁者爱人"、"天地间，人为贵"、"民贵君轻"、"己所不欲，勿施于人"、"天下为公"、"天下一家"、"均贫富，等贵贱"，等等。从制度层面而言，不仅东西方封建专制主义国家所保护的臣民的生命、安全与财产是属于广义人权的范畴，而且在国家与成文法律出现之前的原始社会，氏族成员就已享有不少权利。例如，恩格斯曾引述摩尔根的发现，北美印第安人的易洛魁氏族的权利与义务有：（1）选举和罢免酋长和酋帅的权利；（2）不在氏族内通婚的义务；（3）相互继承已故氏族成员遗产的权利；（4）互相援助和代偿损害的义务，包括血族复仇的义务；（5）给氏族成员命名的权利；（6）参加宗教节日和宗教仪式的

---

① 《马克思恩格斯选集》第 3 卷，人民出版社 1972 年版，第 144—145 页。

权利；（7）有共同的墓地；（8）有议事会，它是氏族一切成年男女享有平等表决权的民主集会。这些既是群体权利，也包含个人权利。"大家都是平等、自由的，包括妇女在内。"① 另外，"人权是资本主义商品经济的产物"之所以不正确，是由于这种观点只是看到了近代人权产生的经济条件这一点，而没有看到和否定了人权产生的内在根据，即它是人性的要求。中国在很长一个时期里曾实行高度集中的计划经济，如果依照上述看法，中国人民是享受不到任何人权的，但实际情况并非如此。

（三）"国赋人权"说

例如，有学者认为，"不是天赋人权，也不是商赋人权，而是国赋人权"②。近代先进的思想家们几乎一致认为，人权是国家权力的基础和源泉，国家权力的目的和价值应当是保障人权。前者如但丁说："教会的根基就是基督；……而帝国的基石则是人权。'帝国'不能做任何违反人权的事。"③ 弥尔顿认为，"民权是一切君主权力的源泉"，④ "人民的权力高于国王的权力"，⑤ "国王只是为了人民才能成为国王，人民则不必为了国王才能成为人民"⑥。后者如弥尔顿说，"人民的权利从自然秩序上来讲便是至高无上的"⑦。"人们组成政体的目的是：'过安全和自由的生活，不受摧残和侵害'"。⑧ 洛克说："政府的目的是为人民谋福利。"⑨ 霍尔巴赫说："君主是人民的生命、财产和自由的捍卫者与保护者，只有在这个条件下人民才同意服从。"⑩ 这些启蒙思想家讲的道理浅显而又深刻地阐明了国家与人权的关系。他们讲"君主"、"国王"应当如何如何，是一种对君主专制主义的批判，从而为民主共和奠定理论基础。"国家应保障人权"

---

① 《马克思恩格斯选集》第 4 卷，人民出版社 1972 年版，第 93 页。
② 见张光博：《关于宪法学的几个理论问题》，《法学杂志》2000 年第 4 期。
③ ［意大利］但丁：《论世界帝国》，商务印书馆 1985 年版，第 75—76 页。
④ ［英］弥尔顿：《为英国人民声辩》，商务印书馆 1982 年版，第 76 页。
⑤ 同上书，第 93 页。
⑥ 同上书，第 49 页。
⑦ 同上书，第 109 页。
⑧ 同上书，第 16 页。
⑨ ［英］洛克：《政府论》（下篇），叶启芳、瞿菊农译，商务印书馆 1964 年版，第 139 页。
⑩ ［法］霍尔巴赫：《自然的体系》上卷，商务印书馆 1964 年版，第 291 页。

同"人权是国家所赋予"完全是两件事。国家不能保障人作为人依其本性所应当享有的权利，国家的存在就失去了意义。国家权力真掌握在人民手里，国家就可以保障人权；但如果国家权力掌握在独裁者、专制者手里，它就不能保障人权，希特勒运用国家权力蹂躏那时的德国人民和世界人民，就是明证。如果"国赋人权论"可以成立，那么国家不保障人权甚至剥夺或侵犯人权，就成了合理合法的事情，因为人权本来就不是人作为人所应当享有的。既然人权"国赋"，那么国家可以给人民以人权，也可不给人民以人权。显然这是荒谬的。

（四）"生赋人权"说

这种观点也可称为"生产方式"说。持这种看法的人认为："人权不是天赋的，而是社会历史的产物，是社会一定方式的产物，是社会一定经济关系在制度上、政治上和法律上的表现。马克思说：权利永远不能超出社会的经济结构以及由经济结构所制约的社会的文化发展。"① "也可以说，人权是社会一定生产方式或经济关系赋予的，可简称为'生赋人权'。"这种看法正确地肯定了存在"原始人权"，人权并不是资本主义商品经济出现以后才有的。以生产、分配、交换、消费等为主要内容的社会经济结构，在人类历史发展的不同阶段，对人权的不同状况有着重要影响，但这只是人权存在与发展的外在条件而不是它的内在根据。人权的存在是一个由低级向高级发展的过程。除了生命、安全、自由、平等、财产、人格尊严、最低生活保障、追求幸福等是人生而有之的权利外，不少人权是历史条件形成的，但其内在根据仍是人的自然属性即人性。这里存在两种不同情况。一是有些人权并非人生而有之，如选举权、罢工权。没有一定的经济条件，就不会出现现代的民主代议制度，就不会出现选举权与被选举权。但是选举权与被选举权存在的内在根据、它的合理性及其价值，仍决定于人性即人的天性、德性和理性。"朕即国家"的"主权在君"是不正义的，国家的一切权力属于人民的"主权在民"则是正义的。选举权与被选举权表现了人的意志自由，反映着公民与政府官员、公民与

---

① 叶立煊、李似珍：《人权论》，福建人民出版社1991年版，第225、4页。

公民之间的利益关系，体现了人类的理性。国家的大事只有人民说了算，才能更好地认识和改造这个世界。二是有些人权是人生而有之，但其具体内容则随人类物质的、精神的、制度的、文明的发展而不断扩大其范围、丰富其内容，如自由与平等。人身自由、思想自由应是与生俱来的，而言论、出版、结社、集会游行等自由，则是历史地形成的。平等也是这样。男女平等、种族平等应是与生俱来的，而选举平等、法律平等这样一些方面的内容，则是历史地形成的。人们对"自由是人的一种天性"比较容易理解，但对"平等也应当是人生而有之的"则需作更多的阐述。其实这一点恩格斯已说得很明白。他指出："一切人，作为人来说，都有某些共同点，在这些共同点所及的范围内，他们是平等的，这样的观念自然是十分古老的。但是现代的平等要求是与此完全不同的；这种平等要求更应当是，从人的这种共同特性中，从人就他们是人而言的这种平等中，引申出这样的要求：一切人，或至少是一个国家的一切公民，或一个社会的一切成员，都应当有平等的政治地位和社会地位，要从这种相对平等的原始观念中得出国家和社会中的平等权利的结论，要使这个结论甚至能够成为某种自然而然的、不言而喻的东西，那就必然要经过而且确实已经经过了几千年。"[1] 在这里，恩格斯明确肯定了平等源于人与人有"共同特性"，而现代政治地位与社会地位的平等权利是它的必然"引申"，今天它已成为"不言而喻"的东西，尽管它经历了几千年的发展历史。

三　人权源自人的本性

中国自 1991 年以来，经过一批学者的共同努力研究，多数人已倾向于一种看法，即人权的本原，应从人的自身即人的本质中去寻找，它不可能是任何外界的恩赐。现在的主要分歧是，究竟什么是人的本质？一种观点认为，它包括社会属性与自然属性两个方面；另一种观点认为，它仅是指社会属性，人权仅来源于人的社会属性。[2]

---

① 《马克思恩格斯选集》第 3 卷，人民出版社 1972 年版，第 142—143 页。
② 孙国华主编：《人权：走向自由的标尺》，山东人民出版社 1993 年版，第 5、9、10 页。

（一）人的社会属性

笔者认为，人权源于人的本性。这种本性包括两个方面，即人的社会属性和人的自然属性。所谓社会属性是指，人是生活在各种人与人之间的社会关系中，人的利益与道德、他们的思想与行为都不可能不受各种社会关系的性质与特点的影响和制约。这就是亚里士多德所说，人是一种"社会动物"、"政治动物"。马克思主义也认为："人是最名副其实的社会动物，不仅是一种合群的动物，而且是只有在社会中才能独立的动物。"① 人权是一种社会关系，是社会关系中人与人之间的利益关系与道德关系，是社会生活中受以正义为核心的一套伦理观念所支持与认可的一种人的利益分配、追求与享有。从人权的本原问题上看，人的社会属性对人权的意义有两点：一是社会关系是人权存在的一个前提条件，如果是一个人生活在这个世界上，即人不是生活在人与人之间的社会关系中，那就不会存在人权与人权问题；二是人权、人权制度和人权思想都受一定历史时期的社会经济、政治、文化制度的影响与制约，人权的内容及其实际能够享有的程度，是伴随着人类的物质文明、制度文明与精神文明的日益发展而不断进步和提高的。

（二）国际人权文书的观点

关于人权的本原，在各种主要国际人权文书中都有非常明确的规定，而且将其作为人权需要保障的主要理论根据及其正义性和正当性的根本原因所在。例如，《联合国宪章》（1945 年）指出："对人类家庭所有成员的固有尊严及其平等的和不移的权利的承认，乃是世界自由、正义与和平的基础。"它肯定了人的尊严与平等是人类所"固有"的，并非外界恩赐。《世界人权宣言》（1948 年）指出："人人生而自由，在尊严和权利上一律平等。他们富有理性和良心，并应以兄弟关系的精神相对待"（第 1 条）。它肯定了人人在"尊严"与"权利"上一律平等以及"理性与良心"在人权本原问题上的意义。《公民和政治权利公约》和《经社文公约》

---

① 《马克思恩格斯选集》第 2 卷，人民出版社 1972 年版，第 87 页。

（1968 年）也明确指出，人的"权利是源于人身的固有尊严"。第二次世界人权会议于 1993 年 6 月 25 日通过的《维也纳宣言和行动纲领》（以下简称《维也纳宣言》）又重申："人权和基本自由是全人类与生俱来的权利"，"一切人权都源于人与生俱来的尊严和价值"。同时，各种地区性人权公约也对"天赋人权"理论持赞同态度。例如，《美洲人权公约附加议定书》（1988 年）指出："人的基本权利并非源于某人是某国的国民，而是源于人类本性"（序言）。《非洲人权和民族权宪章》（1981 年）也持完全相同的态度。它说："基本人权源于人类本性，此乃国际保护的法律依据。"在这些规定中，使用了许多重要的概念，如人所固有尊严、价值、理性、良心、平等，这些都可归结为人类的"本性"。但是，这些"与生俱来"的本性，都是指人的自然属性，这显然是受"天赋人权"论的影响，其缺陷是忽视了人权本原的人的社会属性这一面。我国是联合国的成员国，一贯尊重与遵守《联合国宪章》和《世界人权宣言》的宗旨与原则，已加入"经社文权利公约"和签署"公民与政治权利公约"，对它们所确立的人权本原的理念与原则，从没有也不会作出根本性保留，而只会通过中国学者的深入研究使其科学内涵更为丰富和完善。

（三）人性：天性、德性、理性

所谓人的自然属性，也就是人们通常所说的"人性"，它包括天性、德性与理性这三个基本的要素。

1. 天性

它的具体内容主要是安全、自由、幸福。人的生命不受肆意剥夺，人身安全不受任意伤害；人的人身自由不受侵犯，思想自由不受禁锢；人的最低生活得到保障，人有追求幸福的愿望，这些都是人类"与生俱来"的天性和本能。卢梭说："人性的首要法则就是要维护自身的生存，人性的首要关怀就是对于自身的关怀。"① 在他看来，这种生存欲念甚至是生于和重于理性和道德的。他说："人最初的感情是对于自己的存在的感情；人

---

① ［法］卢梭：《社会契约论》，何兆武译，商务印书馆 1963 年版，第 7 页。

最初的关怀就是对于自己的生存的关怀。"① 生命权作为一项首要的人权，道理很简单，如果一个人失去了生命，也就失去了一切。其实，这是无需任何证明的，因为只要我们提出这样的问题：你想活吗？任何人都会回答，"我想"。如果某人说"不"，那他一定是疯子或由于某种特殊原因而失去了生存的欲望。空想社会主义者莫尔说："世界上没有一样值钱的东西像我们的性命那样宝贵。"②

人类天性和本能的第二个主要内容是福利。洛克说："一切含灵之物，本性都有追求幸福的趋向。"③ 物质生活的需要是人的第一需求，这也是人们都可以自觉认识到的一条简单的道理。但是，马克思却正是从这一最简单的道理出发，作出了一个伟大的历史发现。恩格斯《在马克思墓前的讲话》中指出，马克思一生有两个最重要的发现，一是唯物史观，一是剩余价值论。他说："正像达尔文发现有机界的发展规律一样，马克思发现了人类历史的发展规律，即历来为繁茂芜杂的意识形态所掩盖着的一个简单事实：人们首先必须吃、喝、住、穿，然后才能从事政治、科学、艺术、宗教，等等；所以，直接的物质的生活资料的生产，因而一个民族或一个时代的一定的经济发展阶段，便构成基础，人们的国家制度、法的观点、艺术以至宗教观念，就是从这个基础上发展起来的，因而，也必须由这个基础来解释，而不是像过去那样做得相反。"④ 我们从"人们首先必须吃、喝、住、穿"的人类天性和本能的这样一个"简单事实"中，领悟到人的经济权利在整个人权体系中的基础性地位。

人类天性与本能的第三个主要内容是自由。任何动物都不情愿有人把它关在笼子里而希望能在大自然里自由自在地活动。在这一点上，人与动物是没有什么区别的。但是，人又是有思想有理性的高级动物，人的思想自由是任何他人所无法干预与剥夺的。受思想自由支配的人的行为自由，仅仅受法律与道德的约束。说法律是限制自由，勿宁说它是保障自由。这种思想自由与行为自由，不仅是人类的天性与本能，而且人的自由与自觉

① 北京大学哲学系编译：《十八世纪法国哲学》，商务印书馆1979年版，第154页。
② ［英］莫尔：《乌托邦》，商务印书馆1982年版，第40页。
③ ［英］洛克：《人类理解论》，关文运译，商务印书馆1959年版，第236页。
④ 《马克思恩格斯选集》第3卷，人民出版社1972年版，第574页。

的活动，是人类认识与改造世界的力量源泉。空想社会主义者马布利说："自然界赋予我们的理性，自然界在我们初生时给予我们的自由，以及自然界在我们心中播下的不可遏止的追求幸福的愿望，是每个人有权反对统治我们的不公正政府的侵犯的三种本能。"① 他还说，自由对于人类来说，"它的重要性与理性相等，它甚至与理性不可分离。自然界赋予我们以思考和判断的能力，而如果没有自由，我们就不能利用自己的理性"②。有人认为，马克思主义重视平等，忽视自由。这是一种误解。马克思和恩格斯在世时所处的时代是一个"无产阶级革命时代"，其中心任务是反对资本的剥削与压迫。因此这两位马克思主义创始人在人权本原问题上，只强调了人的社会属性，强调人权的阶级性和历史性而忽视了人的自然属性这一面。他们虽然集中力量抨击资本主义的人权制度及与其相适应的人权观的"虚伪性"和局限性，但是马克思主义十分重视自由的价值。他们认为，在共产主义制度下，社会"不再有任何阶级差别，不再有任何对个人生活资料的忧虑，在这种制度下第一次能够谈到真正的人的自由，谈到那种同已被认识的自然规律相协调的生活"③。"这是人类从必然王国进入自由王国的飞跃。"④ 这时，"人终于成为自己的社会结合的主人，从而也就成为自然界的主人，成为自己本身的主人——自由的人"⑤。

2. 德性

人性的第二个基本要素是德性，其主要内容有平等、博爱、正义。人是一种有伦理道德及无限追求的高级动物，这是人区别于一般动物的一个根本点。人生性就有"仁爱心"、"同情心"、"怜悯心"、"恻隐心"，并在人与人之间相互依存、相互影响的关系和交往中逐渐养成以平等、博爱、正义等为核心的一套伦理道德观念。当我们说人权的本来含义是一种"应有权利"时，它就已经包含有道德的意蕴。当我们依人道主义原则救

---

① ［法］马布利：《马布利选集》，何清新译，商务印书馆1983年版，第113页。
② 北京大学哲学系外国哲学史教研室：《十八世纪法国哲学》，商务印书馆1963年版，第771页。
③ 《马克思恩格斯选集》第3卷，人民出版社1972年版，第154页。
④ 同上书，第441页。
⑤ 同上书，第443页。

助弱势群体、依现代民主理念既要服从多数又要保护少数时，人权的伦理性也是显而易见的。平等、博爱、正义作为道德基本准则源自人性和人所固有的价值与尊严，在各种重要国际人权文书中都有明确肯定。如《联合国宪章》指出："对人类家庭所有成员的固有尊严及其平等的和不移的权利的承认，乃是世界自由、正义与和平的基础。"《世界人权宣言》规定："人人生而自由，在尊严和权利上一律平等。他们赋予理性和良心，并应以兄弟关系的精神相对待。"这些规定清楚表明，平等、博爱与正义源自于人的本性所决定的人的尊严。而这也是中外历史上的进步思想家们所反复阐明的。

古今中外的学者从伦理道德的视角对人性所作的分析，其观点可归结为如下四种，即性善论、性恶论、性善性恶兼有论、性善性恶皆无论。这四种学说都各有其道理，其中性善论对后世的伦理道德建设起了非常重要的作用而成为主流的理论。因为平等、博爱、正义、人道、宽容这些人类道德的共同的和基本的价值，不是任何外界的恩赐，而只能从"人性善"得到合理的解释。凡严重违背与破坏这些基本价值的恶行都被人们谴责为丧失"人性"，即是证明。

在古代中国，"性善论"始终占据主导地位，其中儒家思想的影响最为深远，而以孟轲的观点最具代表性，他说："恻隐之心，人皆有之；善恶之心，人皆有之；恭敬之心，人皆有之；是非之心，人皆有之。恻隐之心，仁也；善恶之心，义也；恭敬之心，礼也；是非之心，智也。仁义礼智，非由外铄我也，我固有之也，弗思耳矣"（《告子上》）。他举例说，当一个人见到一小孩将掉进一口井里时，就会产生"恻隐之心"而去相救。他之所以会这样做，不是因为他同孩子的父母有什么交情，不是因为他想得到"乡党朋友"的赞誉，也不是怕别人说他坏话，而仅仅是人皆有"不忍人之心"（《公孙丑上》）。正是在儒家"性善论"的基础上，形成了中国历史悠久的人文主义传统。诸如，"仁者爱人"、"己所不欲，勿施于人"、"天地间，人为贵"、"君轻民贵"、"天下为公"、"世界大同"、"均贫富，等贵贱"、"四海之内皆兄弟"、"无处不均匀，无处不饱暖"，这些格言甚至都已为很多普通老百姓所知晓。这些进步的观念，在今天也仍然可以成为我们建立现代人权理论的重要思想渊源。

　　虽然中国的人文主义历史传统可以同西方相媲美，但由于古希腊、罗马存在比较发达的简单商品经济以及"城邦国家"这种特殊历史现象，因而西方的自由、平等、博爱的人文主义传统对社会政治制度的影响要更为广泛和深刻。而其主要的理论也同样是"性善论"。在古希腊的人性理论中，有三个主要派别：一是以普罗泰哥拉为代表的人性在于人的感性欲望的人性解放论；二是以德谟克里特为代表的理性人性论，即通过理性认识世界以指导自己的行动；三是以柏拉图为代表的理性为人的本性，主张以理智来克制自己的欲望以达到绝对的和普遍的善。例如，普罗泰哥拉提出过"人是万物的尺度"这一著名命题。他认为，神性是人性的一部分，神性是善的，所以人性也是善的。人人都具有公正、诚实、尊敬等政治德行。但他又说："至于神，我既不知道他们是否存在，也不知道他们像什么东西。"① 后来的亚里士多德则是以前三派思想的集大成者。他在人类历史上第一次从现实生活的实际出发阐释人性的观点，第一次提出人与动物相区别是由于人有"善恶"、"正义"等伦理道德观念。他说："人类所不同于其他动物的特性就在他对善恶和是否合乎正义以及其他的类似的观念的辨认。"②

　　中世纪的经院哲学以神性否定人性，使希腊与罗马的人性论传统中断了很长一个历史时期。在宗教神学的思想禁锢下，人丧失了自己的本性。神不仅创造了人和万物，而且神性的存在决定人性的存在，于是神性代替了人性。但是同时，它也为人文主义的产生提供了对立面，也为15、16世纪文艺复兴中近代人文主义的兴起提供了土壤。

　　在近代启蒙思想家的观念中，以平等、博爱与正义等为主要内容的德性，在人性的概念里占有重要位置。如培根说："我所采取的关于'善'的意义，就是旨在利人者。爱人的习惯我叫做'善'，其天然的倾向则叫做'性善'。这在一切德性及精神的品格中是最伟大的。"③ 卢梭把人的爱己自利作为人的第一天性和道德基础，但他同时又认为，人不仅有自爱之

---

① 北京大学哲学系外国哲学史教研室编译：《古希腊罗马哲学》，商务印书馆1957年版，第137—138页。

② ［古希腊］亚里士多德：《政治学》，吴寿彭译，商务印书馆1965年版，第1卷第1章。

③ 《培根论说文集》，水天同译，商务印书馆1958年版，第38页。

心，而且还有怜悯之心。他说："把爱己推及他人，就成了美德，一种根源于我们各人心中的美德。"①

马克思主义创始人曾描绘与赞美过原始社会自由、平等、博爱的美景，也无情地批判过在阶级对抗社会里这些人类基本价值被异化后的局限性和虚伪性。他们还借用摩尔根的话预言过未来社会的美好前景："管理上的民主，社会中的博爱，权利的平等，普及的教育，将揭开社会的下一个更高的阶段，经验、理智和科学正在不断向这个阶段努力。这将是古代氏族的自由、平等和博爱的复活，但却是在更高级形式上的复活。"②

3. 理性

人性的第三个基本要素是理性。它的主要内容，一是理性（狭义的），即理性认识能力，人可以通过这种能力去认识和改造世界；二是理念，即人类通过理性认识能力所共同创造与享有"精神文明"成果，人类正是运用这些"理论"、"理念"去进一步认识与改造世界；三是理智，即人的克制自己的能力，人可以通过理智，克制自己不去做那些不合情和不合理的事情，不去谋取那些不正当和不合法的利益。西方学者谈论人性时，用得最普遍的就是这个词，并认为这是人性的重要内容。在人性的意义上使用的"理性"这个词，是在近代才引入中国的。

在西方，用理性阐述人性，历史很早。例如，苏格拉底说：人的具体德行，如"节制、正义、勇敢、敏悟、强化、豪爽"，等等，如果不以知识为指导，就会变得有害无益。如："勇敢而不谨慎，岂不是一种莽撞？一个人若是没有理性，勇敢对他是有害的，但他若是有理性，这对他岂不就有益了。"③柏拉图提出的感觉世界相对应的"理念世界"、"善的理念"，也是属于理性的范畴。亚里士多德认为，人的本性在于理性，人能用理性支配自己的行为，控制自己的欲望，使行为合乎道德，这就是幸福和快乐。"理性的沉思的活动"是"人的最完满的幸福"。他说："对于人，符合于理性的生活就是最好的和最愉快的，因为理性比任何其他的东

① ［法］卢梭：《爱弥尔》，李平沤译，商务印书馆 1978 年版，第 4 卷。
② 《马克思恩格斯选集》第 4 卷，人民出版社 1972 年版，第 175 页。
③ 北京大学哲学系外国哲学史教研室编译：《古希腊罗马哲学》，商务印书馆 1957 年版，第 161 页。

西更加是人需要的。因此这种生活也是最幸福的。"① 伊壁鸠鲁认为:"使
生活愉快的乃是清醒的理性,理性找出了一切我们的取舍的理由,清除了
那些在灵魂中造成最大的纷扰的空洞意见。"② 马克思、恩格斯对伊壁鸠鲁
评价很高,称"他是古代真正激进的启蒙者,他公开攻击古代的宗教,如
果说罗马人有过无神论,那么这种无神论就是由伊壁鸠鲁奠定的"③。

　　欧洲自文艺复兴开始,杰出的人文主义者和后来的启蒙思想家们,高
举理性的旗帜,以人性反对神性,以人权反对特权,以民权反对君权,为
近代民主革命鸣锣开道。恩格斯曾赞叹:"这是一次人类从来没有经历过
的最伟大的、进步的变革,是一个需要巨人而且产生了巨人——在思维能
力、热情和性格方面,在多才多艺和学识渊博方面的巨人的时代。"④ 但丁
说:"人的高贵,就其许许多多的成果而言,超过了天使的高贵。""我们
必须这样来理解:自由的第一个原则就是意志的自由。""这种自由,或者
这一个关于我们所有人的自由的原则,乃是上帝赐给人类的最伟大的恩
惠;只要依靠它,我们就享受到人间的快乐;只要依靠它,我们就享受到
像天堂那样的快乐。"⑤ 斯宾诺莎说:"人们唯有遵循理性的指导而生活,
才可以做出有益于人性并有益于别人的事情来,换言之才可以做出符合每
个人本性的事情来。"⑥ 他还说,民主政治"是最好的政治制度,最不容
易受人攻击,因为这最符合人类的天性。……我们离人类的天性愈远,因
此政府越变得暴虐"⑦。孟德斯鸠说:"是有一个根本理性存在着的。法就
是这个根本理性和各种存在物之间的关系,同时也是存在物彼此之间的关
系。"⑧ 在他看来,"理性"是指事物的规律,法在调整社会关系时必须反

---

　　① 北京大学哲学系外国哲学史教研室编译:《古希腊罗马哲学》,商务印书馆 1957 年版,第 328
页。

　　② 伊壁鸠鲁:《致美诺寇的信》,参见周辅成主编《西方伦理学名著选辑》,商务印书馆 1987 年
版,第 105 – 111 页。

　　③ 《马克思恩格斯全集》第 3 卷,人民出版社 1961 年版,第 147 页。

　　④ 《马克思恩格斯选集》第 3 卷,人民出版社 1972 年版,第 444—445 页。

　　⑤ 〔意大利〕但丁:《飨晏篇》、《君道论》。转引自姜柱国、朱葵菊:《论人·人性》,海洋出版
社 1988 年版,第 435 页。

　　⑥ 〔荷〕斯宾诺莎:《伦理学》,商务印书馆 1958 年版,第 179—180 页。

　　⑦ 同上书,第 276 页。

　　⑧ 〔法〕孟德斯鸠:《论法的精神》,商务印书馆 1961 年版,第 1 页。

映与体现事物的规律。狄德罗说："我感到有一件事情，好像不管是好人坏人都承认的，那就是一切应当讲道理。因为人不仅是一个动物，而且是一个有理性的动物。因此，……哪个人拒绝追求真理，他就自绝于人类，他就应当被大家看作是一个野兽。"① 费尔巴哈也强调把理性看作人的本质，是人类的人性。他说："人自己意识到的人的本质究竟是什么呢？就是理性、意志、心力。一个完善的人，必定具备思维力、意志和心力。思维力是认识之光，意志力是品性之能量，心力是爱。理性、爱、意志力，这就是完善性，这就是最高的力，这就是作为人的人底绝对本质，就是人生存的目的。"②

　　总之，上面引证的西方思想家关于"理性"的科学内涵的阐释，从人的自然属性的角度看是正确的。但是，我们还应当将它们联同人的社会属性作为一个统一体来观察与定位。这样，人的本质的概念才是全面的，人权的本原问题才可能得到比较准确的、科学的回答。

（四）几个理论误区

　　关于人的本质，如果只看到或只承认人的社会属性这一面，就不可能正确认识人权存在的目的与价值，也不可能正确把握其发展规律。自由不仅是人的天性，自由自觉的活动又是人们认识与改造世界的力量源泉。只有提高社会的经济与文化发展，人们才有可能享受更多的人权；但发展经济与文化本身不是目的，而是实现人类幸福的手段。制度的好坏对人权的实际享有起着重要的影响与制约，但这并非人们创造世界的终极目标，而只是人类实现自身利益与社会正义的工具。你想享有人权，就不要去侵犯他人的人权，你想受人尊重，就必须善于尊重别人，如此等等，这些都是人们的理性所能把握的。《世界人权宣言》等国际人权文书中提到的人的人格、尊严与价值，同人权源于人的本性是完全相通的。如果一个人的生命、自由、安全、财产等最基本的人权都得不到承认和保障，那么他（或

---

① 《百科全书》，转引自姜国柱、朱葵菊《论人·人性》，河北海洋出版社 1988 年版，第 470 页。

② 费尔巴哈：《费尔巴哈哲学著作选集》下卷，商务印书馆 1984 年版，第 27—28 页。

她）就失去了做人的资格，就将不成其为"人"。在世界上的万事万物中，人应当是最受尊敬和尊重的。人不应该被当做手段而是目的；人世间的一切美好的东西，都应当为人而存在。地球村的一切创造性活动，都应当"以人为本"。如果一个人的基本人权都得不到承认和保障，人将失去自己应有的尊严。人是宇宙中一切有意识的创造性活动的中心主体，人是一切社会文明的创造者，也应当是一切社会文明成果的享有者，这是人的价值。如果一个人的基本权利都得不到承认和保障，人将失去其自身的价值。将人的本质仅仅归结为人的社会属性，这种观点之所以不正确，主要是在理论上陷入了以下一些认识上的误区。

首先，世界上的万事万物的产生，都有它的内因与外因。人权的产生也有内因与外因两个方面，否认人的自然属性，就必然否定人权产生的内在根据。人活在这个世界上，他（或她）都想活着并且活得好，人人都有过好的物质生活、精神生活和社会公共生活的愿望和需要。归根到底，所谓人权就是要满足人的这种需要。这是人的一种自然本性，是人权产生与存在的根本目的和价值。人的这种需求永不满足，这是推动人权向前发展的永不枯竭的动力。有社会、有人与人之间的各种关系，才会产生权利问题。社会的政治、经济与文化发展水平与各种社会关系的性质与状况，对人权的存在与发展有重要的影响与制约，但这些终究只是人权存在与发展的外在条件。人不是为各种制度而存在，各种制度倒是为人而存在。只承认人的社会属性，不承认人的自然属性，人人都是没有欲望、没有德性的木头人，人权怎么会存在？人权又有什么意义？

其次，世界上的任何事物，都是共性与个性、抽象与具体的对立统一，人性也是这样。有人说，没有抽象的人性，只有具体的人性。这种看法是不正确的。尽管人与人之间的天性、德性与理性有差异，但人类共同的人性是存在的，也是可以为人们所认识和把握的。有人问，你怎么证明这种共同的、抽象的人性是存在的呢？我们的回答是：正如美国独立宣言所说，这是"不言而喻"、"不证自明"的。人要活，要活得好，这是任何人凭自己的感觉与本性都能回答的。与此同理，说"人权不是抽象的，是具体的"，同样违背辩证法。人权就是人身人格权利、政治权利与自由、经济社会文化权利等各种具体权利的一个抽象。否认这一点，我们今天就

"人权"问题所开展的讨论就根本无法进行。如果否认人、人性、人格、人道、人权等既是抽象的又是具体的，整个人文社会科学的存在与发展都将不可思议。

再次，人的自然属性与社会属性是一个统一的整体，这也是马克思主义的基本观点。马克思与恩格斯对人的自然属性及其意义曾有许多论述。例如，马克思恩格斯曾指出："我们首先应当确立一切人类生存的第一个前提也就是一切历史的第一个前提，这个前提就是，人们为了能够'创造历史'，必须能够生活，但是为了生活，首先就要衣、食、住以及其他东西。因此，第一个历史活动就是生产满足这些需要的资料，即生产物质生活本身。"① 但为什么中国学术界长期以来只抓住马克思的一句话：人的本质是"一切社会关系的总和"，而将它归结为人的"本质"的全部内容？这同中国共产党长时期的斗争历史有关，同"以阶级斗争为纲"的路线有关。强调人的阶级性，"人的思想无不打上阶级的烙印"就是一例。很多人过去对人性、人格、人道、人权等概念本身是否科学持完全否定的态度，也是出于这一原因。今天，人们已经很清楚，这种理论观念会给实践带来多么大的危害。

后记：

本文原载《政法论坛》2004 年第 2 期。本文首次提出新"性三品"说，即人性包括天性、德性、理性。人权的人性基础是需要予以特别关注的永恒主题。

---

① 《马克思恩格斯全集》第 3 卷，人民出版社 1961 年版，第 31 页。

论集体人权与个人人权

本文对个人人权和集体人权的含义、国际集体人权的理论根据、个人人权与集体人权间的关系进行了探讨和论述，对东西方之间、南北方之间在个人人权与集体人权对立与冲突的背景和原因进行了分析。笔者指出，应强调个人人权与集体人权的统一性和一致性；集体人权是人类权利追求与实现的一种重要形式，国际集体人权概念的出现，是人权发展史上的一个重要里程碑，已逐步为世界上绝大多数国家所承认和接受；中国在过去一个时期曾存在过忽视个人人权的偏向，但现已走上既重视保障集体人权又重视保障个人人权的正确发展道路。

什么是个人人权与集体人权，"集体人权"是否属于人权的范畴，这两类人权是一种怎样的关系，这些问题无论是在中国国内还是在国际上，人们对此都存在意见分歧。本文试图就这些问题谈一些笔者的看法。

一　个人人权与集体人权的含义

个人人权与集体人权是依照人权主体的不同而对人权所作的一种分类。个人人权是基于个人基础上的，每一个人都应享有的人权，其权利主体是个人。集体人权是相对于个人人权而言的某一类人所应享有的人权，其权利主体是某一类特殊社会群体，或某一民族与某一国家。

个人人权是传统意义与传统观念上的人权。即使是现时代，个人人权仍然是人权的主要形式。从历史发展看，个人人权的内容是在不断扩展与丰富的。在人类文明已发展到今天的条件下，个人人权的内容已包含如下三个基本的方面：一是人身人格权利，如生命权、健康权、人身自由权、思想自由权、人格尊严权、通信自由权、住宅不受侵犯权、私生活秘密权，等等；二是政治权利与自由，如选举权、被选举权、言论自由权、出版自由权、集体自由权、结社自由权、游行示威自由权、信息权、知情权、监督权，等等；三是经济、文化和社会权利，如财产权、就业权、享受劳保福利权、同工同酬权、休息权、受教育权、家庭权、参加工会权、享受社会福利权，等等。

集体人权包括国内集体人权与国际集体人权两类。国内集体人权，又称特殊群体权利，这主要是指：少数民族的权利、儿童的权利、妇女的权利、老年人的权利、残疾人的权利、罪犯的权利、外国侨民与难民的权利，等等。国际集体人权，又称民族人权，按照现今国际社会通常的理解与承认，它主要是指民族自决权、发展权，此外还有和平与安全权、环境权、自由处置自然财富和资源权、人道主义援助权，等等。

在中国，有的学者主张"把人权主体主要限定于个人"，"并把人权界定为个人权利"，反对把集体人权概念引进国内法领域。[①] 也有的学者认为，少数民族与儿童、妇女等特殊群体的权利，不是集体人权而是属于个人人权的范畴。国际上，也有不少学者只承认国际上有集体人权，即民族人权，而否认国内某些特殊群体权利是集体人权。[②] 笔者认为一国之内某些特殊群体的权利属于集体人权的范畴，主要是基于以下理由。第一，这类人权同个人人权相比，在人权的主体和内容上都有不同。个人人权的主体是任何一个个人，而国内特殊群体权利的享有者是某一类人群（如少数民族、妇女、儿童，等等）；在内容上，后者不仅享有个人所应享有的个人权利，而且享有自己作为特殊群体的一员所应享有的特殊权利。第二，特殊群体通常会通过法律手段从国家得到整体上的特殊权利保障，如我国对少数民族通过民族区域自治法在经济、政治、文化等各方面给予他们各种特殊权利；属于这些特殊群体的个人，也主要是通过国家的这类群体特殊权利保障得到益处。第三，代表特殊群体利益的一些民间组织或半官方组织，如工会组织、妇女组织、残疾人组织，可以在法律上代表该群体向

---

① 张文显：《论人权的主体与主体的人权》，见《当代人权》，中国社会科学出版社 1992 年版，第 36 页。

② 参见孙哲《新人权论》，河南人民出版社 1992 年版版，第 55 页。

国家提出一定的权利要求，或在政治上施加这方面的影响；某些特殊群体组织甚至可以为寻求权利救济而代表该特殊群体诉诸法律。从长远看，这种发展趋势必将日益加强。因此，笔者认为，把一些特殊社会群体的人权纳入集体人权的范畴，在理论上是可取的，在实践上有利于加强对一类人权的保障。

在国际上，集体人权概念的出现，是第二次世界大战后的事情。这次大战给人类带来的巨大灾难，极大地促进了全世界人民人权意识的觉醒与提高，从而开始了人权保护进入国际领域的历史性进程。20 世纪 60 年代和 70 年代，许多被压迫民族在反殖民主义的斗争中成为独立国家。这些新独立国家曾为争取民族独立和主权平等作了不懈努力，独立后又因面临的种种困难与困境，产生了改善自己处境的强烈愿望。这对国际人权的发展产生了重大而深远的影响。于是，民族自决权、发展权、和平权、环境权等集体人权分别以各种不同形式，通过国际组织的宣言或决议及一些国际公约被确立下来，并对传统的人权概念（个人人权）提出了严峻挑战。这些集体人权现在已被国际上许多人士称为"新一代人权"或"第三代人权"。这类国际集体人权不同于个人人权的主要特点是：（1）这类人权的主体主要是民族、社会、国家、国家集团等集体。其中国家是基本的人权主体，因为现今国际社会的基本组成单位是国家。这同个人人权的主体为个人是有区别的。（2）国际集体人权的权利诉求对象主要是整个国际社会，它要求国际社会采取协调步骤与国际合作来保障这类人权的实现。而个人人权要求各个国家的政府采取不作为或作为，来保障每个人的人身权利、政治权利以及经济、文化、社会权利的实现。（3）国际集体人权还是正在发展与完善过程中的人权。一方面，它主要是通过国际组织的一些不具法律约束力的宣言与决议所认可，还缺少具有约束力的公约来保障，或批准加入的国家还不够普遍；另一方面，权利救济措施与机制还很不健全不完备。总之，这一代新的人权打破了只有个人才是人权的主体、只有个人才能享有人权的传统概念，是人权发展史上一个重要的里程碑。

集体人权与个人人权的界限，并不是绝对的，而是相对的。这主要是指集体人权从某一角度上看，同时也可以是个人人权。无论国内集体人权还是国际集体人权都是如此。如在中国，《妇女权益保障法》（1992）对妇女享有的各项政治权利、财产权益、人身权利、婚姻家庭权益作了全面的规定，对法律责任也有详细的条款。其中第 48 条规定："妇女的合法权益受到侵害时，被侵害人有权要求有关主管部门处理，或者依法向人民法院提起诉讼。"又如《民族区域自治法》规定："民族自治地方的人民法院和人民检察院应当用当地通用的语言检查和审理案件，保障各民族公民都有使用本民族语言文字进行诉讼的权利。"如果诉讼当事人的这种权利受到侵害，他（或她）就有权得到救济。由此可见，一国内某些特殊社会群体的人权，同时也可以是一种个人人权。当然这一点并不能否认特殊社会群体的人权所具有的集体人权的性质。

国际集体人权在某种意义上同时也是个人人权，这可以从国际人权文书对发展权所作的明确表述看出。例如，1979 年 1 月联合国人权委员会通过的第 5（XXXV）号决议，重申发展权是一项人权，指出："发展机会均等，既是国家的权利，也是国家内个人的权利。"联合国大会 1986 年 12 月通过的《发展权利宣言》也指出："确认发展权利是一项不可剥夺的人权，发展机会均等是国家和组成国家的个人一项特有权利"，"发展权利是一项不可剥夺的人权，由于这种权利，每个人和所有各国人民均有权参与、促进并享受经济、社会、文化和政治发展，在这种发展中，所有人权和基本自由都能获得充分实现"。发展权作为一项"国家权利"即集体人权，其基本含义是，世界上的任何一个国家，首先是那些发展中国家（第三世界国家）享有同其他国家"发展机会均等"的权利，它要求整个国际社会及所有国家，首先是那些发达国家，应在国际一级采取政策的、立法的、行政的及其他措施来保障这一权利的实现。发展权作为一项个人人权，其基本含义是，"各国应在国家一级采取一切必要措施实现发展权利，并确保除其他事项外所有人获得基本资源、教育、保健服务、粮食、住房、就业、收入公平分配等方面机会均等"。因为"人是发展的主体"，在一国内应保障人人"成为发展权利的积极参与者和受益者"。

二 国际集体人权的理论根据

长期以来，国际上一些学者、政府官员甚至有的政府只承认个人人权是人权，不承认国际集体人权也是一种人权。他们的一个主要理由是，国际上的集体人权，并不是一种权利，而是一些人或一些国家的一种利益上的要求、愿望、主张；它抽象而不具体，难以得到法律的保护，无法在权利受到侵害时得到法律的救济。从这样的理由出发，否认集体人权是人权的学者也往往否认一国内人们应当享有的经济、文化、社会权利也是人权。然而，这种理由不能成立。

第一，权利有两种，一是所谓"消极"的权利，即要求国家与社会"不作为"，以保障人的人身人格权利、政治权利与自由权利诸如生命权、人身自由权、言论自由权、选举与被举权等不被剥夺或受侵害；二是所谓"积极"的权利，即要求国家和社会的"作为"，以使人们的经济、文化、社会权利诸如就业权、休息权、社会福利权等得以实现。理论上、概念上从"消极权利"到"积极权利"的发展变化，是同实践上"三代人权"的发展变化相适应的。第一代人权受法国资产阶级革命和美国革命的影响，主要在欧美18世纪人权运动中产生。其内容主要是言论、信仰、出版、结社、通讯、宗教等自由以及免受非法逮捕、公正审判等权利，性质主要是属于公民权利与政治权利的范畴。它的诞生是以美国的《独立宣言》和法国的《人权与公民权利宣言》为标志。第二代人权受19世纪末20世纪初的社会主义运动和革命的影响，主要内容是经济、社会和文化方面的权利。它在宪法上的反映，在东方是以苏联的《被剥削劳动人民权利宣言》为代表，在西方是以德国《魏玛宪法》为标志。第三代人权主要是从第二次世界大战以后的民族解放运动中产生并发展起来的，其内容就是现在我们正在讨论的国际集体人权，包括自决权、发展权，等等。

第二，现今的国际集体人权就其性质而言，大致有以下两类：一类是以经济内容为主，如发展权、环境权；另一类是以政治内容为主，如民族自决权、和平权。发展权的内容是全面的，正如《发展权宣言》的导言中所讲，"发展是经济、社会、文化和政治的全面进程"。但在上述诸多因素中，经济的因素具有根本的性质，这从现今发展权的具体权利诉求中看得很清楚。正因为如此，发展权的实现，在现阶段主要是依靠整个国际社会以及世界各国特别是发达国家协调步骤与开展国际合作，首先和主要是在经济领域提供与创造各种条件。环境权的情况也是这样。1972年通过的

《人类环境宣言》指出："人类有权在一种能够过尊严和福利的生活环境中，享有自由、平等和充足的生活条件的基本权利，并且负有保护和改善这一代和将来的世世代代的环境的庄严责任。"实现环境权的措施主要是经济方面的，实现环境权的方式，主要也是依靠国际社会的协调与合作（大规模污染大气和海洋要为强行法所制止，但这只是局部情况）。

　　民族自决权与和平权的性质与特点则和发展权、环境权有所不同。实现自决权与和平权的措施主要是政治方面的，实现自决权与和平权的方式主要依靠国际社会的强制手段。《公民权利与政治权利国际公约》、《经济、文化、社会权利国际公约》的第 1 条都规定，所有人民都享有自决权。在所有国际集体人权中，只有民族自决权在《联合国人权公约》中作了规定。根据《联合国宪章》及其他有关国际法文献，早期的民族自决权主要是指："被外国奴役和殖民统治下的被压迫民族有自由决定自己命运、摆脱殖民统治、建立民族独立国家的权利。"在民族自决原则的影响与推动下，大批处于殖民主义统治下的第三世界国家曾经纷纷起来斗争，争取民族独立。到现在为止，先后获得独立的国家已有 100 多个，尚未获得独立的民族已经极少。随着形势的发展，民族自决权的中心思想与侧重点，已经是实施《给予殖民地国家和人民独立宣言》的下述有关条款："所有的人民都有自决权；依据这个权利，他们自由地决定他们的政治地位，自由地发展他们的经济、社会和文化。""一切国家应在平等、不干涉一切国家的内政和尊重所有国家人民的主权及其领土完整的基础上忠实地、严格地遵守联合国宪章、世界人权宣言和本宣言的规定。""任何旨在部分地或全面地分裂一个国家的团结和破坏其领土完整的企图都是与联合国宪章的目的和原则相违背的。"所谓"自决"，本身就是一个政治概念。《给予殖民地国家和人民独立宣言》主张的民族自决权作为习惯国际法确立下来，已为国际社会所普遍认可。阻碍与镇压殖民地人民的独立运动，或阻碍与破坏独立国家实现自决权，要受到国际社会的严厉制裁，这已成为人权国际保护的重要实践。

　　和平权也如此。《联合国宪章》序言强调指出："欲免后世遭今代人类两度身历惨不堪言之战祸，重申基本人权，人格尊严与价值……并为达到此目的力行容恕，彼如以善邻之道，和睦相处，集中力量，以维持国际和平及安全。"1978 年联合国大会通过的《为各社会共享和平生活做好准备的宣言》，在国际上第一次将和平作为一项权利加以规定。该宣言"重申个人、国家和全人类享有和平生活的权利"。宣言还规定："每一个国家和每一个人，不分种族、良心、语言或性别，均享有过和平生活的固有权利。尊重此项权利，正如尊重其他人权一样，是全人类的共同利益所在和一切国家（不论大国还是小国）在一切领域获得进展的必要条件。"1981 年非洲统一组织通过《非洲人权和民族权宪章》也明确地将和平作为一项人权加以肯定。该宪章规定："一切民族均有权享受国内和国际的和平与安全。"1984 年联合国大会又专门通过了《人民享有和平权利宣言》。该宣言再一次庄严宣布："全球人民均有享受和平的神圣权利。"放弃在国际关系中使用武力，以和平方式解决国际争端，已成为公认的国际法基本原则；保障人类享有和平权，已成为国际社会所普遍接受的一项集体人权并受习惯国际法的保护。任何破坏这一原则和侵害这一人权的行为，诸如侵略与非法占领他国领土、武装干涉他国内政、发动侵略战争，都要受国际社会的严厉制裁。联合国对伊拉克武装侵略科威特的制裁就是一个典型例证。

上述分析表明，民族自决权与和平权的性质和特点同发展权是有区别的。它们的实现方式需要，也能够通过国际社会的强制手段来达到。由此可以证明，笼统地讲国际集体人权难以运用法律的强制手段来保证其实现，因而它们不属于人权的范畴的观点是不正确的。

第三，即使是发展权、环境权这一类国际集体人权，它们的权利诉求和实现途径，也并不是抽象的，而是具体的。以发展权为例，要加速实现发展权，一方面，自然需要各主权国家的政府和人民的共同努力；另一方面，整个国际社会对此也有极其重要的责任与义务（这一点应更为突出）。正如《发展权利宣言》所强调："各国对创造有利于实现发展权利的国家和国际条件负有主要责任"，"各国有义务在确保发展和消除发展的障碍方面相互合作"，以"促进基于主权平等、相互依赖、各国互利与合作的新的国际经济秩序"。事情很清楚，建立新的国际经济秩序需要国际社会各国的共同努力，但发达国家负有主要责任，联合国国际组织对此也负有重要义务。它们应当采取各种措施，诸如稳定与提高初级产品价格、改进技术转让条件、在不附加任何不合理的政治条件下增加资金和技术援助、抛弃贸易保护主义、减轻发展中国家的债务负担、改善和扩大给发展中国家的普惠制待遇，等等。这些具体权利诉求已为过去的一些国际文件如 1974 年联合国大会通过的《建立新的国际经济秩序宣言》① 和《建立新的国际经济秩序行动纲领》所载明与认可，同时也为最近的一些重要国际人权文书所进一步肯定。例如，1993 年 6 月第二次世界人权大会通过的《维也纳宣言与行动纲领》的序言第 5 段不仅全面阐明与确认了发展权的基本原则与主要内容，而且在序言的第 6 段中对发展权的某些重要的具体权利诉求作了规定，如重申要"尽一切努力减轻发展中国家的债务负担"。

　　保障国际集体人权得以实行与实现的机制已经建立，并将在今后继续加强与完善。破坏与侵害民族自决权、和平权的行为要受到联合国大会、安理会、经社理事会以及人权委员会等机构的审议、谴责及制裁，对发展权这一类国际人权的保障机制也正在进一步完善中。例如，《维也纳宣言与行动纲领》在其第三部分中强调："世界会议欢迎人权委员会设立关于发展权的专题工作组，并促请该工作组与联合国其他部门和机构协商与合作，为消除执行和实现《发展权利宣言》的障碍立即拟订全面和有效的措施，并提出各国实现发展权的方式方法，以便联合国大会能早日审议。"新设立的联合国人权事务高级专员，其任务是"促进和保护一切人权"。当然，全面保护国际集体人权得以实现是其根本任务。

　　从上述分析可清楚看出，国际集体人权并非如某些西方学者所主张的那样，它们不是"权利"而只是一种"要求"、"条件"、"机会"，只有个人人权才是人权。实际情况是，现在国际集体人权的概念已逐步为世界上绝大多数国家所承认与接受。《维也纳宣言与行动纲领》对发展权作了充分肯定，而过去某些不承认发展权是人权的国家也投票赞成这一宣言，就是证明。

---

　　① 见该宣言的第 4 条第 10、11、14、15、16 等款。

三 个人人权与集体人权的相互关系

个人人权与集体人权的相互关系，无论是在中国国内还是在国际上，都是一个普遍存在有意见分歧的问题。笔者一贯主张要强调两者的统一性和一致性，各个国家与国际社会应当对这两类人权予以同样的重视与保护，不宜讲它们之中哪种权利更重要，也不宜强调它们之中哪种权利层次与地位更高。①

一般来说，个人人权与集体人权的相互关系是，个人人权是集体人权的基础，集体人权是个人人权的保障。为什么说个人人权是集体人权的基础呢？这是因为，首先，任何集体都是由个人组成的。任何集体从国家或国际社会的人权保护中所获得的权益，其出发点即最初目的，都是组成这个集体的个人，其落脚点即最终的实际受益者也都是个人。不承认这一点，集体人权就成了一个空洞的抽象而失去了任何实际的意义和存在价值。其次，我们虽不能说，个人人权同时也是集体人权，但可以说，集体人权从一定意义上看，或从一定角度上看，同时也是个人人权。本文在前面曾引用一些国际人权文书证明，像发展权这样的国际集体人权同时也是个人人权。一国内某些社会群体权利如少数民族权利、妇女权利，在其遭受侵害时个人可以提起诉讼以得到救济。再次，任何集体人权的争取与获得主要依靠组成这一集体的个人作出积极努力和共同奋斗。要做到这一点，只有充分尊重个人权利以最大限度地发挥每个人的改造世界、建设国家与服务社会的主动性、积极性、创造性方有可能。

为什么说，集体人权是个人人权的保障呢？这是因为，首先，由社会自身的性质与组织结构所决定，集体人权的出现是必然的，也是必要的。集体人权是人类权利追求与实现的一种重要形式。在一国内，它要求国家与整个社会为保障某一处于弱者地位的社会群体的特殊权利，而在经济、政治、文化等方面创造权利实现的各种条件并提供各种特殊保护，以使该群体的所有个人受益。在国际上，它要求整个国际社会采取协调步骤，进

---

① 李步云：《社会主义人权的基本理论与实践》，《法学研究》1992 年第 4 期。

行国际合作，提供各种社会条件与法律保障，通过保护国际集体人权而使千千万万的个人得到好处。其次，集体人权也是促进和保障个人人权的基本条件。以民族自决权为例，如果一个国家处于外国侵略、占领和奴役之下，国家的独立与主权遭受践踏，那么这一国家的人民的个人人权与基本自由就根本得不到保障。发展权也是这样。如果不改变旧的不平等、不公正的国际经济秩序，建立新的国际经济秩序，广大的第三世界国家的经济、社会、文化和政治的发展就会受到极大的阻碍，这些国家的人民的人权与基本自由就不可能充分实现。再次，把民族、国家和国家集团（如第三世界国家）作为集体人权的主体，也有助于运用其地位与作用，以更好地保障这种权利的实现。例如，60 年代汹涌澎湃的反对殖民主义的民族独立运动，以及为争取与实现发展权而努力奋斗的现今广大的第三世界国家，都对国际人权的实现与保障起了重大作用。

我国国内的学者中，有一种观点强调，集体人权应当高于个人人权。他们认为，"社会主义人权始终强调民族、社会、国家等集体人权高于个人权利"，"个人权利固然重要，应该受到法律保护，但是，社会的、国家的、民族的、集体的权利更应该受到尊重和保障"，"强调个人权利必然导致个人主义，损害集体利益和公共利益"。笔者认为，这种观点是不正确的。

首先，它并不符合马克思主义唯物史观的原理与社会主义原则。马克思曾经说过："任何人类历史的第一个前提无疑是有生命的个人的存在"，人类的历史"始终是他们的个体发展的历史"[①]。因为，个人的存在不仅是集体、社会存在的前提，而且个人的活动与发展也是整个社会的活动与发展的基础。马克思主义在论述自己的理想社会时，曾有过一个十分著名的论断，即《共产党宣言》所指出的，共产主义社会将是一个"每个人的自由发展是一切人的自由发展的条件"的联合体。

其次，从概念上看，强调集体人权高于个人人权，也是有问题的。所谓"人权"、"个人人权"与"集体人权"，都有其特定的含义。我们所讲的"人权"，其"权利"当然包含着利益的要求、分配与享有这一基本的要素，但是，并非所有的"利益"都可以归结为人权。这就是说，不能简

---

① 《马克思恩格斯选集》第 1 卷，人民出版社 1972 年版，第 24、321 页。

单地在个人利益与个人人权、集体利益与集体人权之间画等号。在一个法治国家里，作为应有权利，个人人权必然外化（转化）为法律上的个人权利，但法律上的个人权利并不都是"人权"。人权存在于抽象的一般的法律关系中。只有当这种抽象的法律关系中的人权受到侵害或出现争议而转变为具体的（特殊的）法律关系，这时候的权利才是属于人权的范畴。例如，某人与某人或某单位订立一个合同，其具体的权利与义务由双方当事人任意规定（以不违背法律的要求为限度），在这样的具体法律关系中的权利，就不是属于人权的范畴。又如，在国际范围内，一个国家的主权，它的安全与荣誉、它的独立权，是属于民族自决权、发展权等国际集体人权的概念与范畴；但在一国范围内，它就不属人权的范畴。任何个人都需要生活在一定的社会与国家里，个人人权的实现离不开它所生活的集体、社会与国家，个人人权的行使不能损害集体、社会与国家的利益，在不少情况下，个人利益要服从国家利益，但这是另外一个问题。当这种情况出现的时候，国家主权、国家的安全与荣誉等，都不是作为"人权"来看待的。国际上通常都是这样理解的。从经济方面看，似乎"国家"的财产不得被侵害，这是属国内集体人权的范畴，其实不是，我们只宜说它是属于国家利益的范畴。从法律角度看，国家所有权是属于"权利"的范畴，这种"权利"也并不是人们通常所讲的人权。退一步说，我们把它看作是一国范围内的一种集体人权，一种同个人人权相对应的集体人权，那我们也不宜说集体人权就比个人人权"更高"。因为，我们在法律上不可以按照权利主体的大小高低来确立保护的等级，否则，我们就不能保证不同法律主体在法律面前一律平等。而这正是市场经济所要求的。

再次，从实践经验看，个人人权与个人主义是两个完全不同、互相排斥的概念。伦理意义上的个人主义以追求个人利益而不惜损害他人的、集体的、国家的利益为其特点，这同合理合法的个人利益、个人人权是根本不同的。强调个人人权同产生个人主义之间并没有什么必然的联系。在很长一个时期，中国的实际情况并不是强调个人人权过了头，而是过分强调了集体权利高于个人权利，加上各种主观与客观方面的原因，中国过去确实存在过忽视保障个人人权的偏向。在我国，"文化大革命"的出现就是一个例证。这场灾难就是以"反对修正主义"、"防止资本主义复辟"为借口，肆意践踏上至国家主席、下至千百万公民的个人权利。鉴于这一教训，中国共产党和中国政府才决心采取一系列政策和法律措施，如制定刑法、刑事诉讼法、行政诉讼法等各种重要法律，来全面加强对个人人权的保护。特别是，现在中国已经走上了建立市场经济的道路，而市场经济的实行更为重视、保障个人人权创造了现实的经济基础与社会条件。与建立市场经济相适应，中国的民主政治建设也在稳步地向前发展。从此，中国已经走上既重视保障集体人权，又重视保障个人人权的正确发展道路。

如何认识与处理个人人权与集体人权的关系，是同如何认识与处理个人与社会的关系密切联系在一起的。几十年来，中国在自己的革命与建设过程中，由于十分强调与重视社会的整体利益，因而在消除阶级对立、提高广大劳动者的地位，在增进民族团结、增进社会福利、保障妇女儿童权益、提高社会道德水准，在维护社会的正义与公正、维系社会的和谐与稳定、促进社会的发展与进步等方面，已经取得了举世公认的成就。同旧中国相比，在发展经济、科技与文化教育方面，也取得了令人信服的成就。另外也要承认，虽然执政党和政府十分强调国家、集体与个人利益三者之间的统一、协调与兼顾，但实际上，在一个很长时期里，曾经存在忽视保障个人利益的偏向，因而在很大程度上妨碍与束缚了个人主动性、积极性与创造性的发挥，也延缓了社会的进步。这有三个方面的原因。一是文化背景。中国古代社会曾经有过灿烂的文化，它的人本主义、大同思想、重视社会和谐、崇尚伦理道德，都曾对当代中国社会产生过正面影响。但是，古代中国封建主义的专制思想、家长制思想、特权思想、等级观念、轻视个人地位、缺少权利意识等，又给当代中国社会带来了负面影响。二是历史原因。今天中国的执政党在取得政权以前，曾经长期处于地下和武装斗争中，在当时严酷的斗争环境下，十分强调整体利益是很自然的。三是制度因素。中国长期实行的高度集中的计划经济、权力高度集中的政治体制，为重视社会整体利益、忽视个人利益提供了客观条件。近十多年来，执政党和政府一直很重视对这个问题的解决。正在稳步进行的经济与政治体制的改革，目的之一就是要在个人与社会的关系上作出重视、保障个人权益的重要调整，以求得个人与社会的和谐与协调发展。

在个人人权与集体人权的相互关系上，长期以来，西方一些发达国家过分强调保护个人利益、个人自由、个人人权，相对忽视集体人权与社会和谐，这有多方面原因。在历史上，17 世纪和 18 世纪的资产阶级革命曾以提倡个性解放、保障个人自由为主要思想武器反对专制主义。在制度上，以私有制为主体的自由经济，其思想基础与价值观念必然以个人为本位。但到了现代，情况已经发生并正在继续发生变化。由于物质文明与精神文明的进步，社会不平等与社会冲突的存在，导致了国家干预经济与社会福利政策的出现，价值取向开始由自由向平等一方倾斜，以求得个人与社会的相对和谐。在这样的历史条件下，西方有的学者在理论上对片面强调个人人权、否认或忽视集体人权的观念提出了怀疑与挑战。如荷尔曼就指出："当西方人把焦点集中在个人权利而忘记社会权利和个人对社会的责任时，他们过于狭隘地定义了人权，当西方人把焦点集中在诸如言论自由、宗教自由而忘记如衣、住、保健等基本的人类需要时，他们也过于狭隘地定义了人权。只有当西方人把他们的见解扩大到不仅包括个人的和精神的，而且也包括公共的和物质的人类和人权观的时候，一种真正普遍的人权观才是可能的。"①

　　在世界范畴内与国际舞台上，长期以来东西方之间与南北方之间在个人人权与集体人权上对立与冲突，是由文化的历史的背景和经济的政治的现实条件的差异所决定的，同时也有政治和意识形态方面的原因。现在，世界两极对立与东西方冷战已经结束，世界一体化趋势已经形成，理论观念上个人人权与集体人权的对立与冲突已经趋向缓和并正在求得共识，最明显和突出的表现，就是《维也纳宣言与行动纲领》。这一文件的第二部分第三段指出："所有人权都是普遍、不可分割、相互依存和相互联系的。国际社会必须站在同样的地位上，用同样重视的眼光，以公平、平等的方式全面看待人权。固然，民族特性和地域特征的意义，以及不同的历史、文化和宗教背景都必须要考虑，但是各个国家，不论其政治、经济和文化体系如何，都有义务促进和保护所有人权和其基本自由。"这一共识的达成，既是世界新的格局的必然产物，也是人类理性的重大胜利。

---

①　荷尔曼：《人权运动》，纽约1987年版，第6页。转引自徐崇温《人民的生存权是首要的人权》，黄枬森，陈志尚，董云虎主编：《当代中国人权论》，当代中国出版社1993年版，第148页。

再论人权的普遍性和特殊性

人权的普遍性和特殊性问题，长期以来，国际上学者之间有不同看法，政府之间也存在意见分歧。正确认识和处理这个问题，对于一个国家制定正确的人权政策，加强人权领域的国际合作，都具有重要意义。

一　人权的普遍性

（一）人权普遍性的具体内涵

1993 年 6 月 14—25 日，联合国在维也纳召开了第二次世界人权大会。这次会议是继德黑兰人权会议 25 年后，《世界人权宣言》制定与公布 45 年后举行的。这次会议通过的《维也纳宣言和行动纲领》，是全人类为加强人权保障而奋斗的历史进程中一个新的里程碑。这一文件所取得的重大成果之一，就是强调了人权具有普遍性，也肯定了人权的普遍性和特殊性是统一的、不可分割的。它规定："世界人权会议中所有国家庄严承诺依照《联合国宪章》、有关人权的其他国际文书和国际法，履行其促进普遍尊重、遵守和保护所有人的一切人权和基本自由的义务。这些权利和自由的普遍性是不容置疑的。""在国家级和国际级促进和保护人权和基本自由应当是普遍性的……"① 根据这一文件和其他一系列国际人权文书，人权普遍性的具体内涵主要表现在如下三个方面：

首先，人权的内容是普遍的，即存在一个各国都应当普遍尊重和遵守的人权共同标准。这些共同标准存在于已经制定与颁布的 90 多个国际人

---

① 《维也纳宣言和行动纲领》第一部分，第一段、第五段。该文件提到人权具有普遍性的共五处。另三处是序言第七与第十六自然段和第一部分第八段。

权文书里，尤其是集中体现在由《世界人权宣言》、《公民权利和政治权利国际公约》、《经济、社会、文化权利国际公约》所组成的"国际人权宪章"中。《世界人权宣言》明确指出："大会颁布这一世界人权宣言，作为所有人民和所有国家努力实现的共同标准，以期每一个人和社会机构经常铭念宣言，努力通过教诲和教育促进对权利和自由的尊重，并通过国家和国际的渐进措施，使这些权利和自由在各成员国本身人民及在其管辖下领土的人民中得到普遍和有效的承认和遵行。"① 联合国通过了几十个关于人权的国际文书，是人权普遍性的一种体现，其目的与宗旨就是为各个国家的国家机构、社会组织提供一个保障人权的共同标准。在现今国际社会里，具有不同社会制度和处于不同社会发展阶段的国家，普遍承认与尊重《联合国宪章》提出的保障人权的宗旨，② 以及《世界人权宣言》和其他一系列国际人权文书所确认的保障基本人权与自由的原则，共同签署某些国际人权条约，共同采取行动制裁某些践踏人权的国际罪行，各国互相合作在全球范围内确保发展和消除发展障碍，共同参与维和行动和对各种难民的救助进行广泛的国际合作，各国宪法普遍地作出对人权进行保护的规定，如此等等，都是人权普遍性的反映。国内外学者通常认为，人权的普遍性主要是指人权内容的普遍性。

　　其次，人权的权利主体是普遍的，即人人都应当享有人权。《世界人权宣言》第 2 条指出："人人有资格享受本宣言所载的一切权利和自由，不分种族、肤色、性别、语言、宗教、政治或其他见解、国籍或社会出身、财产、出生或其他身份等任何区别。"其他重要的国际人权文书对此也都有明确的规定。③ 这里的"人人"是指自然人、个人，但也包括由个人所组成的社会群体，如妇女、儿童、残疾人、少数民族与种族等弱势群体，以及罪犯、战俘等特殊群体。④ 人权与"公民权"是有区别的。公民

---

　　① 《世界人权宣言》序，该宣言系联合国大会于 1948 年 12 月 10 日通过。

　　② 《联合国宪章》有关保障人权的条款共有七处。除序言和宗旨两处外，重要的还有第 55 条、第 65 条。宪章的人权条款是国际人权保护制度的核心。

　　③ 参见《公民权利和政治权利国际公约》第 2 条、《经济、社会、文化权利国际公约》第 2 条第二款；《维也纳宣言和行动纲领》序言第五、第八自然段。

　　④ 人权的权利主体在国际上还可以是"一国人民"，如狭义"发展权"中的权利主体是发展中国家的人民。"和平与安全权"、"环境权"的权利主体是全人类。

（少数国家称"国民"或"臣民"）通常是指具有该国国籍的人。因此，公民权是人权的一部分，但人权不限于公民权。在一个国家里，并非该国公民的外国人、无国籍人、难民，都应当享有自己的人权。

再次，人权的义务主体也是普遍的，即任何国家毫无例外地承担尊重与保障人权的主要责任。国际人权"两公约"都在其序言中明确规定，"各国根据联合国宪章负有义务促进对人的权利和自由的普遍尊重和遵行"。《维也纳宣言和行动纲领》也明确指出："各国按照《联合国宪章》有责任促进和鼓励尊重所有人的人权和基本自由"，"人权和基本自由是全人类有生俱来的权利；保护和促进人权和基本自由是各国政府的首要责任"。几乎所有的国际人权文书都强调各国政府毫无例外地都是人权的义务主体。这是因为国际法本来就是主权国家所直接或间接制定的一种法律规则，用来处理各主权国家彼此之间的关系，以及规制与约束各国政府的行为。人权的义务主体，除了国家政府之外，还包括联合国组织的所有机构、各国的非政府组织和企事业组织，以及公民个人在内。[①] 但国家是人权主要的义务主体，这是由国家在人类社会生活中所处的特殊性质、地位与作用所决定的。

（二）人权普遍性的理论依据

首先，人权源自人的本性和人所固有的人格、尊严与价值。而人的本性是相通的，任何人都应当有其不可剥夺的尊严与价值。《世界人权宣言》的序言开宗明义就指出："对人类家庭所有成员的固有尊严及其平等的和不移的权利的承认，乃是世界自由、正义与和平的基础。"该宣言第 1 条又明确指出："人人生而自由，在尊严和权利上一律平等。他们赋有理性和良心，并应以兄弟关系的精神相对待。"这一人权理念，在一系列重要的国际人权文书和区域性人权文书中，都有清晰、明确的表述和规定。[②]

---

① 参见联合国大会 1999 年 3 月 8 日第五十三届会议上 144 号决议所通过的《关于个人、群体和社会机构在促进和保护普遍公认的人权和基本自由方面的权利和义务宣言》。

② 如《公民权利和政治权利国际公约》和《经济、社会、文化权利国际公约》在其序言中对此作了完全相同的表述："这些权利是源自人身的固有尊严"；《维也纳宣言》和行动纲领规定"一切人权都源于人与生俱来的尊严和价值"。《美洲人的权利和义务宣言》指出："人的基本权利并非源自于某人某一国国民这一事实，而是基于人的人格属性。"《非洲人权和民族权宪章》指出："基本人权源自于人类本性，此乃人权国际保护的法律依据。"

人有人性，是人同动物的一个根本区别。否认人有共同的人性，人将不成其为人。人有共同的尊严和价值，否定人权的普遍性，势必否定很多人也有其相同的尊严和价值，很多人就要失去做人的资格，也将不成其为人。

其次，全人类有着共同的利益。人的"权利"是受一定权威所认可、支持与保障的某种利益。权利的基础是利益。无论是经济的政治的或文化的权利以及人身人格权利和各种行为自由，都可归结为人的某种权益。受法律的权威所认可、支持和保障的权益，就是法律权利，即法律化了的人所应当享有的人权。不同的社会人群有着不同的利益，但是全人类也有共同的利益。如生命权、人身安全权、人身自由权、人格尊严权等人生而有之的权利，是关涉到所有人的利益。大规模污染空气和海洋、在一些国家拥有核武器的今天发生世界战争，受害的将是全人类，这就涉及环境权与和平安全权。全人类的共同利益，使人权共同标准的制定和实施成为必要和可能。

再次，全人类有着共同的道德。人权是受一定的伦理道德所认可、支持与保障的人所应当享有的权益。人权本来的含义是一种应有权利（西方不少学者称之为"道德权利"），它们并不依法律是否规定为转移。法律是人制定的，立法者可以用法律手段去认可与保障人应当享有的权利，但他们也可以不这样做，甚至可能利用法律去剥夺人应当享有的权利，如前南非种族主义政权利用宪法与法律全面剥夺有色人种理应享有的种族平等权。不同的社会人群有着不同的伦理道德观念，但是，全人类也有共同的道德准则。例如，正义、博爱、人道、宽容、诚信等伦理观念，是全人类所共同景仰和拥有的。这些正是人权产生及其正当性的道德基础。

（三）中国政府的立场与观点

在1993年《维也纳宣言和行动纲领》通过之前，中国政府的官方文献和国家领导人的讲话，很少使用"人权普遍性"这样的提法。但是，中国政府一贯坚持人权具有普遍性的基本理念，并以此指导在国内及国际领域的人权实践活动。早在中国民主革命时期，中国共产党领导的革命根据地政权就制定过一系列保障人权的法律文件。① 1949 年新中国的成立，标志着中国人民成了自己国家的主人，人权保障从此揭开了新的篇章。中国政府不仅领导人民在全国范围内取得了人权保障举世公认的重要成就，而且开始参与人权的国际保护，人权具有普遍性的理念也由此逐步树立起来。例如，1955 年 4 月，中国政府总理周恩来在印度尼西亚召开的亚非会议上签署了《亚非会议最后公报》（《万隆宣言》）。公报宣布亚非会议完全支持联合国宪章中所提出的人权的基本原则，并将"尊重基本人权、尊重《联合国宪章》的宗旨和原则"作为和平共处十项原则的第一条。同年 5 月，周恩来总理在全国人民代表大会常务委员会扩大会议上指出，《万隆宣言》的"十项原则中也规定了尊重基本人权，尊重《联合国宪章》的宗旨和原则……这些都是中国人民的一贯主张，也是中国一贯遵守的原则。"中国外交部长在 1986 年和 1988 年先后召开的联合国第四十一届和第四十三届大会上高度评价了《世界人权宣言》和国际人权"两公约"的历史性地位和作用。② 1991 年，中国政府发表《中国的人权状况》白皮书，明确指出："享有充分的人权，是长期以来人类追求的理想。从第一次提出'人权'这个伟大的名词后，多少世纪以来，各国人民为争取人权作出了不懈的努力，取得了重大的成果。但是，就世界范围来说，现代社会还远没有能使人们达到享有充分的人权这一崇高的目标。这也就是为什么无数仁人志士仍矢志不渝地要为此而努力奋斗的原因。"以上事实说明，中国政府对人权具有普遍性的理念，立场是十分明确的。

与此同时，中国政府依据人权普遍性的理念，积极参与国际人权事业，并作出了自己的重要贡献。中华人民共和国自 1971 年恢复在联合国

① 这些人权法律文件有：《陕甘宁边区施政纲领》（1941 年）。它规定，保障一切抗日人民的"人权、政权、财权及言论、出版、集会、结社、信仰、居住、迁徙之自由权……"此外还有《陕甘宁边区保障人权、财权条例》（1942 年）、《山东省人权保障条例》（1940 年）、《冀鲁豫边区保障人民权利暂行条例》（1942 年）、《晋西北保障人权条例》（1942 年）、《渤海区人权条例执行细则》（1943 年）等。

② 中国外交部长在联合国第四十一届大会发言时说："两个公约对实现《联合国宪章》关于尊重人权的宗旨和原则有着积极的意义。我国政府一贯支持宪章的宗旨和原则。"他在第四十三届联大会议上也说，《世界人权宣言》是"第一个系统地提出尊重和保护基本人权具体内容的国际文书。尽管它存在历史的局限性，但它对战后的国际人权活动的发展产生了深远的影响，起了积极作用"。见《中国人权状况》白皮书第十部分。

的合法席位后，积极参加一些联合国人权机构的工作。自 1997 年开始，中国派代表团作为观察员列席联合国人权委员会会议。1981 年在联合国经济及社会理事会第一届常会上，中国当选为人权委员会成员，并连任至今。1984 年开始，中国推荐的人权事务专家连续当选为人权委员会的防止歧视和保护少数小组委员会委员。中国还连续当选为联合国消除对妇女歧视委员会委员，等等。在这些机构的工作中，中国代表与专家作出了积极贡献。同时，中国还积极参加国际人权法律文书的起草和制定工作，包括《儿童权利公约》、《禁止酷刑和其他残忍、不人道或有辱人格的待遇或处罚公约》、《保护所有移徙工人及其家属权利国际公约》、《发展权宣言》、《个人、团体和社会机构在促进和保护普遍公认的人权和基本自由方面的权利和义务宣言》、《保护民族、种族、语言、宗教上属于少数人的权利宣言》，等等。特别需要指出的是，中国尊重人权的普遍性原则，还突出地表现在中国政府积极加入有关人权问题的国际公约。截至目前，中国已先后加入了 20 项国际人权公约和议定书，其中包括国际法上通常所谓"人道法"领域的 4 个日内瓦公约及 2 个附加议定书。[①] 对已经加入的人权公约，中国政府一贯依照规定，定期提交有关公约执行情况的报告，履行自己的责任和义务。[②] 此外，中国尊重人权的普遍性原则，还表现在同世界人民一道，积极参与国际人权保护多种行动。中国代表在联合国人权机

[①]　中国已批准加入的人权公约，按其生效时间顺序列举如下：(1)《消除对妇女一切形式歧视公约》(1980)；(2)《消除一切形式种族歧视国际公约》(1982)；(3)《关于难民地位公约》(1982)；(4)《关于难民地位议定书》(1982)；(5)《防止及惩治灭绝种族罪公约》(1983)；(6)《禁止并惩治种族隔离罪行国际公约》(1983)；(7)《反对体育领域种族隔离国际公约》(1988)；(8)《禁止酷刑和其他残忍、不人道或有辱人格的待遇或处罚公约》(1988)；(9)《男女工人同工同酬公约》(1990)；(10)《儿童权利公约》(1992)；(11)《就业政策公约》(1998)；(12)《经济、社会、文化权利国际公约》(2001)；(13)《〈儿童权利公约〉关于买卖儿童、儿童卖淫和儿童色情制品问题的任择议定书》(2003)；(14)《禁止和立即行动消除最有害的童工形式公约》(2003)。有关人道法的 6 个日内瓦公约及议定书如下：(1)《改善战地武装部队伤者病者境遇之日内瓦公约》(1957)；(2)《改善海上武装部队伤者病者及遇船难者境遇之日内瓦公约》(1957)；(3)《关于战俘待遇之日内瓦公约》(1957)；(4)《关于战时保护平民之日内瓦公约》(1957)；(5)《日内瓦公约关于保护国际性武装冲突受难者的附加议定书》(1984)；(6)《日内瓦公约关于保护非国际性武装冲突受难者的附加议定书》(1984)。

[②]　2003 年，中国政府如期向联合国提交了《经济、社会和文化权利国际公约》首次执行情况报告；此外，也按时提交过《儿童权利公约》、《消除对妇女一切形式歧视公约》等的履约报告。

构会议上严厉谴责对阿富汗和柬埔寨的侵略，维护其主权、独立和领土完整；反对美国 1989 年出兵入侵巴拿马，要求从这个国家无条件撤军；反对伊拉克侵占科威特，主张通过和平协商和对话解决彼此争端。中国一贯反对种族歧视和种族隔离政策，并参与对前南非种族主义政权的制裁；一贯支持南非人民和纳米比亚争取自由与解放的正义斗争；中国始终支持巴勒斯坦和阿拉伯人民的正义斗争，支持巴勒斯坦人返回家园、建立自己的独立国家。中国以建设性态度参与筹办或承办世界性或地区性人权会议。1995 年北京成功地承办了联合国第四次妇女大会和非政府组织妇女论坛，被联合国副秘书长基塔尼赞誉为"联合国妇女史上的一个里程碑"，就是范例。中国积极参与"维和"行动，为维护和平与安全、制止对人权的侵犯，作出了自己应有的贡献。[①] 中国一贯反对任何形式的恐怖主义，积极参与反恐国际合作。截至目前，在现在 12 项国际反恐公约中，中国政府已签署、批准或加入 11 项。[②] 以上事实说明，中国切实履行对《联合国宪章》关于尊重与保护人权的庄严承诺，认真实践人权的普遍性原则。

二　人权的特殊性

（一）人权特殊性的具体内容

第二次世界人权大会在起草《维也纳宣言和行动纲领》过程中，南方与北方、东方与西方之间有过激烈争论，其中主要问题之一，就是人权的普遍性与特殊性问题。发达国家强调人权普遍性的意义，发展中国家则强

---

① 1988 年 12 月 6 日，联合国大会一致通过决议，中国正式加入联合国和平维持行动特别委员会。1999 年开始，中国派观察员参加联合国维护和平行动；1992 年派工程大队 800 人赴柬埔寨；1995 年派民事警察参加联合国特派团驻波斯尼亚、黑塞哥维纳；1999 年先后派两批民事警察到联合国东帝汶过渡时期行政当局，等等。

② 早在美国"9·11"事件发生之前，中国政府就已倡议和筹备"上海合作组织"，并于 2001 年 6 月召开成立会议，中国、俄罗斯、哈萨克斯坦、吉尔吉斯斯坦、塔吉克斯坦和乌兹别克斯坦六国元首共同签署了《打击恐怖主义、分裂主义和极端主义上海公约》，是国际反恐合作一个里程碑式文献。

调要充分肯定人权的特殊性。① 经过与会各国充分协商，该"宣言"在肯定人权具有普遍性的同时，也肯定了人权的特殊性。宣言的第 5 条规定："固然，民族特性和地域特征的意义以及不同历史、文化和宗教背景都必须要考虑，但是各个国家，不论其政治、经济和文化体系如何，都有义务促进和保护一切人权和基本自由。"中国代表团成员积极地、直接参与了该"宣言"的起草，并对"宣言"关于人权普遍性与特殊性问题的处理表示支持。中国政府代表团副团长金永键指出，"宣言"在承认人权具有普遍性的同时，也要求考虑不同国家的历史文化和宗教背景，具有积极意义。

人权的特殊性不仅是一种理论认知，而且也是一种社会现实。后者具体表现在以下几个方面：

首先，人权的内容，既有共同标准，也有不同标准。例如，一个国家在批准和加入某项国际人权公约或议定书时，可以对其中的某些条款作出保留或自己的"解释"。尽管联合国要求各国尽量少作这样的"保留"或"解释"，但这种现象仍然相当多。据统计，截止到 2006 年 5 月 8 日，已批准加入《经济、社会、文化权利国际公约》的有 153 个国家，对它的某些条款作出保留或解释的有 45 个国家。已批准加入《公民权利和政治权利国际公约》的有 156 个国家，对它的某些条款作出保留或解释的有 58 个国家。即使是各国普遍认同与尊重的人权共同标准，由于各国具体国情不同，在其实现的方式、方法与步骤、道路上，可以有很大的差异。国际上不可能有也不应当有绝对统一的人权实现模式。

其次，人权的权利主体是普遍的，但由于各国的具体国情不同，因而

---

① 在这次世界人权大会召开前夕，1993 年 4 月 29 日，新加坡共和国将该国外交部副秘书长、马赫布班尼先生的一份发言寄往世界人权会议协调员，要求将其作为世界人权会议筹委会第四届会议的文件分发。这位先生写道："从许多第三世界公民的角度来看，人权运动往往都具有一种不寻常的性质。……他们就如置身于一条漏水、拥挤不堪的船上的饥饿和身患疾病的乘客，而这条船将陷入凶多吉少的旋涡激流中，险恶的激流将吞噬其中许多人的生命。……河岸上站立着一大群富裕、无忧无愁、怀有良好意愿的旁观者"，他们随时准备"登船干预"船长的侵权行为，而一旦乘客们"游向两岸投入那些仗义者的怀抱时，却被断然驱回这条船"。他认为，"在二十一世纪前夕，欧洲人对待亚洲人的这种态度必须结束，这种自以为道德上高人一等的意识必须予以摒弃"。转引自信春鹰《多元的世界会有统一的人权观念吗？》，载刘楠来等主编《人权的普遍性和特殊性》，社会科学文献出版社 1996 年版，第 32 页。

在性别、种族、宗教信仰、经济状况与文化程度等不同的人群之间，在立法上尤其是在实际生活中，能够享有权利的多少会有很大差异。虽然人人都应当享有人权，是理想、是原则、是方向，但这种平等性的实现要有一个过程，各国存在这样或那些的差异，是一种普遍现象，也是国际社会所共同认可的。

再次，人权的义务主体是普遍的，但各国在履行自己保护人权的责任时，享有充分的自主权，在确立人权政策、制定法律、采取行政措施等方面可以有很大的不同。这不仅是由于各国具体国情不同，而且是因为人权的充分实现主要依靠各个国家采取措施和作出努力，主权国家也享有这种自主权。联合国机构在保障人权方面的责任主要是制定共同标准、组织国际合作、对各国尊重与保障人权实施监督。

（二）人权特殊性的理论依据

首先，人权受一个国家经济和文化发展水平的制约。人活着，首先要吃饭穿衣，经济的发展水平不仅直接决定着一国人民能够实际享有经济、社会、文化权利的多少，也间接影响到该国公民权利和政治权利的发展程度。[①] 发达国家与发展中国家在人权问题上观念与制度的差异，主要是由这一因素决定的。正如一位中国学者所形象比喻的那样："一个急需填饱肚子的人，在一块面包一张选票之间肯定会选择前者，对他来说，面包是他的人权的优先选择，如果有人指责他的这种选择，说他的选择没有道德意义，他肯定会对这种指责嗤之以鼻。"也正如一位西方学者所指出的："在一个大多数人不识字或不会写字的国家，强调出版自由是没有多大意义的。"[②]

其次，人权受一国经济与政治制度的影响。由于人们之间的政治信仰

---

① 马克思、恩格斯在《德意志意识形态》中指出："我们首先应该确立一切人类生存的第一个前提也就是一切历史的第一个前提，这个前提就是：人们为了能'创造历史'，必须能够生活，但为了能够生活，首先就需要衣、食、住以及其他东西。"《马克思恩格斯全集》第 3 卷第 31 页。马克思还指出："权利永远不能超出社会的经济结构以及由经济结构所制约的社会的文化发展。"《马克思恩格斯选集》，第 3 卷第 12 页，1972 年版。

② 信春鹰：《多元的世界会有统一的人权观念吗?》；荷兰的彼得 oRo 比伊尔：《人权的普遍性》。以上两文载刘楠来等主编《人权的普遍性和特殊性》，社会科学文献出版社 1996 年版，第 32、46 页。

存在差异，现在世界上不同国家实行不同的经济与政治制度，这是由历史的与现实的多种原因和条件所决定的。依据自由与平等的政治理念和彼此宽容友爱的伦理精神，不同社会制度国家相互之间依据国际法准则实行和平共处，符合一个多元世界里全人类的共同利益。由于社会制度不同而形成的人权理念及制度上的差异，是一种正常现象，也应当彼此尊重。在历史上，西方自由多，平等少；东方自由少，平等多。随着人类物质的、精神的和制度的三大文明的进步，随着西方福利制度和东方市场经济的兴起，东西方之间的这种差异正在朝着相反的方向发生变化。这一事实说明，片面地指责东方国家人权状况不好是不正确的。

再次，人权受一国民族与宗教特点的制约。在人权发展史上，世界不少宗教，如基督教和天主教、佛教、伊斯兰教等，都从不同方面或在不同程度上，对人权思想及相关制度的进步产生过积极影响。人人都有信教或不信教的自由，这已成为人们的共识。政教分离已成为社会发展的总趋势。但是在如何处理国家、公民和信教人群的相互关系中，不同国家实行某些不同的政策，在不违背国际人权宪章的基本原则和具体规定的前提下，应当是允许的。特别是不同的宗教有不同的教义与戒律，它们对国际人权公约所作的种种规定与要求存在不同的认识和做法，也应当予以尊重。不仅同性恋、堕胎、安乐死等行为是一种权利抑或是对人权的侵犯，在国际范围内都存在广泛的争议，而且笞刑、妇女无选举权这些看似违反国际人权的共同标准的行为，但考虑到宗教等因素，我们还是不可以简单地予以对待。

现在的国际社会，是一个由多种民族与种族所组成的大家庭。我们在尊重与保障"各民族与种族一律平等"这一国际人权法的基本原则的同时，也就必须尊重与保障各国由于民族与种族的不同而导致的人权观念与人权制度上的差异。对此，不少国际人权文书都有明确表述。例如《维也纳宣言和行动纲领》指出："各国有义务依照《在民族、种族、宗教和语言上属于少数人的权利宣言》，确保属于少数群体的人可不受歧视，在法律面前完全平等地充分和有效行使一切人权和基本自由"，"属于少数群体的人有权自由地、不受干预、不受任何形式歧视地享有自己的文化、信仰和奉行自己的宗教，私下和公开使用自己的语言"。国际社会对土著人所持人权特殊性的立场予以特别尊重，也是一个突出的例证。《维也纳宣言和行动纲领》在其序言中就已郑重宣告："喜见 1993 年被定为世界土著人民国际年，国际社会以此重申有决心确保土著人民能享受一切人权和基本自由，尊重他们的文化和特性的价值和多姿多彩。"该宣言在第一部分还提出："各国应依照国际法协调采取积极步骤，确保在平等和不歧视的基础上，尊重土著人民的一切人权和基本自由，承认其独有特性、文化和社会组织的价值和多元化。"

最后，人权还受一国历史文化传统的影响。从世界范围看，西方以古希腊罗马为源头的文化传统，以简单商品经济比较发达和城市国家的普遍存在为社会背景，重"个体"、重"自由"、重"利"、重"分"。东方特别是东亚以古代中国为源头的儒家文化传统，以自给自足的自然经济和政治大一统为社会背景，重"整体"、重"平等"、重"义"、重"合"。这两个文化传统对广义的人权①都曾产生过各自的积极作用。在近代民主革命时期，在反对封建主义和君主专制的历史背景下，西方重"个体"等文化传统，对以公民的人身权利、政治权利与自由为主要内容的第一代人权的产生曾经起过重要作用。19 世纪初，随着社会主义运动的兴起，在它的推动下，出现了以经济、社会、文化权利为主要内容的第二代人权。"二战"以后，在发展中国家和社会主义国家的推动下，又出现了以国际集体人权如自决权、发展权等为主要内容的第三代人权。②在第二代和第三代人权形成和发展的过程中，东方特别是东亚的重"整

---

　　①　这里所谓广义的人权，是指人权既包括自由也包括平等；既包括公民的人身权利、政治权利，也包括经济、社会、文化权利；既包括个人人权，也包括集体人权。这一概念是具体针对西方不少学者不承认经济社会文化权利是人权，以及只有个人人权才是人权，没有"集体人权"的那种狭义的定义而言。后者在今天已被证明是一种狭猛的理解。

　　②　前联合国教科文组织人权与和平司官员、著名人权理论家 P. S. 马克思曾公正地指出："社会主义和马克思主义著作的哲学和政治的观点，对 19 世纪由于滥用第一代权利而反对剥削的社会革命，起到了很大的促进作用。这些变革导致了一代新的人权的出现。这代新人权与第一代'消极的'权利有着本质的区别。第一代的各种自由对广大的工人阶级和被占领土上的人民来说，意味着被剥削和被殖民的权利，这些权利被视为忽视了现实社会物质权利的'形式'上的自由。在墨西哥和俄国反对剥削的革命斗争后于 1917 年通过的宪法、国际文件，特别是 1919 年国际劳工组织的组织法和国际劳动标准，开创了第二代人权。这是一代经济、社会和文化的权利，是一代以国家干预而不是弃权为特征的权利。"马克思：《正在出现的人权》，参见王德禄、蒋世和编《人权宣言》，求实出版社 1989 年版，第 161—162 页。

体"、重"平等"、重"义"、重"合"的文化传统起了重要的作用。很明显，这种不同的历史和文化传统，对不同国家的人权观念和制度的特殊性的形成，影响是深远的。

再从不同区域看，由于某些独特的历史文化传统而导致的人权的特殊性，也是应当予以肯定和尊重的。这从区域性人权公约和宣言可以清楚看出。例出，1981 年由非洲统一组织通过的《非洲人权和民族权宪章》序言明确指出："考虑到他们（非洲人民）历史的传统美德和非洲文明的生活价值理应启发他们对人权和民族权概念的思考，并且理应使他们的思考具有自己的特色。"该宣言强调，"满足经济、社会、文化权利是享有公民权利和政治权利的保证"，"每一个人对权利和自由的享有同时也意味着对义务的履行"。"人人对其家庭和社会、国家和其他合法认定的社区及国际社会负有义务。"1948 年美洲国家组织通过的《美洲人的权利和义务宣言》指出："每个人履行其义务，是一切人的权利的前提。权利和义务在人类的全部社会和政治活动中是相互关联的。权利促进个人自由，义务则表达这种自由的尊严。"1966 年美洲国家间人权特别会议通过的《美洲人权公约》指出："只有在创造了使人可以享有其经济、社会和文化权利以及享有其公民和政治权利的条件下，才能实现自由人类享受免于恐惧和匮乏的自由的理想。"该公约第一章即规定了人的"一般义务"，这表明他们主张义务先于权利。1993 年，亚洲各国外长和代表通过的《曼谷宣言》指出："尽管人权具有普遍性，但应铭记各国和各区域的情况各有特点，并有不同的历史、文化和宗教背景，应根据国际规则不断重订的过程来看待人权。"它强调："亚洲国家以其多姿多彩的文化与传统能对世界会议（世界人权大会）作出贡献。"在一个很长时期里，西欧与北美的一些发达国家主张，政治权利重于经济权利，权利重于义务；而不少亚洲、非洲与拉丁美洲的发展中国家则持相反的立场。这种特殊性的成因之一，就是不同区域国家之间历史文化传统的差异。

即使是在西欧和北美一些发达国家之间，其人权的特殊性也是存在的，不可能完全是一个模式。例如，政治权利的实现，英国奉行"议会至上"，而美国实行典型的三权鼎立制度。人权的司法保障，也有以德国、法国为代表的大陆法系和以美国、英国为代表的普通法系之间种种具体制度的差异。有的国家废除了死刑，多数国家还没有。① 这种人权特殊性的存在，也和历史文化传统不同有关。

三　人权是普遍性和特殊性的统一

世界上的万事万物，都是一般与个别、共性与个性、普遍性与特殊性、绝对性与相对性的辩证统一。对立面的一方以另一方的存在为条件，没有个别，就无所谓一般；没有一般，也无所谓个别。依据对象、时间、地点、条件以及人们的思想与行为主要倾向的不同，对立面的一方可以成为矛盾的主要方面，可以着重予以强调或加强。但是，在任何情况下都不应当将两者完全割裂和绝对对立起来，只承认或只强调一个方面，而否定或忽视另一个方面。观察和处理人权问题，也应当是这样。与其他事物和现象的不同之处只是在于，人权的普遍性和特殊性有其特定的具体内容、表现形式和理论依据，已于前述。这应当成为人们观察和处理人权问题的思维方法，应当成为各国政府制定与实行国内与国际人权政策的一项指导方针。

长期以来，西方或北方某些国家和学者，只承认或片面地过分地强调人权的普遍性，而一概否定或极力贬低人权的特殊性。正是在这种思想与理论指导下，出现了一系列错误的人权政策，诸如宣扬"人权无国界"、国际人权保护绝对高于国家主权；对南方特别是东方国家搞人权的政治化和意识形态化；从狭隘的国家利益出发，奉行人权的"双重标准"政策；以人权问题为借口，无理干涉他国内政；在国际舞台上寻找一切机会挑起人权争端，无理指摘他国的人权状况。所有这些都不利于人权的国际合作与发展，也有损于自己的国际形象。另一方面，也必须强调，南方和东方国家的某些政府和学者，应当充分肯定和尊重人权的普遍性，积极采取立法、行政和司法的措施，为实现国际人权的共同标准作出最大努力，而不应以种种"具体国情"为借口，拒绝做那些应当做也能够做的不断改善人权状况的事情。只有世界各国都能够切实做到既尊重人权的普遍性，也尊

---

① 截至目前，全世界废除死刑的国家共 57 个，多数为发达国家。但美国、日本等尚未废除死刑。

重人权的特殊性，并保持其合理的平衡，各自克服自己在某一方面的片面性，才能有利于消减彼此之间的冲突，维护全人类的共同利益。

就人权管辖事项而言，人权是有国界的，又是没有国界的，但从根本上说它是有国界的。在一般情况下，一国出现人权问题，应由该国政府自主处理，任何他国或国际组织都不应当非法干预。在某些特殊情况下，如一国存在诸如殖民主义、贩卖奴隶、种族歧视、种族隔离、种族灭绝、外国侵略和非法侵占他国领土、国际恐怖活动等情况，国际社会是需要也是可以进行干预的。因为这些行为是对国际法准则的根本违背，不仅严重侵犯人权，而且危害世界和平与安全。国家主权独立和不干涉内政原则，是国际法的一项根本原则。《国际法原则之宣言》和《关于各国内政不容干涉及其独立与主权之保护宣言》明确规定："第一，任何国家，不论任何理由，均无权直接或间接干涉任何其他国家之内政、外交；第二，任何国家均不得使用或鼓励使用经济、政治或其他措施胁迫他国，以谋自该国获得主权行使之屈服，或取得任何利益；第三，任何国家都不得组织、协助、制造、资助、煽动或纵容意在以暴力手段推翻另一个国家政权之颠覆、恐怖或武装活动，或干涉另一个国家之内乱；第四，使用武力以消除一切民族之特性构成对于该民族不可褫夺权力之侵犯以不干涉原则之破坏；第五，各国均有权不受任何国家任何方式之干涉，自择其政治、经济、社会及文化制度之不可褫夺之权力。"①

联合国大会于 1981 年 12 月 9 日通过的《不容干涉和干预别国内政宣言》也明确指出："各国有义务避免利用和歪曲人权问题，以此作为对其他国家施加压力或在其他国家集团内部或彼此之间制造猜疑和混乱的手段。"② 这些规定同《联合国宪章》的宗旨和原则是完全一致的。该宪章第 2 条第七款规定："本章不得认为授权联合国干涉在本质上属于任何国内管辖之事件……"西方有学者认为，人权并不属于宪章在这里所说的国内管辖事项。这是没有根据的。这里所说"本质上"应当理解为"基本上"或"主要是"，即在绝大多数情况下，人权是属于国内管辖事项的；

---

① 《国际法资料选编》，法律出版社 1982 年版，第 14—15 页。
② 1991 年 4 月 26 日《人民日报》。

只有在某些特殊情况下，国际社会才可以进行干涉和干预。如今的国际社会是由近 200 个主权平等的国家所组成的，尊重国家主权，是在国际范围内进行经济、政治、文化合作的基础，是有效地实现人权国内保护的根本前提，也是减少对抗、顺利地实施人权国际保护的基本条件。

国际上人权的共同标准，具体反映在一系列国际人权宣言、公约和议定书中，这些国际人权文书应当体现和反映世界各国人民的共同意志和利益。它们必须通过充分的民主协商进行制定、修改和解释，个别或少数国家不应当通过各种渠道、采取各种办法将自己的意志和人权模式强加于别人，也不应当强行用自己的人权模式作标准去评判其他国家。在国际关系中，人权共同标准的理解与执行，应当坚持其平等性和公正性，不能对这个国家是一个标准，对那个国家又是另一个标准；对某个国家这个时期是一个标准，该国的政府或政策变了又实行另一个标准。这种完全以是否符合自己狭隘的国家利益和政策路线为转移、实行人权双重标准的做法，把人权作为推行某种政策以达到某种自私目的的工具，其本身就是同人权的伟大精神完全背离的。

在国际讲坛上，中国政府一贯反对人权的政治化和意识形态化。这在理论上是正确的。人权有政治性和意识形态性的一面，也有超政治和超意识形态（主要指政治意识形态）的一面。这同人权的普遍性和特殊性是密切相关的。有的人权，如选举权、言论与结社自由等政治权利，同政治和意识形态关系密切，它的内容、形式及实现方式与程度，主要受一个国家的国家制度、政党制度及政治意识形态的决定和影响。有的人权，如生命权、人格尊严权等基本人权，以及残疾人和妇女儿童等弱势群体权利，还有难民、灾民和无国籍人等属于人道主义援助范畴的权利，就不应受不同党派、不同政见的影响而应予以同等的尊重与保障。把任何人权问题都同政治意识形态扯在一起，就是人权的政治化和人权的意识形态化。从人权具有普遍性的深刻内涵看，人权应当是世界上最少政治性的一种社会现象。人权的政治化和意识形态化有各种表现，如在国内，有人主张，任何人权都有"阶级性"，认为"人性"、"人道"、"以人为本"这些概念中的"人"不讲阶级分析，因而是错误的。从这样的观念出发，必然在实践中导致种种"左"的举措和行为。在国际上，如某些国家在外交政策中，不适当地注入人权的因素；在经济与技术合作和援助中，不适当地把人权问题作为重要条件；利用人权问题无节制地进行意识形态的论战；甚至肆意地干涉本应由主权国家自主管辖和处理的人权问题。

　　人权观念是由人们所处的一定社会的政治、经济、文化环境和条件的产物。人与人之间、国与国之间，在对人权问题形成共识的基础上存在一定分歧，是完全正常的。国际社会维护和促进人权事业的正确途径，是各主权国家在平等和相互尊重的基础上，开展人权领域的对话和合作。彼此之间的分歧，应当本着彼此宽容、相互理解、求同存异的精神，通过平等对话来求取共识。国际组织在促进与监督人权的实现方面起着重要作用，但归根到底，人权的实现主要依靠各主权国家采取立法、行政和司法的措施方能达到。人权概念的政治化和在人权问题上搞政治对抗，无助于增进理解、缩小分歧，而只会扩大矛盾、加剧纷争。《维也纳宣言和行动纲领》十分强调，"促进和保护人权必须按照联合国的宗旨与原则，特别是作为联合国的一项重要目标的国际合作的宗旨"。近年来，中国领导人已经郑重地提出了构建"和谐世界"的口号和战略目标，这既是中国历史上"和而不同"的哲学思想、"天人合一"的宇宙观、"世界大同"的社会理想、"和为贵"的处世原则、"己所不欲，勿施于人"的伦理精神等优秀文化传统的传承，也是建国以来中国一贯奉行和平外交政策，以及中国进入改革开放新时期后，国内逐步实行民主宪政和建设"和谐社会"发展战略的必然选择。笔者坚信，中国提出的构建"和谐世界"的思想理念和政治主张，必将在全球范围内为正确处理人权的普遍性与特殊性的辩证统一作出典范，从而为促进和保障人权作出重要贡献；必将为解决当今世界人与自然之间、富人与穷人之间、发达国家与发展中国家之间、种族与种族之间、这种宗教信仰与那种信仰之间的冲突和对抗作出重要贡献。

　　后记：
　　本文原为庆贺我的朋友、原丹麦人权研究所所长莫尔顿教授50华诞而作，以英文版本刊登在他的纪念文集 *Implementing Human Rights* 一书中，合作者为杨松才教授。中文版后在《环球法律评论》2007年第6期发表。此文是在《论人权的普遍性和特殊性》一文的基础上发展充实而成，故称"再论"。

人权的政治性与超政治性

一　人权的政治性

什么是政治？人们的看法是很不一致的。在中国古代，有所谓"政者，事也"、"治者，理也"、"在君为政，在民为事"。有统治者如何治理国家的意思。① 孙中山先生说："政治两字的意思，浅而言之，政就是众人的事，治就是管理，管理众人的事便是政治。"② 列宁说："如何理解政治呢？要是用旧观点来理解政治，就可能犯很大的严重的错误。政治就是各阶级之间的斗争，政治就是反对世界资产阶级而争取解放的无产阶级的关系。"③ 我国《辞海》一书将政治定义为："在有阶级的社会里，政治就是各阶级之间的斗争。""包括阶级内部的关系、阶级间的关系、民族关系和国际关系。其表现形式为阶级、政党社会势力和社会集团关于国家生活的活动。"人们对"什么是政治"这个问题在观念上的巨大差异，使得我们在分析与认识人权与政治（包括"阶级"）的关系上遇到很大的困难。

人权的政治性是指人权这种社会关系和社会现象同政治存在着某种必然联系，它的存在及其实现必然受政治的决定和影响的那样一种性质。为了说明这个问题，有一种分析方法是必须运用的，它就是应然与实然这一对哲学范畴。当我们讲人权是有还是没有政治性的时候，主要是从应然这个角度来说的，但也要联系它的实然状态来观察。同时，还有一种分析方法也是需要注意的，就是政治性同阶级性的关系。一般说来前

---

① 参见皮纯协等主编《政治学教程》，河南人民出版社1983年版，第1、19—20页。
② 孙中山：《孙中山选集》下册，人民出版社1956年版，第661页。
③ 《列宁选集》第4卷，人民出版社1995年版，第370页。

者的含义要宽泛一些，并不是任何政治性都一定具有阶级性。此外，具体情况应当具体分析。人权的内容十分广泛，不作具体的和历史的分析，简单地、笼统地说人权是有还是没有政治性、阶级性，是不科学的。

从应然与实然的角度看，人权的历史发展，是一个人权理想与人权现象的矛盾运动。人的自由得到全面发展，人的需要得到全面满足，人人都享有平等的人权，这是人权的理想。但是，人权理想的实现都受到政治、经济、社会、文化、宗教、民族等客观环境与条件的影响和制约。在阶级对抗社会里，在经济上和政治上占统治或优势的阶级、阶层、利益集团有可能通过立法与执法来影响人权的确认以及人权的实际享有。按照人权的理想，人权不应存在阶级差异；然而，在阶级对抗社会里，很多人权又具有阶级性。但是，政治性同阶级性同人权并非有普遍的或必然的联系。人权从本质上排斥任何国家、国家集团、阶级阶层、政党、社会群体或个人利用它作为政治私利的手段。这种理想与现实的矛盾正在并将继续伴随着整个人类社会物质文明、精神文明和制度文明发展水平的日益提高而逐步得到解决，最后达到人权的理想境界。这虽然是一个长久的历史过程，但这理想境界的最终实现是毋庸置疑的。就每个人都应当和可以享有的普遍性人权而言，它们大致可以分为三类，即人身人格权，政治权利与自由，还有经济、社会和文化权利。其中第二类同政治有密切联系。如选举权和被选举权，言论、出版、集会、结社等自由，其实现方式和实现程度，在一国内的不同政治派别、不同政治见解的社会群体之间，分歧往往很大，因为这些政治权利与自由直接关系到这些不同政党和政见的人群的政治利益。而国际上，在具有不同政治制度与意识形态的国家之间，争执也往往最多。这些分歧的后面，涉及不同阶级、阶层与利益集团之间的不同利益，有时还涉及不同国家之间的不同利益。后者在"冷战"时期表现得非常突出。即使是冷战结束后的现代，这种情况没有也不可能发生根本性变化。相对而言，另外两类人权同政治与意识形态之间的关系并不直接与密切，它们主要受社会三大文明的发展程度所影响和制约。

二　人权的超政治性

所谓人权的超政治性，首先是人权主体的超政治性。人权是人作为人所应当享有的权利，而不论其性别、种族、出身、信仰等有何区别。为什么应当如此？恩格斯作过深刻说明："一切人，作为人来说，都有某些共同点，在这些共同点所及的范围内，他们是平等的。"这一关于人权的"非常古老"的观念，发展到现代，其平等要求则是："一切人，或至少是一个国家的一切公民，或一个社会的一切成员，都应当有平等的政治地位和社会地位。"① 这一点已为《联合国宪章》、《世界人权宣言》及其他重要国际人权文书所反复载明。而且，每个人都是人权的主体这一原则与理念已被全世界公认，而不论其国家的政治制度与意识形态有何不同，也不论其政党的纲领和政策有何差异。

人权的超政治性还表现在某些人权的内容上。最不应具有政治性的人权，一类是在社会紧急状态、国家危难和战争等局势下，也不可以"克减"的权利。《公民和政治权利公约》中规定的不得克减的权利包括：生命权（第 6 条），禁止酷刑（第 7 条），禁止奴役和强迫劳役（第 8 条），禁止因欠债而被监禁（第 15 条），禁止有溯及力的刑法（第 15 条），被承认在法律前的人格（第 16 条），思想、良心和宗教自由（第 18 条）。另一类是被国际人权习惯法所确认的一些权利。尽管对《世界人权宣言》是否国际习惯法尚未完全定论，但它包括禁止奴隶买卖和奴隶制，种族歧视、种族隔离、种族灭绝，国际恐怖、国际贩毒、国际劫机等所涉及的权利，这也为各国政府和学者所公认。再有一类关涉国际人道主义法。以海牙公约为代表的对作战手段和方法的限制和以四个《日内瓦公约》及其附加议定书并没有规定可克减的权利，未解除当事国尊重国际法的义务。这些国际人道主义法所涉及的人的权利，是属于广义人权法的内容。还有一类是国内由自然等灾害而造成的灾民，享有国家一级及国际一级的救助的权利，这也是属于人道主义性质的一种权利。以上这些权利的承认与保障，

---

① 《马克思恩格斯选集》第 3 卷，人民出版社 1972 年版，第 142 页。

不应当因各国政治制度和主流意识形态的差异或一国内不同政党间的政治主张的不同而受影响。

一国内，公民的人身人格权以及经济、社会、文化权利，一般说来不应具有政治性和意识形态性，即使有，也应当尽量弱化。因为生命权、人身安全权、人格尊严权，它们所涉及的每个人的利益是相同的。一国内不论什么政党执政，其主张大致相同，而且也不直接涉及不同阶级、阶层和利益集团彼此之间的利益冲突。经济、社会、文化权利的认可与实现可能受到政治的影响会比人身人格权多一点，其主要制约因素是一国内经济与文化的发展水平。

国际集体人权，如自决权、发展权、和平安全权、环境权、人道主义援助权等，是否具有超政治性，学者的看法可能会有很多分歧，但笔者倾向于没有，或者说有一定程度的政治性，即不同国家之间会有某些政策上的分歧甚至对立，但它们会摆脱政治与意识形态的支配与影响则是必然的。例如，人民（或民族）自决权，已为国际人权宪章的各项文书所一致确认，各国政府与学者几乎一致认为这项权利是绝对不可否定的。发展权是否人权，"南北"和"东西"不同国家之间一直存在分歧与对立，但1993年的《维也纳宣言》经过争论后已将它明确规定下来而且达成了广泛的共识。该文件规定："世界人权会议重申，《发展权利宣言》所阐明的发展权利是一项普遍的、不可分割的权利，也是基本人权的一个组成部分。"像环境权与和平安全权都关系到全人类的共同利益，自然应当摆脱狭隘的国家利益与政党利益的影响与支配。

三　人权的"政治化"与"意识形态化"

近代多年来，中国政府的代表在国际政治舞台的各种会议上，多次批评某些国家在人权问题上搞"双重标准"，其理论根据是，在人权问题上不应将人权"政治化"和"意识形态化"。这种立场和观点，符合全人类的共同利益，符合人权的根本价值，也符合人权自身的本质与发展规律。所谓"化"，就是绝对化，人权的"政治化"和"意识形态化"，就是将人权的政治性和意识形态性视为一种绝对的和普遍的现象，否认很多人权应当是超政治或非政治性的，人权应摆脱不同国家和不同政党之间意识形态分歧与对立的羁绊，真正把人权看作是全人类伟大的共同事业和共同价值。将人权"政治化"、"意识形态化"在理论上必然导致的一个恶果，就是在国际人权问题上搞"双重标准"。

在国际人权上搞双重标准的主要表现是，对他国，人权调门很高，以人权卫士自居；而本国批准与加入的国际公约、人权公约却很少，保留条款也多。在制定与实施国际人权公约时，力图将自己的立场和观点强加于他国；对自己国家的人权问题遮遮掩掩，对他国的人权问题却喜欢指手画脚。在经济技术援助与合作中，以对自己国家的"国家利益"为准则画线，即使是某些人权记录很糟糕的国家，只要对自己国家友好就予以大力援助。基于意识形态与政治制度的不同，经常干涉他国内政，如此等等。任何国家在人权问题上搞"双重标准"，在国际上都是不得人心的，因为这违背人权自身的精神，也不符合国际法的准则，是与历史潮流背道而驰的。

在人权同政治、意识形态的关系这一问题上，国内学者存在着两种截然不同的观点。多数学者倾向于笔者所持立场，而少数学者认为，任何人权问题都同政治密不可分，任何一种人权及其相关的制度都具有政治性和阶级性。这同在法律本质问题上存在两种截然对立的观点是相对应的。少数学者认为，社会主义法还仍然是"统治阶级意志的体现"，任何法律都有阶级性，即使是交通法规，包括"红灯停，绿灯行"也不例外；作为法律的基本内容与主要价值的人权，自然也不例外。不过持这种观点的学者在我国已越来越少。

后记：

长期以来，国内部分学者坚持认为，任何人权都具有政治性，不承认人权还具有超政治性的一面。一位主管人权事务的处长曾对我说，"这是帮倒忙"。因为我们经常批评美国在人权问题上搞双重标准，其理论依据就是，他们将人权"政治化"和"意识形态化"。

国际人权保护与国家主权

为了很好地理解国际人权规范及保护机制，以便正确而有效地开展这方面的工作，必须对人权国际保护的科学概念及相关理论进行阐释。其中有些理论，如人权国际保护与国家主权的关系问题，自 80 年代以来，已为各国政府与许多学者所普遍关注。

一 人权国际保护

（一）人权国际保护的历史发展

人权保护进入国际领域主要是 20 世纪的事情，它标志着人权的发展进入了一个全新的阶段。从根本上说，人权国际保护的出现，是人类物质文明、精神文明与制度文明发展水平极大提高，以及国与国之间在经济、政治、文化方面相互交往日益密切的产物，它是一种不依人的主观意志为转移、不依某些偶发事件为依据的必然现象和历史的进步过程。

20 世纪以前，人权保护几乎完全是一国的内政，一国政府如何对待它的国民纯属该国的内部事务。后来，随着国家、民族、地区之间人们的交往日益增多，各国在人权领域相互隔绝的状态渐渐地被打破。首先是一国如何对待外国人受到了外国的关注，后来是一国如何对待本国人也开始受到外国的关注。这是人权走向国际领域最初的情形。最早出现的"外交保护"，就意味着一国如何对待其境内的外国人，已不再纯粹是其内部事务，即如果受害者得不到当地的救济，其所属国家就会行使外交保护权。但是，这种保护主要是出于维护自己国家的尊严，而不是出于对该受害者，或一般"人"的权利的保护。

17、18 世纪时没有人权国际保护的概念与理论，但已有了事实方面的萌芽，即出现了少数几个国家之间签订的为数极少的涉及人权国际保护的条约和条款。例如，1606 年匈牙利国王与特兰西瓦尼亚君主之间的《维也纳条约》、1648 年的《威斯特伐利亚和约》、1660 年《奥利瓦条约》、1789 年奥匈帝国与土耳其的《君士坦丁堡条约》等，均认可不同宗教派别之间享有平等权利；1785 年美国和普鲁士签订的友好条约载有对战俘应给予正当待遇的条款。

　　19 世纪，因为奥斯曼土耳其帝国残暴地对待其统治下的少数民族和基督教徒，因而引起欧洲列强的干预。1821 年希腊人民掀起的争取希腊独立的起义遭到奥斯曼帝国的镇压，激起西欧各国的愤怒，导致 1827 年俄英法三国在伦敦签署"希腊绥靖"公约；被奥斯曼的苏丹拒绝后，三国联合出兵干预，迫使其签订 1829 年的和约，承认希腊独立。同时，和约把尊重该国境内穆斯林宗教自由也肯定了下来。1856 年巴黎条约要求土耳其苏丹承诺给予其臣民不分种族或宗教的平等待遇。1876 年在保加利亚爆发的反抗奥斯曼帝国的起义遭到镇压与屠杀，又一次引发欧洲国家的干预。1891 年和 1895 年沙皇俄国对其领土内犹太人实行大屠杀，西欧列强也曾出兵进行干预。这就导致了一种新的国际政治理论的出现，称为"人道主义干预"。它的基本含义是，如果一国政府对其本国国民实行残暴统治，剥夺他们的基本人权，其严重程度足以"震撼人类的良心"，其他国家就有权干预，包括使用武力。但是，这种"干预"仍带有"外交保护"的痕迹，因为其出发点与目的依然主要是关注被干预国境内受害居民同本国居民在民族或宗教上的特殊亲缘关系。而且这种"干预"常常出现强国出于私利而欺凌弱国的情况。然而，"人道主义干预"终究突破了在主权的庇护下任意对待其国民的情形，表现出人权问题已经不再单纯是一国的内部事务，而要考虑国际社会的反应。因此，它对人权保护走向国际的积极推动作用是应该充分肯定的。

　　从 19 世纪到 20 世纪中叶，国际上出现的废奴运动和劳工保护以及第一次世界大战，对人权保护进入国际领域起了重要的推动作用。1890 年各国签订《布鲁塞尔公约》，正式禁止奴隶制度和奴隶贸易，并建立了两个协调反对奴隶贩运的国际机构。1926 年制定的《禁奴公约》重申禁止一切形式的奴隶制度，至此，奴隶制度问题被公认为已属国际社会有权干预的事项。世界劳工组织成立于 1919 年，到第二次世界大战前夕，它一共通过了 67 个有关劳动保护的公约，它们标志着劳工保护已进入国际人权保护领域，并为人权国际保护的发展起了重要推动作用。1864 年的《改善战地陆军伤者境遇日内瓦公约》和 1899 年的《陆战法规惯例公约》为国际人道主义法奠定了基础。国际联盟于 1919 年通过的《国际联盟盟约》、1929 年国际法协会通过的《国际人权公约》以及《国际人权宣言》，都是这一时期的重要国际人权文书。

第二次世界大战以后，人权国际保护进入一个全面发展时期，保障人权开始被确立为一项公认的国际法准则。这次大战后，德意日法西斯践踏基本人权、灭绝种族的暴行，激起了世界各国人民的极大愤慨，人们普遍提出了保护人权的强烈要求和愿望。1945 年，联合国成立并通过了《联合国宪章》，在人类历史上第一次将人权规定在一个具有很大权威的国际组织的纲领性文件中。它庄严宣布：决心免除"后世再遭今代人类两度身历惨不堪言的战祸，重申基本人权、人类尊严和价值，以及男女大小各国平等权利的信念"，并规定联合国的宗旨之一是"促成国际合作，……不分种族、性别、语言或宗教，增进并激励对于全体人类和人权及基本自由之尊重"。根据该宪章的要求，联合国于 1946 年成立了人权委员会并于 1948 年通过了《世界人权宣言》，1966 年制定了《公民和政治权利公约》和《经社文公约》。在战后 40 多年里，联合国还制定和通过了 71 个有关的宣言、公约和协议书，其内容涉及社会生活各个领域。从此，国际人权保障体系初步建立起来。尽管有关人权保障的国际文件是各种政治力量斗争和妥协的产物，但从总体上看，它们反映了全世界人民渴望充分保障人权的共同意愿，是各国人民为争取人权而不懈努力奋斗所取得的重大成就。

（二）人权国际保护的科学含义

人权国际保护有它自身特定的含义，是指各国应当按照国际社会公认的国际法原则、国际人权宣言与公约，承担普遍的或特定的国际义务，对基本人权的某些方面进行合作与保证，并对侵犯人权的行为加以防止与惩治。所谓特定的国际义务，是指国际人权公约的缔约国必须承担贯彻实施这些公约的义务，即缔约国应当在其国内采取相应的立法、司法、行政措施，保证公约条款的实现并按公约的规定进行国际合作。换句话说，这种特殊义务对那些非缔约国来说，是不适用的。所谓普遍的国际义务，是指作为国际组织（包括普遍性国际组织和区域性国际组织）的成员，必须依照该组织的章程承担保护人权的义务。如《联合国宪章》中涉及人权保障的 7 个条款，所有联合国的会员国都有义务为促进其实现而努力。普遍的国际义务的另一内容是指，国际社会的所有成员都要承担由国际人权宣言、原则、规章、规则等组成的国际人权习惯法所确认的保护人权的义务。国际习惯法是国家自愿同意的行为规范，它们对所有国家都有约束力。

与此相适应，人权国际保护有两种基本的方式。一是强制性的监督和制裁方式。这类方式包括如下两种情况：某些国际人权公约的缔约国不履行自己承担的义务，公约的其他缔约国和国际社会可以对这些国家实施强制性的监督与制裁；或者国际社会的某个成员恶意违反国际法基本原则和强行法规则，如在政策上、法律上和实践上实行、鼓励或纵容诸如种族灭绝、种族隔离和种族歧视、奴隶买卖和奴隶制、侵略与侵略战争、国际恐怖、国际贩毒等国际犯罪行为，国际社会可以对其实行强制性的国际监督与制裁，如以前对南非的种族隔离、对伊拉克侵犯科威特所实施的制裁。二是非强制性的指导和协助方式。除上述两种情况外，都采用这类方式。如就实现发展权、环境权实行国际合作，对由于战争或内乱造成的难民进行人道主义援助，对某些侵犯人权的事件与行为进行批评或谴责。

（三）人权保护的国际共同标准

人权的共同标准或称人权的国际标准，是实施人权国际保护的准绳。如果没有一种人权共同标准，人权国际保护就将无所遵循。究竟国际人权有没有"共同标准"？我们的回答是肯定的。这种"共同标准"是人权的共性在国际人权领域的基本表现，它的基础是全人类在人权领域存在着的共同的利害关系与利益追求，是全人类在人权问题上存在的共同的道德的价值判断和价值取向。这种共同标准具体体现在以《世界人权宣言》与《国际人权公约》为核心的整个国际人权文书里，体现在《国际人权公约》

的许多具体规范中。很多国家都宣布尊重联合国宪章维护人权的根本宗旨，都拥护《世界人权宣言》的基本原则，共同制定或签署不少国际人权约法，在国际人权的保护中采取共同立场和行动，就充分证明国际上存在一种适用于所有国家的普遍性准则，否则，上述一切就会不可思议。事实上，《世界人权宣言》就明确确认了这种"共同标准"的存在，而制定这一宣言的目的正是为世界各国制定一个共同遵守的准则。《世界人权宣言》指出："发布这一世界人权宣言，作为所有人民和所有国家努力实现的共同标准……"随着全人类物质文明的不断发展与进步，国际人权的"共同标准"的内涵将日益丰富，其外延将日益扩大。同时，我们也要承认，各个国家与民族还应有各自不同的人权标准。这由不同国家与民族的不同经济、政治制度及历史文化传统和其他的具体国情所决定，由不同国家与民族的不同利益和不同认识所决定。这是人权个性在国际人权领域的具体体现。

承认与尊重这种国际人权的共同标准，是各国在国际人权领域进行合作的前提和基础。这种共同标准，不仅应由各国人民共同制定，要体现各国人民的共同利益和协调意志，任何国家都不能把自己的主张强加于人，而且在人权的实施上，任何国家都不能采取实用主义态度，对这种共同标准任意歪曲。不能对自己是一套标准，对别人是另一套标准；对一个国家是一套标准，对另一个国家是又一套标准。只有这样，才能坚持国际人权共同标准的统一性、客观性与公正性，才能建立起国与国之间的和谐友好与合作的关系。同时，我们又不能否认目前世界各国的情况存在着重大差异。应允许各个国家采取某些具体的不同做法，如是否签署某些公约，或在签署某些人权约法时，保留其中某些具体条款。各国在制定本国的法律和人权政策时，尽量使本国的法律规定与人权政策同国际上普遍接受的原则相一致，另一方面又有权在不违反国际上普遍接受的原则的前提下，根据本国的具体情况作出不同规定，实施自己的具体人权模式。

二　国家主权

（一）国家的概念

在国际法的观点看来，国家是定居在特定的领土之上，并结合在一个独立自主的权力之下的人的集合体。《奥本海国际法》认为："当人民在他们自己的主权政府下定居在一块土地之上时，一个正当意义的国家就存在了。"[1] 1933 年在蒙得维的亚签订的《美洲国家间关于国家权利和义务的公约》第 1 条规定："国家作为一个国际人格者必须具备下列条件：①固定的居民；②确定的领土；③政府；④与他国交往的能力。"[2]

　　现今国际上绝大多数学者认为，构成国际法上的国家应当具备如下四个要素：①固定的居民。国家必须由一定的固定居民即在国家领土上长久定居的人所组成，否则将不成其为国家。一个国家里可能存在定居在那里的外国人或无国籍人，但国家必须有依法确定的即享有这一国家国籍的固定居民——本国国民（或称公民、臣民）。至于它是否有多个民族或种族，它的人口有多少，并不影响它作为一个国家而存在。②确定的领土。领土是国家存在与发展的前提，是国家行使排他性权力的空间，是确立国家属地管辖权的基础。至于它的领土面积大小，并不影响作为一个国家而存在。同时，有的国家边界没有完全划定，或者大片领土被外国占领，也不影响它是一个国家。③政府。政府的存在也是构成国家的必备要素。这里所谓"政府"是广义的，不单指行政机关，也包括立法机关和司法机关，亦即指构成国家在政治与法律方面公共权力组织的整体。只有在一个政府的有效统治与管理下，这个国家的居民才能有序地生活。在国际关系中，政府能代表国家进行国际交往，享有国际法上的权利并承担国际法上的义务。由于内战或国与国的战争而导致政府无法在全部领土上行使全部权力或政府流亡海外时，国家也依然存在。④主权。主权是指国家所具有的对内的最高权力与对外的独立权力。没有主权就不成其为独立的国家，就不是或不完全是国际法的主体，就不能与他国或其他国际法主体独立地交往，就不能独立地承担国际法律义务。主权的对内最高权包括对其境内的人与物的属地优越权，以及对其国民（或公民、臣民）的属人优越权。主权的对外独立权表现为该国家在国际社会的独立地位，不受任何他国的管辖与支配。

---

①　《奥本海国际法》（中译本）第 1 卷第 1 分册，詹宁斯、瓦茨修订，第 92 页。
②　转引自邵律主编：《国际法》，北京大学出版社、高等教育出版社 2000 年版，第 35 页。

（二）国家的基本权利和义务

在国际社会里，任何一个国家都应享有它应当享有的权利，也应尽一定的义务，这种主张与原则，最早出现于 18、19 世纪。到了 20 世纪，这种主张与原则已得到学者们的广泛认可，并在一些国际文件中得到确认。虽然各种国际文件或国际法著作关于国家基本权利和义务的看法与主张不尽相同，但都承认国家有基本权利与义务。1949 年联合国大会通过的《国家权利和义务宣言草案》是一重要的国际文件依据。

1. 国家的基本权利

它既是国家作为国际人格者所应当享有的，也是由国家主权必然引申出来的，是国际法所确认的、不可侵犯和不可剥夺的权利。否认一国的基本权利，就是否认一国在国际上的独立地位与国际人权，"就等于否认它的主权"[①]。正如 1933 年美洲国家《关于国家权利和义务的公约》第 5 条所指出的："国家的基本权利不得以任何方式加以侵犯。"[②] 根据有关国际文书规定，国家的基本权利主要包括如下几项：

（1）独立权。它是国家主权在国际关系中的体现。其具体内容是，国家可以按照自己的意志处理其对内与对外事务而不受任何外来干涉，可独立自主选择其经济的、政治的、社会的制度，可以采取立法的、司法的、行政的措施，决定它的对内对外政策，处理各种国际事务。

（2）平等权。它是指每个国家在国际法上和各种国际事务中都享有平等的地位，国家无论大小或强弱，无论其实行何种经济、政治与社会制度，也无论其社会发展水平如何，它们在国际社会里都可以平等地交往，平等地共同处理国际事务，在法律上地位都平等。如《联合国宪章》第 1 条规定：应"发展以尊重人民平等权利及自决原则为根据之友好关系"；第 2 条规定："本组织系基于各会员国主权平等之原则。"

（3）自卫权。它是指当一国遭到外来武力攻击时，有权实施单独的或集体的武装自卫以保卫国家。如《联合国宪章》第 51 条规定："联合国会

---

① 周鲠生：《国际法》上册，商务印书馆 1976 年版，第 77 页。
② 《国际条约集》（1924—1933），世界知识出版社 1961 年版，第 545 页。

员国受到武力攻击时……本宪章不得认为禁止行使单独或集体自卫之自然权利。"但该条又同时要求：①自卫只能在安理会采取维持国际和平与安全的措施之前进行；②将采取的自卫措施立即向安理会报告，并且不得影响安理会采取必要行动。

（4）管辖权。它通常是指对立法、司法与执法行使管辖权。根据国际条约和国际习惯，国家行使管辖权的原则主要有下列四种：一是属地管辖——国家对其领土内的一切人和物，包括对领土本身有统治权。一切境内的人，无论是本国国民还是外国国民和无国籍人，都必须服从该国的属地管辖，依国际法享有豁免权者除外。二是属人管辖——国家对具有本国国籍的人的管辖，而不论其行为发生在哪里。三是保护性管辖——国家为了保护本国的独立、安全或其他重大利益，包括本国国民的生命、财产，而对外国人在该国领域之外对该国国家或其国民的极为严重的犯罪行为实行管辖。四是普遍管辖——对国际法上规定的严重危害国际社会共同利益的犯罪行为，如海盗罪、战争罪、反人道罪，任何国家均有管辖权，而不论罪行发生在哪里。

2. 国家的基本义务

国家依据国际法必须承担一些基本的国际义务，是同它们享有一些基本权利相关联的。这种义务主要涉及国际社会的和平与安全、民主与发展的根本利益，各国必须遵守。依据《联合国宪章》、《国家权利和义务宣言草案》（1949）、《国际法原则宣言》（1970）等国际文件的规定，国家基本义务的主要内容是尊重别国主权和由此引申出来的各项基本权利。它们是：①不得使用武力或武力威胁，或以同联合国宗旨不符的任何其它方式侵犯别国的领土完整和政治独立；②不得以任何理由和方式直接地或间接地干涉别国的内政；③用和平的方式解决本国与他国的争端；④善意履行依公认的国际法原则与规则以及有效的国际条约所承担的义务。

（三）国家主权概念

1. 主权概念的基本内涵

主权这个概念最早是由 16 世纪中叶法国哲学家让·博丹提出来的。他在其名著《论共和国》（1577）中指出，主权是国家内的最高权力，除了受上帝的戒条和自然法的限制外，不受任何限制。他的观点显然受当时很流行的自然法观念的影响。19 世纪以后，实在法观念流行时期，主权的性质是绝对的还是相对的，就开始出现争论。在国际关系中，主权的概念是伴随国际法的出现而必然出现与发展的。因为国际法是规范主权国家的关系的，它自身又是根据各主权国家的明示或默示的同意或接受而形成的。既然主权是国家存在的要素之一，因而也是国家作为国际法主体所固有的和不可缺少的属性；而国际法效力的根据就在于各国的主权的意志。正是由于这一根本理由，尊重国家主权的原则，得到了《联合国宪章》的确认和保障。宪章的序言庄严宣布："大小各国平等权利之信念"；第 2 条明确肯定："本组织系基于各会员国主权平等之原则"，并且郑重声明："不干涉在本质上属于任何国家国内管辖之事件"。中华人民共和国政府在1954 年倡导的，作为国际关系指导原则的"和平共处五项原则"（互相尊重主权和领土完整、互不侵犯、互不干涉内政、平等互利、和平共处），就是以贯彻与实施国家主权原则为出发点，切实实施这些原则对维护国家主权原则具有重大意义。中国政府一直信守这五项原则，也为现代国际法基本原则的丰富与发展作出了重要贡献。

国家主权原则作为国际法最重要的基本原则，其重要的理论与现实意义已为国际关系的历史经验所证实。每个国家应当根据自己的主权行事，不接受任何其他权威的命令与强制。历史上曾经有过的不少所谓"保护国"、"附庸国"就是因违反这一原则而纷纷解体。在一个主权国家内不得有任何外来权威行使部分主权，即主权具有排他性。因此像过去那些强加于人的不平等条约、在别国领土内行使领事裁判权，都是对主权原则的破坏，因而逐步成了历史陈迹。在通常情况下，国家只有自愿，其主权的行使才受限制。如一国永久中立，意味着其国家缔约权受到限制，这就必须出于国家自愿。主权国家也不能被强制把它的国际争端提交仲裁或司法解决，如此等等。[①]

2. 主权概念的绝对性与相对性

自 19 世纪末叶以来，国家主权与国际法的关系已成为国际法学一个

---

① 周鲠生：《国际法》上册，商务印书馆1976 年版，第 176 页。

争论十分激烈的问题。既然国家主权是对内的最高权和对外的独立权，而国际法对各国有约束力，这两者之间是不是有矛盾？是不是绝对对立？该如何解决这个矛盾？围绕这一问题，学者之间存在着各种不同见解，而不同的观念有时受不同国家的政治立场与外交政策的影响；不同的观念反过来又对不同国家的政治立场与对外政策发挥作用。笔者认为，国家主权同国际法的约束力之间的矛盾是客观存在的，从理论上说清楚这个问题，必须承认国家主权是绝对性与相对性的统一，必须肯定两者既对立又统一，必须合理平衡、具体问题具体分析，处理好两者的关系。为此，必须反对两种极端倾向：其一是主张彻底否定主权概念，其二是把主权概念绝对化。

波利蒂斯是西方国际法学者中第一个主张彻底否定主权观念的人。他说：主权的观念多年支配了国际法理论，它意味着国家的一种绝对的而无问题的权力，使得国家可以按照自己的意思在对外关系上采取行动，除自愿外不受任何限制。但是事实是，随着国际法的发展，国家的行动继续受到限制。这个现象说明，如果国家的意志真是主权的，它就不能为强制性的规则所限制。他认为，承认主权可以削减，就是承认它不存在，有限制的独立就已经不是独立。于是他提出，在国家主权与国际法两者之间必择其一，要么主权观念必须放弃，要么国际法的约束性必须否定。规范法学派的创始者凯尔逊也持同样的观点。他认为，国家是不是主权的这一问题是与国际法是不是高于国内法的问题一致的。主权如果意味着一个无限制的权力，那它肯定是同国际法不相容的。国际法既然课国家以义务，那也就限制了国家的权力。为了避免误解，最好关于国家完全不使用"主权"这一模糊的名词。现代国际法学家绝对地反对主权概念的，尚有社会连带主义学派的塞尔和法国巴黎大学的卢梭。① 这种观点之所以不正确，从哲学上看，任何事物都是绝对与相对的统一，即使像"独立"这样的概念，也同"自由"、"平等"一样，都有其相对性的一面，不能认为有一点"限制"，独立、自由与平等就不存在和不应当存在了。从国际法自身的原理看，国家主权应当同国际法是并行不悖的。因为一方面国际法对主权国

---

① 参见周鲠生：《国际法》上册，商务印书馆1976年版，第178—180页。

家有约束力，另一方面国家也就是国际法的制定参与者，主权国家遵守国际法就是履行它自愿同意承担的国际义务。虽然两者有时有冲突，但并不存在理论与实践不可解决的矛盾。再从实践看，国际法是由各国的主权的意志所形成，国家主权是国际法的基石，否定国家主权就势必动摇国际法的基础。即使未来国际法的运用与权威有扩大的趋势，国家主权概念也永远不会消失，否则国际法自身也就失去其基础而变质。作为维护国际法律秩序根本条件的国家主权原则一旦遭到全面否定，那将会世界无宁日。

另一种极端的观点，也是从否定国家主权概念具有一定的相对性出发，得出国家主权绝对不容限制的相反结论。持这种观点的学者虽然不多，但国内外都有。其实，把国家主权解释成没有相对性的绝对，也就否定了国际法。坚持国家主权原则，并不意味着一个国家可以在对外关系上为所欲为。国家主权所受限制，可以归结为两种不同情况。一是自愿性限制。例如，任何国家都有尊重他国主权的义务；参加了联合国，就要受《联合国宪章》的约束；自愿批准加入某些国际公约或签订某些双边与多边条约，就有遵守那些公约或条约的义务；要受到国际法院判决的限制；在区域性国际组织中，参加国的主权也要受制于有关的章程和协议；依国际法与国际惯例，某类人员在他国领土内享有一定的特权与豁免，所在国管辖权的行使就受限制，等等。二是强制性限制。如果一国严重违背了国际法准则而构成国际犯罪的行为，如种族歧视、种族灭绝、发动侵略战争、实行国际恐怖等，不论其是否联合国成员国，或者是否已批准加入某些国际公约，其他国家或国际组织都可对其采取制裁措施。

三 人权国际保护与尊重国家主权

（一）不干涉内政原则与人权国际保护的关系

要在人权问题上正确开展国际合作和正确实施国际保护，一个极为重要的问题，是必须在理论与实践上处理好促进人权国际保护与尊重国家主权的关系。西方的一些理论家和政治家宣扬"人权高于主权"、"人权无国界"，是错误的和有害的。这种理论和观念，违背了联合国宪章和一系列国际人权约法的宗旨和原则，违背了国际法的公认准则。我们反对将人权的国际保护与国家主权对立起来，主张两者的协调一致和高度统一。

国家主权原则是一项公认的国际法准则。《联合国宪章》第 2 条第 7 款明确规定："本宪章不得认为授权联合国干涉在本质上属于任何国内管辖之事件，且不要求会员国将该事件依本宪章提请解决。"1965 年通过的《关于各国内政不容干涉及其独立与主权之保护宣言》也郑重宣告，任何国家不得以任何理由直接或间接干涉任何其他国家的内政、外交。1970 年通过的《关于各国依据联合国宪章建立友好关系及合作之国际法原则宣言》又重申上述原则。国际上，对于人权是否属于"内政"范畴、是否属于《联合国宪章》第 2 条第 7 款所说的"本质上属于国内管辖事项"一直存在着意见分歧。其中有三种主要的见解。第一种意见是绝对肯定，认为人权是属于内政；第二种意见是绝对的否定，认为人权已完全不属内政问题；第三种意见认为，《联合国宪章》第 2 条第 7 款在起草时不包括内政，后来人权国际保护在实践中发展后，人权已不属于内政的范畴。我们认为，在一般情况下，人权属于内政范畴，属于国内管辖事项，国际社会不应也不能干涉；但在某些情况下，它又不属内政范畴，不属国内管辖事项，国际社会可以干预。"在本质上"应被解释为"在一般情况下"、"在多数情况下"。这样解释比较符合实际，也易为国际社会所普遍接受。现今的国际社会由一百多个平等的主权国家所组成，尊重国家的主权，是在国际范围内进行政治、经济与文化合作的基础，也是有效地实现人权的国内保护与国际保护的根本条件。

人权问题在一般情况下，属于国内管辖事项，应由各个国家自主处理。人权的促进和保障，主要依靠主权国家通过在法律、政治、经济、文化与社会等各个领域创造条件予以实现；在人权遭受侵犯的情况下，也主要依靠主权国家通过国内立法、司法、行政措施加以救济。国际人权文件承认主权国家有权根据本国安全的需要，通过法律对某些人权加以合理限制；国际人权公约规定的国际监督程序，未经一个国家的明示同意，对它不发生约束力；在一国为某项国际人权公约当事国的情况下，也只有在用尽国内救济办法以后，有关国际人权机构才能处理有关该国侵犯人权申诉的程序。因此，人权的国际保护应当也只能以充分尊重国家主权为基础。从国内范围看，国家主权是实现人权的手段和保证；但从国际范围看，国家主权又是该国人民人权的实际内容和集中体现。某些国家或国际组织超出国际人权保障的合理界限而侵犯某些国家的主权，就是侵犯了该国人民的根本利益，就是对该国人民的人权的侵犯。

同国家主权原则一样，人权国际保护也是一项重要的国际法准则。按照《联合国宪章》和国际人权公约的规定以及联合国组织的有关决定，在某些特定情况下，联合国及其会员国对某些国家侵犯人权的行为，诸如侵略战争、种族灭绝、贩卖奴隶等有权进行干预；对国际人权公约的缔约国故意违反公约的规定，不履行公约义务，其他缔约国可按公约规定的程序加以追究。所有这些，都不构成对一国国家主权的侵犯和对他国内政的干涉。

因此，我们既反对笼统地讲"人权高于主权"，也反对笼统地讲"主权高于人权"，因为这两种理论观念都不符合客观现实。我们强调，维护国家主权和加强人权国际保护，都是国际法的重要原则，两者是统一的，并不相互矛盾。如果一定要讲谁高谁低，那就应作具体分析。当人权问题是属于一国国内管辖事项，国际社会与其他国家不应干预时，主权高于人权；当人权问题超出了一国管辖范围，国际社会或其他国家可以进行干预时，人权就高于主权。我们反对所谓"人权无国界"，也不泛泛地讲"人权有国界"。因为实际情况是，在一般情况下，人权是属于国内的管辖事项，它应当是有国界的；在特殊情况下，国际社会对某些国家严重侵犯人权的行为可以实行各种形式的制裁和干预，人权又是没有国界的。片面强调国家主权原则或片面强调人权的国际保护，都不符合世界人民的根本利益和共同愿望。

（二）国际社会可以干预的人权问题

中国政府在理论上明确承认，有些人权问题国际社会是可以干预的。例如，国务院新闻办公室1991年发表的《中国的人权状况》白皮书就指出："对于危及世界和平与安全的行为，诸如由殖民主义、种族主义和外国侵略、占领造成的粗暴侵犯人权的行为，以及种族隔离、种族歧视、灭绝种族、贩卖奴隶、国际恐怖组织侵犯人权的严重事件，国际社会都应进行干预和制止，实行人权的国际保护。"在实践上，新中国成立以来，中国政府已尽力参与了国际上各种人权的国际保护。

按照有关国际人权法的规定，国际社会可以并应当进行干预和制止，并受到普遍关注和比较突出的人权问题有以下各类：

（1）殖民主义。根据1960年制定的《给予殖民地国家和人民独立宣言》，被压迫民族有反对殖民主义的民族自决权。该宣言第4项尤其具有重要意义，即要求制止对解放运动采取一切武装行动和镇压措施。在该实证主义指导下，联合国曾有力地推动了殖民地解放运动。中国是这一运动的坚强后盾。

（2）种族歧视与种族隔离。根据1963年通过的《联合国消除一切形式种族歧视宣言》及以后制定的《消除一切形式种族歧视国际公约》、《禁止并惩治隔离罪行国际公约》等国际人权文书，联合国采取了各种有力措施包括制裁措施，维护了种族与民族的平等权。其典型是对前南非种族主义政权的制裁。从联合国安理会自1960年3—4月首次介入南非问题起，后来它的几乎所有机构，包括大会、经社理事会及下属的人权委员会、安理会、国际法院等，都参加了这一实践。中国不仅批准了上述反种族歧视与隔离的两公约，也积极参与了对前南非种族主义政权的制裁。

（3）外国侵略与占领。这首先是严重地直接地违背了联合国维护人类和平与安全的根本宗旨和原则，同时也是对各国人民享有和平与安全权的严重侵害。《联合国宪章》第2条第4款规定：各会员国在其国际关系上不得使用威胁或武力，或以与联合国宗旨不符之任何其他方法侵害任何会员国或国家之领土完整或政治独立。《国际法原则宣言》重申了这项原则，并对其具体内容作了详细规定。《非洲人权与民权宪章》是明确将和平与安全权作为各国民族与人民应当享有的一项人权的第一个国际文件。该宪章第23条规定："一切民族有权享受国内和国际的和平与安全。"之后，联合国又专门通过了《各国人民享有和平权利宣言》，它"庄严宣布全球人民均在享受和平的神圣权利"，并明确规定"维护各国人民享有和平的权利和促进实现这种权利是每个国家的根本义务"。前伊拉克政权侵略科威特，构成了严重侵犯他国人民的和平与安全权，因而遭到联合国的制裁。中国政府对其绝大多数制裁措施都投了赞成票。

（4）国际恐怖。《国际法原则宣言》规定，各国有义务避免组织或鼓励组织非正规军或武装团队侵入他国领土，或在他国发动、煽动、协助或参加内争或恐怖活动，或默许在其本国境内从事此种活动。这方面最新最典型的事例，就是联合国对前阿富汗塔利班政权的制裁，中国政府对其中的大多数制裁措施也投了赞成票。

（5）人道主义灾难。由于内战或自然灾害等原因而出现大规模逃离或大批难民或类似事件，不提供援助就会造成大批人死亡，这些人就有权享有国际一级的人道主义援助。这种人道主义救援早已出现，而近些年来出现的"维和"行动也与此密切相关。中国已积极参与了诸如东帝汶、柬埔寨等国家的维和行动。

（6）大规模污染空气与海洋。全人类都有在一个良好自然环境下生活以保护其心身健康的权利。国际环境法作为国际法的一部分，一系列宣言和公约都肯定了这一权利。1972 年《人类环境宣言》规定："依照联合国宪章和国际法原则，各国有按照其环境政策开发其资源的主权权利，同时亦负有责任，确保在它管辖或控制范围内的活动，不致对其他国家的环境或其本国管辖范围以外地区的环境引起损害。"1992 年《里约环境与发展宣言》重申了这项原则。这一原则也得到了不少国际公约的确认，如《生物多样性公约》、《气候变化框架公约》。由于大规模污染大气与海洋，其后果严重，而且受害者无国界之分，因而国际社会可以强行干预和制止。目前，国际上尚无此类先例。但国际环境法历史上第一起著名的越境环境污染责任案件——特雷尔冶炼厂案在 20 世纪 30 年代即已发生并经国际仲裁法庭审理。

这里有两点必须注意。第一，国际集体人权中还有发展权、食物权等，但它们主要是属于需要通过各国合作以及国际组织采取"积极"的措施予以逐步实现的人权。第二，依据"武装冲突法"的有关规定，可以也应当惩罚战争罪犯和对犯有严重违反国际人道主义法行为的人追究他们个人的刑事责任。这同追究主权国家的责任是有区别的。这是国际法特别是武装冲突法的重大发展。

后记：

本文原载《法学研究》1995 年第 4 期，后收入《当代中国人权理论与实践》（吉林大学出版社 1996 年版）和《论人权与主权》（中国人权研究会编，当代世界出版社出版）。后经修改与展开，作为作者主编的《人权法学》的一章。该书由高等教育出版社于 2005 年出版。前文曾作为会议论文提交于 1995 年在波恩召开的"中德人权理论研讨会"。当时中国另一位学者论文的观点与此文相反，认为在任何条件下，国家主权都高于国际人权保护。出国前，外交部和司法部有关领导对这两篇论文未要求作任何改动。结果反应良好。德国一些专家评论说，像这样非常敏感的政治问题，中国学者的不同主张都可以在国际会议上自由发表，看来中国是有学术自由的。会后我为代表团起草工作汇报时，还专门提到这个例子。

2004 年修宪建议

　　这次中央主持修改宪法，比 1999 年修宪在民主立宪方面又有了进步。那一次是中央先有几点修改意见，而后召开两次专家座谈会；这次中央没有提出具体方案，而是召开六次座谈会，广泛听取各种建议，先民主，后集中。下面，我谈几点看法。

　　首先，我认为应当在这次修宪中加进"国家尊重和保障人权"的内容。人权得到最充分的实现，应当是社会主义的理想。可是我们过去在这个问题上观念有错误，一度把这面旗帜交给了西方。最近十多年来，经过理论界的反复讨论，已逐步达成基本共识，就是社会主义者应当高举人权的旗帜。共产主义社会是一个人人自由、人人平等、人人富裕的社会，而这正是现代人权最基本的内容与要求。中央采纳了多数学者的看法，在党的十五大和十六大报告中已先后写进国家"尊重和保障人权"的内容。这次修宪把"尊重和保障人权"写入宪法只有好处，没有坏处。

　　有同志说，世界上也有不少国家的宪法并没有关于国家"尊重和保障人权"的内容，而且我国宪法对公民的基本权利已经作了详细的规定，因此没有必要再写进这一内容。我不同意这一看法。几年前，我们的舆论还普遍认为，"人权是资产阶级的口号"，直到今天也还有很多干部视"人权"为禁区，不敢触及。第一，将"国家尊重和保障人权"写进宪法，有利于彻底消除人们对这一问题的误解和顾虑。第二，将这一原则写入宪法，有利于从立法、执法、司法、护法等各方面促进对人权的尊重和保护。第三，将这一原则写进宪法，可进一步消除国际上一些政府和人士对我国政府在人权问题的立场上的误解与攻击，有利于提高我国的国际声誉。第四，人权的本来含义是一种"应有权利"，并不以法律是否规定为转移。法律是人制定的，立法者对人作为人依照其人格、尊严与价值所应当享有的各种权利,可以规定也可以不作规定。宪法明定的各种公民的基本权利是人权的重要内容,但人权不仅限于这些宪法权利,它的内容与范围要广泛得多。因此作出"国家尊重和保障人权"这一原则性、概括性规定是科学的、有益的。

其次,我还认为,应当通过这次修宪建立起我国以违宪审查为重要内容的宪法保障制度。现在世界上绝大多数国家都已经建立起违宪审查制度。这一制度对树立宪法的崇高权威、保证宪法的切实实施起着关键性的作用。我国宪法只是简单地规定全国人大和全国人大常委会"保证宪法实施",而没有建立起任何具体制度。违宪主体是谁,即什么人的行为可以构成违宪;违宪客体有哪些,即什么样的行为可以构成违宪;确认违宪后可以有哪些制裁方式和应当承担什么法律后果;什么样的组织或个人有权提出违宪审查提案或建议;什么样的组织具体负责受理和审议,这类提案或建议其程序是什么;所有这些制度在我国都没有建立起来。这是现今我国宪法制度的最大缺陷,也是我国宪法还缺乏应有权威的根本原因所在。坦率讲,现在我国宪法被违反但得不到纠正的情况还不少。宪法是国家的根本大法,是国家长治久安的根本保证;依法治国重在依宪治国,国家领导机构及领导人带头切实遵守宪法,就将极大地促进全国人民都切实遵守宪法和各种法律。我国现行宪法自 1982 年制定以来,不少学者一直在呼吁建立我国的违宪审查制度。当时我们的解释是"经验还不成熟"。现在 20 年已经过去了,恐怕不好再这样讲了。现在我国的经济与政治体制改革已取得巨大的成就,人民的政治觉悟和民主法制观念已得到很大的提高,今天建立违宪审查制度的客观条件已经完全具备。

世界各国的违宪审查制度有几种基本模式,一是由立法机关负责,如英国与苏联;二是由司法机关负责,如美国;三是由专门的政治机关负责,如法国;四是由宪法法院负责,如奥地利、德国。根据我国当前的具体国情,尤其是现行政治体制,在全国人大设立宪法监督委员会是可行的。它由全国人大领导,在其闭会期间受全国人大常委会领导。其性质与地位等同于现在的各个专门委员会,它的职权与职责主要是对解释宪法提出建议,对现行法律、行政法规、地方性法规是否同宪法相抵触提出建议,对报送全国人大及其常委会备案的地方性法规是否违宪提出审查意

见，对中央一级国家机关的权限争议提出处理意见，对中央一级选举出的
领导人的罢免提出审查意见，等等。委员会成员以 15 人左右为宜，其主
任、副主任可以在副委员长中遴选，委员中最好有若干法学专家。各级人
大都是处于执政党的领导下，宪法监督委员会的活动不会对党的领导带来
什么影响或威胁。

同时，我还就此提出一个具体建议。"孙志刚事件"已经在全国引起
强烈反响，依照我国《立法法》的有关规定，三位公民有权就撤销国务院
制定的"收容遣返"条例提出建议，全国人大常委会还必须就此作出回
答，结论也只能说这一条例是应当撤销的。因此我认为全国人大应当就此
尽快果断地作出决定，由全国人大行使宪法权力，宣布撤销这一条例。自
1954 年宪法颁布到现在，50 年了，我们还没有过违宪审查的先例。这次
如果能这样做，一定会对树立宪法权威起重大作用。

最后，我还主张对现行宪法的第 126 条作出修改。该条规定："人民
法院依照法律规定独立行使审判权，不受行政机关、社会团体和个人的干
涉。""干涉"是个贬义词。人民法院的审判工作要接受党的领导，要接
受人大的监督，但"领导"、"监督"同"干涉"完全不是一回事。1982
年现行宪法制定时，我同一些学者就不同意这样规定，主张回复到 1954
年宪法的规定："人民法院独立进行审判，只服从法律。"现在实际生活中
有些地方党委或人大这样或那样地妨碍人民法院独立进行审判的事情还时
有发生，这同现行宪法第 126 条的规定有一定的关系。

以上建议是否妥当，请考虑。

后记：

这是作者 2003 年 6 月 13 日上午在人民大会堂由吴邦国委员长主持的宪法修改座谈会
上的发言。这次座谈会主要是听取宪法学者的意见。参加此次座谈会的宪法学家还有许崇
德、张庆福、韩大元、徐显明，以及长期从事人大工作的顾昂然和项淳一两位同志。作者
被要求第一个发言。2004 年第四次修宪时，尽管有人反对，中央还是果断作出决定，采纳
学者建议，将"国家尊重和保障人权"庄严载入宪法。这次修宪后，中央电视台在党中央
修宪领导小组办公室的支持与指导下，作了一期长约 50 分钟的专题节目，阐述这次修宪
的基本精神。作者在节目中讲的内容之一，就是为什么要将人权保障写进宪法。

论我国罪犯的法律地位

对罪犯的教育改造，是我国政法工作的一项重要任务。为了做好这项工作，对罪犯在法律上的地位有必要加以研究。

研究罪犯的法律地位，必然涉及罪犯是不是公民的问题。有的人把"公民"和"人民"等同起来，认为被剥夺了政治权利的罪犯属于"敌人"的范畴，就不是公民；有人认为，凡是犯了罪、判了刑的人，都是"专政对象"，都不是公民。在他们看来，罪犯，特别是被剥夺了政治权利的罪犯，不再是"公民"，而是"国民"。我们认为，这些看法是不妥当的。

现今世界各国，由于政治制度不同、国情不同、法律制度的历史沿革不同，在自己的宪法和法律中，对于"人民"、"公民"、"国民"这三个概念的使用和解释是不一致的。例如，在苏联，凡是具有该国国籍的人，都是苏联的"公民"；在日本，凡是具有该国国籍的人，都是日本的"国民"；在美国，凡是美国本土出生，具有该国国籍的人，都是"公民"；凡是美国属地出生（现在主要是指东萨摩亚群岛），具有该国国籍的人，都是"国民"。

在我国，"人民"、"国民"、"公民"的含义，只能根据我们的现行宪法和法律来使用和解释。"人民"是相对于"敌人"而言的，在不同的历史时期，有不同的含义。在我国的现行宪法和法律中，需要把人民与敌人严格区别开来的情况下，有时也用这个概念。但是，它们不是一种法律术语，而是一种政治术语。同样，"国民"也不是作为在法律上享有一定权利和义务的人的术语来使用的。我国现行宪法和法律也用这一概念，但主要用于经济方面，如"国民经济"、"国民收入"、"国民分配"、"国民经济计划"，等等。"公民"这个概念，在我国宪法和法律上，是作为一个享有某种权利、承担某种义务、具有一定法律地位的人的专门的法律术语。凡是具有我国国籍的人都是我国的公民；凡是我国的公民，都享有一定的权利，应尽一定的义务；他们的权利都受到法律的保护。我国公民犯罪以后，仍有我国国籍，也有一定的权利和义务，仍是我国的公民。

如果认为所有罪犯或者说那些被剥夺了政治权利的罪犯不是公民，那么，不仅宪法第三章《公民的基本权利和义务》对他们不适用，而且其他所有法律中有关公民的权利与义务的条文对他们也不适用。比如我国的刑法明确规定，刑法的任务之一，是"保护公民私人所有的合法财产，保护公民的人身权利、民主权利和其他权利"（第 2 条）。如果说罪犯不是"公民"，那他们就不在被保护之列，他们的人身就可以被随便侮辱和任意伤害，他们的财产可以被随便剥夺和非法侵占，任何人这样做都可以不受法律追究。这显然是不行的。总之，按照我国现行宪法和法律的规定，罪犯也是我国的公民，也有公民资格。罪犯只是犯了罪的公民。他们当然和其他的守法公民有区别，其根本区别就在于权利和义务有所不同。

有人认为，犯了罪的公民就没有任何权利和义务了。这种看法是不对的。没有任何权利的人是不能存在的。任何权利都是法律规定的，任何权利的真正实现也必须有法律保护，否则，任何权利都只能是一句空话。人的一切行为也都要受到法律的约束。所谓合法的行为，就是依法有权做的行为；所谓非法的行为，就是依法无权做的行为。人的生命存在本身就表现为一种权利，处死就是剥夺生命权。一个罪犯只要没有被判处死刑，就是承认了他的生命权。既然承认他的生命权，就必须给他以维持其生命存在的其他权利，例如，要有取得生活资料的权利、人身安全的权利，等等，否则生命权就无从享受。

罪犯有一定的权利，更要尽一定的义务。我国公民应尽的各项义务，罪犯都必须严格履行。除此之外，罪犯还有服从管教、遵守劳动改造纪律等义务。罪犯之所以是罪犯，重要的一条是因为他没有很好地履行公民应当履行的义务；对他科以刑罚，就是要用强制手段迫使他在劳动中改造自己，逐步把他改造成为能自觉地履行公民义务的公民。

有人认为，罪犯没有权利，但应给罪犯以人道主义的待遇。这看法也是不对的。人道主义是一个道德范畴，它不具有法律效力。如果只笼统地、抽象地讲人道主义，那么司法人员既可以对罪犯实行人道主义，也可以对罪犯不实行人道主义。再加上每个人对人道主义的理解不同，执行起来伸缩性很大。因此，只有把对罪犯的人道主义待遇变成罪犯应当享有的各种具体的法定权利，并由法律加以保护，革命人道主义才能真正实现。我国的刑法和刑事诉讼法已经包含了这一项内容。

有人认为，罪犯在服刑期间，一律不享有政治权利。这种看法是不对的。我国《刑法》第 52 条规定："对于反革命分子应当附加剥夺政治权利；对于严重破坏社会秩序的犯罪分子，在必要的时候，也可以附加剥夺政治权利。"因此，剥夺政治权利只适用于这两种罪犯，其他刑事罪犯仍保留了政治权利。在我国的罪犯中，被剥夺政治权利的是很少的。一般地说，凡是敌我矛盾性质的罪犯都要剥夺政治权利；人民内部的犯罪分子一律享有政治权利。1957 年 4 月 16 日，我国最高人民检察院在《关于缓刑期间被告人是否有政治权利等问题的批复》中曾指出："人民法院判处徒刑宣告缓刑的被告人，如果原判未剥夺政治权利，是应当有政治权利的。"

人身权利也是罪犯的一项重要权利。判处徒刑的罪犯，被剥夺了人身自由权；判处拘役和管制的罪犯，被剥夺了部分人身自由权。但是人身自由权只是人身权利的一部分。除人身自由权外，其他人身权利，所有罪犯都没有被剥夺，都应受到保护。我国刑法分则第四章《侵犯公民人身权利、民主权利罪》中有关保护公民人身权利的条文，原则上对所有罪犯一律适用。如"故意杀人"、"过失杀人"、"故意伤害他人身体"、"过失伤害他人致人重伤"等条文里所指的犯罪客体"人"，都包括罪犯在内。《刑法》第 138 条规定："严禁用任何方法、手段诬告陷害干部、群众。凡捏造事实诬告陷害他人（包括犯人）的，参照所诬陷的罪行的性质、情节、后果和量刑标准给予刑事处分。"有人认为，对罪犯诬告没有什么关系，这是错误的。这一条特别指出被诬告陷害的"他人"包括"犯人"在内，目的在着重强调对犯人也不例外，是完全必要的。《刑法》第 136 条规定："严禁刑讯逼供。国家工作人员对人犯实行刑讯逼供的，处三年以下有期徒刑或者拘役。以肉刑致人伤残的，以伤害罪从重论处。"这就保证了罪犯的某些人身权利不受侵犯。

罪犯不仅享有公民的政治权利和人身权利，而且还应有广泛的经济、文化与婚姻家庭等方面的权利。我国《宪法》第 9 条规定："国家保护公民的合法收入、储蓄、房屋和其他生活资料的所有权。"这一条对罪犯也是适用的。任何侵犯罪犯个人财产和生活资料的行为，都是违法犯罪行为，情节严重者，要受到法律的制裁。罪犯也有受教育的权利。监狱和劳动改造机关有义务组织他们学政治、学文化、学科学技术知识。不少罪犯就是因不注意学习、惯于游手好闲而犯罪的，要改变他们的这种恶习，就必须让他们学习。此外罪犯的婚姻与家庭也应受到我国法律的保护。我国的《刑法》第七章《妨碍婚姻、家庭罪》中有关惩处"重婚"、"拐骗不满十四岁的男、女"、"虐待家庭成员"、"拒绝扶养"等犯罪行为的条文，也同样适用于罪犯。

还有一点需要指出的是，我国《刑事诉讼法》第 4 条规定："对于一切公民，在适用法律上一律平等。"这里所说的"一切公民"，应当包括罪犯在内；这里所说的"在适用法律上一律平等"的法制原则，对于罪犯同样有效。因此，凡是罪犯没有被剥夺的各种公民权利，应该得到和其他公民同样的保护。

后记：

本文原载 1979 年 10 月 31 日《人民日报》，署名李步云、徐炳。此文发表后引起全国震动。当时的公安部劳改局、全国人大法制工作委员会、人民日报和作者本人，都收到大量来信，有支持者，也有反对者。某司法机关的文件曾批评此文：只讲对罪犯的权利保护，不讲对他们进行斗争（其实对罪犯判刑就是"斗争"。同时文章也讲了罪犯应服从管教等）。有学者在报刊撰文，认为罪犯不是公民。一研究所曾以此文上报，认为有"自由化"倾向。但张友渔教授认为，此文观点正确。作者曾到公安部劳改局就此征询意见。参与座谈的该局李均仁等三位同志明确支持作者的观点，认为"很有启发"，并希望作者就此再写文章。此文的观点后来被 1994 年 12 月制定和颁布的《监狱法》所采纳。该法共 78 条，其中涉及保障罪犯权利的有 20 多条。本文反响还可参见郭道晖教授所著《法的时代精神》（湖南人民出版社 1997 年版）第 4 页和第 62 页。

发展权论纲

引言

1. "和平与发展"是我们这个时代的主旋律。发展权作为一项重要人权，势必成为 21 世纪人权保障的一个重要内容。在亚洲，多数国家属于发展中国家，它们对发展权得到进一步实现寄予很大的期望。

2. 在国际上，发展权是一个有很大争议的问题。无论是国家与国家之间，还是学者与学者之间，都普遍存在不同的甚至是相反的看法。发展中国家通常都认为发展权是一项重要人权，而不少发达国家的政府则认为它不属于人权的范畴。

3. 发展权经历了一个什么样的产生过程？它的主要内容和特点有哪些？作为一项综合性人权，其核心或主要诉求是什么？如果发展权的本质是"发展机会均等"，那么它的理论依据何在？人们提出了种种否认发展权是一项人权的论据，如何回答这些论据？深入研究这些问题，以便求得共识，无疑具有重要的理论与实践意义。

一　发展权产生的过程

4. 发展权的产生是同民族自决权的产生密切联系在一起的。60 年代以来，长期遭受压迫和奴役的殖民地人民纷纷挣脱殖民主义和帝国主义的枷锁，陆续走上了独立发展的道路。但是，由于历史上的各种原因，已经获得政治独立的国家仍然处于十分贫困的境地，面临着实现经济独立、迅速发展生产力以提高本国人民生活水平的艰巨任务。这些发展中国家认为，不合理和不公正的国际经济秩序是发展中国家迅速发展经济和文化的主要障碍。这些国家强烈要求建立国际经济政治新秩序以改变自己的经济、文化与社会的落后境况。发展权就是在这种历史背景下提出来的。

5. 在理论上，许多学者曾对发展权概念的提出及其重要性作过论述。例如，塞内加尔最高法院院长、法学家卡巴·穆巴耶曾在 1970 年斯特拉斯堡国际人权研究所的一次演说中，第一次论述了发展权。他说，一切基本权利和自由必然与生存权、不断提高生活水平权联系在一起，因而也就与发展权利相联系。发展权是一项人权，人类没有发展就不能生存。① 但他认为没有必要为了设定此一权利而起草一份新的宣言，因为发展权已经包含在有关国际法的一些文件中，比如《联合国宪章》第 55 条和第 56 条、《世界人权宣言》第 22—27 条。

这些条文中的规定和原则都强调全球相互依存和开展国际合作的必要性。联合国教科文组织的前人权和和平司司长卡雷奇·瓦萨克对肯定发展权是一项新的人权也起过重要作用。他把发展权称为第三代人权。他认为，第一代人权主要指政治和公民权利；第二代人权主要指经济、社会、文化权利；第三代人权则包括相互依存权利，其中包括发展权。② 不少人并不赞成他的"三代人权"论，但他的理论在发展中国家得到了很多人的赞同。

6. 发展权从提出到被联合国正式确认为是一项基本人权，经历了一个长期的过程。1960 年通过的《给予殖民地国家和人民独立宣言》认为，"殖民主义的继续存在阻碍了国际经济合作的发展，妨碍了附属国人民的社会、文化和经济的发展"（序言）。1966 年通过的《公民权利和政治权利国际公约》和《经济、社会、文化权利国际公约》明确肯定了所有人民都享有"自由谋取他们的经济、社会和文化的发展"的权利（第 1 条）。1968 年的《德黑兰宣言》对发展权的概念从人权角度作了论证，明确提出发展中国家与发达国家在经济上的日益悬殊，妨碍了国际社会人权

---

① 卡巴·穆巴耶：《作为一项人权的发展权》，《人权评论》1992 年第 5 期。
② 卡雷尔·瓦萨克：《三十年的斗争》，《教科文组织信使》1977 年 11 月，第 29 页。

的实现；认为要达到人权的长久进展，有赖于健全有效的国内和国际经济及社会的发展政策（第13条）。1974年的《各国经济权利和义务宪章》强调各国"有促进其人民的经济、社会和文化发展的首要责任，每个国家有权利和责任选择其发展的目标和途径，充分动员和利用其资源，逐步实施经济和社会改革，并保证其人民充分参与发展过程和分享发展利益"（第7条）。1977年的《关于人权新概念的决议案》强调"不公平的国际经济秩序继续存在，对于在发展中国家实现经济、社会和文化权利构成主要障碍"（序言）。所以，"实现新的国际经济秩序是有效增进人权和基本自由的必要因素"（第1条第6款）。所有这些国际人权文书的有关规定，为以后制定《发展权利宣言》打下了基础。

7. 1977年，联合国人权委员会第三十三届会议通过第4（XXXⅢ）号决议，请求联合国秘书长和教科文组织等，"在国际合作的基础上，将发展权作为一项人权，与其他各项人权，包括和平权结合起来，对其国际方面加以研究，研究中应考虑到国际经济新秩序及人的基本需求"。1979年1月，该人权委员会又通过第5（XXXⅣ）号决议，重申发展权是一项人权，强调"发展机会均等，既是国家的权利，也是国家内个人的权利"。1981年3月，该人权委员会通过第36（XXXⅦ）号决议，决定设立政府专家工作组，着手起草《发展权利宣言》。经过长时间的研究和争论，1986年12月4日，第四十一届联合国大会通过了《发展权利宣言》，（第41/128号决议）。该宣言全面阐述了发展权作为一项基本人权的理论基础、它的概念和内容，以及实现这一权利的条件和措施。

8. 《发展权利宣言》在通过时并没有获得全体一致的同意，这就影响了该宣言的权威性。但是，那时以来，联合国大会、人权委员会、不结盟国家首脑会议等多次宣告发展权的重要性和紧迫性，第四十五届联合国大会召开的关于发展权的全球性磋商会议以及第四十九届人权委员会设立的发展权政府专家工作小组为致力于研究消除实现发展权的障碍作出了种种努力。1993年第二次世界人权大会通过的《维也纳宣言和行动纲领》又再次肯定发展权是一项普遍的、不可分割的权利，是基本人权的组成部分。这些都证明发展权作为一项基本人权正在国际范围内得到更为广泛的肯定和重视。

二 发展权的性质和内容

9. 从上述发展权产生的历史和《发展权利宣言》（以下简称"宣言"）的制定过程可以清楚看出，发展权主要是由发展中国家提出来的，是这些国家的一种权利主张和权利诉求。"宣言"的通过是发展中国家与发达国家在利益与价值观上相互宽容与妥协的产物。"宣言"的内容也充分反映了这一点。这就带来了两方面的影响：一方面，人们对发展权的概念势必产生各种意见分歧，同时在执行上也会遇到困难；另一方面，它综合与平衡了南方与北方、东方与西方在利益分享和价值取向上的差异，使发展权的概念变得丰富起来，有利于防止对它的理解与实施的片面性与狭隘性。

10. 如果对"宣言"所表述的发展权的概念作一个一般性的评论，大多数人可能会同意发展权是一项综合性人权，即发展权既是一项群体人权，也是一项个人人权；它的主体是民族、国家，也是个人。发展权的内容包括经济、政治、文化、社会等各个方面。实现发展权的义务承担者主要是各国政府，也包括整个国际社会，而且，"所有的人单独地和集体地都对发展负有责任"。同时，"宣言"还在发展权的概念中加进许多权利作为其要素，如民族自决权、自然资源永久主权、和平权、民族与种族平等权、妇女平等权、民众参与权，等等。似乎，发展权的内容十分广泛，它像一个大口袋，里面什么都有。这虽然有一定的道理，也较容易在人们中求得共识，但是，其弊病也是明显的。因为，如果发展权是一个无所不包的权利概念，那么，它在人们的观念中就会模糊不清，它也就会失去自身存在的价值。

11. 我个人倾向于这样的理解：发展权是一种"发展机会均等"权。它首先是或主要是发展中国家应当享有的"发展机会均等"的一种特有权利；同时，它也是一国内某些弱势群体应当享有的"发展机会均等"的特有权利。发展权实质上是一种平等权，而其内容是"发展"，亦即在发展问题上的平等权。它在整个人权体系中是属于"平等权"一族，它同民族平等权、性别平等权具有相同的性质，其区别在于它的内容是在经济、政治、文化、社会发展中的成果的平等享有权和参与权以及一些重要权利形式，如区别对待权和发展援助权，等等。也可以说，从狭义上讲，发展权的主体和受益者应当是发展中国家。这个意义上的发展权，同民族自决权、和平与安全权、环境权、自由处置天然财富和资源权、人道主义援助权等一起，属于国际集体人权的范畴。从广义上讲，发展权也包括一国内某些群体的"发展机会均等"权。例如，中国近年来实行西部开发战略，中国西部地区的人民，正从国家和东部与中部地区得到从区别对待权和发展援助权中所能获取的权益。

我个人对发展权的上述理解，是基于以下一些原因和考虑：

12. 发展权是"发展机会均等"权这一结论的得出，第一是基于对"宣言"的内容与结构的逻辑分析。"宣言"的序言具有实际内容的共 16 个自然段，其中最后一段是给发展权下定义。它的内容是"确认发展权利是一项不可剥夺的人权，发展机会均等是国家和组成国家的个人一项特有的权利"。这里用的是"确认"一词，而前面 15 个自然段用的是"铭记"、"承认"、"认为"、"忆及"、"关注"，其内容是阐明发展权的背景、意义、原则以及其实现的条件，而没有涉及发展权究竟是什么。宣言正文共 10 条，其内容主要是规定发展权的具体内涵、相关原则以及实现发展权应当提供的条件和采取的措施，它没有给发展权下一个简明的、概括的定义。因此，"宣言"序言的第 16 自然段是对发展权的特殊性质所作的概括，是理解什么是发展权的主要依据。

13. 第二，我认为"发展"与"发展权"这两个概念虽有联系，但有区别，不应当混为一谈。世界上的每一个人都应当享有经济、政治、文化、社会的发展成果，也应参与其中作出贡献。任何国家的政府、一切社会团体、所有国际组织，都负有全面推进经济、社会、文化和政治的发展进程的责任，以满足全人类的共同需要。这是它们应当做的，也是很多国家正在全力以赴做的事情。这是"发展"问题。"发展"是哲学概念，广泛应用于经济、政治、文化与社会生活各个领域。"发展权"则是一个权利概念、法律概念。作为一个法律上的权利概念，它必须包括如下三个基本要素：应有特定的权利主体即受益者；应有特定的义务承担者；应有具体的权利诉求内容。发展权是符合与具备这三个要素的。

14. 第三，不宜把发展权这一概念的内涵理解得过于宽泛，否则发展权将失去自身存在的意义。例如，有人认为，个人的发展包含"国际人权公约中已认可的那些权利的总和"。① 有人说，个人的发展权意味着"物质权利——衣、食、住以及卫生保健的权利和非物质权利——生命、思想、良知和宗教自由"，此外，还包括"最低限度的个人在发展过程中的参与机会"。② 有人认为，发展权表示所有人在各个领域的普遍参与发展决策和管理的权利。其内容包括："言论、表达和新闻自由，公职人员选举程序、公民投票和罢免权以及必要时改变国家结构和程序的权利。"③ 依照这些学者的理解，个人人权的方方面面都应包括在发展权的概念中。其实，这里提到的许多个人人权都有各自特定的含义，它们已经在各国的法律及其实践中经历了上百年的历史，没有必要再放进发展权的概念中。如果把发展权界定为"发展机会均等"权，就能在人权的体系或清单中占有它自己独立或独特的位置。

15. 第四，从实践看，从发展权被提出和被国际正式确认到现在，发展权的概念主要是在国际上使用。从"宣言"通过以来，发展权问题已经成为联合国大会及其有关机构经常关心和关注的一项重要人权，已经成为联合国人权委员会予以优先审议的事项。但是在各国的法律与人权实践中却很少使用发展权的概念，在各国国内人权清单中很少出现发展权的称谓。在个人人权中，诸如平等受教育权、平等参与权、公平分配权等，在群体权利中，诸如性别平等权、民族平等权等，它们都有自己的权利归属，而很少被归结为"发展权"。也许，在中国正在进行的"西部开发战略"中，相对贫困落后的西部人民所应当享有的"发展机会均等"权，可以称为一种新的国内群体人权。

16. 第五，从现实情况看，作为国际集体人权之一发展权的主体发展中国家，其中的多数在民主、法治、人权等方面的发展水平相对较低，少数国家甚至非常落后，而且发展中国家在享有区别对待权与发展援助权等权益时是以国家和政府的形式出现。因此"宣言"强调"发展是经济、

---

① Abi-Saab："发展权的法律形式"，见 Rene Jean Dupay 编《国际范围的发展权利》，1980 年。

② Mestdagh，同上，第 50 页。

③ U. Baxi："发展权利的发展"，见 E. S. VenKataramiah 编《变化世界中的人权》，1988 年，第 4—6 页。

社会、文化和政治的全面进程"（序言）；强调"人是发展的主体"，人"应成为发展权利的积极参与者和受益者"（第 2 条）；强调"所有人权和基本自由都是不可分割和相互依存的"（第 6 条）；强调"各国应在国家一级采取一切必要措施实现发展权利"（第 8 条），等等。这不仅在理论上能够全面准确理解与把握发展权的丰富内涵，而且在实践上对促进某些发展中国家的政治、法律与经济制度的改革，保证发展权的实际成果真正为全体人民所享有，具有重要的现实意义。即使这样，我仍认为没有必要将发展权的概念解释成无所不包、一个什么人权都可以往里装的大口袋。

三　为什么发展权是人权

17. 反对发展权是一项基本人权的学者提出过种种理由。例如，一位美国代表曾经这样讲："不管给发展权下什么样的定义，都得考虑人权是由个人行使的，经济权利不像公民和政治权利，不具有法律约束力或强制执行的效力。"[①] 在 2000 年 5 月 10—11 日"第四次中挪圆桌会议"上挪威一位学者认为："人们经常说，发展权是国际实体赋予国家的一种权利。如果这一说法成立，发展权就不应该是人权。"[②] 他认为，国家不应成为人权的主体，因为政府不应成为人权的主体；同时他对发展权是否具有法律性也提出了质疑。下面，我将简要说明我的看法。

18. "人权的主体只能是个人"的观点，已经为实践所否定。在国际上，不仅民族自决权是一种集体人权，其权利主体是某些特定的民族；而且自然资源永久主权、和平与安全权也是集体人权。伊拉克侵略科威特，加害者和受害者都不是某个个人。像人道主义援助权，其权利主体也都是某些特殊群体。在一国内，不仅土著人或少数民族是集体人权的主体，而且儿童、老年人、妇女以及残疾人、消费者等都不例外。他们主要是以群

---

① ［南斯拉夫］米兰. 布拉伊奇：《国际发展法则》，陶海德译，中国对外翻译出版公司 1989 年版，第 375 页。

② Kanavin："The Right to Development：Some Norwegian Points of View"

体的形式，从国家和社会那里得到某种特有的人权保障而获益，这同人身自由、言论自由等个人人权是有区别的。当然，国际的和国内的集体人权是人权存在与行使的一种重要形式，但个人人权仍然是人权的基础。这是因为，不仅个人人权具有普遍性，任何人都应享有，内容也极其广泛；而且集体是由个人组成的，任何集体人权所获取的利益都应当为某一群体的个人实际享有，否则集体人权就失去了任何意义。

19. "经济权利不是人权"的观点，也已经为实践所否定。人的人身人格权利和政治权利与自由的特点是，政府和其他社会组织不得侵犯这些权利；经济、社会、文化权利的特点是，国家应当采取措施以保障实现这些权利。虽然两者的实现方式有重大区别，在现今绝大多数情况下个人的经济、社会、文化权利如得不到保障，还不能通过司法途径得到救济，但这不应成为否定经济权利是人权的理由。自20世纪30年代德国"魏玛宪法"首次将经济权利载入宪法以来，现今绝大多数国家的宪法和法律都已确认经济权利是国家应保障其实现的一种基本权利。现在世界上已经有140多个国家批准加入《经济、社会、文化权利国际公约》。即使在美国，总统也已经将批准加入该公约的问题提交议会，并正在进行审议。

20. "政府不能成为人权的主体"，这是正确的。但是，国际人权文书在使用"国家"一词时，有时是指这个国家的政府，如"宣言"第2条："国家有权利和义务制定适当的国家发展政策"；有时则是指这个国家的全体人民。"宣言"确认"发展机会均等是国家和组成国家的个人一项特有权利"，这里所说"国家"当然是指这类国家的全体人民。这是从人权的一般性质和"宣言"全部内容的逻辑结构中可以推断出来的结论。同时，在这一点上，我也同意澳大利亚的罗兰德·里奇（Roland Rich）先生的一种推论。他说："国家本身成为人权法的受者之一的可能，可能性在联大1803号决议所阐述的原则中显露出来，因为该决议承认人民和国家享有永久主权的权利。如果人民有资格成为人权法的主体，那么为什么那些组成国家的相同的人民就没有这种资格呢？"[①]

---

① 转引自沈宗灵、黄枬森主编《西方人权学说》（下），四川人民出版社1994年版，第287页。

21. 发展权具有伦理性和政治性，这是没有问题的。但有人怀疑它具有法律性。我的看法则是肯定的。理由是，《发展权利宣言》在通过的时候，有146票赞成，只有8票弃权，1票反对（美国）。它以如此绝对多数获得通过，显示出发展权在朝着取得国际法的地位上迈出了重要的一步。世贸组织、国际金融机构、《海洋法公约》等对发展中国家的优惠待遇，已经制度化、法律化，已具有法律约束力。不少国际组织的基本法承认了援助发展中国家的必要性，也已在实践中形成制度。国家的援助行为正在制度化、法律化，如布兰德委员会（The Brandt Commisson）和经济合作与发展组织发展援助委员会（The Development Assistance Committee of the OECD）一直在开展这方面的工作，有的国家还在其国内法对发展援助做了规定。自"宣言"通过以来，联合国大会、人权委员会、不结盟国家首脑会议以及非洲统一组织国家和政府首脑会议也多次宣告实现发展权的重要性和紧迫性。这一切都说明发展权已经或正在成为国际习惯法的一部分。

22. 发展权产生的合理性和存在价值，是建立在如下三个基础上。一是发展权的伦理基础——平等理想。发展中国家的贫困落后状态是由复杂的历史原因形成的，其中也包括殖民主义的剥削和奴役。我们既没有必要把发展权看做是对过去罪孽的补偿，也不应当把它看做是一种施舍。挪威的 Kanavin 先生说得好："发展合作与正义直接相关，这是人们应有的权利，而不是慈善行为。"① 平等是人类共同的崇高理想，是《联合国宪章》、《世界人权宣言》等构筑人权体系的基石，也是发展权存在的伦理基础。

23. 二是发展权的政治基础——人类的共存共荣。国家、民族、人民之间在经济、政治和文化的各个方面，都是彼此联系、相互依存的。发展中国家如果得不到更快的发展，归根到底必将影响、制约工业发达国家的发展。实现发展权的根本的和最终的目的，是世界各国的共同发展，是全人类的共同富裕。

24. 三是发展权的现实基础——不合理的国际经济旧秩序的存在。正

---

① Kanavin："The Right to Development：Some Norwegian Points of View".

是这种旧秩序的存在，阻碍了发展中国家享有发展机会平等的权利。为此，"宣言"指出："认识到除了在国际一级努力增进和保护人权外，同时还必须努力建立一个新的国际经济秩序"（序言）。多年来这种旧秩序虽有变化，但基本的方面仍然存在。消除旧秩序的任务主要有稳定初级产品价格、改善技术转让条件、摒弃贸易保护主义、减轻穷国债务负担、扩大发展中国家普惠制待遇、增加资金技术援助等。联合国一份报告称：1985 年，富国向穷国转移资金 270 亿美元，而后者向前者偿付的债款和利息竟高达 540 亿美元。① 建立新的国际经济秩序，既是实现发展权的条件，也是发展权的一种权利诉求。

25. 发展权作为一项权利、一项人权，还有其特定的具体的义务承担者。"宣言"指出："各国对创造有利于实现发展权利的国家和国际条件负有主要责任"（第 3 条）。"各国有义务单独地和集体地采取步骤，制定国际发展政策，以期促成充分实现发展权利"（第 4 条）。这里所说"各国"，应是指所有国家。由于发展中国家是发展权的主体，因此发达国家应是发展权义务的主要承担者。由于这是一项国际集体人权，联合国各级机构、其他各种国际组织，都应是很重要的义务承担者。发展权的实现首先要依靠受益者——发展中国家自身的努力，因而它的政府的责任是极为重大的。但这是一种特殊意义上的义务承担者。

结束语

26. 发展权的实现在当今和未来的一个时期里，面临着许多挑战。经济全球化虽然给发展中国家带来了重大的利益，但是北方与南方的贫富差距却进一步拉大了。为了保证发展权更好地实施，能不能建立一种有效的国际监督机制，这些都是难题。在这个问题上，我是乐观主义者。因为我相信：当今世界的物质文明、制度文明（民主、法治）与精神文明一日千里地飞速进步，必将为发展权的实现提供最广阔的天地。

---

① 联合国儿童基金会：《世界儿童现状报告》，1988 年。

后记：

本文是为 2000 年 10 月 15—18 日在南京举行的第三届亚洲法哲学大会提交的论文，刊载在《金陵法学论丛》第 13 期 "21 世纪的亚洲与法律发展（上卷）"。该文集于 2001 年由南京师范大学出版社出版。

第四篇

发展民主

建设高度的社会主义民主

建国以来，在中国共产党的领导下，中国人民在前进的道路上，既取得了光辉的成就，也遭受过严重的挫折；既积累了丰富的经验，也有过沉痛的教训：党的十一届六中全会一致通过的《关于建国以来党的若干历史问题的决议》（以下简称《决议》），集中全党和全国人民的智慧，运用马克思主义的辩证唯物论和历史唯物论，对建国以来的历史经验教训进行了深刻的总结，对各次重大历史事件的是非作出了科学的结论，并充分肯定了十一届三中全会以来逐步确立的适合我国情况的建设社会主义现代化强国的正确道路，进一步指明了我国社会主义事业继续前进的方向。《决议》这一伟大的历史文献对于统一全党、全军、全国各族人民的思想认识，团结一致、同心同德地为实现新的历史任务而奋斗，必将产生巨大而深远的影响。

《决议》根据三中全会确立的"解放思想、开动脑筋、实事求是、团结一致向前看"的指导方针，明确指出："我们总结建国以来三十二年历史经验的根本目的，就是要在坚持社会主义道路，坚持人民民主专政即无产阶级专政，坚持共产党的领导，坚持马克思列宁主义、毛泽东思想这四项基本原则的基础上，把全党、全军和全国各族人民的意志和力量进一步集中到建设社会主义现代化强国这个伟大目标上来。"《决议》在对建国以来的历史经验进行正确分析，包括对三中全会以来党领导我们进行现代化建设的伟大实践进行科学总结的基础上，把32年来社会主义革命和建设的历史经验，具体地归纳为十条。这十条经验，也就是全国人民在新的历史时期继续进行社会主义建设的根本方针，是三中全会以来逐步确立的适合我国国情的社会主义现代化建设正确道路的基本点。只要我们坚持按照这十条方针去做，并在革命和建设的实践中继续加以丰富和发展，建设一个现代化的、高度民主、高度文明的社会主义强国的伟大目标就一定能够达到。

逐步建设高度民主的社会主义政治制度，是《决议》提出的十条基本方针之一，是我们建设现代化的社会主义强国的一个重要目标。《决议》指出："逐步建设高度民主的社会主义政治制度，是社会主义革命的根本任务之一。建国以来没有重视这一任务，成了'文化大革命'得以发生的一个重要条件，这是一个沉痛教训。必须根据民主集中制的原则加强各级国家机关的建设，使各级人民代表大会及其常设机构成为有权威的人民权力机关，在基层政权和基层社会生活中逐步实现人民的直接民主，特别要着重努力发展各城乡企业中劳动群众对于企业事务的民主管理。必须巩固人民民主专政，完善国家的宪法和法律并使之成为任何人都必须严格遵守的不可侵犯的力量，使社会主义法制成为维护人民权利，保障生产秩序、工作秩序、生活秩序，制裁犯罪行为，打击阶级敌人破坏活动的强大武器。绝不能让类似'文化大革命'的混乱局面在任何范围内重演。"《决议》提出的上述论断和要求，是32年来建设社会主义政治制度正反两方面经验的结晶，为今后相当长的一个历史时期内建设高度民主的社会主义政治制度指明了前进的方向。

中国共产党第十二次全国代表大会规定了党在新的历史时期的总任务：团结全国各族人民，自力更生，艰苦奋斗，逐步实现工业、农业、国防和科学技术现代化，把我国建设成为高度文明、高度民主的社会主义国家。这一总任务已被庄严地记载在新的宪法上。将建设高度民主的社会主义政治制度作为新时期总任务的重要组成部分，这在建国以来还是第一次，具有十分重大的意义。它将正确地指引和有力地动员全党和全国人民为实现这一奋斗目标而不懈地努力。

1982年12月通过的《中华人民共和国宪法》，根据党的十一届三中全会以来已经确定的方针，对建设高度民主的社会主义政治制度作出了许多具有重大意义的新规定。贯穿在这些新规定中的指导思想，也就是《决议》关于民主与法制建设所得出的结论。这部宪法的颁布实施，标志着我国社会主义民主的发展和社会主义法制的建设进入了一个新的阶段。

本部分将根据《决议》关于建设高度民主的社会主义政治制度的基本

精神和主要论点进行具体阐述。现代意义上的政治制度，主要包括国家制度、法律制度、政党制度等方面的内容。《决议》提出的十条方针的第五条，主要是讲的国家制度和法律制度；第十条则主要是讲党的建设和党在国家政治生活中的地位和作用。我们的本部分将主要讲国家制度和法律制度方面的问题，政党制度不专门谈；但是，党同国家制度和法律制度有关的一些问题，本部分将要涉及。

后记：

本文载于《法制、民主、自由》，四川人民出版社 1985 年版。

取消国家领导职务实际终身制的意义

新宪法对国家领导人的任职时间做了限制，规定：中华人民共和国主席、副主席，全国人大常委会委员长、副委员长，国务院总理、副总理、国务委员，最高人民法院院长，最高人民检察院检察长，每届任职五年，连续任职不得超过两届。这是我国国家领导体制的一项重要改革，它对废除实际存在的领导职务终身制、实现国家领导制度的民主化、促进四个现代化建设，有着重大的现实意义和深远的历史意义。

从历史上看，终身制是同专制主义的政治制度联系在一起的。在奴隶制和封建制时代，除某一时期的个别国家（如古希腊、罗马）出现过共和政体外，其他基本上都是君主专制政体。在这种政治制度下，国家元首（国王、皇帝等）绝大多数都是终身的，甚至是世袭的。资产阶级革命摧毁了封建君主专制政体，建立起共和政体的民主制度，国家最高职务由选举产生并且限制任职的时间，这是资产阶级革命的一项重大成就，是人类政治生活的一个重大进步。当然，我们也要看到资产阶级共和制政体的阶级实质和历史局限性。资产阶级民主是建立在资本主义生产关系基础上的，因此资本主义国家的国家元首和政府首脑的经常更替，本质上是反映了各资本家集团和各派政治势力彼此之间的相互争夺和矛盾的调节，有利于维护资本主义的政治制度和经济制度，有利于巩固对广大劳动人民的统治。

社会主义民主是建立在生产资料公有制的基础上，它是占人口绝大多数的人民大众真正当家做主，享有管理国家一切大事的权力。它在本质上要比资产阶级民主优越得多、进步得多，是人类发展史上最高类型的民主。这种民主要求实行最彻底、最完备的共和政体，而国家最高领导职务的终身制是同共和制政体完全背离的。

建国以后我们颁布的前三部宪法，明确规定了国家最高领导职务都由选举产生，但是却没有规定限制任职的时间。现在看来这是一个重大失策。如果不硬性规定限制任职的届数，由于各种具体条件和原因，就可能出现国家领导职务实际上的终身制。这种情况也确实在我们的国家里出现了。出现这种情况的条件和原因主要有以下几个方面：

第一，是由于我们在这个问题上缺乏经验。现在，我们对废除国家领导职务事实上的终身制重大意义的认识，是经历了曲折的道路、饱尝了严厉的教训才逐渐得到的。1956年，毛泽东同志和党中央从总结国际（主要是苏联）无产阶级专政的历史经验中，就已经意识到了社会主义国家政治生活中权力过分集中和个人崇拜的消极后果，并且曾经考虑过废除党和国家领导职务实际上的终身制这个问题。1957年4月，毛泽东同志在一次同党外人士的谈话中，正式提出了不当下届国家主席的问题，并在这年5月一封来信的批示中明确表示，"可以考虑修改宪法，主席、副主席连选时可以再任一期"，并要求就此事展开讨论，以打通党内党外一些同志的思想，接受他的主张。后来，由于形势发生了变化，主要是"左"的错误开始出现并日趋严重，这一考虑就被长期搁置了下来。从此，权力过分集中于个人和个人崇拜现象逐渐形成与发展，以致到"文化大革命"期间，出现了把党和国家领导人实际上的终身制和接班人正式写进党章并试图写进宪法这种极不正常的现象。粉碎了"四人帮"，特别是在十一届三中全会以后，通过拨乱反正，我们才开始认真地、切实地总结这方面的教训。1980年，党的十一届五中全会，明确地提出了废除领导职务实际上存在的终身制。同年，在全国五届人大三次会议上，一批老一辈无产阶级革命家辞去了国家最高一级领导职务，为改革国家领导制度作出了光辉的榜样。这次制定新宪法，终于明确规定了国家领导人的任职时间，把废除国家领导职务事实上的终身制加以制度化、法律化。上述这一过程充分说明，只有经过实践，特别是有了"文化大革命"这样惨痛的教训，在这个问题上我们才可能有今天这样的认识。历史上，任何一个统治阶级，其政治经验的积累，都需要有一个过程。这一点是不能忽视和否认的。

第二，过去之所以出现国家领导职务事实上的终身制，同我国革命的具体特点也有一定的关系。我国的革命是在党的领导下，经过长期的艰苦卓绝的斗争，才打倒三大敌人，建立了新中国。在民主革命时期，我们党经受了最严峻的考验，并锻炼出了一大批职业革命家。他们忠于革命事业，具有丰富的斗争经验，在人民中享有很高的威望。新中国成立后，他们理所当然地成了国家的栋梁。在50年代和60年代，党和国家的中坚力量正处于年富力强、精力充沛的时期，因此那时我们的干部状况同革命事业的需要之间，大体上还是相适应的。只有到了70年代，干部老化问题才尖锐起来，革命接班问题才突出起来。上述这种情况，对我们没有足够重视限制国家领导职务的任期，以避免出现终身制，是有一定影响的。

第三，在我们今天的社会里之所以出现国家领导职务事实上的终身制，和我国的社会历史特点是分不开的。社会主义时期的终身制，就其性质来说，是封建专制主义终身制的残余在我国现阶段领导制度上的一种反映。我国是一个经历了几千年封建社会的国家，缺乏民主与法制的传统，而封建主义的遗毒在人们的思想上却是根深蒂固的。这就不可避免地要给我们的政治生活带来各种消极的后果。一个突出的表现，就是我们在长期内对发展社会主义民主与健全社会主义法制的重要意义认识不足。在这种情况下，当然也不会引起对限制国家领导职务任期问题的重视。同时，那种"一朝为官，终身受禄"的封建思想流毒，也势必腐蚀着我们一些干部和群众的头脑，而把终身制看成是理所当然与习以为常。

在我国，废除国家领导职务事实上的终身制，概括起来，主要有以下几个方面的重要意义：

第一，废除国家领导职务实际上的终身制，有利于消除权力过分集中于个人，防止产生个人专断和个人迷信，避免民主集中制和集体领导原则遭受破坏。

事实证明，产生个人专断与个人迷信的原因虽然很多，但是存在领导职务实际上的终身制，是一个极其重要的原因。因为，随着领导职务终身制而来的，必然是权力过分集中于个人，这正是产生个人迷信的重要条件。如果一个人长期或终身担任国家最高领导职务，就其本人来说，随着年事的增高，深入实际和接触群众会越来越少，这样就很容易使他忽视集体和群众的作用，而夸大自己个人的作用。就一般干部和群众来说，这种状况也容易使得他们自觉地或不自觉地过分夸大终身领导者的个人作用，把功劳都记到这一个或少数几个领导人身上。同时，在实行领导职务终身制的情况下，下级干部对自己的领导人很容易产生依附思想，对领导者经常是一味奉承不敢批评；而终身领导者也往往觉得自己完全可以不受干部和群众的任何监督。这样，随着终身领导人威望的不断增高，加给他的头衔就会越来越多，对他个人的宣传和颂扬也会越来越突出。这一切都不可避免地会产生个人迷信以及家长制、个人专断和个人凌驾于集体之上等现象，其结果必然是民主集中制和集体领导原则遭到彻底破坏。现在，新宪法采取严格限制国家最高领导人任职时间的办法，定期更新领导层，上述现象就难以发生。

第二，废除国家领导职务实际上的终身制，可以防止干部队伍老化，使国家最高领导班子永远保持旺盛的活力，以提高国家领导工作的效率。

国家领导人特别是国家最高领导人，担负着指导和组织整个国家事务的重任，需要有充沛的精力和强健的体格。一个人长期或终身任职，年龄必然越来越高，由于受自然规律的限制，无论在体力上还是在精力上，都很难胜任这样繁重的工作。只有按照一定的任期，把那些年事已高的同志换下来，把那些革命和建设中经过锻炼和考验的、德才兼备、年富力强的同志及时换上去，才能使国家的最高领导班子经常保持旺盛的生命力，才能担负起不断发展的社会主义建设事业的重任。回顾建国初期，我们国家的最高领导人，包括毛泽东、周恩来、刘少奇、朱德等领袖人物在内，绝大多数都处在精力充沛、年富力强的时期，他们都能亲临第一线，深入实际、深入群众处理和解决国家的重大问题。我们在建国后的头几年，胜利地完成了繁重的社会改革任务，迅速地恢复了在旧中国遭到破坏的国民经济，并基本上实现了生产资料私有制的社会主义改造。我们之所以能够在短期内取得那样辉煌的成就，是同当时我们国家最高领导人的比较年轻化分不开的。

第三，废除国家领导职务实际上的终身制，既有利于挑选、培养、锻炼大批新的领袖人物并充分发挥他们的作用，又有利于那些年事已高的老一代领导人在适当的岗位上更好地发挥其作用。

社会主义革命和建设事业是人类历史上空前伟大的事业。为了领导好这一事业，人民需要有自己的杰出领导人。这种领导人，不应当只是一个或者少数几个，而应当是一大批，而且社会主义制度也为这种领袖人物的出现提供了条件和可能。社会主义时代应当是一个群星灿烂、人才辈出的时代，而事实证明，存在着领导职务事实上的终身制，就必然会压抑新一代领袖人物的发现、培养，阻碍充分发挥他们的作用。"不在其位，不谋其政"，德才兼备的领导人，只有在一定的岗位上才能得到考验、锻炼。

对国家主要领导人任职时间实行限制，并不会妨碍某些特殊的杰出人物充分发挥其作用。无产阶级的杰出领导人之所以能够起到比较大的作用，在于他们能够科学地认识社会发展的客观规律，正确地反映人民群众的要求；在于他们能够深入实际、深入群众。一个人，包括一些杰出人物在内，如果长久或终身任职，随着他们年事的增高，深入实际和接触群众客观上就会越来越困难，他们才能的增长和充分发挥就会受到很大限制。相反，领导人在年高体弱时退居第二线、第三线，从繁重的日常事务中解脱出来，集中精力考虑国家大事，总结领导、管理国家的经验，为在职的领导人当顾问、当参谋，对中青年干部传帮带，就能更好地发挥他们的作用。

第四，废除国家领导职务实际上的终身制，有利于保持国家方针政策的连续性和国家领导班子的稳定性。

有人认为，限制国家最高领导人的任职时间，会影响国家方针政策的连续性和国家领导班子的稳定性，这种担心是不必要的。事实恰恰相反，只有建立起严格的制度，按照一定的民主程序，定期地更新领导层，才能保证这种连续性和稳定性。首先，国家方针政策的正确与否，并不在于某个人在位不在位、任职不任职，而在于制定出来的方针政策，是不是符合客观实际、能不能充分反映全国广大人民的利益和愿望。正确的方针政策应当是集中全国人民智慧的结果，而绝不是某个领导者个人意志的反映。限制国家最高领导人的任职时间有利于国家民主生活正常化，有利于维护民主集中制，因而也有利于国家方针政策的正确制定和正确执行，从而就能够保证方针政策的连续性和领导班子的稳定性。其次，使国家领导人的轮换制度化，就可以使年轻一代不断进入最高领导岗位，就可以按照一定的严格的民主程序，有秩序地解决好最高一级领导人的交接班问题。如果不是这样，而是一个人长期或终身任职，新的一批或一代领导人的能力与威望培养和建立不起来，一旦老的领导人不能视事或不幸逝世，就容易发生事情的突变，影响国家政局的稳定，影响方针政策的连续性和领导班子的稳定性。在国际共运中，无论在外国还是在我国，都有过这方面的教训，我们应当记取。

第五，废除国家领导职务实际上的终身制，有利于克服能上不能下、能官不能民的旧思想、旧传统，有助于废除其他各级国家机关实际存在的领导职务终身制。

长期以来，由于种种原因，在人们的思想中形成了这样一种观念：一个干部只要当了什么"长"，职务就只能上升，不能下降；只能终身为官，不能削官为民，认为这是天经地义。过去我们也讲能上能下、能官能民，实际上，这远远没有形成一种制度、一种社会风尚。由于这种思想的影响，一些人就对废除终身制想不通。实行对国家主要领导人任职时间的限制，就可以为其他各级领导干部树立一个较好的榜样，有利于他们树立能上能下、能官能民的全心全意为人民服务的思想，这对促进整个国家领导制度的改革必将产生巨大而意义深远的影响。

后记：

本文载《新宪法简论》一书（法律出版社 1984 年版）。参见《一项意义深远的改革》一文（1982 年 7 月 9 日《人民日报》）。本文所称"新宪法"，即 1982 年宪法。

对我国人民代表大会制度的思考

人民代表大会制度是我们国家的根本政治制度。坚持和完善人民代表大会制度是政治体制改革的重要内容。党的十五大报告指出："国家的一切权力属于人民。我国实行的人民民主专政的国体和人民代表大会的政体是人民奋斗的成果和历史的选择，必须坚持和完善这个根本政治制度，不照搬西方政治制度的模式，这对于坚持党的领导和社会主义制度、实现人民民主具有决定意义。""坚持"是指，不应在这一根本政治制度已取得的成就和进展上倒退，不应违背宪法和法律有关这一政治制度的基本原则和具体规定；"完善"是指，应当对人民代表大会制度进行适当改革，以求其进一步完善。现就这一问题谈几点个人的认识与建议。

一　选举制度有待完善

1979 年以来，通过对法律的修改，过去那种"上面定名单，下面划圈圈"的状况，已有很大改变。但是，在候选人的提名、对候选人的介绍，以及差额选举方面，还可以考虑进一步改进。在今后一个相当长的时期里，政党和人民团体共同协商推荐候选人，可能仍然要占主导地位。然而选民或人民代表联名推荐候选人的方式将会有所加强，这是选举民主性提高的一种表现，也是必然趋势。只要程序合法，就不应予以指责和干涉。那种不向选民或人民代表散发他们的简历、不作情况介绍的做法，是不正确的。现在少数地方（如北京市、湖南双峰县等）已出现正式当选的市人大副主任或县长不在候选人的推荐名单内，而是"从票箱里跳出来的"，这些地方的党和人大的领导机构对此采取了完全认可与支持的态度，无疑是正确的。让选民或人民代表充分了解候选人的政治立场、工作业绩、从政态度、参政议政能力，是民主选举的重要一环。应采取多种方式介绍、宣传候选人。如在人民代表的直接选举中，不但可以公布名单，利用公报、广播、黑板报等作间接介绍，也可以由选举委员会组织候选人与选民见面，当面回答选民的问题，还可以允许候选人直接走访选民，宣传自己的从政态度。增进选民对候选人的了解，有助于选民作出自己的判断和决定。搞差额选举是选举制度的一项重大改革。现在法律的规定比较灵活。应根据需要与可能，对差额选举的适用范围和差额比例适当放宽。这样做，可以拓宽选举人的选择范围，为他们提供更大的选择余地，以提高选民的积极性和被选举人的质量。有的人对此忧心忡忡是没有必要的。在坚持党管干部的原则、坚持民主进程中党的领导作用的前提下，在根本不存在民主党派、无党派人士与共产党争夺领导权、执政权的现实条件下，适度放宽差额选举的范围和比例，不会影响党的执政地位，却有利于增强政治活力。竞争是事物发展的动力和规律，事物之间无竞争就会丧失生命力，在人大的选举制度中适度引进竞争机制，效果肯定会是良好的。

二　提高人民代表的素质

人民代表是组成人民代表大会制度的细胞。代表素质的提高，是坚持与完善人民代表大会制度的基础。从总体上说，现在我国人民代表的素质是高的，但仍有进一步提高的必要。例如，有的代表任期五年没有发过一次言；有的代表在某一专业领域取得过杰出的成就，但参政议政能力并不一定强，有的还缺乏从政的兴趣。过去曾长期存在的那种把人民代表当做一种荣誉职务和称号的习惯看法和做法，现在在少数地方和某些同志的观念和决策中仍然存在，这同人民代表大会是我国的权力机关这一性质、地位和作用是完全背离的。提高代表素质，除了需要从根本指导思想上着手，还可考虑采取多种具体办法。例如，有关部门应做好代表人才资源的调查研究工作，每次换届选举之前，应对现有代表素质的高低作出评估以决定其去留；对拟新增代表候选人，既要考虑到代表的广泛性和代表的合理结构，又要注重其个人的先进性和参政能力。现在代表结构中官员（特别是政府职能部门负责人）所占比例过多，他们中不少人不是素质不高，而是任务过重或兼职过多，无暇顾及人大工作。这就出现了少数地方党政领导在人民代表大会或常委会开会之前要动员那些代表与官员双肩挑的人积极参加人代会，以便保证会议表决时的足够票数这种不应有的现象。又如，可以在中央和省市两级普遍建立人大干部培训中心。学员不仅包括从事人大工作的专职专业人员，也可以包括各级人大常委会成员和一般人民代表。应组织力量编好各类教材，逐步实现培训的经常化、正规化。这对提高代表素质和专门从事人大工作的专职和专业人员的政治业务能力和民主法制观念将是很有效的。此外，有些地方的人大常委会分期分批吸收人民代表列席常委会会议，这对提高人民代表的素质是有益的。这种做法值得推广。

三　人大常委会委员的专职化问题

在西方，议会的议员绝大多数是专职的，加上会期很长，因此议员的调查研究工作以及议会的立法和讨论决定其他问题的时间很充分。我国的情况有很大不同。各级人民代表大会的代表人数很多，其好处是可以使代表具有广泛性，能反映广大普通劳动者的心声；但是不可能经常开会，议决问题不方便，效率也不高，因而就有县级以上各级人大常委会的出现。人大自设置常委会以来，工作效率大大提高。实践证明这是一项成功的改革。我国的国家机构的设置同西方多种模式的三权分立构架有很大不同。各级人民代表大会是国家的权力机关，各级行政机关和司法机关都由它选举产生，对它负责，受它监督，因此它在国家政治生活中的地位与作用具有极端的重要性。在我国，人民当家做主，最根本的是通过人民代表大会制度来体现和实现。人代会有十多项职权，最主要的是立法权、监督权、任免权和重大问题决定权四项。这些任务相当繁重。但是，我国的人民代表都不是专职，人大常委会委员中绝大多数成员也都是兼职。他们（特别是政府职能部门的负责官员）不仅自己的工作都很忙，而且对情况的了解也限于自己的工作领域。而人大的工作特别是立法，其内容涉及的领域十分广泛。因而做好这些工作，需要各级人大常委会的成员在会议审议各项议案（特别是立法议案）之前，进行大量的调查研究工作。这是兼职人大常委委员难以做到的。此外，人大有监督政府的职权与职责，身兼人大常委与政府负责官员的双重身份，既要行使人大的决定权、监督权，又要担负政府执行决定、接受监督的职责，这是相互矛盾的。我国人民代表大会代表人数很多，没有可能也无必要全部专职化，但是，人大常委委员的专职化则既需要也可行。人大常委专职化是今后的发展方向，可逐步实现。一些同志认为，北京市人大常委中专职委员约占三分之一左右，如果能够逐步扩大到二分之一或更多些，则人大代表执行职务的状况将会大为改观。

四　延长人大会议的会期

依据我国宪法和法律的规定，全国的和地方的各级人民代表大会一般是一年举行一次。全国人大常委会是"一般两个月举行一次"；地方各级人大常委会则是"每两个月至少举行一次"。会议开几天，未作具体规定。但实际做法是，人大常委会会议通常在5—7天。一般说来，大会一年一次是合适的，但常委会会期偏短。特别是讨论法律议案，有时候半天或一天讨论并通过一个法案，很难做到审议充分。审议其他议案，也有这个问题。要加快立法速度，特别是要提高立法质量，人大常委会的认真与充分审议，是一个具有决定性的环节。它需要充分发扬民主，完善审议程序，如完善修正案程序、进行全体大会交流看法与开展辩论等，时间太短是难以做到的。我们不必像西方的议会那样会期很长，但在现今基础上会期延长一倍，如常委会每两个月开会一次，每次会议15天左右，时间并不算多。鉴于人大在我国政治生活中的性质、地位和作用，在这方面增加一些支出，不应当有困难。各级党政主要领导人也不必天天列席会议，他们可以从各种渠道得到人大会议的各种信息，可以通过各种方式实现执政党对人大工作的领导。问题主要在会期的适当延长要同人大常委会成员的逐步专职化进程相适应。

五　健全立法制度

立法制度是人大制度的重要组成部分。立法工作是人大一项最主要、最经常、最繁重的工作。20 年来，我们的立法工作取得了举世公认的成就。但今后的任务仍然长期而艰巨。党的十五大报告已明确提出，我们要在 2010 年之前建立起我国的社会主义法律体系。现在在提高立法质量方面还面临许多重要课题需要解决。如有的法律的起草难度很大，有的法律规定过于原则和笼统，可操作性差。这些都有赖于尽快制定一部较为理想的立法法加以解决。由于现行宪法和法律有关立法权限的划分、立法程序的安排、法律解释的设计、立法监督的措施等规定过于原则和简单，已不适应客观的需要，而这几项也是将要制定的立法法需要重点解决的几个问题。在立法权限划分上，应调动中央与地方两个积极性，不宜过分强调中央集权而妨碍地方立法的积极性与主动性。应在理论上承认部委规章与地方政府规章的制定是属于广义立法的范畴，既不要过分约束行政规章制定的手脚，又需要加强同级权力机关的监督，以控制其失控与维护国家法制的统一。在立法程序上，建议将立法准备阶段列入广义的立法程序的范畴，因为规范立法计划与规划、合理规定法案起草单位、要求法案起草应走群众路线等，是保证立法质量的重要环节。法律案审议阶段程序设计总的要求应是加强立法的民主性和科学性，诸如法律草案要提前送达人民代表或人大常委委员手中以便为参与审议法案早作准备；要在小组会、联组会以及全体大会充分开展对法案的辩论；要充分发挥专门委员会对法案的审议并协调好它们彼此的关系；要发挥法律及其他方面专家在法律审议过程中的作用并设置听证会等制度以广泛听取各有关方面的意见；要完善修正案制度，等等。

六　改进人大监督工作

监督宪法和法律的实施，监督国务院、最高人民法院、最高人民检察院的工作，是宪法赋予全国人大及其常委会的重要职权。省级地方人大也有此相对应的权力。现在，绝大多数省、自治区、直辖市的人大已制定出自己的监督法，全国人大需要制定的监督法应早日出台。这部法律的制定，能够促使人大的工作监督与法律监督步入制度化和法律化的轨道，也是人大制度建设的重要内容。法律要有权威、能得到切实遵守，首先是宪法要有权威、能得到切实遵守。现在违宪的事时有发生，其原因是多方面的，但宪法的执行缺少卓有成效的监督机制是一个重要原因。现行宪法规定，全国人大及其常委会有权监督宪法的实施，但我们一直没有建立这一机构、机制与程序，使这一极为重要的规定如同虚设。宪法规定，全国人大及其常委会有权撤销同宪法和法律相违背的行政法规、地方性法规和决定，但从来没有这样做过。现在世界绝大多数国家都建立有宪法监督机制和程序。建立一个其性质与地位同人大各专门委员会大体相当的宪法监督委员会，在政治上不应有任何问题，甚至也不涉及宪法的修改，这是完全可行的。现在是到解决这一问题的时候了，这一机构、机制和具体程序的建立，将为改革我国的人大制度迈出重要一步。

七　增强人大工作的透明度

全国人大议事规则明确规定："我国人民代表大会会议公开举行。""大会全体会议设旁听席。旁听办法另行规定。"现在允许普通公民旁听人大会议的情况还不普遍。山东潍坊市人大自 1995 年 11 月开始，实行会议开始一周前事先将需要议决的事项在报纸和电台公布、允许普通公民列席会议旁听，事实证明效果不错。全国和地方各级人大应有这方面的具体办法以落实这一法律规定。人大会议上有关审议选举任免、法律议案和工作报告等的表决结果应予公布，这也是最起码的要求。在民主体制下，即使是以一票的微弱多数通过某一议案，也完全是一种正常现象。对某种投票的具体结果对广大公民保密，弊病很多。此外，各级人大公开会议的文件与讨论的记录等材料，也可以有条件地逐步向公众开放，允许其查阅与研究。这是涉及对公民应当享有的知情权的尊重。在我们的国家里，人民是国家的主人，在一定意义上讲，不仅政府官员是人民的公仆，而且由选民选出并代表人民执掌国家权力的人代会的组成人员也是人民的公仆。人民享有充分的知情权，是他们参政议政并监督国家机构行使权力的基本条件。

八 改善执政党对人大的领导

要正确处理好执政党与国家权力机关的关系。党的执政地位是通过党对国家政权机关的领导来实现的，如果放弃了这种领导，就谈不上执政地位，任何削弱党对人大的领导的想法和做法都是不正确的。但是从一定角度看，又只有改善党的领导才能实现加强党的领导的目的。党对国家政治生活的领导，本质上是组织与支持人民当家做主，而不是代替人民当家做主。要善于把党的有关国家的重大方针政策，经过严格的法定程序转变为国家意志。党的政策是党的主张，国家法律和国家政策是党的主张与人民意志的统一。在党的政策变为国家意志即转变为国家法律与国家政策的过程中，要充分发扬民主，切实遵守民主程序。应允许党员代表与党外代表在议事过程中对党的某些具体政策提出某些补充、修改意见和提出某些新的政策建议，以进一步丰富和完善党的方针和政策。人民代表中的执政党党员，既要宣传与贯彻执政党的路线、方针和政策，又要充分反映人民的意志和愿望。他们应当正确地担当这一双重角色，正确处理好这两个方面的关系。党的各级组织应当充分尊重各级人大依照法定程序所作出的各项决定。同行政机关实行首长负责制有所不同，人大是实行委员会制，每个人都只平等地享有一个表决权。在人大工作的各个环节，都应避免与杜绝"长官意志"和个人说了算的弊端。这是贯彻民主集中制原则的要求，也是在一定意义上涉及执政党与党外人士互相尊重与合作共事的问题。

后记：
本文刊载在《东方》杂志 1999 年第 2 期。《中国时报》曾对该文的内容作详细报道。

国家的一切权力属于人民

　　新宪法第 2 条规定："中华人民共和国的一切权力属于人民"，"人民行使国家权力的机关是全国人民代表大会和地方各级人民代表大会"，"人民依照法律规定，通过各种途径和形式，管理国家事务，管理经济和文化事业，管理社会事务"。这一条，在新宪法中是具有纲领性的。新宪法不仅坚持了"国家的一切权力属于人民"这一社会主义国家政权的根本原则，而且还作了一系列新的规定，对政治制度作了许多重大改革，以具体保证这一根本原则得到充分体现。历史上，"国家的一切权力属于人民"这一思想与原则，最早是由资产阶级提出来的。在欧洲，法国启蒙思想家卢梭曾提出"人民主权"理论，和"朕即国家"的封建专制主义相对抗；在中国，革命先行者孙中山曾提出"民权主义"，向几千年"乾纲独断"的封建皇权挑战。这些，在历史上都是有巨大进步意义的。但是，资产阶级革命是以资本主义的生产关系代替封建主义生产关系，这就决定了他们在革命后新建立起来的国家不过是资产阶级共和国，在这样的国家里，一切权力只能是属于资产阶级。社会主义革命不是以一种剥削制度代替另一种剥削制度，而是以公有制代替私有制，彻底消灭人剥削人的不合理现象。建立在这个基础之上的国家，就理所当然地是人民群众当家做主。国家是人民的国家，人民是国家的主人，这是我们政权的本质特征。这一本质特征最集中的表现，就是"国家的一切权力属于人民"。人民的权力是广大群众通过长期艰苦斗争得来的胜利成果，也是在建设社会主义的伟大事业中发挥人民群众的历史性作用的前提条件。国家的一切权力有没有真正掌握在人民手里，这是检验高度民主的社会主义政治制度是否成熟的主要尺度，也是决定人民民主专政的国家政权是否具有强大生命力的基本因素。

在中国，国家的一切权力属于人民，首先是通过人民代表大会制度体现出来的。我们的国家叫"中华人民共和国"。人民是国家的主人，人民行使权力要通过"共和"政体来实现；而人民代表大会制就是中国共和政体的具体形式。我们是一个有十亿人口的大国，任何国家事务不可能都由人民直接决定。这么多的人，怎样行使自己的权利呢？这就只能通过民主选举，选出各级人民代表，由他们组成权力机关，代表人民行使国家权力。各级人民代表大会制定体现人民意志的法律和其他法规（狭义上的法律只能由全国人大及其常委会制定）并组织各级政府及其他国家机关来执行这些法律和法规，行使国家管理和司法、检察等国家权力。各级人民代表大会作为国家的权力机关，国家的一切重大问题都应由它讨论并作出决定。因此，人民代表大会制度是我们国家的根本政治制度；人民代表大会制度是否健全、它们的实际作用发挥得怎样，这是衡量我们的国家是否真正"一切权力属于人民"的根本标志。由于种种历史原因，长期以来，我国的人民代表大会制度并没有起到它应当起到的作用，在一些人的心目中甚至是一种可有可无的摆设。如果这一制度在过去真正具有很大的权威，就不应当出现随便剥夺一位国家主席人身自由的怪事，也不会发生"文化大革命"这样的历史悲剧。《关于建国以来党的若干历史问题的决议》总结了这方面的教训，并明确指出：逐步建设高度民主的社会主义政治制度的重要任务之一，就是要"使各级人民代表大会及其常设机构成为有权威的人民权力机关"。新宪法正是根据这一精神，为健全人民代表大会制度、为维护它的权威，作出了很多重要规定。要使各级人民代表大会及其常设机构成为有权威的人民权力机关，关键是要克服过去那种党政不分、以党代政的弊病。新宪法在充分肯定我们国家必须坚持四项基本原则的前提下，同时又在序言和总纲第5条中明确规定，我们的党同一切国家机关、人民武装力量、社会团体和企事业组织一样，也毫不例外地必须以宪法作为自己的根本活动准则，也必须遵守宪法和法律，并负有维护宪法尊严、保证宪法实施的职责，而没有超越宪法和法律的特权。在宪法中如此明确地规定执政党同宪法和法律的关系、同国家权力机关的关系，这在新中国的制宪史上还是第一次。正如彭真同志所说，在我国，"宪法和法律是党的主张和人民意志的统一"。我们国家的宪法和法律是党的路线、方针、政策的具体化、规范化、条文化；但是党的主张又只有经过全国人大和它的常委会通过和决定，才能成为法律，成为国家意志。各级党的组织不应该是凌驾于各级国家权力机关之上，直接向权力机关和其他国家机关发布指示和命令，或者撇开权力机关和行政机关直接向人民发号施令，而是要通过民主的方法（充分讨论、协商）和民主的程序，使非党的人民代表接受自己的正确主张和建议（不正确的主张和建议就可以不采纳），来实现党的核心领导作用。坚持共产党的领导，最根本的是靠党的思想理论和路线、方针、政策的正确，是靠党充分尊重人民群众的国家主人翁地位、尊重他们的民主权利、密切同人民群众的联系，是靠党员的模范和带头作用。党不能代替人民当家做主，而是要支持人民群众自己当家做主。因此，只有各级党的组织切实尊重"一切权力属于人民"的原则，正确处理自己同各级人民代表大会及其常设机构的关系，才能从根本上维护各级人代会及其常设机构的应有权威，使它们名副其实地成为人民的权力机关。

为了加强国家权力机关的建设，新宪法对人民代表大会制度作出的一项重大改革，是扩大全国人大常务委员会的权力。由于现在全国人大的代表人数多（法定不超过 3500 人），每年只能举行一次会议，而且会期不能太长，因而不可能经常地、全面地开展工作，而只能集中精力讨论和解决国家政治生活中那些根本性的问题。这就使得全国人大在客观上难以适应加强国家权力机关建设的需要，而采取扩大全国人大常委会的职权则是一个适合我国具体情况的比较好的办法。新宪法规定，全国人大常委会可以行使国家的立法权，有权制定和修改除应当由全国人大制定的法律以外的其他法律；在全国人大闭会期间还有权对全国人大制定的法律进行部分修改和补充；有权监督宪法的实施，在全国人大闭会期间有权审查和批准国民经济和社会发展计划、国家预算的部分调整方案；有权根据国务院总理提名，决定部长、委员会主任等的任免；等等。这一改革，有利于最高国家权力机关迅速地及时地决定国家各种大事，有利于立法工作的全面开展，有利于对其他国家机关的工作和对宪法和法律的实施进行经常的监督。当然，这并不是意味着削弱全国人大作为最高国家权力机关的地位和作用。全国人大常委会和全国人大的关系，不是前者领导后者；而是相反，前者是后者的常设机构，全国人大常委会的职权是全国人大通过宪法所赋予的，它要向全国人大负责并报告工作，受全国人大监督；全国人大有权"改变或者撤销全国人民代表大会常务委员会不适当的决定"。

新宪法在扩大全国人大常委会的职权的同时，并没有忽视全国人大本身的建设，没有忽视全国人大如何充分发挥作用。新宪法对全国人大代表的权利和义务作了不少新的规定，就是为了做到这一点。各级人民代表大会是由人民代表所组成的，人民代表的素质如何，他们敢不敢于真正代表人民说话、按照人民的意愿行使权力，同人民代表大会是否能够充分发挥作用密切相关。为此，新宪法规定：全国人大代表有权提出立法性议案，有权对其他国家机关提出质询；他们享有代表的豁免权即非经全国人大主席团或常委会许可，不受逮捕和刑事审判；他们的发言和表决不受法律追究。同时，新宪法又规定，代表必须同所选举单位和人民保持密切联系，听取和反映人民的意见和要求，并协助宪法和法律的实施。切实保障人民代表充分享有这些权利，履行他们的义务，就可以大大提高他们代表人民的利益和愿望处理国家大事的实际能力，大大增强他们为人民服务的高度责任感和献身精神。这对完善人民代表大会制度是十分必要的。

为了逐步完善人民代表大会制度，新宪法还采取了其他一些重要措施，如在全国人大除原有的民族、法律、华侨等委员会以外，增设财政经济、教育、科学、文化卫生、外事等专门委员会；扩大省一级人代会和它们的常委会的职权，赋予他们制定和颁布地方性法规的权力；规定县级人代会的代表实行直接选举；县级以上地方各级人大设立常委会；等等。所有这些规定，都有利于发展社会主义民主和完善人民代表大会制度。新宪法第2条，把"人民依照法律的规定，通过各种途径和形式，管理国家事务，管理经济和文化事业，管理社会事务"明确规定为"一切权力属于人民"这一原则的不可缺少的一个重要内容，这是对过去三部宪法的一个重要发展。在这一规定中，包含了关于发展人民的直接民主的精神。《关于建国以来党的若干历史问题的决议》指出，要"在基层政权和基层社会生活中逐步实现人民的直接民主，特别要着重发展各城乡企业中劳动群众对于企业事务的民主管理"。所谓人民的"直接民主"就是人民群众每个人都能实际上参与讨论和决定政治、经济、文化事务以及同他们的生活和利益直接有关的各种公共事务。它同代表制民主是相对而言的。在我们的国家里,把各级权力机关的代表制民主同基层政权和基层社会生活中的直接民主结合起来,并充分发挥各自的作用,就能按照"一切权力属于人民"的根本原则,有效地实现人民对所有国家事务和一切经济、文化、社会事务的管理和监督。人民的直接民主,是社会主义民主不同于资产阶级民主的一个重要原则。在资本主义社会里,企业都是属于资本家私人所有,劳动人民根本不可能享有管理经济和文化事业的权力。而在我们的社会里,公有制经济却为人民的直接民主开辟了无限广阔的发展前景。

新宪法规定:"国营企业依照法律规定,通过职工代表大会和其他形式,实行民主管理"(第16条)。"集体经济组织依照法律规定实行民主管理,由它的全体劳动者选举和罢免管理人员,决定经营管理的重大问题"(第17条)。现在,职工代表大会等民主管理形式,正在一些厂矿企业中试行和逐步推广,经验正在日益积累。在广大农村,今后人民公社实行政社分开,公社将成为单纯的集体经济组织,八亿农民对公社事务的民主管理就将出现一个前所未有的新局面。完全可以肯定,随着经济管理民主化的不断完善,生产者真正成为城乡企业的主人,就一定会充分调动他们的社会主义积极性和创造性,大大提高城乡企业和集体经济组织的管理水平,有力地促进我国的社会主义现代化建设。

后记:
本文刊载在1982年6月13日的《光明日报》上。

建立和健全我国的律师制度

建立和健全律师制度，对于进一步健全社会主义法制，充分保障人民民主，维护国家、集体和公民的合法权益，以促进四个现代化的实现，具有重要的意义。

我国的律师制度，是在彻底废除旧律师制度的基础上建立起来的。1954年9月公布施行的《中华人民共和国宪法》第76条明确规定："被告人有权获得辩护。"1978年3月公布施行的《中华人民共和国宪法》第41条也作了同样的规定。这就把被告人享有辩护权提到了宪法原则的高度。为了有效地实现辩护权，就需要建立律师制度。因此，《中华人民共和国人民法院组织法》规定："被告人除自己行使辩护权外，可以委托律师为他辩护。"这就从法律上具体肯定了律师制度。根据宪法和有关法律的精神，1954年开始在部分大城市开展律师工作，到1957年，我国律师机构和律师队伍已经初具规模。当时，广大律师根据宪法的精神，为保障人民民主和维护法制，做了不少工作，受到了群众的欢迎。但是，一些人不懂得新旧律师制度有本质的不同，因而鄙弃旧的律师制度，也不重视我们社会主义法制中的律师制度。特别是50年代末期以来，受了"左"倾思想的影响，把律师为刑事被告人辩护说成是"丧失立场"、"为罪犯开脱"、"为反革命分子服务"，等等，因而根本否定律师制度，或者认为是"形式主义的东西，可有可无"。已经建立起来的律师制度因而变得有名无实。直至今日，这种情况还没有完全改变。当前要建立和健全律师制度，首先需要弄清楚我国律师制度的性质、任务和作用。

根据我国的实践经验，律师的具体任务和作用主要有如下几点。

①接受机关、企业、事业单位、团体的委托，担任法律顾问。随着我国社会主义现代化建设的发展和经济立法、经济司法工作的全面开展，我

们将越来越多地运用经济手段和法律手段来调整与解决国家、集体和个人相互之间的各种经济纠纷；同时，在行政管理、生产管理、财务管理以及各类合同方面，也会涉及许多法律问题，所有这些，都需要有律师担任法律顾问（常年的或临时的），以提供各种法律上的帮助。

②接受当事人的委托或者人民法院的指定，担任辩护人或者代理人参加诉讼。就国内来说，律师担任刑事被告人的辩护人，是他的一项重要任务。民事案件涉及的范围十分广泛，律师作为民事案件的代理人参加诉讼，既可以协助法院处理好各种民事案件，又可调解民事纠纷，以增强人民内部的团结。此外，随着我国对外贸易和远洋运输事业的发展，外贸、保险、海事等涉外案件必然不断增多，这就迫切需要有我们自己的律师参与涉外案件的诉讼活动，这对于维护我国的主权和经济利益、保障我国公民与华侨的合法权益、增进国际友好交往，都有重要作用。

③解答法律方面的询问，提供解决有关法律问题的意见；代写诉讼文件或者其他法律行为的文件。在这个过程中，律师可以及时告诉当事人什么是合法的、什么是非法的。一方面，支持他们正当的合法的要求，使他们的权利和合法利益得到保护；另一方面，又可以说服某些人放弃武力的或违法的要求，这对于解纷息讼、促进安定团结都有好处。

④律师还可以通过自己的全部活动，宣传社会主义法制。

从上述律师的主要任务中，可以清楚地看出，律师制度是社会主义司法制度不可缺少的组成部分，它同国家与人民的利益都是息息相关的。否定律师制度是错误的、有害的。律师的工作，绝不是什么"形式主义的东西"，或"可有可无"的。

律师的一项重要工作，是在刑事案件中充当被告人的辩护人。不少人把根据事实和法律进行的辩护误解为强词夺理的狡辩；有的刑事被告人也不了解辩护是国家赋予他的一项民主权利，生怕一辩护给人造成自己不老实的印象，反而对自己不利，因此不敢行使这种权利，特别是不敢委托律师辩护；充当律师的人也常受到非议和责难。因此，在这里着重谈一下辩护究竟是怎么回事，律师作为刑事被告人的辩护人参加诉讼究竟有什么重要作用，这对于正确认识律师工作是十分必要的。

"被告人有权获得辩护"，其目的是为了保证审判人员全面查清案情，防止主观片面，以作出公正的判决。辩护权是公民的一项民主权利，如果事关一个人是有罪还是无罪、是罪轻还是罪重，公民没有为自己辩护的权利，那还有什么民主？还有什么法制？为了充分地保证和实现这种权利，律师制度是很有效的工具之一。律师比较熟悉法律，具有一定的办案经验，他们在诉讼活动中享有比较广泛的权利，如有权查阅全部案卷材料，有权与在押的被告人会见和通信，有权向有关方面进行调查访问，有权在法庭上与公诉人展开平等的辩论，等等。律师以事实为根据，以法律为准绳，替刑事被告人作辩护，提出证明被告人无罪、罪轻或者减轻、免除其刑事责任的材料和意见，可以协助法院全面了解案情，正确适用法律。在刑事诉讼中，律师和公诉人从不同的角度、以不同的方式，实现维护社会主义法制的共同任务。就公诉人控诉犯罪和律师为被告人辩护这一点来说，公诉人和律师在审判庭上的地位是平等的，审判人员对于双方的发言应给予同样的重视，对于律师的辩护发言，绝不可以采取"你辩你的，我判我的"的态度。律师作为刑事被告人的辩护人，是站在维护国家法制的立场上，诚实而客观地保护被告人的合法权益。律师较多地考虑对被告人有利的方面，是为了从一个侧面揭示案情，定准性质，以保护无辜，惩处罪犯，绝不是为了让真正的罪犯免受揭露和惩罚。这怎么能说律师为刑事被告人辩护是"丧失立场"呢？

　　一般来说，律师在法庭判决之前为被告人辩护，被告人是否犯罪还没有确定。而律师为被告人辩护，首先就是要协助法庭正确地判断罪与非罪的界限，这是保证正确判决的前提。凡是提起公诉的刑事案件，并不一定所有的被告人都是有罪的，通过律师参加诉讼，弄清有的被告人无罪，或者是属于不应追究法律责任的某种过失，或者是属于无须提起公诉而应由有关单位给予行政处分就可以解决的问题，这样，通过律师的活动就保护了人民。这哪里是什么"为罪犯开脱"呢？对于证据确凿的反革命分子和刑事犯罪分子，也还有一个量刑是否适当的问题。假如量刑不当，律师为他辩护，也完全是从维护法制的严肃性出发，怎么能说是"为反革命分子服务"呢？在第一审法院作出判决后，被告人有上诉权，在第二审法院作出终审判决后，如果被告人确有事实和理由认为自己受了冤屈，他还有申诉的权利。这些都是我国诉讼制度的民主原则的重要内容。至于在上诉案件中律师参加诉讼，在申诉案件中律师给申诉人以法律上的帮助，同样也完全是为了维护社会主义法制。因此，过去有些人对律师工作的非议和责难是没有道理的。

实践是检验真理的唯一标准。律师作为刑事被告人的辩护人参加诉讼，可以大大提高办案质量，这是我国实行律师制度的事实已经证明了的。1957 年 6 月，据北京、上海、浙江、贵州等十个省、直辖市、自治区的 59 个法律顾问处的不完全统计，在律师出庭辩护的一、二两审的 1204 件刑事案件中，改变案件起诉性质和变更起诉主要事实或全部事实的有 500 件，其中宣告无罪的 63 件，免予刑事处分的 49 件。根据有的地区复查案件的情况来看，凡经律师参与诉讼活动的，在定性、量刑上，错误较少。这个数字和情况充分说明，律师作为被告人的辩护人参加诉讼，能有力地促进刑事侦查、公诉和审判质量的提高，对防止冤假错案和量刑畸轻畸重等，有着不容忽视的作用。

有人认为，"律师制度是资产阶级的发明"，因此，我们不能用。这种看法也是完全错误的。的确，律师制度是资产阶级革命的产物，是资产阶级针对封建专制主义的司法专横而创建的。无产阶级的革命导师，对于资产阶级的律师制度，既肯定它在历史上的进步作用，又揭露它的阶级本质。我们绝不能因为律师制度是资产阶级的发明，就否定无产阶级应该建立自己的律师制度。正如毛泽东同志所说："讲到宪法，资产阶级是先行的。"我们能够因为宪法是资产阶级的发明就不搞自己的宪法吗？当然，资产阶级的律师制度和我们的律师制度有本质的不同，我们绝不能照搬照抄，只能吸收它的有用的东西。

要建立和健全我国的律师制度，任务十分艰巨。我们必须在实践中不断总结律师工作的经验，同时也注意吸取外国律师工作中有用的东西，尽快地制定出一个比较好的律师条例，使律师工作制度化、法律化，使整个律师工作的建设和开展，有法可依、有章可循。此外，还需要采取一些具体措施，培养和扩大律师队伍，健全律师协会和律师顾问处。

社会主义的律师制度，国家需要它，人民需要它。正如董必武同志早在 1957 年所指出的："律师工作是一定有前途的，有发展的。"

后记：

本文原载 1979 年 6 月 19 日《人民日报》。本文系依照彭真同志的建议和要求撰写的，对当时恢复和重建我国的律师制度起了一定作用。新中国的律师制度始建于 1954 年。1957 年"反左"后名存实亡。有时，外国人旁听审判时，就临时找人充当律师"表演"。党的十一届三中全会以后，彭真同志复出抓政法，其中重要的一步棋就是重建我国的律师制度。此文发表后，法学研究所常务副所长，也即直接接受彭真交给这一任务的韩幽桐同志，曾半开玩笑地对我说："步云，任务完成得不错，你立了一功！"

附　李步云法学著作年表
(1978—2013)

一　著作

《学点宪法知识》(合著),法律出版社,1982年。

《新宪法简论》,法律出版社,1984年。

《建设高度民主的社会主义政治制度》(合著),红旗出版社,1984年。

《社会主义法制基础知识》(合著),甘肃人民出版社,1984年。

《法制·民主·自由》,四川人民出版社,1986年。

《权利与义务》(合著),人民出版社,1986年。

《中国社会主义法律基本理论》(合著),法律出版社,1987年。

《中国法学——过去、现在与未来》(主编),南京大学出版社,1988年。

《宪法比较研究文集》(一)(主编),南京大学出版社,1992年。

《宪法比较研究文集》(二)(主编),中国民主法制出版社,1993年。

《宪法比较研究文集》(三)(主编),山东人民出版社,1993年。

《中国特色的社会主义经济、政治、文化》(合著),社会科学文献出版社,1993年。

《中国人权建设》(合著),四川人民出版社,1994年。

《依法治国,建设社会主义法治国家》(主编之一),中国法制出版社，1995 年。

《当代人权理论与实践》（合著），吉林大学出版社，1996 年。

《马克思、恩格斯、列宁、斯大林论法》，法律出版社，1996 年。

《立法法研究》（主编），湖南人民出版社，1997 年。

《中国立法的基本理论和制度》（第一主编），中国法制出版社，1997 年。

《中国人权百科全书》（副主编之一），大百科全书出版社，1998 年。

《宪法比较研究》（主编），法律出版社，1998 年。

《走向法治》，湖南人民出版社，1998 年。

《中国当代法学争鸣实录》（第二主编），湖南人民出版社，1998 年。

《中国特色社会主义法制通论》（主编之一），社会科学文献出版社，1999 年。

《法学专题讲座》（合著），国家行政学院出版社，1999 年 6 月。

《法理学论丛》（一）（主编之一），法律出版社，1999 年 1 月。

《法理学论丛》（二）（主编之一），法律出版社，2000 年 12 月。

《法理学》（主编），经济科学出版社，2000 年。

《WTO 与中国法制建设》（第一主编），中国方正出版社，2001 年。

《信息公开制度研究》（主编），湖南大学出版社，2002 年 8 月。

《地方人大代表制度研究》（主编），湖南大学出版社，2002 年 9 月。

《法理探索》（独著），湖南人民出版社，2003 年。

《人权法学》（主编），高等教育出版社，2005 年。

《宪政与中国》（英文版），法律出版社，2006 年。

《人权法的若干理论问题》（合著），湖南人民出版社，2007 年 5 月。

《法苑春秋》，中国法制出版社，2007 年 6 月。

《宪政与中国》（独著，英文修订版），法律出版社，2007 年 12 月。

《人权案例选编》（第一主编），高等教育出版社，2008 年 6 月。

《论人权》，社会科学文献出版社，2008 年 6 月。

《论法治》，社会科学文献出版社，2008 年 9 月。

《我的治学为人》，社会科学文献出版社，2010 年 4 月。

二　论文

1965 年

评冯定同志的民主观,《政法研究》1965 年第 1 期。

1978 年

革命法制的新里程碑,《湖南日报》1978 年 6 月 7 日。

坚持公民在法律上一律平等,《人民日报》1978 年 12 月 6 日。

1979 年

略论两类矛盾的相互转化,《法学研究》1979 年试刊。

人民在自己的法律面前一律平等,《红旗》1979 年第 3 期。

党委审批案件的制度需要改变,《理论宣传动态》1979 年 3 月 6 日。

什么是法制,《百科知识》1979 年第 1 期。

建立和健全我国的律师制度,《人民日报》1979 年 6 月 19 日。

论我国罪犯的法律地位(合著),《人民日报》1979 年 11 月 27 日。

事实是根据,法律是准绳,《人民日报》1979 年 10 月 31 日。

要实行社会主义法治(合著),《光明日报》1979 年 12 月 2 日。

1980 年

人治与法治能相互结合吗?(合著),《法学研究》1980 年第 2 期。

社会主义民主必须制度化法律化,《民主问题讲话》,1980 年。

坚持法律面前人人平等,《法学杂志》1980 年第 3 期。

论以法治国(合著),　《法治人治问题讨论集》,群众出版社,1980 年。

再论我国罪犯的法律地位,《法学杂志》1980 年第 3 期。

社会主义民主和法制的里程碑,《人民日报》1980 年 11 月 21 日。

论社会治安的综合治理,《调查与研究》1983 年第 159 期。

1981 年

公正的判决、法制的典范，《工人日报》1981 年 1 月 26 日。

法治与人治的根本对立，《西南政法学院学报》1981 年第 2 期。

社会主义制度下法律与自由的相互关系，《四项基本原则通俗讲话》1981 年。

法律与自由，《红旗》1981 年第 22 期。

资产阶级启蒙思想家怎样看待法律与自由，《国外法学》1981 年第 6 期、《新华文摘》1982 年第 2 期。

再谈法制概念的广义与狭义，《学习与探索》1981 年第 6 期。

为什么建设高度民主是社会主义革命的根本任务之一？《工人日报》1981 年 7 月 27 日。

为什么说社会主义制度的建立是最深刻的社会变革，《工人日报》1981 年 8 月 10 日。

为什么要维护社会主义法制应有的权威，《关于若干历史问题的决议通俗辅导》1981 年。

宪法的结构，《人民日报》1981 年 11 月 2 日。

宪法的完备问题，《人民日报》1981 年 11 月 3 日。

宪法必须明确具体严谨，《人民日报》1981 年 11 月 9 日。

宪法的规范性，《人民日报》1981 年 11 月 10 日。

宪法的制定和修改必须贯彻民主原则，《人民日报》1981 年 11 月 24 日。

我国现行宪法为什么要修改，《人民日报》1981 年 11 月 27 日。

宪法的稳定性，《人民日报》1981 年 12 月 1 日。

宪法的现实性，《人民日报》1981 年 12 月 4 日。

宪法的原则性与灵活性，《人民日报》1981 年 12 月 7 日。

什么是公民，《人民日报》1981 年 12 月 18 日。

1982 年

法治概念的科学性，《法学研究》1982 年第 2 期。

略论公民的基本权利和义务，《学习与研究》1982 年第 6 期。

公民的权利和义务不可分离，《人民日报》1982 年 6 月 3 日。

国家的一切权力属于人民，《光明日报》1982 年 6 月 13 日。

"中华人民共和国宪法修改草案"问题解答（8 篇），《工人日报》1982 年 6 月 11 日—7 月 20 日。

为什么要对我国现行宪法进行修改，河北人民广播电台，1982 年 8 月 2 日。

一项意义深远的改革，《人民日报》1982 年 7 月 9 日。

正确理解"公民在法律面前一律平等"，《宪法论文选·续编》1982 年。

法律和制度问题是国家长治久安的根本问题，《资料与文稿》1982 年第 23 期。

党要在宪法和法律范围内活动，《光明日报》1982 年 11 月 22 日、《新华文摘》1983 年第 1 期。

论健全社会主义法制（合著），《法学研究》1982 年第 5 期。

从我国国情出发坚持人民民主专政，《学习与研究》1982 年第 11 期。

新时期治国安邦的根本大法，《光明日报》1982 年 12 月 5 日。

1983 年

怎样学习第一章"总纲"，《新湘评论》1983 年第 1 期。

谈谈我国的国体与政体，《新湘评论》1983 年第 3 期。

监督法律实施是公民的神圣职责，《群众》1983 年第 12 期。

论我国的国家主席制度，《思想战线》1983 年第 3 期。

新宪法是正确内容与科学形式的完美结合，《江西社会科学》1983 年第 3 期。

建设有中国特色的社会主义法制，《光明日报》1983 年 5 月 9 日。

完善民族区域自治的根本大法，《新疆社会科学》1983 年第 3 期。

关于法的体系概念的探讨，《文汇报》1983 年 8 月 29 日。

民主与专政的辩证关系，《法学研究》1983 年第 6 期。

社会主义民主与资本主义民主的区别，《法学》1983 年第 6 期。

新宪法是怎样坚持四项基本原则的,《江海学刊》1983 年第 4 期。

论人民代表的权利与义务,《法学研究》1983 年第 1 期。

1984 年

社会主义法制同资产阶级法制的区别,《法学》1984 年第 2 期。

健全法制是实现新时期总任务的重要保证,《法制建设》1984 年第 2 期。

政策与法律关系的几个问题,《法学季刊》1984 年第 3 期。

民族区域自治法制定的客观依据及现实意义,《思想战线》1984 年第 6 期。

1985 年

加强立法工作,完善各项法律,《法制、民主、自由》,四川人民出版社,1985 年。

建设高度的社会主义民主,《法制、民主、自由》,四川人民出版社,1985 年。

民主与法制的相互关系,《法制、民主、自由》,四川人民出版社,1985 年。

党的领导与社会主义民主,《法制、民主、自由》,四川人民出版社,1985 年。

法学理论与改革,《法学杂志》1985 年第 2 期。

社会主义法律体系的若干问题,《西北政法学院学报》1985 年第 3 期。

再论法律与政策的几个问题,《法学与实践》1985 年第 2 期。

十亿人民掌握法律的战略意义,《法制建设》,1985 年。

1986 年

坚持法律面前人人平等,维护法律的权威与尊严,《红旗》1986 年第 22 期。

关于法的阶级性与社会性问题,《法的阶级性与社会性问题讨论集》,

群众出版社，1986 年。

1989 年
论法制改革（合著），《法学研究》1989 年第 2 期。
论马克思主义法学，《法学研究》1989 年第 6 期。

1990 年
关于法系的几个问题——兼谈判例在中国的运用，《中国法学》1990 年第 1 期。

1991 年
论人权的三种存在形态，《法学研究》1991 年第 4 期。

1992 年
发展新概念、研究新范畴、掌握新规律，《中国法学》1992 年第 1 期。
法的两重性与基本矛盾，《中外法学》1992 年第 1 期。
法哲学的研究对象和意义，《中外法学》1992 年第 3 期。
社会主义人权的基本理论与实践，《法学研究》1992 年第 4 期。
法律意识的本原，《中国法学》1992 年第 5 期。
加强社会主义人权的保障，《法学》1992 年第 12 期。
宪法比较研究的几个问题，《宪法比较研究文集（一）》，南京大学出版社，1992 年。

1993 年
宪政与中国，《宪法比较研究文集（二）》，中国民主法制出版社，1993 年。
法学研究评述，《中国特色的社会主义经济、政治、文化》，社会科学文献出版社，1993 年。

1994 年

二十一世纪中国法学展望，《中国法学》1994 年第 2 期。

人权的两个理论问题，《中国法学》1994 年第 3 期。

论个人人权与集体人权，《中国社会科学院研究生院学报》1994 年第 6 期。

《中国人权建设·导言》，四川人民出版社，1994 年 2 月。

1995 年

人权国际保护与国家主权，《法学研究》1995 年第 4 期。

关于起草立法法的若干建议，《人大工作通讯》1995 年第 13 期。

社会主义市场经济法律制度建设问题（合著），《中共中央举办法律知识讲座纪实》，法律出版社，1995 年 2 月。

1996 年

依法治国，建设社会主义法治国家，《中国法学》1996 年第 2 期。

依法治国的理论根据和重大意义，《人大工作通讯》1996 年第 11 期。

论依法治国（合著），《法学研究》1996 年第 2 期，《光明日报》1996 年 9 月 28 日。

法的整体与部分，《中国社会科学院研究生院学报》1996 年第 6 期。

坚持和发展社会主义民主（合著），《求是》1996 年第 22 期。

法治与中国，《人民之友》1996 年第 2 期。

市场经济：法制？法治！《中国经济时报》1996 年 11 月 22 日。

1997 年

起草《中华人民共和国立法法（专家建议稿）》的若干问题，《中国法学》1997 年第 1 期。

法制建设与精神文明，《检察日报》1997 年 2 月 10 日。

法学研究要面向二十一世纪，《光明日报》1997 年 3 月 22 日。

依法治国与精神文明建设息息相关，《人大工作通讯》1997 年第

1 期。

关于制定《立法法》和坚持依法治国的若干思考（合著），《广东社会科学》1997 年第 1 期。

依法治国与加强精神文明建设，《群言》1997 年第 2 期，《新华文摘》1997 年第 5 期。

论中国宪政的发展前景，《人民之友》1997 年第 1 期。

中国的法治：理想与现实，1997 年 3 月在香港大学的演说。

现代法的精神论纲，《法学》1997 年第 6 期，《新华文摘》1997 年第 10 期。

"一国两制"思想对宪政理论的发展，香港《大公报》1997 年 7 月 18 日。

"一国两制"与香港基本法（合著），《法学研究》1997 年第 4 期。

法的应然与实然，《法学研究》1997 年第 4 期。

"一国两制"三题，《法学研究》1997 年第 5 期。

法的内容与形式，《法律科学》1997 年第 3 期。

依法治国：我国历史上的伟大创举，《中国律师》1997 年第 6 期。

依法治国与精神文明建设的关系，《依法治国与精神文明建设》，中国法制出版社，1997 年。

跨世纪的工程：依法治国，建设社会主义法治国家（合著），《中国法学》1997 年第 6 期。

精神文明建设是法治国家建设的重要保证，中国社会科学院通讯 1997 年 5 月 7 日。

1998 年

论中国公民的工作权，《论人权》，社会科学文献出版社，2008 年。

坚持实事求是，繁荣法学研究，《中国社会科学》1998 年第 5 期。

论人权的普遍性和特殊性，《中国社会科学院研究生院学报》1998 年第 5 期。

中国法治的理想与现实，《湘潭大学学报》1998 年第 4 期。

依法治国，建设社会主义法治国家，全国人大法制讲座讲稿之二。

依法治国，建设社会主义法治国家，《中国国情报告》，1998 年。

关于制定《立法法》的几个问题（合著），《法治研究》1998 年第 2 期。

建设社会主义现代化国家的必然选择，《中国教育报》1998 年 4 月 22 日。

关于法治与法制的区别，《人大工作通讯》1998 年第 8 期。

公民·人民·法律平等，《中国当代法学争鸣实录》，湖南人民出版社，1998 年 12 月。

《论我国罪犯的法律地位》引起的风波，《中国当代法学争鸣实录》，湖南人民出版社，1998 年 12 月。

从"法制"到"法治"二十年改一字，《中国当代法学争鸣实录》，湖南人民出版社 1998 年 12 月。

1999 年

依法治国首先要依法治官，《中国经济时报》1999 年 3 月 8 日。

依法治国的里程碑，《人民日报》1999 年 4 月 6 日。

实施依法治国战略论纲，《学习与探索》1999 年第 3 期，《新华文摘》（全文）1999 年第 9 期。

对我国人民代表大会制度的思考，《东方》1999 年第 2 期。

中国跨世纪发展的重要保证——九届全国人大二次会议修改宪法的重大意义，《求是》1999 年第 8 期。

规范立法活动的重要保证，《人民法院报》1999 年 10 月 9 日。

法治：全人类文明的共同趋势，《法商研究》1999 年特刊。

2000 年

一部科学地规范我国立法活动的基本法律，《求是》2000 年第 13 期。

关于依法治国的几点思考，《政法研究》2000 年第 2—3 期。

新时期法理学的发展，《中国社会科学》（英文版）2000 年第 2 期。

起草法案应当实行三结合，《中国人大》2000 年第 16 期。

学习立法法，把握适用规则，《人民法院报》2000 年 7 月 1 日。

规范立法活动既现实又重要,《经济参考报》2000 年 3 月 1 日。

立法法——规范我国立法活动的基本法律,《中国社会科学院院报》2000 年 4 月 6 日。

发展权论纲,第三届亚洲法哲学大会论文。

2001 年

民主与法治是新世纪的奋斗目标,《人民法院报》(理论版)2001 年 1 月 1 日。

关于信息公开的几个理论问题,《岳麓法学评论》2001 年第 2 期。

信息公开的几个理论问题,《法制日报》2001 年 6 月 3 日。

建立违宪审查制度刻不容缓,《法制日报》2001 年 11 月 2 日。

依法治国,促进社会文明进步,《光明日报》2001 年 10 月 23 日。

法学基本理论与中国法的体系,国家行政学院,电子光盘版。

WTO 与依法治国,《WTO 与中国法制建设》,电子光盘版。

二十一世纪中国法学的发展前景,《中日韩比较法文化国际研讨会》,2001 年 4 月 15 日。

公开性与人大制度,《人民之友》2001 年第 9 期。

加强廉政立法是预防和惩治腐败的重要举措,《湖南社会科学》2001 年第 3 期。

2002 年

司法独立的几个问题,《法学研究》2002 年第 3 期。

宪法的人权保障功能,《中国法学》2002 年第 3 期。

人大制度创新与信息公开,《人民之友》2002 年第 7 期。

依法治国重在依宪治国,《中国人大》2002 年。

阻碍司法独立的几个理论误区,《人民之友》(增刊)2002 年 12 月。

宪法学的几个理论问题,《中国社会科学院研究生院学报》2002 年第 6 期。

现行宪法是实现依法治国的重要保证,《中国人大》2002 年第 22 期。

二十一世纪中国法学的发展前景(日文),《北大法学论集》第 53

卷，第 3 号，2002 年 9 月。

2003 年

论法与法律意识，《法学研究》2003 年第 1 期。

权利与义务的辩证统一，《广东社会科学》2003 年第 4 期。

执政为民必须依法治国，《光明日报》2003 年 11 月 11 日。

在"十六大"精神指引下谱写宪政新篇章，《法学》2003 年第 1 期。

政治文明的科学内涵和重要意义，2003 年 1 月法理学研究会年会论文。

法律面前人人平等是一条铁则，《北京日报》（理论版）2003 年 2 月 1 日，《新华文摘》2003 年第 5 期。

宪法的稳定性与权威性，《瞭望》2003 年第 42 期。

人权与权利异同，《人权研究》第三卷，2003 年 12 月，山东人民出版社。

2004 年

论行政权力与公民权利关系，《中国法学》2004 年第 1 期。

论人权的本原，《政法论坛》2004 年第 2 期。

人权入宪开创了中国人权保障的新时期，《中国人大》2004 年第 15 期。

还是搞法制靠得住些，《求是》2004 年第 16 期。

中国人大与中国宪法，《中国人大》2004 年第 20 期。

论法律平等，《湖南社会科学》2004 年第 5 期。

正确认识人民代表大会的性质与地位，《法律科学》2004 年第 5 期。

为建设社会主义法治国家而奋斗，《政府法制建设》2004 年第 1 期。

贯彻中央精神，繁荣法学研究，《中国社会科学院研究生院学报》2004 年第 2 期。

宪法与人权保障，《浙江人大》2004 年第 5 期。

契约精神与宪政的几个理论问题，《比较法学在中国》2004 年卷。

2005 年

论政治文明，《广州大学学报》2005 年第 1 期。

什么是良法，《法学研究》2005 年第 6 期。

公平正义对法律监督的价值导向作用，《甘肃社会科学》2005 年第 5 期。

2006 年

人权保障的新近发展及其保障，《广州大学学报》2006 年第 1 期。

关于法哲学的几个问题，《中国社会科学院研究生院学报》2006 年第 2 期。

人权普遍性之我见，《北京日报》2006 年 5 月 8 日，《新华文摘》2006 年第 13 期。

科学发展观与人权保障，《人权》2006 年第 5 期。

和谐社会论纲，《和谐社会构建与法治国家建设》，中国政法大学出版社，2006 年 10 月。

《高校学生权利与义务·序》，中国社会科学出版社，2006 年 8 月。

依法治国：社会主义法治的核心内容，《人民日报》（理论版）2006 年 12 月 4 日。

2007 年

深刻认识和谐社会的本质属性，《中国社会科学院院报》2007 年 1 月。

法学研究为确立依法治国方略发挥作用，《中国社会科学院院报》2007 年 3 月。

为什么不应该反对"以人为本"这个提法，《北京日报》（理论周刊）2007 年 4 月 16 日。

张友渔——治学为人皆楷模，《学问人生》（上），高等教育出版社，2007 年 5 月。

我国法治历史进程的回眸与展望，《中国社会科学院院报》（理论月刊）2007 年 7 月 31 日。

马克思主义法哲学与法理学发展方向的确立，《学海》2007 年第 4 期。

依法治国的理论发展与实践推进，《法学研究》2007 年第 4 期。

推进依法治国需深化对法治精神的理解，《法制日报》2007 年 8 月 31 日。

科学发展观·法治国家·和谐社会，《法制日报》2007 年 9 月 14 日。

法治国家的四大要素，《人民日报》2007 年 9 月 26 日。

中国法治历史进程的回顾与展望，《法学》2007 年第 9 期。

应有权利必须成为法律上的权利，《人民论坛》2007 年第 20、第 21 期。

和谐社会与法治，《科学发展、和谐社会》，中国社会科学院"社会政法学部集刊"第 1 卷，社会科学文献出版社，2007 年 10 月。

整段照抄马列经典不给稿费——张友渔提倡学术宽容二三事，《北京日报》2007 年 9 月 10 日。

论人权的普遍性与特殊性，《环球法律评论》2007 年第 6 期。

法治国家的十条标准，《太平洋学报》2007 年第 6 期。

法律监督与公平正义，《中国检察》第 14 卷，北京大学出版社，2007 年 10 月。

人权保障的新观念新举措，《社会科学报》2007 年 10 月 25 日。

人权的普遍性与特殊性（英文），《Implementing Human Rights》，2007 年版。

开拓创新，引领中国法学理论研究（访谈），《科学中国人》2007 年第 4 期。

与时代共舞的法学家，《学问有道——学部委员访谈录》（下），方志出版社，2007 年 8 月。

推进依法治国，实现由人治向法治的转变，《法治百家谈》，中国长安出版社，2007 年 12 月。

2008 年

法治国家的十条标准，《中共中央党校学报》2008 年第 1 期。

人权的概念与人权入宪，《东南法学》2008 年第 1 期。

什么是宪政，《法学》2008 年第 3 期。

依法治国何以是基本方略，《法制日报》2008 年 6 月 8 日。

转型时期的中国法治，《中国政法大学学报》2008 年第 2 期，《法制日报》2008 年 3 月 30 日。

为罪犯要人权，被令自己批自己（口述史），《新京报》2008 年 7 月 5 日。

二十年改一字，从"刀制"到"水治"（口述史），《南方都市报》2008 年 4 月 1 日。

法治进步之路：人治为先，嬗变人权入宪，《南方都市报》2008 年 5 月 8 日。

一个法学家三十年的法治情结（访谈），《检察日报》2008 年 6 月 10 日。

依法治国历史进程的回顾与展望，《法学论坛》2008 年第 4 期。

《宽容的法理·序》，知识产权出版社，2008 年 7 月。

《法理学与部门法哲学理论研究·序》，上海人民出版社，2008 年 4 月。

需要广泛深入开展法哲学研究，《法理学与部门法哲学理论研究》，上海人民出版社，2008 年 4 月。

依法治国：民主政治的重要条件，《人民日报》2008 年 7 月 9 日。

当代中国法治 30 年：回眸与前瞻（访谈），《中国党政干部论坛》2008 年第 10 期。

法哲学体系与中国法学的现实问题，《法理学演讲录（第四卷）》，法律出版社，2008 年 9 月。

《论法治化进程·序》，中国法制出版社，2008 年 7 月。

法治征程的足迹，《中国社会科学院研究生院学报》2008 年第 6 期。

人权与宪法精神，中国人权研究会会议论文，2008 年 12 月。

未来 30 年中国人权保障将更广泛，《人民日报》（法制理论版）2008 年 12 月 3 日。

李步云的"法治"理想与"人权"情结（30 年、30 人），《国际在线》网站 2008 年 12 月。

五十年风雨兼程人权路，《广州日报》2008 年 12 月 1 日。

依法治国历史进程的回顾与展望，《法治百家谈》，中国长安出版社，2008 年 11 月。

《时代的良知·序》，法律出版社，2008 年。

依法治国：划时代的方略之选，《法制日报》2008 年 6 月 8 日。

1982：以宪法奠基宪政中国梦想，《潇湘晨报》2008 年 5 月 8 日。

2009 年

社会主义法治基本理念论纲，《中国法学》（增刊）2009 年第 1 期。

提倡学术宽容的张友渔，《法制日报》2009 年 2 月 25 日。

"五个主义"的摒弃与中国法学的未来，《现代法学》2009 年第 5 期。

依法治国的理论与实践，《学习与探索》2009 年第 1 期。

加快构建农民工发展权体系，《理论前沿》2009 年第 12 期。

在保障发展中推进检察工作（书评），《人民日报》2009 年 8 月 6 日。

人民利益至上的制度体现，《人民日报》2009 年 8 月 31 日。

我为"法治"添砖瓦（访谈），《人民日报》2009 年 9 月 3 日。

改革开放以来世界城市法治的进程，《北京社会科学》2009 年第 5 期。

依法治国历史进程的回顾与展望（上），《北京人大》2009 年第 6 期。

建立违宪审查制度，是时候了，《南方周末》2009 年 9 月 10 日。

走向法治与和谐，《中国报道》。

我的治学"八字经"，《人民日报》2009 年 12 月 8 日。

和平、和谐、和解——孙中山先生和平思想的当代意义，第十届孙中山学术思想研讨会。

怎样认识依法治国基本方略，《上海党史与党建》2009 年 2 月。

《论人的尊严·序》，法律出版社，2009 年。

2010 年。

法的人本主义，《法学家》2010 年第 1 期。

依法治国与保障人权和谐推进，《科技中国》2010 年第 5 期。

法治是社会和谐的基石，《人民日报》（理论版）2010 年 7 月 2 日。

科学发展观与社会管理创新的法律制度研究，《学习与探索》2010 年第 6 期。

李庄案和中国法治前景，《SOHO 小报》2010 年第 1 期。

2011 年

从革命战士到著名学者，《正气中国》（上卷）2011 年。

中国宪政之路，《走向宪政》，法律出版社。

《为宪政鼓与呼——〈走向宪政〉·序》，《河北法学》2011 年第 4 期。

功业垂青史、风范留人间，《缅怀陶希晋》，中央文献出版社，2011 年。

李步云：愿把一生献给中国人权事业（访谈），《中国社会科学报》2011 年 6 月 28 日。

中国民主法治进程：前途光明道路曲折，《南方都市报》2011 年 7 月 17 日。

2012 年

82 宪法的进步、难点与展望，《领导者》总第 45 期。

82 宪法的回顾与展望，《炎黄春秋》2012 年第 9 期。

由党治走向法治，《炎黄春秋》2012 年第 12 期。

从法制到法治，《人民日报》2012 年 12 月 4 日。

我对中国民主与法治是乐观的，《中国改革》2012 年第 12 期。

《法律监督的基本原理·序》，湖南人民出版社，2012 年。

我与中国法学会，2012 年中国法学会征文。

2012 届研究生毕业典礼上的致辞，中国社会科学院法学所网站。

李步云——为中国法学打造明珠皇冠的法学家（访谈），《三湘骄子》（湖南在线）2012年。

宪政的概念及意义，《岳麓法学评论》2012年第7卷。

中国特色社会主义人权理论体系论纲，《政治与法律》2012年第5期。

论人权的义务主体，《广州大学学报》（社会科学版）2012年第3期。

法治是和谐社会的基石，《人民日报》2012年7月2日。

李步云：见证82宪法实施30周年，《中国青年报》2012年10月17日。

2013年

驳反宪政的错误理论，《环球法律评论》2013年第1期。

为"司法独立"正名，《环球法律评论》2013年第2期。

迈向共和国法治的新时代，《法学研究》2013年第2期。

法学家要有独立品格和勇气，《法制日报》2013年1月23日。

珍惜为建设"法治中国"而献身的机遇，《民主与法制时报》2013年1月21日。